JN243562

日本商法註釋　上卷

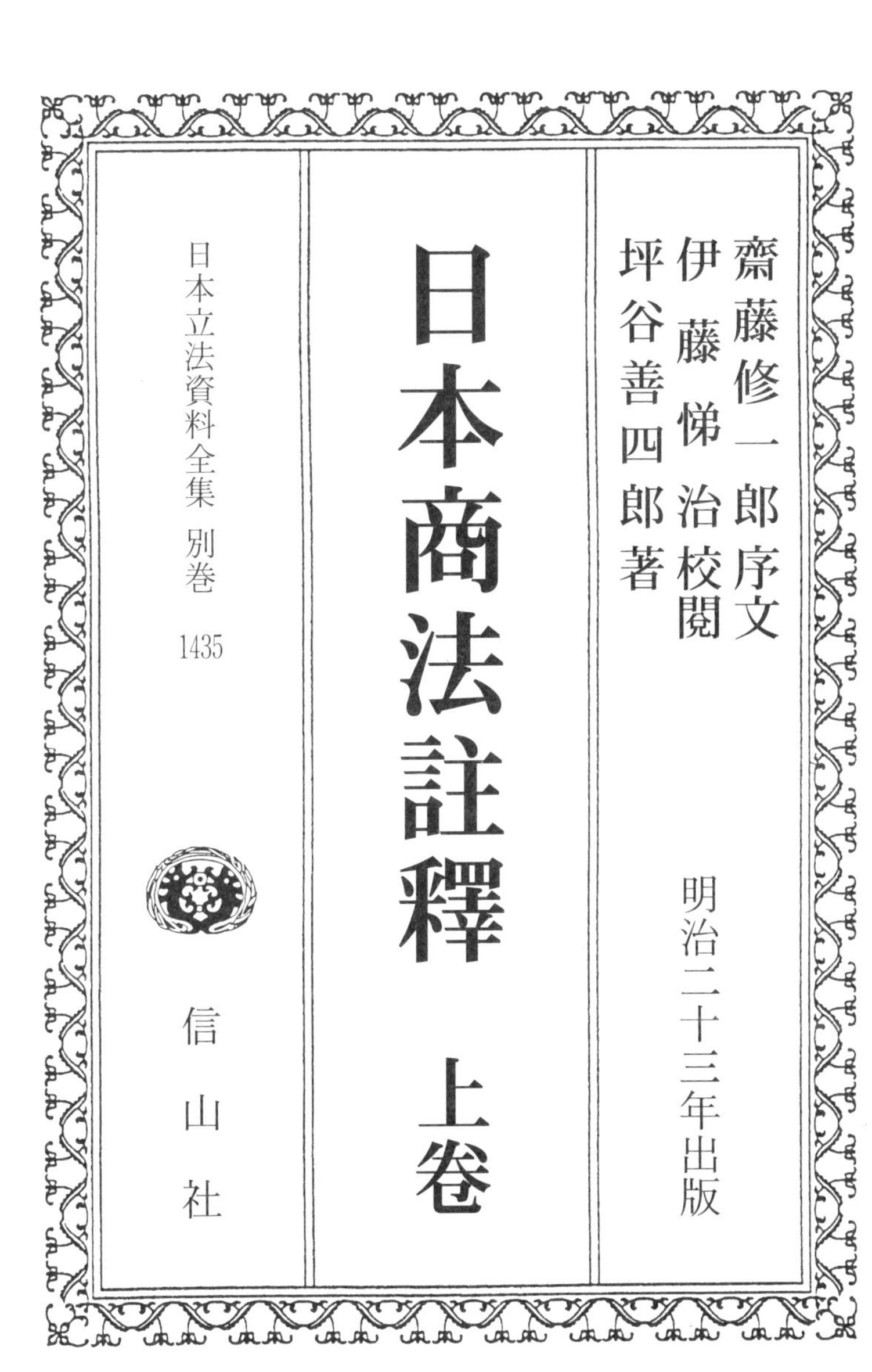

齋藤修一郎序文
伊藤悌治校閲
坪谷善四郎著

明治二十三年出版

日本商法註釋　上卷

日本立法資料全集　別巻　1435

信山社

東京圖文社石版記印行

農商務省商工局長齋藤修一郎君序文

控訴院評定官伊藤悌治君校閲

水哉 坪谷善四郎 著

日本商法註釋 全

東京 博文舘藏版

商法註釋序

佛國「ルイ」第十四世ノ商法令及海上法令ハロードノ商法例海上法例幷ヲレロンウ井スビーノ法典及ハンシアテック同盟國ノ商法典等ヲ取捨參酌シ衆類ヲ集メテ以テ大成シ又歐洲大陸各國現行ノ商法典ハ佛國「ルイ」第十四世ノ商法令及海上法

令ヲ摸範トシテ編成シ而メ今ヤ我商法典ハ歐洲大陸各國現行ノ商法ヲ參考シテ制定セリ抑々本邦往昔封建尙武ノ世ニ在テハ所謂劒ノ外ニハ唯一ノ鋤アルノミニシテ彼ノ算盤ノ如キハ幾ト之ヲ度外ニ置キタリシカ明治維新以來官民各相奬勵スル所アリ商業頓ニ振興シ且運

輸ノ便大ニ備ハリ交通日ニ頻繁ニシテ貿易月ニ隆盛ヲ致シ封建ノ遺風未タ全ク去ラスト雖𪜈商業ハ既已ニ獨立自治ノ發達ヲ有スルニ至レリ蓋シ商業ノ獨立自治ハ商法ノ制定ニ由テ始メテ鞏固ナルモノナリ然ルニ商法中規定ノ事項ハ往々國際法ノ性質ヲ具シ啻ニ自國ノ習

慣ニノミ依ル能ハスシテ普ク各國ニ適用セラレタル法理原則ヲ採用スルコト少シトセス是ノ故ニ我新定ノ商法中ニモ亦彼ノ封建ノ遺風ニ稱ハサルモノ多々之レアルカ如シ因テ思フニ此等ノ法理原則ハ苟モ我商法ヲ讀ム者ノ殊ニ深ク注意シテ講究スヘキ所ナランカ頃者坪

谷君商法註釋ヲ著ハシ序ヲ求ム此ノ註釋ハ簡明ニシテ能ク普通ノ要件ヲ盡セリ予其講讀者ヲ益スルコトノ鮮少ナラサルヲ信シ敢テ一言ヲ記シ以テ答フ

明治二十三年十月大坂客舎ニ於テ

半狂學人　齊藤修一郎

（法律第三十二號商法公布勅文）

朕商法ヲ裁可シ之ヲ公布セシム此法律ハ明治二十四年一月一日ヨリ施行スヘキコトヲ命ス

御名 御璽

明治二十三年三月二十七日

内閣總理大臣兼内務大臣 伯爵 山縣有朋
海軍大臣 伯爵 西鄕從道
司法大臣 伯爵 山田顯義
大藏大臣 伯爵 松方正義
陸軍大臣 伯爵 大山巖
文部大臣 子爵 榎本武揚
遞信大臣 伯爵 後藤象二郎
外務大臣 子爵 青木周藏
農商務大臣 岩村通俊

日本商法上卷目錄

日本商法上卷目錄終

日本商法註釋

法學士 伊藤悌治校閲
坪谷善四郎著

總論

商法ハ總テ事實上及法律上認メテ商業取引ト爲ス所ノ事務ニ關スル規定ナリ而シテ所謂商業取引ナルモノハ事實上ト法律上トヲ問ハズ一己人ト一己人トノ間ニ於ケル權利義務ノ關係ニ外ナラズ此一己人間ノ權利義務ノ關係ハ普通ニ民法ナルモノヽ制定セラルヽアリ而シテ今又別ニ商法ヲ設クルハ稍ヤ蛇足ヲ加フルノ感ナシトセズ然レトモ是レ別ニ大ナル理由ノ存スルモノアルナリ故ニ今商法各條ノ正文ニ入ルニ先チ商法ナルモノヽ他ノ全般法律階級中ニ於ケル位地、商法ト民法トノ異ナル所以、一般商業ノ沿革、及

ビ商法ノ制定セザル可ラザル所以ヲ論ゼントス

商法ノ全般法律上ニ於ケル位地

第一　全般法律中ニ於ケル商法ノ位地　法律ハ之レヲ大別スルトキハ二トナル公法及ビ私法是レナリ蓋シ公法トハ國家ト國家若クハ國家ト一己人トノ關係ヲ規定スルモノニシテ私法トハ一己人ト一己人トノ關係ヲ規定スルモノナリ而シテ所謂公法中ニモ亦私法中ニモ主法及ビ助法ノ別アリ主法トハ自ラ權利義務ノ性質關係ヲ定メテ之ニ違フモノニハ或ル制裁ヲ加フベキコトヲ命令スルモノナリ之レニ反シテ助法ナルモノハ自カラ權利義務ノ性質關係ヲ定メテ獨立ノ作用ヲ爲スモノニアラズ唯ダ主法ヲ犯スモノアルニ當リ其ノ主法ヲシテ效力アラシムルガ爲メニ用ヰラルヽ所ノ機關タルモノナリ略言スレバ主法ノ運用法ヲ規定スル所ノ手續ナリ故ニ主法ハ体ニシテ助法ハ用ナリ今之ヲ全般法律ノ上ニ徵スルニ憲法刑法治罪法行政法ノ如キハ公法ナリ何トナレバ皆國家ト人民トノ關係ニシテ其ノ法律ヲ以テ定ムル關係ノ上ニ於テ之ヲ犯スモノアルトキハ必ラズ其一方ノ對手ハ國家之

公法私法

主法助法

ニ任ズルモノナレバナリ尤トモ國家ノ公法上ニ於ケル對手トナルニハ必ラズ國家公權力ノ施用タルヲ要ス若シモ國家ニ於テ賣買貸借等ノ如キ公權力ノ施行ナラザル行爲ニ關シテハ私法上ノ管轄ニ歸セザルヲ得ザル也次ニ民法商法訴訟法ハ私法ナリ何トナレバ之ガ規定ハ專ラ一己人間ノ關係ノミニ限ルモノニシテ國家ノ公權力ヲ以テ爲ス所ノ行爲ハ此等ノ諸法律ノ支配ニ屬セザレバナリ尤トモ國家又ハ地方自治体ニシテ其ノ無形人タル資格ヲ以テ財產ヲ有シ其權利義務ヲ負擔シ又ハ諸般ノ取引ヲ爲スガ如キハ是レ公權力ノ作用ニアラズシテ全タク一己人ト同一ノ資格ヲ以テ爲スモノナレバ私法ニ屬スルモノトス而シテ公法中ニ於テモ憲法ノ如キ刑法ノ如キハ勿論主法ニシテ而シテ治罪法ハ刑法ノ助法ナリ行政法ハ時トシテ憲法又ハ他ノ法律ノ助法タルヿアリ亦時トシテ獨立ノ主法タルヿモアルナリ彼ノ私法中ニ於テモ民法商法ハ主法ナルモ訴訟法ハ助法ナリ何トナレバ此ノ法律ハ唯ダ民法商法ヲシテ有効ナラシムルガ爲ニ要スル所ノ手續ノ規定ナレバナリ故ニ今此等諸法律ノ

關係ヲ圖表スレバ當サニ左ノ如クナルベシ

- 法律
  - 公法
    - 主法
      - 憲法
      - 刑法
      - 國際公法
      - 行政法
    - 助法
      - 治罪法
  - 私法
    - 主法
      - 民法
      - 商法
      - 國際私法
    - 助法
      - 訴訟法

此ノ如ク區別スルトキハ商法ハ實ニ私法中ノ主法ニ屬スルモノナリ而シテ此私法中ノ主法ノ內ナル國際私法ハ元來異ナリタル國ト國トノ間ニ於ケル一己人間ノ關係ナルガ故ニ特ニ一國ノ法律ヲ以テ支配スルヿ能ハザルハ勿論ナリト雖ドモ其一國內ニ於ケル一己人間ノ權利義務ヲ規定スルニハ既ニ普通法タル民法ノ在ルアリ然ルニ尙ホ其ノ一己人ノ間ニ於テ特ニ商業取引ヲ

商法ト民法トノ差異
利益ノ目的
常業
區域ノ廣濶
時間ノ迅速

爲ス人ノ爲ニ商法ト云フ特別法ヲ要スルハ何ノ故ゾ是レ次項ニ於テ論ゼント欲スル所ナリ

第二　商法ト民法トノ差異　商人モ亦國家ノ一人民ニシテ其取引スル所ハ普通人ノ取引ト法律上ノ結果ヲ異ニスル所ナキニ似タリ然レトモ普通人ノ取引ハ商人ノ取引トハ其性質ノ異ナル所ノモノアリ乃ハチ普通人ノ賣買委托等ノ行爲ヲ爲スハ自己ノ爲ニスルモノナルモ商人ノ之ヲ爲スハ專ラ他人ノ爲ニ之ヲ爲シ自己ハ唯ダ之ガ爲ニ利潤ヲ得ルニアリ普通人ニ在テハ自己ノ必要アル時ニ限リ之ヲ爲スモノナレドモ商人ハ不斷其本業トシテ之ヲ爲スモノナリ故ニ一己人ノ取引ト商人ノ取引トハ其土地ノ區域ノ上ヨリ云ヘバ廣狹ノ差異アリ乃チ一己人ハ自己ノ傍近ナル所ノ人ト之ヲ爲スニ過ギザルモ商人ハ營業トシテ之ヲ爲スガ爲ニ四方遠近東西ヲ問ハズ隔地異方外國人トノ間ニ於テモ之ヲ爲スナリ故ニ其ノ法律ハ時ニ內國ノ人情風俗ニ通スルノミナラズ諸外國ノ制トモ大差ナキヲ要ス又其時間ノ上ヨリ云ヘバ遲速ノ差異

資本ノ運轉頻繁

對手人多數

信用ノ使用多シ

航海貿易ト手形ノ使用ハ主トシテ商人ノミニ關スル事業

アリ普通人ハ元來取引ヲ營業ト爲スニアラズ從ッテ其事件モ多カラザルガ故ニ急速ノ決了ヲ要スルヿ痛切ナラズト雖ドモ商人ニ在テハ一刻一秒時ノ遲速ニ因テ夥多シキ損益ヲ生ズル所ノ頻煩ナル事務ニ從ガヒ殊ニ甲事業ニ注入セル資本ヲ以テ直チニ乙事業ニ移轉シ更ニ之ヲ丙ノ事業ニモ流用スルガ如キ機敏ナル處置ヲ要スルガ故ニ又普通法ニ異ナル所ノ簡易ナル手續ヲ設ケテ其目的ヲ達セシメザルベカラズ又普通人ノ取引ニハ對手人少キモ商人ニハ多ク普通人ノ取引ニハ現金取引多キモ商人間ニハ信用ヲ以テ一個ノ資本ヲ數所ニ利用スルガ如キヿハ商業ノ性質自カラ然ルナリ而シテ上述ノ事項ハ普通人ニモ商人ニモトモニ爲スヿアルノ事項ナルモ尚ホ且ツ商人ノ爲ニハ特別ノ規定ヲ要スルモノナリ然リ而シテ平生普通人ニハ無クシテ特ニ商人ニノミ存スル所ノモノアリ航海運輸ノヿノ如キ若クハ爲替手形約束手形ノ使用ノ如キハ普通人ニ無クシテ商人ニノミ關スルモノト云フモ可ナリ又破産ノ如キモ常人ニハ少ナク商人ニハ多ク而シテ常人ノ對手ハ少ナク其取引

破產ノ規定ハ商人ニ最モ必要ナリ

商法ハ各國其制ヲ同フス

商法ハ發達遲シ

事項モ單一ナルガ故ニ困難ナキモ商人ノ對手ハ多クシテ且ツ其取引ニモ種々ノ複雜ナル關係ヲ有スルヿ多シトス是レ商法ト民法トハ全タク其規定ヲ異ニセザル可ラザル所以ナリ故ニ各國何レノ地ニ至ルモ民法ノ外ニ商法ノ制定アラザルナシ加之民法ト商法トノ性質上異ル所ノモノ尙ホ二アリ一ハ商法ハ各國ノ制相類似スルヿ他ハ商法ノ發達民法ニ比シテ遙カニ遲キヿ是レナリ蓋シ民法ハ各國其國民ノ風俗人情ニ應ジテ適宜ニ定レバ足ルト雖ドモ商法ハ其取引ノ範圍必ラズシモ一國ニ止ラズ廣ク各國ノ人ト之ヲ爲スガ故ニ民法ノ規定ハ各國互ニ其制ヲ異ニスルニ係ラズ商法ノ制ハ大抵相類似ス就中海商法ノ如キハ各國ノ間ヲ一家ノ如クニ視倣シテ往來交通スルモノナルガ故ニ最トモ差異少ナキヲ要シ又實際ニ差異ナキモノトス且ツ民法ハ各國トモニ其國ノ秩序漸ヤク整頓ニ各人間ノ關係ヲ定ルヿヲ要スルニ至レバ既ニ其ノ萠芽ヲ生ズルガ故ニ其發達甚ハダ早カリシト雖ドモ商業取引テウ事ハ人智ノ稍ヤ進步シタル後ニ於テ始メテ生ズルモノニシテ就中國際間

商業ノ沿革

佃獵時代

物品交換

牧畜時代

農耕時代

ノ貿易ノ如キハ其發達最モ遲カリシガ故ニ之ニ關スル所ノ規定ナル商法ノ發生モ亦民法ニ比スレバ甚ダ遲キヲ常トス尙ホ此商取引ノ發達普通ノ取引ヨリモ遲キコニ關シテハ更ニ次項ニ於テ之ヲ論ゼン

第三　一般商業ノ沿革　何レノ國ノ歷史ヲ繙クモ其ノ上古ニ溯ル片ハ國人ノ智識極メテ劣等ニシテ所謂野蠻ノ社會タルヲ免レズ此時ニ於テハ人皆未ダ土地ヲ耕ヤスコヲ知ラズ專ラ飛禽走獸ヲ獵獲シテ之ヲ食トシ其ノ衣ル所ノモノハ羽毛獸皮其ノ執ル所ノモノハ弓矢ノ武器ノミ此ノ時代ヲ稱シテ佃獵時代ト呼ビ大抵自カラ獵獲シテ自ラ衣食シ未ダ商業取引ナルモノ發生セズ然レ氏當時弓矢ヲ作ル者ハ弓矢ヲ供シ獵獲ヲ專トスル者ハ肉類若クハ羽毛皮革ヲ供シ乃ハチ物品ト物品トヲ交換スルコアリ經濟學者ハ之ヲ物品交換ト稱シ實ニ商業貿易ノ端緒ナリ爾來社會ハ進步シテ飛禽走獸ノ數ヲ減ズルニ隨ヒ更ニ食用ニ供スベキ獸類ヲ飼養シテ生計ヲ營ムノ時代即ハチ牧畜時代トナリ更ニ進ンデ土地ヲ耕作シテ穀物ヲ收獲スルノ時代即ハチ農耕時代ト

製造商業時代

ナリ世運ハ更ニ進ンデ此等ノ天產物ノミナラズ人造ノ工藝品ヲモ產出シ各人互ニ其所長ノ職業ニ從事シテ以テ其ノ得ル所ヲ交換シ此ニ至テ農業製造及ビ商業ナル事ノ發生スルニ至ル而シテ物品交換ノ此ノ商業取引ニ移ル所ノ順序ヲ考フルニ當初各人ハ皆其自己ノ有スル所ノ餘裕ヲ供シ以テ他人ノ有スル餘裕ニヨ而カモ自己ノ得ント欲スル所ノ物ヲ需メタリ然レ𪜈此ノ方

物品交換ノ不便

法ニ依ルトキハ我ガ供給スル所ト我ガ需要スル所ヲ符合セシムルガ爲ニハ甚ハダ困難ヲ見ル例ヘバ我ハ一頭ノ餘裕ナル牛ヲ有スルガ故ニ之ヲ他人ニ與ヘテ以テ一挺ノ鎗ヲ得ント欲スルヿアルモ鎗ヲ有スル者ニヨ牛ヲ要セズンバ此交換ハ行ハレザルナリ彼ノ餘裕ナル鎗ヲ有スル者ニヨ一斤ノ麵包ヲ望ムモ麵包ヲ有スル者ハ鎗ヲ要セズ鎗ヲ要スル者ハ麵包ヲ有セズトセバ此ノ交換ハ頗ブル困難ナリ此ニ於テ何レノ交換ノ場合ニモ媒介トヨ使用セラル丶所ノ貨幣ナルモノ丶發明ヲ生ズ而ヨ貨幣ナルモノハ此ノ交換媒介ノ外ニ

貨幣ノ使用

尙ホ一ノ大功用アリ乃ハチ價値ノ標準是ナリ例ヘバ前ノ一頭ノ牛ト鎗トヲ

賣買取引ノ發生

交換スルニ牛一頭ハ鎗何十本ニ價スルモノナルカヲ知ルニアラザレバ此ノ交換ハ假令需要者ト供給者トノ逢遇スルヿアルモ尚ホ實行シ難キヲ見ル此ノ際先ヅ牛ハ何物ニモ交換シ得ベキ媒介物若干ニ價シ鎗モ亦何物ニモ交換シ得ベキ媒介物若干ニ價スルガ故ニ一頭ノ牛ハ何十本ノ鎗ニ價スト云フヿヲ知ルハ極メテ必要ニシテ而シテ牛ヲ有スルモノ百本ノ鎗ニ用ナケレバ其牛ヲ以テ何物ニモ交換シ得ベキ普通ノ媒介物ニ代ヘ更ニ其媒介物ヲ假テ自已ノ要スル丈ケノ鎗ヲ得其ノ殘餘ヲ以テ更ニ他ノ必要ナルモノヲ求ムルニ至ル是レ物品交換ニ代テ貨幣ト云フ交換ノ普通ノ媒介物ヲ用ユルノ端緒ニシテ賣買取引ナルモノハ此時ニ發ス乃ハチ交換トハ物品ト物品トノ交換ニシテ賣買トハ物品ト貨幣トノ交換ヲ指スモノナリ

此ノ如ク賣買取引ナルモノハ普通ニ一已人ト一已人トノ間ニ於ケル關係ニ比スレバ其發生甚ハダ遲ク就中一旦貨幣使用ノ事起リタル後モ西洋ニ在テハ中古ノ暗黑時代ト稱スル兵馬倥偬ノ戰亂ヲ以テ全社會ヲ覆フヿ數百年我

我國外國貿易ノ發達

西洋諸國商業ノ發達

國ニ於テモ保元平治ノ頃ノ戰亂ヨリ源氏北條氏足利氏ヲ經テ其末路ノ如キハ最モ慘憺タル妖雲全國ヲ覆ヒ商業取引ノ如キハ殆ド全ク行レズ漸ヤク織田豊臣ノ二氏ヲ經テ德川氏ニ至リ武ヲ元和ニ偃セテ三百年ノ泰平ヲ保モチ商業ノ道モ此時ヨリ漸ヤク發達シタレドモ當時德川氏ハ堅ク外國ノ貿易ヲ禁ジタルガ故ニ我國ノ商業ハ實ニ久シク內國ニノミ限ラレ外國貿易ナルモノハ殆ド全ク浦賀開港以後ノ事ニ係リ其前ニハ僅ニ長崎ニ於テ和蘭ノ商舶ト互市ノ形蹟ヲ存スルニ過ギザリシナリ故ニ我カ國ノ商業ハ先ヅ德川氏治世以來乃ハチ今ヨリ三百年以後ニ發達シ最近三十年許ノ以後ニ於テ大ニ進步セルモノナリ而シテ之ヲ西洋諸國ニ徵スルモ亦彼ノ戰亂爭鬪ノ暗黑社會ヲ出デ葡萄牙人バスコダガマガ喜望峯ヲ周航シテ東洋印度ニ貿易ノ道ヲ開キ尋テコロンブスガ太西洋ヲ渡航シテ亞米利加ヲ發見シ各國ヲシテ干戈ノ戰爭ニ代ルニ利益ノ競爭ヲ以テスルニ至ラシメシハ今ヨリ四百年以前ニシテ實ニ西洋ノ商業ハ此時ヨリ大ニ振ヒ其後チ各國ノ間ニ屢バ大戰爭大革命アリテ遂

ニ千八百十五年ノワートルローノ一戰佛國皇帝那勃烈翁一世ノ敗竄ヲ以テ平和ノ局面ヲ現出シタルハ今ヨリ七十餘年ニ過ギズ而シテ歐羅巴ノ商業ハ此ノ頃ヨリ最トモ長足ノ進歩ヲ爲シタルモノニメ彼ノ商業ノ最大利器タル蒸汽電信ノ如キモ此時ヨリ以後ニ發明セラレタルモノナリ而シテ此等商業ニ關スル各國ノ規定ハ多ク摸範ヲ佛國ニ採リ而メ佛國ノ商法ハ其端ヲ千六百六十一年及千六百八十三年路易十四世王ノ制定セルモノニ發シ後千八百七年ノ改正商法ハ乃ハチ現行法ナリ而メ獨逸ノ商法ハ千八百六十一年ニ制定セラレ我國商法ハ之ニ倣ヘルナリ以テ商業取引ナルモノヽ發生ノ遲クシテ而メ之ニ關スル法律ノ制定モ亦未ダ久シカラザルヲ見ルベキナリ

我國ニ於テ商法制定ノ必要

第四　我國ニ於テ商法制定ノ必要　既ニ說クガ如ク我國內地ニ於ケル商業ハ三百年以後ニ發達シ而メ外國貿易ノ如キハ其ノ行ハルヽヲ見ルニ至リタルヿ甚ハダ近世ニアリ然リト雖ドモ其進歩ハ實ニ非常ノ速力ヲ有シ年々輸出入ノ統計ヲ見ルニ驚ロクベキ增加ヲ加ヘ之ヲ今ヨリ十三四年前ニ比スレ

バ實ニ二倍ノ多キヲ見ル而〆其然ル所以ノモノハ我國人士ノ商業ニ熱心ナルニ由ルト雖圧抑ソモ亦之ヲ我國天然ノ位地ニ歸セザル可ラズ蓋シ我國ハ四面海ヲ以テ繞ラシ西ハ近ク亞細亞大陸ト交通シ東ハ太平海ヲ隔テヽ亞米利加大陸ニ隣リ南ハ遙カニ濠洲ノ新殖民地ニ面ス而〆歐羅巴諸國ノ東洋貿易ニ從フ者ノ爲ニハ最好ノ貿易市場ニ〆其ノ印度洋ヲ經テ太平洋ヲ渉リ亞米利加ニ航行セント欲スル時ニ當テハ無二ノ碇泊港タリ故ニ世ニ我國ヲ以テ東洋ノ英國ヲ以テ目スル者アルハ強チ無稽ニアラザルナリ唯ダ我國目下ノ輸出入額ハ之ヲ英國ニ比スレバ百分ノ一ニモ足ラズト雖ドモ其ノ位地ヨリ云フ片ハ英國ノ繁盛モ亦決シテ之ヲ期シ難キニアラズ此ノ天與ノ好位地ヲ有スル我國ヲ〆東洋貿易ノ中心市場タラシムルヿヲ期スルニハ必ラズ商業取引ニ關スル規定モ亦之ヲ世界各國ノ制ニ鑑ミテ其宜シキニ適スルガ如ク之ヲ設ケザルベカラズ蓋シ政治上ヨリ見ルトキハ互ニ國家ト名クル觀念ヲ抱懷シ彼我ノ國疆ヲ異ニスル片ハ自カラ自他親疎ノ感情ヲ有セザルヲ得

ズト雖𪜈商業上ヨリ之ヲ見レバ四海兄弟五洲一家亦其間ニ畛域アルヲ見ズ若シモ商業上ニ於テ國ノ內外ト人種ノ異同ノ爲ニ取引ヲ異ニスルガ如キアラバ外國貿易ハ得テ行ハルベカラズ若シモ人智未ダ野蠻ニメ不便ヲ忍ンデモ自國ノ產出品ヲ以テ用ヲ辨ズルノ時代ニ在テハ暫ラク之ヲ措ク苟モ世運ノ既ニ上進シ我ハ我ガ所長ノ貨物ヲ產出メ之ヲ輸出シ我ニ不適當ニメ他ニ所長ノ貨物ハ之ガ供給ヲ他國ニ仰ギテ以テ之ヲ我國ニ輸入シ有無相通ジ長短相補フノ主義ヲ取ルニ及ベバ勢ヒ我ガ一國內ニ局促タルヿ能ハズ而シテ文明ノ步ヲ進ルニ隨ヒ何レノ國モ必ラズ此主義ヲ取ラザル可ラザルノミナラズ就中其國ノ位置最トモ商業ニシ適而メ將來商業國トシテ社會ニ立ンヿヲ望ムヿ我國ノ如キニ在テハ最𪜈商業ノ繁盛ヲ助長スルノ法ヲ設ケザルベカラズ殊ニ商業ノ旺盛ニ赴クニ伴フテ信用ノ發達ハ最𪜈之ガ必要ヲ見ルベク信用ヲメ發達セシメントスルニハ必ラズ之ガ保護ノ道ヲ設ケテ以テ取引ノ安全ヲ保セザルベカラズ是レ我國ニ於テ目下商法ノ規定ヲ要スル所以

ナリ

上來述ル所ヲ以テ商法ノ一般ノ性質ハ粗ボ之ヲ盡シタルガ故ニ以下將サニ其ノ正文ニ就テ之ヲ說明スベキ也

商法適用ノ範圍

總則

今玆ニ商法ノ冒頭ニ此ノ總則ヲ揭クルハ以下ノ各編各章ニ通ジテ一般ニ適用セラルベキ原則乃ハチ先ヅ商法各部ノ關係及ビ之ヲ適用スベキ範圍ト之ガ支配ヲ受ル所ノ人トヲ定メンガ爲也

第一條　商事ニ於テ此法律ニ規定ナキモノニ付テハ商慣習及ビ民法ノ成規ヲ適用ス

本條ノ規定ニ依レバ商事ニ付テハ先ツ商法典ヲ適用シ次キニ商習慣及ビ民法ノ規定ニ準據セザルベカラズト云フニアリ而シテ商事ノ上ニ此商法典ヲ適用スルコトハ是レ實ニ本法制定ノ要旨ニシテ故サラニ之ヲ明言スルノ必要ナキニ似タレ𪜈元來本條ニ於テ此等ノ規定ヲ爲セル目的ハ主トシテ其例外ノ塲合ヲ示サントスルニアリ故ニ此事ハ適用上最トモ缺クベカラザルノ事トス乃ハチ商事上ニ商法ヲ適用スルハ勿論ノ事ナルモ限リアル法文中ニ於テ限リナキ商業各事項ヲ盡トク網羅シ盡シ得ベシトモ考ヘラレス且ツ假令商

取引ナリト雖圧商慣習若シクハ普通民法ノ規定ニ依リテ差支ナキモノニ付キテ又重複ノ規定ヲ爲スハ無用ナルガ故ニ之ヲ省キタルナリ故ニ其規定ニ漏レタルモノハ先ヅ商慣習ニ依リ商慣習モ又アラザルモノハ民法ニ依ルト云フナリ

此ノ如ク商業上ニハ慣習ヲ重ンジ商法ノ規定ナキ塲合ニ其慣習ハ効力ヲ法律ト等シカラシムルモノナルガ故ニ所謂商慣習ニ附テ研究ヲ爲サヾルベカラズ而メ此慣習ハ時トメ或ル一地方ニノミ存スルモノアリ又時トメ全國一般ニ行ハルヽモノアリ然レトモ其効力ニ至テハ輕重ノ差別ナク唯ダ其區域ニ廣狹ノ差アルノミ而メ此等ノ商慣習ヲノ効力ヲ法律ト均シカラシムルニハ幾多ノ條件アリ乃ハチ

商慣習ヲメ効力ヲ法律ト均シカラシムルノ條件

第一　永久年間同一事件ノ起ル毎ニ各人皆同一轍ニ履行シタルヿヲ要ス

從來ノ慣行

慣習ヲ以テ一ノ法律ト見做スニハ乃チ必ラズ同一事件ノ發生スル毎ニ常ニ同一轍ニ之ヲ處置シ各人ハ殆ド義務トメ之ヲ遵守シ容易ニ之ヲ犯ス能ハサ

全國又ハ一地方ノ因襲ノ慣行

德義ニ戻ラズ法律命令ニ背カズ

ルノ狀態ニ至リシヿヲ要ス然ラサレハ法律ト同一ノ効力ヲ付シ難シ

第二　全國若シクハ或ル局部ニ於テ普ク行ハレタルコトヲ要ス

若シ其慣習ニシテ或ル一部ノ人ニノミ行ハレタルモノナリトモ未ダ之ニ法律ノ効力ヲ付スルヿヲ得ス故ニ全國一般ニ行ハレタル慣習ハ其効力モ亦タ全國ニ及ヒ唯ダ或ル一地方ニノミ行ハレタルモノナルキハ其地方ニ在リテノミ法律ノ効力ヲ有スルモノトス

第三　道德良能ニ乖戻セサルヿヲ要ス

第四　法律ノ命令又ハ禁令ニ撞着セサルヿヲ要ス

道德良能ニ乖違シ又ハ法律ノ命令及ヒ禁止ニ反スルノ慣習ハ不正不當ナルモノニシテ法律トハ氷炭相容レサル性質ノモノナレハ之レニ有効ナル能力ヲ與フルヿヲ得サルハ勿論ナリ

以上數件ヲ具備スルニ於テハ商事上法律ト等シキ効アリトス而〆此等商慣習ヲ以テ對抗セントスルモノハ之レヲ證明セサルヘカラサルハ其通則ナリ

全般ノ慣習ト一地方ノ慣習ト擧証ノ責任同ジカラズ

ト雖𪜈一般ノ商業習慣ハ通法トシテ之レヲ踐行セサルヘカラザルガ故ニ此ノ塲合ニハ之レカ爲メニ利益ヲ得ントスルモノモ敢テ之レヲ證スルノ責ナク判官モ亦他ノ一般ノ法典ト同シク之レヲ遵奉スヘキ義務アルモノトス然レ𪜈地方限リノ習慣ハ然ラス之レカ擧證ノ任アルノミナラス曾テ知得セサルモノニ對シテハ之レヲ貫クヿヲ得ス此レ兩者ノ間ニ於ケル較著ナル効力上ノ差違ナリ

商習慣ト民法トノ適用順序

佛朗西民法ニハ商法典ノ不備欠漏アル片ハ商業習慣ト民法ト孰レヲ先キニ適用スヘキヤヲ明規セサルヲ以テ學者間ノ說ク所一ナラス或ハ特別法一般法律ニ優ルトノ原則ヲ適用シ商業習慣モ一ノ法律ナレハ特別法ト等シキ効力ヲ有セシムヘシト論シ或ハ若シ商業習慣ヲ以テ一般ノ法律ニ先ンスルモノトセハ殆ント法律規定ノ目的タル全國統一ノ旨趣ニ反スルモノナリト說キ議論決セザリシカ本邦商法典ニ於テハ其適用ノ順次ヲ定メタレハ疑惑ノ起ルコトナカルベク又相抵觸スル塲合モ事實上少カルヘシ何ントナレハ

商業慣習ハ多クハ商事ノ細目ニ於テ存シ民法ハ一般原則ノ規定ヲ目的トスルモノニ〆而〆商習慣ハ商事ノ爲ニノミ成立ツモノナレハ商法ト同ク民法ニ先タツモノタルヿ當然ナルヘケレハナリ

而シテ商業習慣ハ商事上ニ起レル契約ノ解釋ニモ大ニ効力アルモノナリ故ニ裁判官タルモノ一般情理ニ準由シテ商業習慣ニ反スル解釋ヲ適用シタル片ニ於テハ法律ノ解釋ヲ誤リタルモノトシテ大審院ノ破棄ニ係ルヘキモノト謂ハサルヲ得サルニ似タリ然リト雖ドモ元ト大審院ヲ設ケタル理由ハ全國普ネク成文法ノ適用ヲ統一ナラシメントスルニ在ルヲ以テ商業習慣ニ反スル解釋モ大審院ニ於テ之レヲ破棄スルコトヲ得サルヘシ然リト雖𪜈法典明ラカニ正條ヲ以テ習慣ニ依ルヘシト定メタル時ハ此限リニアラス

商法ノ例外ト〆民法ニ由ル場合

今又商取引ノ上ニ於テ民法ノ規定ヲ適用スルニ當リテ特ニ注意ヲ要スヘキハ民法ニ在リテハ一般原則ヲ定メ商法ニ於テハ其特例ヲ定ムルヲ以テ目的トスルモノナレハ其適用ノ區域甚タ廣狹アリ故ニ民法ノ法理ヲ商業上ニ適

用セントスルニハ其商業ノ如何ナルモノナルヤノ事實ヲ探究シテ後之レカ判斷ヲナサヽルベカラズ然ラサレハ商業ノ特質ナル圓滑活動ヲ障礙スルニ至ルヘケレハナリ

商法典ノ外ニ發布セル法律命令ノ商事又ハ商人ニ關スル適用

第二條　特種ノ商事又ハ商人ノ爲メニ發布シタル法律命令及ヒ規則ノ効力ハ此法律ニ因リ妨ケラルヽヿナシ

本條規定ノ目的ハ一ハ政府ニ於テ商事ニ關スル諸布達ノ頒布ヲナシ得ヘキコトヲ明示シ一ハ裁判官ヲシテ商事ニ關スル事項ニ付キ商法ヲ適用スルニ臨ミ政府ヨリ發スル總テノ行政上ノ規則ヲ參照適用スヘキヿヲ命セルナリ而シテ本條ニ所謂法律命令及ヒ規則トハ多クハ行政上及ヒ警察上ノ諸布達ヲ指スモノニシテ例セハ銀行條例關稅法相場會所ニ關スル規則其他鐵道條例ノ如キモノヲ云フ

此等行政上ノ規則ハ商法ノ上ニ如何ナル關係ヲモ及ホスモノニアラスト雖

ト苟クモ商人ノ身分ヲ保有シテ法律ノ支配下ニ立ツモノハ同シク遵守スヘキモノナレハ事實上其適用ヲ均シクスルモノトス

第一編　商ノ通則

第一章　商事及ヒ商人

第三條　商事トハ商人又ハ其他ノ人ノ爲シタルニ拘ハラス總テノ商取引及ヒ其他此法律ニ規定シタル事項ヲ謂フ

商事トハ何ヲ指シ商人トハ何人ヲ謂フカ之ヲ定ルハ實ニ商法ノ根柢ナリ

本邦ノ商法典カ第一編ノ首章ニ於テ先ツ商事ノ定解ヲ與ヘタルハ能ク編纂ノ順序ヲ得タルモノト云フ可シ佛朗西商法ノ如キハ第四卷ニ於テ商事裁判所ノ管轄ヲ定規ストト雖ト曾ツテ商事ノ何物タルコトヲ規定セス故ニ學者間

議論百出シテ一定セス甚タ困難ヲ感スルコトアリ今此法典ハ茲ニ一定ノ解義ヲ付シタレハ本邦ニ在リテ之レヲ論議スルハ蓋シ無要ノ辨ト云フ可シ
蓋シ皮相上一見スレハ商法上記載セル事柄ハ皆ナ商事タルコ勿論タレハ特ニ商事ノ何物タルヤヲ定ムルハ甚タ其要ナキカ如シト雖モ商業取引ノ如何ナルモノナルヤヲ定ムルノ必要アル已上ハ從ツテ又之レカ商事タルモノヽ區域ヲモ一定セサルヘカラサルハ當然ナリ
元來商法ハ商人ノ身分ヲ有スルモノヽ取引ニノミ着限セルモノニアラスシテ其何人ヲ問ハス商事ニ干渉セルモノヽ事項ニマテ及フモノナレハ其ノ適用ノ區域甚タ汎ロキガ故ニ宜シク商業取引ノ何タルト又取引ニシテ商事ト見做サヽルモノトノ範圍ヲ劃定スルノ要アルナリ是レ次條ノ起リタル所以ナリ而メ商取引モ一ノ契約ニ他ナラサレハ商法中特別ノ規定アル場合ノ外ハ民法一般ノ原則ヲ適用スヘキモノニメ則チ一般契約ノ成立スル要素及ヒ契約成立ニ要スル方式ニ準由セサルヘカラサルハ勿論ナリトス

商取引ノ義解

第四條　商取引トハ賣買賃貸又ハ其他ノ取捌ノ方法ニ因リ產物商品又ハ有價證券ノ轉換ヲ以テ利盛ヲ得又ハ生計ノ爲メニスル旨趣ニテ直接又ハ間接ニ行フ所ノ総テノ權利行爲ヲ謂フ殊ニ左ニ掲クルモノハ商取引ニ屬ス

第一　產物ノ交換、販賣ヲ目的トスル取引
第二　製造、工業及ヒ手職業ニ係ル作業及ヒ取引
第三　人及ヒ物ノ運送ニ係ル作業及ヒ取引
第四　航漕ニ係ル作業及取引
第五　建築ニ係ル作業及取引
第六　銀行營業ニ係ル作業及取引
第七　流通シ得ベキ信用證券ノ發行及流通ニ係ル作業及ヒ取引

第八　商ノ爲メニ爲シ又ハ受クル倉庫寄託及ヒ其他ノ寄託ニ係ル作業及ビ取引
第九　船舶ノ賣買、質入、抵當、構造、修繕、艤裝及ヒ乘組ニ係ル作業及取引
第十　取引所ノ取引
第十一　保險ニ係ル作業取引

事實上ノ商取引

既ニ前條ニ於テ商事ノ何タルヤヲ定テ之ヲ二種ト爲シ其一ハ商人又ハ其他ノ人ノ爲シタルニ拘ラズ總テノ商取引ト其二ハ其他此商法ニ於テ規定シタル事項トニ別チタリ乃ハチ前者ハ事實上ノ商取引ニシテ後者ハ純粹ノ商取引ニハアラズト雖ドモ法律上見認メテ商取引ト爲ス所ノモノナリ而シテ本條ニ於テハ先ヅ其事實上ノ商取引トハ何者ナルカヲ解釋シテ而シテ其種類ヲ列擧シタリ而シテ其定義中ニ所謂賣買トハ貨幣ニ代テ動產物ノ所有權ヲ移轉スルモノニシテ賃貸トハ報酬ヲ得テ自己ノ所有品ノ上ニ他人ノ使用ヲ許スノ謂

營利ノ目的

生計ノ一途

ニメ此事ハ商人ノ之ヲ爲スト非商人ノ之ヲ爲ストニ論ナク苟クモ營利ノ爲ニスル者ハ皆商取引タリ又産物商品若クハ有價証券ノ轉換モ苟クモ利益ヲ得ル爲メ又ハ生計ノ爲ニスル者ハ皆商取引ト爲ス産物トハ穀物畜類材木菓物等ノ如キ天然ノ産物ヲ謂フモノニメ商品トハ此等ノ天産物ト其他ノ製造工藝ニ屬スル物品トヲ問ハズ商業市場ニ取引ノ目的物トセラルヽ所ノモノヲ謂ヒ有價証券トハ約束手形爲替手形小切手若クハ株券ノ如ク權利ノ表明証トシテ或ル價額ヲ以テ賣買讓與セラルベキ証書ヲ謂フナリ此ニ産物ト商品トヲ別チタルハ重複ニ似タリト雖ドモ亦區別ナキニ非ス産物トハ農夫ノ手ニアル穀物ノ如キ漁夫ノ有ニ屬スル魚類ノ如キ天産物ノ未ダ商人ノ有ニ屬セザルヲ云フモノニメ商品トハ一旦原始ノ獲得者又ハ製造者ヨリ商人ノ有ニ歸シタル後更ニ商業市場ニ取引セラルヽモノヲ云フ故ニ漁夫ノ捕獲セル魚類ヲ魚市場ニ出スヿナク直チニ消費者ニ賣却スルトキハ此ノ魚ハ商品ニアラズ而メ其取引ノ雙互ノ對手ハ何レモ商人ニアラズト雖ドモ此ノ取引

ハ商取引ナリ何トナレバ漁夫ノ魚類ヲ捕獲シテ之ヲ他人ノ有ニ移轉スルハ是レ其ノ生計ノ爲ニスルモノナレバナリ要スルニ商取引タルニハ營利ノ爲メ若クハ生計ノ爲ニスルヲ要ス若シ然ラズシテ甲ハ自己ノ有スル所ノ書幅ノ意ニ滿タザルモノアルガ爲ニ之ヲ乙ニ賣却シ又ハ丙ガ丁ノ有スル馬匹ノ駿逸ナルヲ羨ヤミ請テ之ヲ讓リ受ルガ如キハ是レ元來營利ノ目的ニアラズ又生計ノ爲ニスルニアラザルガ故ニ之ヲ商法ノ支配スル取引ト見做サヾルナリ

商取引ノ目的物

去レバ商取引ノ目的物タルモノハ一、産物二、商品三、有價證券ノ三種アリテ其上ニ就テ行フ方法ニモ一、賣買乃チ所有權ヲ移轉スルモノト二、賃貸乃ハチ或ル期限間使用權占有權ヲ移轉スル者及ビ三、其他ノ方法ノ三種ニ別カ

目的物ノ上ニ行フ方法

レ其ノ目的物ノ上ニ權利ノ移轉ヲ行フ目的ニハ一、利益ヲ得ル爲又ハ二、生計ノ爲ニスルノ要件ヲ有セザル可ラズ苟クモ此等ノ諸要素ヲ具備スルトキハ其ノ直接ノ取引タルト間接ノ取引タルトヲ問ハザルナリ

直接及間接ノ取引

權利行爲

直接ノ取引トハ直チニ代價又ハ賃錢ヲ得テ權利ヲ移轉スルヲ謂ヒ間接ノ取引トハ海陸運送業ノ如キ他ノ取引ヲ媒介助成スルノ行爲ヲ指スモノナリ而メ法律ハ亦總テノ權利行爲ト云ヘリ乃ハチ此等ノ事ニシテ法律上適當ニ爲シ得ル所ノ權利義務ヲ生ズベキ行爲ヲ云フナリ若シ然ラズシテ法律ノ禁ズル物品ノ賣買取引ナランニハ是レ權利行爲ニアラズ例ヘハ爆發物ノ賣買猥褻圖畫ノ賃貸ノ如キハ此ニ所謂商取引ノ部類ニ入ラザルナリ尚ホ此ニ一言スベキハ商法ニ於テ規定スル所ハ専ラ動產ニ限ルモノニメ不動產ノ賣買賃貸ハ此ニ入ラザル丁是レナリ

上述スル所ニ因テ本條ノ精神ヲ知ルヲ得ベシ尙ホ其列擧ノ各項中ノ字句ニ就テ一二說明センニ第一ノ產物ハ天產物ヲ稱スルモノニメ其ノ交換トハ物品ト物品ノ交換ヲ謂ヒ販賣ハ物品ト貨幣ノ交換ナリ第二以下各項ノ作業トハ其ノ事業ヲ營ム丁ニメ取引トハ乃ハチ其事業ヲ營ム丁ノ爲ニ一方ヨリ金錢ヲ供シ他ノ對手ハ物件權利又ハ勞力ヲ供シテ互ニ之ヲ授受スルヲ云フナ

法定ノ商取引

リ

第五條　其他左ニ掲クル者ハ之ヲ商取引ト看做ス

第一　公ニ開キタル店舗帳場若クハ其他ノ營業所ニ於テ又ハ公告ヲ爲シテ營ム兩替及ヒ利息若クハ其他ノ報酬ヲ受クル金錢貸附

第二　新聞紙及ヒ其他ノ定期印刷物ノ發行

第三　商事ニ於ケル各般ノ代理及ヒ委任

第四　公ナル周旋所及ヒ代辨ノ營業

第五　公ナル共歡場及ヒ遊娯場ノ營業

第六　受負作業ノ引受

金錢貸附又ハ兩替

本條ニ於テハ乃ハチ前ニ所謂事實上ニハ純粹ノ商取引ト云フベカラザルモ法律上之ヲ商取引ト認定スル所ノ事項ヲ列擧シタリ而シテ今此ニ列擧スル所ノ各項ヲ査窮スルニ第一ハ金貸又ハ兩替ノ事トス而ノ此等ノ事ハ通常人

ガ其生活上臨時ノ便宜ノ爲ニ之ヲ爲スコトモ屢バナルモノニメ一概ニ萬種ノ金貸又ハ兩替ヲ以テ商取引ト見做スニハアラズ蓋シ金錢ヲ貸シ附ケテ之ガ利息又ハ報酬ヲ受クルヿヲ以テ本業ト爲ス者ハ勿論資本ノ移轉事業ナレ𪜈世間ニハ此等收利ヲ目的トスルニアラズメ唯ダ一時ノ融通ノ爲ニ甲ノ所有金ヲ乙ニ貸シ亦ハ乙ノ拾圓紙幣ヲ丙ノ一圓銀貨十個ト交換スルガ如キヿ多シ此等ノ類ハ本條ニ所謂商業ト見做スモノニアラズメ此ニ規定スル所ハ少クモ金貸又ハ兩替ヲ以テ營利ノ目的トメ爲ス所ノ外形ノ表示アルヲ要ス故ニ公ニ開キタル店舖又ハ帳場其他ノ營業所ニ於テ公告ヲ爲シテ營ムモノタラザルベカラズ例ヘバ株券抵當低利貸金所トカ又ハ兩替ノ招牌ヲ掲グルノ類ナリ尤トモ土地書入ハ別ニ第八條ノ規定アルガ故ニ本條ノ中ニ含マザルナリ

新聞紙及其他ノ定期刊行物

第三ノ新聞紙其他ノ定期刊行物等ノ發行ハ一方ヨリ見レバ政治上ノ主義ヲ吐露シ又ハ學術研究ノ爲ニスルモノニメ商業ニハアラザルモ他ノ一方ヨリ

商事上ノ代理人

見ル片ハ營利ノ爲ニ之ヲ發行シ其ノ一部賣リタルト月極メ又ハ年極メタルトニ論ナク代價ヲ授受シテ賣買シ且ツ賣捌所仲買人等ヲ使用シテ利益ヲ謀リ又傍ハラ公告ヲ以テ收入ヲ得ル所ノ營業ナルガ故ニ之ヲ商取引ト見做セルナリ獨逸英吉利諸國モ亦同シ故ニ會社ヲ結デ新聞雜誌ヲ發行セバ商社ト見做スベシ

第三商事ニ於ケル代理人等ハ皆間接ナル商業取引ト云フテ可ナルモノナリ畢竟本人ガ自カラ直接ニ商取引ヲ爲スニ當リ其事務ノ繁忙ナルガ爲ニ一々之ヲ爲スニ堪ヘズメ代理人ヲ任用スルハ猶ホ自己ノ手脚ヲ以テ之ヲ爲スト同ク自カラ其責任ヲ負フガ故ニ其商事上ニ任用スルハ皆之ヲ商取引ト見做スナリ而メ此等商事ニ關スル全般ノ代理人ヲ皆商業トセルハ各國ニ其例ナキ所ナルモ立法者ロイスレル氏ノ說明ニヨレバ商法ノ未ダ十分發達セザル當時ヨリ傳ハル所ノ舊商法ハ輙モスレバ商法ノ區域ヲ制限セント欲スルモ實際ノ利益ハ之ニ反シテ成ルベク之ヲ擴張スルヲ宜シトス佛國ノ制ニ於テ

葡萄栽培者自ラ葡萄ヲ賣ルハ商取引ニアラズメ唯ダ仲買人ノ手ヲ經テ賣ル片ノミ商取引ナリトスルガ如キ不道理ノ見解ハ各種ノ生産事業ヲ分離セシ時ニ於テ起レルモノニメ今日ニ在テハ須ラク經濟上ノ事務ハ之ヲ一致セシムルヿヲ要スルガ爲ナリト云フ

公ナル周旋所及代辨營業

第四公ナル周旋所及代辨ノ營業ハ是レモ直接ノ商業ニハアラザルモ亦間接ニ商業ヲ幇助スルヿヲ目的トシ之ヲ營利ノ爲ニ日常ノ本業トスルモノナレバ商業ト見做ス例ヘバ雇人請宿又ハ土地家屋賣買抵當周旋所ノ類ナリ

公ナル共歡場及遊娛場

第五公ナル遊娛場ハ釣リ堀楊弓玉突場等公衆ヲ集メテ自ラ隨意ニ娛樂セシムルノ場所ニメ遊娛場トハ芝居寄席ノ如ク公衆ヲメ共ニ娛マシムベキ遊藝ヲ演シテ觀客ノ視聽ニ供スル所ナリ此等モ元ト營利ノ爲ニ爲ス所ノ事業ニメ公衆ヨリ代價ヲ取テ之ニ快樂ヲ供スルヿハ猶ホ代價ト物品トヲ交換スル商取引ノ如ク其間唯ダ有形無形ノ差違アルノミト爲スナリ故ニ數人ノ資本家ヲ以テ此等ノ事業ヲ營ム片ハ之ヲ商社ト見做サルベシ

受負作業ノ引受

商人ノ爲ス所ノ取引ハ商取引ト看做スヲ原則トス

第六受負作業ノ引受ハ一事業ニ對スル金額ノ代價ヲ受ケテ其事業ノ全体ヲ擔任スルモノニシテ普通ノ勞力契約トハ異ニシテ全ク資本ノ移轉ト營利ノ目的トヲ以テ爲ス所ノ事業ナリ故ニ一家ヲ營造スルニ當リ大工ヲ傭フテ日々ノ賃銀ヲ拂フテ勞作セシムルハ勞力契約ニ過ギザレトモ受負業ハ其家屋全体ノ營造ニ對スル總費額ヲ積算シテ之ヲ受負ヒ自カラ大工及ヒ其他ノ職人ヲ使役シ依賴人ヨリ受負賃ヲ受取テ他ノ職人ニ賃銀ヲ仕拂ヒ其受取額ト支拂額トノ間ニ於テノ損益ハ自カラ之ニ任ズルモノニシテ此事ハ純然タル資本ノ移轉事業タルモノトス而シテ之ヲ爲スヤ何人モ損失ヲ目的トスル者ナク皆利益ヲ得ンガ爲ニ爲スモノナレバ商取引ノ要素ハ具サニ備ハレルモノナリ

第六條　商人其營業上ニ於テ取結ビ又ハ其他ノ商人若クハ作業人ト取結ヒタル取引ハ反對ノ証ナキトキハ之ヲ商取引ト見做ス

本條ハ商人ト非商人トノ行爲上法律ノ推測ヲ異ニスル所以ヲ明ニセルモノノ

ナリ乃ハチ非商人ノ爲ス所ノ取引ハ商取引ト見做サヽルヲ常トシ商人ノ爲ス所ノ取引ハ商取引ト爲スヲ常トス盖シ世間萬種ノ事務一々之ヲ區別シ此レハ商取引ナリ彼レハ商取引ニアラズト細別スルヿヲ得ザルガ故ニ法律ハ一般ノ場合ヲ推測シ先ヅ商人ノ其營業上ニ於ケルカ又ハ其他ノ商人及作業人トヽモニ爲ス所ノ取引ハ皆商取引ト見做スモノニシテ若シ之ヲ商取引ニアラズト抗辨スルニハ其ノ擧証ノ責ヲ其取引ヲ爲セル者ニ負ハシムヽ之ニ反シ非商人ノ取引ヲ商事ナリト主張スルニハ之ヲ主張スル者ヨリ證據ヲ擧ゲザル可ラザル也

商取引ト看做サヽルモノ

第七條　左ニ掲クル者ハ之ヲ商ヒ取引ト看做サズ

第一　所有地又ハ借地ヨリ收獲シタル產物ヲ賣ルコト

第二　戸々ニ付キ又ハ道路ニ於テ物品ヲ賣リ又ハ勞役ヲ供スルヿ但シ常設ノ營業所ヨリ出ツル者

ハ此限ニアラズ

第三　專ラ勞力賃ノミヲ得ル目的ニテ物品ヲ製作シ又ハ勞役ヲ爲スコト

第四　他人ノ爲ニ動作又ハ勞役ヲ賃約スルヿ但此法律中此等ノ契約ニ關スル規定ヲ掲ケザルトキニ限ル

本條ニ規定スル所ハ要スルニ其所得少ナク亦其事業ノ甚ハダ小ナルヲ以テ之ヲ商取引ト見做サズト云フノミ而メ其第一項ノ所有地又ハ借地ヨリ收穫シタル産物ヲ賣ルヿハ是レ自己ノ耕作セル田地ヨリ收穫シタル穀物ヲ賣リ又ハ其ノ邸内ノ畑ヨリ穫タル野菜ヲ賣ルノ類ニメ此等ハ元來資本ノ移轉事業ニモアラズ亦營利ヲ目的トスルニモアラズ唯ダ勞役ヲ施コメ其報酬ヲ得ルノミ故ニ此等ハ普通ニ農夫ノ事業ニメ商賈ノヿニアラズ第二項ノ戸々ニ行商スルハ其性質商事ナルモ其規摸ノ小ナルガ爲ニ商取引ト見ザルモノナ

不動産ノ取引ハ商取引トセザルヲ原則トス

リ然レモ一定ノ店舗ヨリ賣子ヲ出シテ行商セシムル所ノ大坂安土町ノ千金丹賣又ハ越後小千谷ノ縮布商ノ如キハ其規摸小ナルモノニアラザルガ故ニ商取引トス第三項ノ專ラ勞力賃ノミヲ得ル目的ニテ物品ヲ製作スルハ是レ普通ニ職工ノ業ニメ例ヘバ桶屋ノ桶ヲ作リ傘屋ノ傘ヲ作ルノ類ナリ是レ移轉事業ニアラズ亦營利事業ニモアラザル也況ヤ第四ノ如キハ全ク賃銀ノ爲ニ働ラク所ノ勞力者ナリ尤トモ勞力契約ニテモ商事ノ爲ニ働ラク代辨人代理人ノ如キハ此法律中別ニ規定シテ商取引ト見做スガ故ニ此等ノ規定ヲ除キテ其他ノ一般ノ勞力契約ヲ云フナリ

第八條　不動産ニ關スル權利ヲ目的トスル契約ハ商ヒ取引トセズ但射利ヲ旨趣トスル買得及ビ轉賣ハ此ノ限リニアラズ

不動産ニ性質上ノ不動産用法上ノ不動産及ビ法律上ノ不動産ノ別アリト雖ドモ本條ニ於テハ專ラ土地家屋ヲ指スモノナリ而メ法文ハ單ニ不動産ト云

商人ノ定義

ハズメ不動産ニ關スル權利ト云ヘルガ故ニ土地家屋ノ外其上ニ於ケル地役權收實權書入權等ヲモ一切之ヲ包含シ而メ總テ此等ノ權利ニ關スル契約ハ之ヲ商事トセズ是レ不動産ハ其性質上他ノ商品ノ如ク頻リニ之ガ所有權等ヲ移轉スベキモノニアラズシテ成ルベク同一所有主ヲメ之ヲ持續セシムルヿヲ目的トスレバナリ此ノ事ハ古來封建的習慣ニ起因スト雖モ又一ハ豪農兼併ノ弊ヲ防グノ政略トメ舊來用ヒ來レルヿハ各國殆ド其揆ヲ一ニスル所ナリ且ツ此等ノヿナシトスルモ其賣買移轉ニハ不便ニメ商品ノ如ク自由ニ授受スルヿヲ得ザルガ故ニ其取引モ至ツテ少シト假定シ此ノ如ク定メタルモノナリ然レモ若シ此等ノ土地家屋ノ賣買貸借ヲ爲シ射利ヲ目的トシテ營業スルモノハ商取引ト見做サルヽモノナリ故ニ單ニ土地家屋ノ貸借ハ商取引ナラザルモ旅人宿ニテ座敷ヲ貸スハ射利ノ目的ナルガ故ニ商取引トス

第九條　商人トハ總テ商業ヲ營ム者ヲ云ヒ商業ヲ營ムトハ常業トメ商ヒ取引ヲ爲スヲ云フ

農作牧畜狩獵捕漁及採藻ノ業ヲ營ムハ商業ヲ營ムト看做サス

本條ニハ商人ノ何物タルカヲ明定セリ而メ其ノ定ル所ニヨレバ商人タルニハ第一商業ヲ營ム者タラザル可ラズ第二商取引ヲ營ムヿヲ平生ノ本業トスル者タラザルベカラズ所謂商取引ノ何物タルカハ既ニ本法第四條五條ニ於テ之ヲ定メタリ而メ會タマ此等ノ商取引ヲ臨時ニ行フト雖トモ未ダ商人トセズ必ラズ平生ノ本業トメ之ヲ爲スヲ要ス尤トモ常業トハ其主要ナル事業ヲ指スガ故ニ別ニ兼業ヲ營ムモ商ノ常業ニ妨ゲナシ而メ農業牧畜狩獵等ノ如キハ其收穫ヲ販賣シテ生計ヲ營ム者多シト雖ドモ是レ唯ダ其勞力ニ對スル報酬ヲ得ルニ過ギザルモノニメ決メ資本ノ移轉事業ニモアラズ亦營利ノ爲ニスルニモアラザルヿハ猶ホ第七條ニ說ク所ノ如シ

商人ト非商人トヲ區別スル利益

今夫レ何ガ故ニ商人ト非商人ヲ區別セルカト云フニ商人ハ自己ノ記セル帳簿ヲ證據トスルヲ得ルモ非商人ハ他人ノ署名セル證書ナラサレバ効ナシ其

商ヲ爲シ得ヘキ能力

ノ破產スルヤ商人ナレバ先ヅ破產手續ヲ要スルモ非商人ハ直チニ身代限ノ處分ヲ受ケザル可ラズ又商人ハ勸解ヲ經ズシテ本訴ヲ提出スルヿヲ得ルモ非商人ニハ此事ナシ又我國ニハ未ダ其設ナキモ佛國ノ如キハ商人ハ商事裁判所ノ判決ヲ受クルガ故ニ其裁判ノ迅速ト採決ノ簡易ナルガ如キハ皆此ノ區別ヲ爲ス所ノ利益ナリ

第十條 契約ニヨリ獨立シテ義務ヲ負フコトヲ得ル各人ハ一時ノ商ヒ取引ナルト常事ノ商業ナルトヲ問ハズ總テ商ヲ爲スヿヲ得

獨立シテ義務ヲ負フコトヲ得サル者ト雖トモ其後見人ニヨリ亦商ヲ爲スコトヲ得但後見人ハ商業登記簿ニ其登記ヲ受クヘシ

本條ハ商取引ヲ爲シ得ル所ノ人ノ能力ヲ規定セルモノニシテ乃ハチ民法上ニ獨立シテ契約ヲ爲シ且ツ其ノ義務ヲ負フベキ者ハ一時限リニテモ又ハ常業

トシテニテモ之ヲ爲スヲ得ルナリ獨立シテ云々トハ幼者ノ契約ハ取リ消ス
コヲ得ベク乃ハチ幼者ト契約シタル後幼者ノ方ニテ不利ナリト考フルトキハ
此ノ契約ハ幼者ノ爲セルモノナル故無効ナリトテ之ガ義務ヲ免ルヽコトヲ
得ベシ尤トモ此場合ニモ成年者ノ方ヨリ自己ニ不利ナリトテ一旦幼者ト締
結セル契約ヲ取消スコヲ得ズ是レ法律ガ幼者ニ對スル保護ナリ本條ニ於テ
ハ全タク此主義ニヨリ既ニ義務ヲ負フニ足ル者ハ商取引ヲ爲スコヲ得ベキ
モノト定ム然レ圧幼者トテモ商取引ヲ爲スコヲ得ザルモノトセズ是レ之ヲ
爲スコヲ得ルモ幼者ニメ不利ナリト信ズルトキハ其義務ヲ免ルヽコヲ得ル
コヲ認許セルナリ而メ若シ此等ノ幼者ニテモ後見人ニヨリ爲セル商取引ハ
常人ト異ルコナク義務ヲ負フベシ然レ圧漫然我ハ某ノ後見人ナリト云フモ
疑ハシキ故商業登記簿ニ登記ヲ爲サシム而メ我國ノ法律ニヨレバ幼者乃チ
未成年トハ滿廿一年以下ヲ云フモノトス

未丁年者ノ取引能力

第十一條　男女ヲ問ハズ未年者ニシテ年齢十八歳ニ滿チ

且ツ父又ハ後見人ノ承諾ヲ得テ獨立ノ生計ヲ立ル者ハ商ヲ爲ス𪜈ヲ得

前項ノ未成年者自已ノ爲メ商ヲ爲サント欲スルトキハ法律ノ要件ヲ明記シ且自已及父又ハ後見人ノ署名捺印シタル陳述書ヲ管轄裁判所ニ差出シ登記ヲ受クベシ然ルトキハ其登記ノ日ヨリ商事ニ於テ總テノ權利及義務ニ關シ成年者ト同一ナルモノトス

前條ノ下ニ說クガ如ク滿二十一年ニ至ラザレバ丁年ナラザルモ人ニヨリテハ其年ニ至ラザル前ニ既ニ自己ノ利害得失ヲ知ルニ十分ナル能力ヲ具備スル者少ナカラズ此等ノ人ヲシテ强テ丁年ニ至ルマデ不能力トシテ自カラ獨立シテ義務ヲ負フ𪜈能ハザラシムルハ此レ法律ノ親切上ノ保護ハ却テ其人ヲメ大ナル不自由ヲ感セシメザルヲ得ズ故ニ未ダ丁年ナラザルモ或ル年齡ニ達スレバ商ヲ爲ス𪜈ヲ得セシム而メ其年齡ヲ十八歲ト限リタルハ唯ダ此

未成年者ノ商取引ヲ爲スヲ得ル要件

位ノ年齢ニ達セバ普通ノ人ハ自己ノ利害ヲ知ルノ能力ヲ具備スベシト云フ推測ニ過ギズシテ深カキ理由アルニアラス而メ法律ハ單ニ十八歳ニ達セルノミヲ以テ滿足セズメ別ニ父又ハ後見人ノ承諾ヲ得タルヿ獨立ノ生計ヲ立ル者タルヿ及ビ法律上ノ要件ヲ明記シテ自己及ビ父又ハ後見人ノ署名捺印シタル陳述書ヲ管轄裁判所ニ差出シ登記ヲ受ケタルヿヲ要ス而メ苟クモ此等四條件ヲ具備セバ他ノ成年者ノ爲セル所ト同一ノ効力アルモノトシ彼ノ幼者ノ契約ナルガ故ニ取消スヿヲ得ルト云フガ如キ口實ヲ與ヘザル也故ニ世人モ安心シテ之ト取引ヲ爲スヿヲ得ベシ

有夫ノ婦ノ商取引能力

第十二條　婦ハ其夫ノ明示又ハ默示ノ承諾ヲ得テ商ヒヲ爲スコトヲ得此承諾ハ其婦法律上夫ト別居シ又ハ夫ニ遺棄セラレ又ハ夫ヨリ必要ノ給養ヲ受ケサルトキハ之ヲ得ルコトヲ要セズ

婦カ夫ノ商業ヲ助クルノミニテハ之ヲ商人ト看做サ

ス

各國ノ法律中有夫ノ婦ヲ以テ全ク無能力者ト爲シテ商業ヲ爲スノ能力ヲ與ヘザルモノ多シ然レ圧我國ハ古來ノ慣習女子ノ商業ニ從事スル者多ク又或ル種ノ商業ハ男子ヨリモ寧ロ女子ニ適スル者多シ例ヘバ下宿屋小間物屋ノ類ナリ故ニ法律ハ有夫ノ婦ノ商取引能力アルヿヲ明定セリ然レ圧婦ノ其夫ニ於ケルヤ猶ホ子ノ親ニ於ケルガ如ク常ニ服從スベキ道德上ノ義務アルガ故ニ夫アルモノハ必ラズ其夫ノ承諾ヲ受ルヲ要ス然レ圧其承諾ハ明カニ書面又ハ口頭ヲ以テスルニ及バズ眼前婦ノ商業ヲ爲スヲ目撃シナガラ禁止セザルモノハ默示ノ承諾ト見做スナリ而ソ若シ夫婦事情アリテ其居ヲ別ニスルカ又ハ夫ヨリ遺棄スルカ若クハ夫ヨリ給養ヲ爲サヾルガ如キアラバ婦ハ[illegible]ラズ自カラ生活ノ道ヲ求メザル可ラザルガ故ニ此場合ニハ夫ノ承諾ナキモ可ナリ若シ又婦ノ獨立シテ商取引ヲ爲スニアラズソ啻ダ夫ノ事務ヲ助クルガ如キハ是レ婦自カラ責任ヲ負フニアラズソ專ラ夫ノ代理トソ其手足

有夫ノ婦商業上ノ權利義務

ノ如ク働クニ過ギザレバ之ヲ獨立ノ商人ト看做サヾルコ勿論ナリ

第十三條　商ヲ爲スコヲ得ル婦ハ商事ニ於テハ獨立人ノ凡ヘテノ權利義務ヲ負フ婦ハ商ノ債務ニ付テハ婦ノ財產ニ對シ夫ニ屬スル管理權又ハ其他ノ權利アルニ係ラズ自已ノ全財產ヲ以テ其責任ヲ負フ但夫ノ承諾ヲ得テ商ヲ爲ス場合ニ於テ夫婦間ニ財產共通ノ存スルトキハ共通財產モ其責任ヲ負フ

既ニ前條ニ規定スルガ如ク有夫ノ婦モ其夫ノ承諾ヲ得レバ獨立シテ商取引ヲ爲スコヲ得ベシ而ノ之ヲ爲スコヲ得バ隨テ獨立ニ權利ヲ有シ義務ヲ負ハザルベカラズ是レ商法ノ大ニ民法ト異ル所ニメ民法上ニハ婦ハ常ニ夫ノ身分中ニ包含セラレ獨立シテ權利義務ノ衝ニ當ルコナキヲ常トスト雖ドモ商法上ニハ婦ヲ獨立人ト見做スガ故ニ其獨立シテ爲セル商事ニ關シテハ訴訟ノ對手トモナルヲ得ベク又其商事上ノ財產ハ完全ナル自己ノ所有ト爲シ若

シ負債アリテ破産ノ不幸ニ沈ムトキニハ此等ノ財産ヲ以テ負債ニ充ルヿヲ得ベシ而メ當初其商事ヲ爲スヿヲ夫ノ承諾シ且ツ夫婦間ニ共同所有ノ財産アルトキハ之モ又婦ノ負債ノ方ニ公賣セラルベシ此場合ニハ夫ハ甚ハダ迷惑ナルガ如キモ元來共通財産ヲ有シタル婦ノ商業ヲ爲スヿヲ承諾シタルモノナレバ止ヲ得ザルヿナルベシ

夫婦財産共通ノ解除

第十四條　夫婦ノ一方カ商ヲ爲シ夫婦間ニ財産共通ヲ爲サヽルトキ又ハ之ヲ解キタルトキハ商業登記簿ニ登記ヲ受クル爲メ其事實ヲ管轄裁判所ニ屆出ツルコトヲ要ス

夫婦ノ同一會社員タルヿノ禁止

夫婦ハ共ニ同一商業會社ノ無限責任社員タルコトヲ得ズ

夫婦ニシテ共通財産ヲ有セシカ夫ノ爲ス所ノ商業ノ顧客モ婦ノ爲ス所ノ取引ノ對手モ皆其共通財産ノ全額ニ信用ヲ置テ之ト取引スルモノト認定スル

モ大過ナカルベシ然ルニ夫婦各其財産ヲ異ニシ婦ノ負債ニハ夫ノ財産ヲ充用スルヿナク夫ノ債務モ亦婦ノ財産ニ關係ナシトスルトキハ擔保ノ區域狹クシテ爲ニ大ニ債權者ノ權利ヲ害スルヿ屢バナルベシ故ニ夫婦ノ一方カ商ヲ爲シ而シテ夫婦財産ヲ異ニスル場合ニハ其旨ヲ登記シテ以テ擔保ニ供スル財産ノ性質ヲ明示ス是レ商業登記簿ハ何人モ之ヲ知ルモノト假定スルガ故ニ之ニ登記シタル後其ノ登記ノ事實ヲ知ラズ例ヘバ夫婦各々財産ヲ有スルトキニ其ノ二人ノ財産ヲ皆共通ナリト信ジ夫又ハ婦ト取引シ其ノ取引ノ債務ヲ履行セザルヿアルヤ前ニ共通ト信ジタル財産ヲ以テ之ガ擔保ニ充テントスルニ當リ夫若クハ婦ハ之ヲ拒ミ我財産ハ我婦又ハ我夫ノ債務ニ關係ナキモノト抗拒セラルヽモ亦如何トモシ難カルベシ是レ當初其債權者ハ意ヲ商業登記簿ノ登記ニ注ガズ亦登記ノ公告ニ心ヲ用ヰザリシ結果ナレバ自業自得ニシテ亦誰ヲカ咎メン然レ𪜈初メヨリ此等ノ登記ヲ爲サヾル𪜊ハ普通ニ夫婦ハ同一體ニシテ夫ノ財産ハ婦モ之ヲ有シ婦ノ財産ハ亦夫モ之ヲ處分シ得

ルト認定スルガ故ニ本條ノ規定ヲ設ケテ責任ノ所在ヲ明カナラシメシ也無限責任會社ノ社員ハ其多キニ隨テ其責任ヲ擔保スル資本モ亦多シト推測セラルヽヿヲ得ベシ然ルニ夫婦ナルモノハ元來二人一體ヲ以テ原則ト爲スガ故ニ若シ夫及ビ婦別々ニ二人ノ資格ヲ以テ會社ノ社員タルモ其負擔スベキ責任ノ擔保ハ夫又ハ婦ノ一人ノミノ入社ニ異ルヿ無レバナリ

無効ノ商取引

第十五條　法律上禁セラレタル總テノ商取引又ハ法律上特ニ規定セラレタル別段ノ資格ヲ有セザル者ノ爲シタル總テノ商取引ハ無効タリ

公務ヲ帶フル者商業ヲ營ムヿヲ禁セラレタル場合ト雖トモ其者ノ爲シタル取引ハ此理由ノ爲メ無効ト爲ルヿナシ

禁止セラルヽモ無効ナラザル商取引

法律上禁セラレタル商取引トハ爆發物取締規則ニ違反ノ取引又ハ猥褻圖畫ノ取引ノ如キヲ云ヒ法律上特ニ規定セラレタル別段ノ資格ヲ有セザル者ノ

一方ノ相手ニ商取引ナレバ雙方ヲ商取引トス

商取引トハ度量衡賣捌ノ免許ヲ得ザルモノヽ之ヲ賣捌キタルガ如キ商取引ヲ云フモノニシテ此等ハ元來違法ノ取引ナルガ故ニ之ヲ無効トス公務ヲ帶ブル者例ヘバ官吏ノ如キハ商取引ヲ爲スヿヲ得ザルモノナレ𪜈其者ニシテ法ヲ犯シテ商取引ヲ爲スヿアレバ其者ハ法律ヲ犯スノ故ヲ以テ處罰ヲ受クベキモ其商取引ヲ無効トセズ是レ他ノ無罪ノ對手ニ損害ヲ被ムラシム可ラザレバナリ

第十六條　一方ノ者ノミニ對シテ商取引タル取引ニ付テハ本法ノ規定ヲ雙方ニ適用ス但シ本法中商人ノ身分ニ關スル規定及ビ反對ノ意ヲ表シタル規定ハ此限ニアラズ

商法ハ民法ノ特別法ニシテ而シテ特別法ノ効力ハ普通法ノ効力ニ勝サルヿハ一般ノ原則ナリ本條ニハ亦此ノ原則ヲ適用セリ抑ソモ一ノ取引ニシテ一方ノ對手ニハ商取引ナルモ他ノ一方ニハ尋常民法上ノ取引ナルヿアリ例ヘバ常

無形人ノ爲セル商取引

人ガ商人ノ店頭ニテ貨物ヲ買フ時ニハ商人ノ方ニハ商取引ナルモ常人ノ方ハ普通ノ取引ナル性質ナリトス然レ圧此場合ニハ特別法ヲ以テ普通法ノ上ニ置キ其取引ハ双方ニ對シテトモニ商取引トスルナリ然レ圧此事ハ單ニ其事件ヲ商取引トスルノミニメ其對手ノ一方ナル常人ヲ商人ト見做スニハアラズ故ニ商人ノ身分ニ關スル規定ハ此場合ニ常人ノ方ニ必要ナシ且ツ其取引ヲ爲スニ當リ反對ノ意思即チ商取引ニアラザルノ意思ヲ明カニ表示シテ爲セル取引ハ本條ノ規定ノ內ニ入ラザルモノトス故ニ此等ノ場合ハ商取引ニアラザル也

第十七條　會社及ヒ其他ノ無形人カ商業ヲ營ムトキハ亦商業ニ付キ設ケタル規定ヲ遵守スルヿヲ要ス

商法上ニ於テ商人ト見做スモノハ單ニ有形ノ人ノミナラズ彼ノ株式合資等ノ會社ノ如キ無形人ニシテ商業ヲ營ムモノモ皆之ヲ商人トシ取扱フモノタルヿハ當然ノヿナレバ多言ヲ要セズ若シ夫レ會社及ビ無形人ノヿニ關メハ

更ニ本篇第六章ノ下ニ詳論スベシ

第二章 商業登記簿

登記ノ性質

登記トハ或ル行爲ヲ爲スニ當リ其事ノ適法ナルコノ証認ヲ得テ其効力ヲ第三者ニマデ及ボス爲ニ其ノ爲セル所ノ事項ヲ官署ノ記録ニ登載セシムルノ謂ニシテ既ニ民法上ニ於テハ權利ノ移轉アル毎ニ登記法ニヨリテ其登記ヲ請ヒ其ノ登記セル事項ハ他ノ第三者ガ同一事項ノ上ニ於テ權利ヲ主張スル時ニ於テモ當然優先權ヲ得セシムルノ制ナリ而シテ此ノ如ク第三者ニ對シ自己ノ優先權利ヲ得ント欲スル事項ハ單ニ民法上ノミナラズ商業上ニ於テモ甚ハダ多ク若シ此ノ場合ニ登記ヲ爲スコナクンバ爭論ヲ生ズルニ當リテ自己ノ權利ヲ主張スルガ爲ニ大ニ不便ヲ見ルベク且ツ常ニ一々其事實ヲ証明スルノ煩勞ヲ取ラザル可ラズ然ルニ此際既ニ登記ヲ經タランニハ其事實ハ既ニ裁判所ノ承認シタルモノト爲リ之ニ反對ノ申立ヲ爲サントスル者ハ必ラ

登記ノ効用

登記簿備置ノ場所及之カ事務執行者

ズ其ノ反對ノ証據ヲ擧ゲテ論ゼザル可ラザル也是レ登記ハ訴訟手續ヲ簡易ニシ併セテ登記ヲ受ケタル者ノ權利ヲ保護スル爲ニ頗ル便利ナル所以ニシテ乃チ此ノ商法典ニモ商業登記ヲ簿ナル者ヲ設ケテ之ヲ裁判所ニ備ヘ置キ商業ニ關スル登記事務ヲ取扱ハシムル所以ナリ

第十八條　商號、後見人未成年者、婚姻契約、代務及ヒ會社ニ關スル商業登記簿ハ當事者ノ營業所又ハ住所ノ裁判所ニ之ヲ備ヘ登記及ヒ之ニ關スル事務ハ其裁判所之ヲ行フ

前項ノ營業所又ハ住所ヲ他ノ地ニ移シタルトキハ既ニ登記シタル事實カ尚ホ存スル場合ニ限リ移轉地ニ於テモ亦更ニ其登記ヲ受ク可シ

本條ニ於テハ先ヅ登記簿ニ登記スベキ事項及登記簿備置ノ場所登記事務ノ執行者ヲ定メ第二項ニハ登記請願人ガ住居ヲ變更シ登記管轄ヲ異ニスルコト

登記ノ公告

至リシ場合ヲ規定セリ乃ハチ何人モ一定ノ商號ヲ專用シ其町内等ニ於テ同一商號ヲ他人ニ使用セシメザランドスルニハ其ノ商號ノ登記ヲ請フ丁恰カモ新發明ヲ爲セル者ガ其專賣特許ヲ請フト同一ノ手續ヲ爲サシム而メ又幼者ガ後見人ヲ以テ取引ヲ爲スカ又ハ未成年ニメ商取引ヲ爲シ若クハ夫婦財產ヲ異ニスル場合又ハ代務人ヲ使用シ或ハ會社ヲ組織シテ商業ヲ營ム場合ノ如キハ皆正當ノ一己人ガ商取引ヲ爲スヨリモ異リタル權利ヲ得ルモノナルガ故ニ此等異リタル權利ハ官ノ認可ヲ經テ之ヲ得タルモノナル丁ヲ証シ他日之ニ對シテ異論者アルモ直チニ登記ノ証ヲ示シテ之ヲ服從セシムルモノニメ乃ハチ之ヲ登記スルハ官ノ認可ヲ表示スルモノナレバ此ノ登記事實ヲ証スノミニメ他ノ異論ハ盡トク之ヲ排斥スルコトヲ得ルナリ

第十九條　登記ハ其度每ニ裁判所ヨリ其地ニ於テ發行スル新聞紙ヲ以テ速ニ之ヲ公告スベシ其新聞紙ハ豫メ一歷年ノ間之ヲ定メ置クコトヲ要ス若シ其地ニ發

行ノ新聞紙ナキトキハ其公告ノ方法ハ司法大臣ノ定ムル所ニ依ル又各人ニ商業登記簿ノ縦覧ヲ許シ且ツ手數料ヲ納ムル者ニハ認證シタル謄本ヲ請フヿヲ許ス

手數料

登記及ヒ公告ヲ受クル毎ニ手數料ヲ納メシメ其額ハ勅令ヲ以テ一定平等ニ之ヲ定ム

登記公告ノ目的

本條ハ登記ヲ爲ストキニハ必ラズ爲スベキ公告ノ規定ナリ蓋シ登記ノ公告ヲ爲スハ二個ノ目的アリ其一ハ一般人ニ既ニ登記ヲ爲セルヿヲ告知シ之ニ依テ何人モ其登記アリシヿヲ知ラシムルモノニシテ其二ハ此ノ登記セル事項ニ對シ何人モ異議ナキヤ否ヲ問フモノアリ而メ此際登記ニ異議ナカリシトキハ他日其ノ事件ニ關シテ爭論ノ起ルニ當リ何人モ前ニ登記セル事項ニ異議ヲ吐カシメズ乃ハチ當初之ヲ承認シタリシモノト看做スナリ故ニ此ノ公告ハ登記ニ最トモ必要ナル事ニメ若シ此ノ公告ノ方法ニ欠ル所アリシヿヲ

証スルヲ得バ第三者ハ後日ニ至リ該登記ヲ知ラサリシヿヲ証明シテ登記ノ効力ヲ爭フヲ得ベシ

登記手數料ヲ徵收スル所以

此ノ登記ハ元來各人一般ニ之ヲ請フノ必要ナク唯ダ或ル特殊ノ行爲ヲ爲セル人ノミニ要スルモノナレバ之ガ爲ニ手數料ヲ徵收スルナリ是レ一ニハ殊特ノ人ノ爲ニスル經費ヲ一般人ニ負擔セシムルノ嫌ナク二ニハ國家ノ收入ヲ得ル一方法ト爲スノ利アレバナリ尤モ之ヲ徵收スルヤ何人ニモ平等ニノ人ニ由テ其額ヲ異ニスルガ如キヿナカルベキナリ

登記請求

第廿條　登記ヲ受ケントスルトキハ當事者ノ署名捺印シタル陳述書ヲ以テ自己又ハ委任狀ヲ受ケタル代理人ヨリ届出ツルコトヲ要ス其登記ハ即日又ハ翌日中ニ之ヲ爲ス

登記拒絶及抗告

第廿一條　若シ裁判所ニ於テ登記ヲ拒ミタルトキハ當事者ヨリ其命令ニ對シテ即時抗告ヲ爲スコトヲ得

登記ノ變更又ハ取消ニ付テモ亦前項ニ同ジ

此二條ニハ登記ヲ受クルノ手續ヲ定メ乃ハチ本人又ハ委任狀アル代人ヲ以テ之ヲ請求スベキコト而メ此ノ請求アリタルトキニ裁判所ハ之ヲ等閑ニ放擲スルコトナク即日又ハ遲クトモ翌日必ラズ之ニ登記ヲ與ヘシメ而シテ若シ登記ヲ與フベカラザルモノト認定シテ之ヲ拒ムコトアラバ其ノ願人ニ對シテ拒絶ノ理由ヲ示シタル命令書ヲ下スベク此ノ命令書ニ對シテ不服アレバ即時ニ抗告スルコトヲ得セシム而メ此ノ抗告手續ハ未ダ明定ナキモ必ラズ上級ナル地方裁判所ニ提出スルモノナルベシ而メ既ニ一旦登記セル事項ヲ更ニ變更スルカ若クハ之ヲ取消サンコトヲ請求スルニ當リ亦裁判所ハ之ヲ拒ムコトアルベク此際之ヲ拒ムノ手續及抗告ノ規定モ凡テ前項登記ノ塲合ト同一ナルモノトス

登記ノ効果

第二十二條　登記シタル事項ハ公ニシテ且裁判所ノ認知シタルモノトス何人ト雖トモ毫モ已レノ過失ニ非サ

ルトヲ證シ得ルニ非サレバ之ヲ知ラサルヲ以テ已レヲ保護スルコトヲ得ズ然レトモ其事項ハ他ノ方法ニ因リ之ヲ知リ得タル者ニ對シテハ登記ノ前後ヲ問ハズ其効用ヲ致サシム但權利關係カ登記ニ因リ始メテ生スベキ例外ノ塲合ハ其塲所ニ於テ之ヲ定ム

是レ乃ハチ登記ノ効果ヲ規定セルモノニメ各人ガ手數料ヲ納メ煩ハシキ手續ヲ履行シテ登記ヲ請フモ此ノ効果ヲ望ムガ爲ナリ乃ハチ一旦登記簿ニ登記ヲ經タルトキハ其事ハ裁判所ニ於テ既ニ承認セラレタルモノト爲リ他日此事ニ關メ自カラ原告ト爲リテ訴訟ヲ起スニモ之ガ證明ヲ要スルヿナク又被告ト爲リテ他ノ要求ヲ拒マントスルニモ故サラニ其事實ヲ論證スルノ要ナク唯ダ此ノ登記ヲ示セバ足ル而メ之ガ對手人ハ其登記事項ニ反對ノ申立ヲ爲サント欲セバ當初登記ノ公告ニ瑕瑾アリテ之ヲ知ルヿヲ得ザリシ旨ヲ證シテ之ニ抗スルニアラザレバ其事ヲ知ラズト云フテ非難スルヿヲ得ズ又

權利關係ガ登記ニ因リテ始メテ生スル場合

假令登記公告ノ方法ニ遺漏アリシトモ他ノ方法ヲ以テ之ヲ知ルヿヲ得ベキ機會アリシコトヲ論證シ得バ亦之ヲ知ラザリシト云フ口實ヲ以テ登記ノ効力ヲ避クシメザルナリ末段ニ所謂權利關係ガ登記ニ因リ始メテ生ズル場合トハ例ヘバ會社若クハ商號ノ如キ場合ナリ何トナレバ商法第六十九條ニ定ルガ如ク會社設立ハ適當ナル登記及ビ公告ヲ受ルニアラザレバ第三者ニ對シテ會社タル効ナシト此場合ニ於テ第三者ト會社トノ權利關係ハ會社設立ノ登記及ビ公告ニ依テ初メテ發生スルモノ也故ニ假令第三者ニシテ會社設立ノ事ヲ知リ得ルトモ登記公告ニ因リテ之ヲ知レルニアラザルヿ及ビ登記公告ニ依リテ之ヲ知リ得ザリシハ自己ノ過失ニ出テタルニアラザルヿヲ証スルヲ得バ該會社ハ第三者ニ對メ其會社タルノ効ヲ有セザルナリ又商號ノ場合ニ於テモ其商號ヲ知レドモ其登記公告ヲ知ラザリシトキ及ビ其登記公告ニ依リテ商號ヲ知リ得ザリシハ自己ノ過失ニ出テタルニアラザルヿヲ証シ得ルトキハ同一事業ニ就キ同一地域内ニ於テ他人ノ登記商號ト同一ノ商

商號ノ種類

號ヲ用フルモ被害者ハ之ニ對シテ損害賠償ヲ求ムルヿヲ得ベカラズ何トナレバ商號ノ專用權ハ其登記公告ニ依リテ始メテ其効力ヲ發生スルモノナレバナリ本條ノ末項ハ實ニ此等ノ塲合ヲ云フモノナリ

第三章　商號

商號ハ商人ガ商業取引上ニ於テ自己ノ氏名ニ代ヘテ表示スル所ノ稱呼ニ〆古來多ク屋號ト稱シ久シク我國商人社會ニ慣用セルモノナリ而〆其種類ハ數多アリテ或ハ其ノ出身ノ地ヲ表シテ越後屋或ハ上總屋ト呼ブナリ或ハ其店ノ標識ニ用ユル符號ニ因ミテ(大)(大丸)若クハ[亻](人偏)ト呼ブアリ或ハ姓氏ヲ採テ松田ト呼ビ或ハ姓氏ト名稱ノ各一字ヲ採リ淺井吉平ト云フベキヲ淺吉ト呼ブノ類甚ダ多シト雖ドモ畢竟最トモ廣ク商業上ニ知レ渉リタル其人ノ稱呼ヲ指スモノニ〆而〆世ニ信用厚キ老舗ハ單ニ其稱呼ヲ以テ其取引ノ安全ト代價ノ低廉及ビ品質ノ良好等ヲ顧客ノ念頭ニ喚起スルヲ常ト

商號使用者

スルガ故ニ往々狡猾ノ徒ハ其老舗ト同一ノ稱呼ヲ用イテ顧客ヲ瞞着セント謀ル者アリ此ノ事彼ノ商品ニ附着スル所ノ商標ノ上ニ屢シバ行ハレ爲ニ商標使用條例ノ制定セラルヽアリテ商人ガ慣用スル標識ハ他人ヲシテ之ヲ用ユルヲ得ザラシムルノ制ヲ設ケ以テ信用厚キ商品ヲ保護シ之ガ僞物ノ發生ヲ妨止シタリ家名ノ僞稱又ハ類稱ハ從來之ヲ防グノ制無リシガ故ニ越後屋ト云フ呉服店ノ繁昌スルヲ見レバ忽チ亦同町内ニ越後屋ト云フ呉服店ヲ始ムル者アルモ之ヲ如何トモシ難リシナリ故ニ今此ノ商號ニ關シテハ登記ヲ經タルトキハ專用權ヲ許シテ信用厚キ老舗ノ家名ヲ保護スルニ至レルナリ

第二十三條　各商人ハ商號ヲ有シ總テ商業上ニ於テ自已ヲ表示スル爲メ之ヲ用ユ若シ一人ニシテ資本ヲ分チ數個ノ營業ヲ爲ストキハ其各營業ニ附キ各別ノ商號ヲ有スルコトヲ要ス

第二十四條　商號ハ從來屋號ト稱スルモノヲ以テ通例

トスト雖モ營業者ノ氏又ハ氏名ヲ以テスルモ妨ゲナシ

此二條ハ別ニ解釋ヲ要セズ前者ハ各商人ハ必ズ商業取引ニ用ユル商號ヲ要スト云ヒ後者ハ其所謂商號ハ從來ノ所謂屋號乃ハチ越後屋上總屋ノ類ヲ用ユベキモ亦時トシテ氏乃ハチ三井松田ノ類ヲ呼ビ又ハ氏ト名トヲ併セ用ヒテ小野善、八百膳、植半等ト呼ブモ可ナリトナスナリ唯ダ茲ニ舊來慣行スル所ト異ルハ一人ニシテ資本ヲ別ケ數個ノ店舖ニテ數種ノ商業ヲ營ムトキニ從來ハ何レノ店モ同一商號ヲ用ヒ例ヘバ書林ニモ小間物店ニモ靴店ニモ丸善ト呼ビ來リシニ今ハ各店別々ノ商號ヲ用ヒザル可ラザルニ至リタレバ之ガ爲ニ多少ノ不便ヲ見ルヿアルベキ也

第二十五條　商號ノ登記ヲ請ハントスル者ハ商業登記簿ニ登記ヲ受クルヿヲ得支店アルトキハ其支店ニ付テモ亦同ジ

登記ヲ受ケタル商號ノ變交又ハ廢止ハ速ニ其登記ヲ受クベシ

第二十六條　商號ハ登記ニ因リ同一營業ニ付キ一地域內ニ於テ其專有ノ權利ヲ取得シ他人之ヲ用ユルコトヲ得ズ但本法施行以前ヨリ有スル商號ハ營業ヲ變セザルモノニ限リ一地域內ニ於テ同一ナルモ妨ゲナシ

前條ニ於テハ各商人皆商號ヲ用ユベキヿヲ定メタルノミニシテ未ダ專用ノ事ヲ定メズ故ニ一地域ノ內ニ同一ノ商號ヲ用ユルモノ數十名アルモ可ナリ若シ夫レ其地域內ニ於テ自己ノミ專ラ其商號ヲ用ヒントセバ商業登記簿ニ登記ヲ受ケザル可ラズ而シテ東京ニ於テ越後屋呉服店ノ登記ハ東京ノミニ効力アルモノナルガ故ニ名古屋ノ支店ニ於テ亦之ヲ專用セントスルニハ更ニ名古屋ニ登記ヲ乞ハサル可ラズ尤トモ此ノ商號登記ハ專ラ商號ノ專用權ヲ得ントト欲スル者ノミニ要スル者ナルガ故ニ何人モ之ヲ爲サヾル可ラザル

ニハアラザル也亦假令登記ヲ乞フタレバトテ從來慣用セル者ニ對シ其ノ商號ハ我ト同一ナルガ故ニ自今之ヲ用ユベカラズト禁ズルヿヲ得ズ何トナレバ登記ノ効ハ唯ダ其ノ登記以後始メテ自己ト同一ノ商號ヲ用ヒント欲スル者ヲ禁ジ得ルノミ若シ然ラザランカ何人ニテモ突然東京日本橋區ニ呉服店ヲ開キ越後屋ト云フ商號ノ登記ヲ乞ヘタル後從來世上ニ知レ亘リタル三越氏越後屋ニ其商號ヲ改メンヿヲ請求スルニ至ルヿナシトセズ是レ後進ノ信用薄弱ナル者ヲシテ舊來信用鞏固ナル老舗ヲ害セシムルモノニシテ商號專用權ヲ許シタル趣旨ニ非ズ故ニ本法施行以前ヨリ有スル商號ハ從前ノ營業ヲ變セザル者ニ限リ一地域內ニ於テ同一ナルモ妨ゲナシト定ム而シテ所謂一地域ナル語ハ商法施行條例第一條ニ於テ市町村ノ一區域又ハ從來ノ宿驛町村ヲ云ヒ若シ一地域內ニ二箇以上ノ區裁判所アル片ハ例ヘバ東京市ノ如ク麴町下谷築地等ノ數多區裁判所アル所ニハ司法大臣其內ノ一ケ所ヲ撰ンデ專屬スベキヿヲ命スルモノトス

商號續用

第二十七條　相續ニ因リテ商業ヲ引受クル者又ハ契約ニ因リテ商業ト共ニ商號ヲ引受ル者ハ第七十五條ニ規定シタル場合ヲ除ク外從前ノ商號ヲ續用スルコトヲ得

商號ハ商家ノ主人ニ附屬スルニアラズメ實ニ其家ニ附屬スルモノナリ其家名ノ信用ヲ稱メ俗ニ之ヲ暖簾ト稱スルハ宜ベナリ蓋シ其家資産ニ富メルカ家風ノ質樸ナルガ如キ所ニ信用ノ存スルモノニメ店頭ニ掲クル暖簾ハ實ニ其信用ヲ代表スルモノナレバナリ故ニ主人死亡シテ其ノ相續人其家督ヲ續グカ或ハ契約ニヨリテ其店ノ事業ヲ資産トヽモニ引受ル者ノ爲ニハ舊ノ如ク其商號ヲ繼續スルコトヲ妨ゲズ故ニ例ヘバ東京淺艸ノ料理屋松田ノ如キ或ハ上野ノ八百膳ノ如キ其ノ主人ニ變更アルモ其家ノ株若クハ暖簾ヲ讓リ受ケタル者ハ依然舊稱ヲ用ユルノ類ナリ而メ商法第七十五條ニ規定スル會社ノ場合ニハ元來一人ノ責任ニアラズメ數多ノ人ノ集合体ナルガ故ニ會社

商號讓渡

若シ現存セル他人ノ營業ヲ引受ルトキハ其舊商號ヲ續用スルコトヲ得ズト爲スナリ

第二十八條　商號ハ其營業ト共ニスルニ非サレバ他人ニ讓渡スコトヲ得ズ

營業ト商號トヲ併セテ讓渡ストキハ其商號ヲ續用スルト之ヲ變更スルトヲ問ハズ取引ノ仕殘リ、債務、得意先及商業帳簿モ共ニ讓渡スモノト看做ス但特約アルトキハ此限ニ在ラズ

商號ヲ其營業ト分離シテ讓渡スコトヲ許サヾルハ世ノ第三者ガ舊商號ニ迷フテ信用薄キ新商號使用者ヲ信用シ損失ヲ受ルヿアルヲ保護セルナリ例ヘバ銀座ノ料理屋松田ニ於テ其商號ヲ近邊ノ蕎麥屋ニ讓リ世人ハ單ニ松田ノ名ニ眩シ粗末ナル蕎麥屋ニ入リテ其ノ案外ナルニ一驚ヲ喫スルガ如キヿナシトセザレバナリ況ヤ多クノ負債ヲ有スル者其商號ヲ他ニ讓リテ而シテ債主

營業ト商號トヲ讓渡シタル者ノ自由撿束ノ制限

ヲ瞞着シ負債義務ヲ免レントスルノ奸策ヲ施コスヿナシトセズ故ニ其商號ハ仕殘ノ取引負債得意等ヲ附屬セシムルヲ本則トシ若シ然ラザルトキニハ特ニ其事ヲ約シタル旨ヲ公告シ又ハ關係アル者ヘ之ヲ通知セシムルナリ本條第二項ノ責務ヲ免レンコトヲ謀ルモノハ損害賠償ノ請求ヲ受クベキコトハ第三十條ニ於テ之ヲ規定ス

第二十九條　營業ト商號トヲ併セテ讓渡ス者更ニ其營業ヲ爲サヾル責務ヲ負擔シタルトキハ其責務ノ履行ハ爾後十ケ年間其一地域内ニ限ル

各人ハ皆自由ニ契約ヲ爲スノ權ヲ有スト雖ドモ自己ノ自由ヲ絶對ニ制限スルノ契約ヲ爲スヿヲ得ズ何トナレバ各人自己ノ或ル營業ヲ畢生間爲サヾルコトヲ約スルガ如キハ是レ絶對ニ自由ヲ制限スルモノニシテ營業自由ノ權ヲ傷ケ自由競爭ノ制ヲ止メ社會經濟ノ發達ヲ抑止スルモノナルガ故ニ法律ハ之ヲ許サズ故ニ本條ノ塲合ニ營業ト商號ヲ併セ讓リタル者ハ其後十年間其

商號專用者ノ權利

營業ヲ爲サヾルノ契約ヲ爲スヲ得ルモソレヨリ長キ期限間營業停止ノ契約ハ之ヲ無効トナスナリ

加之其ノ十年間ノ期限モ單ニ其ノ一地域內ニ於テノミ之ヲ制限スルヲ得ベキモ其他何レノ地ニ於テモ全クシ之ヲ禁スルノ契約ハ無効トス但シ此事ハ唯ダ營業ノ上ニ就テ言フノミ商號ハ一旦之ヲ讓リ渡ストキハ永久再ビ使用セザルノ契約ヲ爲スヲ妨ゲズ此レ其商號ヲ用ヒザレバトテ營業ノ自由ヲ制限スルモノニアラザレバナリ而ノ本條モ亦其責務ニ背ク者ハ次條ニ規定セル如ク損害賠償ノ責ニ任セシム

第三十條　既ニ登記シタル他人ノ商號ヲ濫用シタル者又ハ第二十八條第二項及ビ第二十九條ニ記載シタル責務ニ背ク者アルトキハ被害者ハ其加害所爲ノ停止及ヒ損害倍償ヲ要求スルコトヲ得

商號ノ登記ヲ經テ專用權ヲ得ルト雖モ若シ其專用權ヲ犯ス者アルニ當リ

之ニ對シテ救濟ヲ求ムルノ道ナケレバ毫モ專用ノ効力ナシ故ニ本條ニ於テ二種ノ救濟權ヲ與フ其一ハ專用權ヲ犯スベキ加害行爲ノ停止ナリ其二ハ其ノ犯權ノ爲ニ生ジタル損害ノ賠償ナリ

第四章　商業帳簿

商業帳簿備置ノ必要

商人ノ帳簿ハ其ノ營業ノ現況財產ノ多少權利義務ノ關係ヲ表示スル者ニシテ日常萬種ノ取引ハ勿論其財產ノ所有額貸借ノ關係等ヲ明記セシメ他日破產ノ事アルノ日ニ財產ヲ隱蔽シテ損害ヲ債主ニ被ムラシムルガ如キ憂ナキヲ保セシムルニ最トモ必要ノ亊トス此事タルヤ各商人自身ノ爲ニモ利益ニシテ亦其對手人ノ爲ニモ利益アリ何トナレバ普通ノ民法上ニ於テハ自己ノ記錄セルヿハ自己ノ利益ノ爲ニスル證據ト爲スヲ得ザレ𪜈商人ノ帳簿ハ自己ノ利益ノ爲ニ裁判上ノ證據トシテ提出スルヿヲ得ベク又對手人ハ之ニ由テ該商人ノ財產ノ存在額ヲ明知シ之ヲ證據トシテ其權利ヲ主張スルヿヲ得レバナ

商業帳簿備置及之ニ記入ノ責務

リ

第三十一條　各商人ハ其營業部類ノ慣例ニ從ヒ完全ナル商業帳簿ヲ備フル責アリ殊ニ帳簿ニ日々其取扱ヒタル取引他人トノ間ニ成リ立チタル自已ノ權利義務受取リ又ハ引渡シタル商品支拂ヒ又ハ受取タル金額ヲ整齊且明瞭ニ記入シ又月日其家事費用及商業費用ノ總額ヲ記入ス

小賣ノ取引ハ現金賣ト掛賣トヲ問ハズ逐一之ヲ記入スルヿヲ要セズ日々ノ賣上總額ノミヲ記入ス

商人ノ備置ク帳簿ニ關シテハ各國ノ制一ナラズ或ハ之ヲ商人ノ一ノ義務ト爲ス所アリ又帳簿ヲ備ヘサレバ其人自已ノ帳簿ニ依テ自已ノ計算ヲ証明スルヿ能ハザルノ不利ヲ被ラシムルモノトスル所アリ我商法ニハ之ヲ商人ノ義務ト爲セリ然レ𪜈商業上ノ帳簿ニハ或ハ一定ノ簿記法ヲ用ユル所アリ

各商人及會社ノ財産目錄及貸借對照表記入

又雜駁ナル覺書ヲ以テスルモノアリテ其慣習一ナラズ今一時ニ之ヲ同一制度ノ下ニ撿束スルコハ頗ブル困難ナルベキガ故ニ其營業部類ノ慣例ニ隨ヒ縱帳橫帳簿記式畧式等ノ制ヲ撰マシムルモ其記載スベキ事項ハ明ニ之ヲ定メ乃チ第一取扱フタル取引第二自己ト他人トノ間ニ成立タル權利義務第三受取又ハ引渡シタル商品第四支拂又ハ受取タル金額ハ皆之ヲ秩序正シク明瞭ニ記載セシメ加之第五ニ月々其家事費用及商業費用ノ總額ヲ記セシム然ラザレバ其ノ營業上ノ取引ノ有樣權利義務ノ現況ヲ知ルモ其責任ヲ負フ可キ財產ノ實況ヲ知ル能ハザレバナリ而メ小賣ノ取引ハ一々其ノ品物ヲ記載スルコ頗ニ堪ヘザルガ故ニ唯ダ日々ノ賣上總額ノミヲ記セシム是レ其ノ財產ノ全額ヲ網ル爲ニ毫モ妨ゲ無レバナリ

第三十二條　各商人ハ開業ノ時及ビ爾後每年初ノ三ケ月內ニ又合資會社及ヒ株式會社ハ開業ノ時及ビ每事業年度ノ終ニ於テ動產不動產ノ總目錄及ビ貸方借方

ノ對照表ヲ作リ特ニ設ケタル帳簿ニ記入シテ署名スル責アリ

財産目錄及ビ貸借對照表ヲ作ルニハ總テノ商品、債權及ビ其他總テノ財産ニ當時ノ相場又ハ市場ノ價直ヲ附ス辨償ヲ得ルコトノ確ナラサル債權ニ付テハ其推知シ得ベキ損失額ヲ控除シテ之ヲ記載シ又到底損失ニ歸スベキ債權ハ之ヲ記載セズ

本條モ亦商人ノ備置スベキ帳簿ノ責任ヲ規定ス而シテ前條ニ定ル所ハ日用帳ニシテ本條ニ定ル所ハ特ニ設クル所ノ帳簿ニ記入スベキ財産目錄及ビ貸借對照表ナリ蓋シ年々之ヲ作リテ明記スルニアラザレバ其ノ資產ノ增減盈虛ヲ知ルヿ能ハズ爲ニ鉅萬ノ富ヲ有セリト信ジタル者ニシテ一朝倒產スルニ及ンテ其財産ヲ附ケ立ルトキハ破傘敝履ノ二三點ヲ存スルガ如キヿアルヲ以テ債主ノ爲ニハ狡兒ノ瞞着ヲ保護シ負債主ノ爲ニハ財產相應ノ信用ハ之ヲ利

半ケ年以内ニ利益ヲ配當スル會社ノ財産目錄及貸借對照表記入

用スルヿヲ得セシムルナリ佛國ノ制ニ據レバ日用帳書狀寫留帳及ビ財産目錄ノ三種ヲ備フルヲ要スレ𪜈我國ノ制ハ日用帳及財産目錄ノ二種ヲ要スルノミトス

第三十三條　毎半ケ年又ハ毎半ケ年内ニ利息又ハ配當金ヲ社員ニ分配スル會社ハ毎半ケ年ニ前條記載ノ責ヲ盡スベシ

前條ニハ一般商人及合資會社株式會社ノ財産目錄及貸借對照表ヲ作ルベキ責任ヲ定メ本條ニハ半ケ年乃至半ケ年以內ニ利息又ハ配當金ヲ社員ニ分配スル會社ノヿヲ定ム乃ハチ一般商人及合資會社株式會社ノ塲合ニハ一ケ年ニ一回之ヲ作ルヲ要スレ𪜈半ケ年以內ニ利益ヲ配當スル會社ニ在テハ毎半ケ年ニ一回ツヽ此等ノ目錄及對照表ヲ作ラシムル也而メ會社中合名會社ノ外ハ槪ムヲ此種ノ部類ニ屬スベキ者トス今此ノ如ク此等會社ノ爲ニ特ニ其撿束ヲ嚴ニセルハ一ニハ資本ノ增減損益ヲ知ラザレバ利益ヲ配當スル能ハ

ズ而シテ之ヲ知ルハ財産目錄及比較表ニ據ラザル可ラズ而シテ若シモ此ノ如キ利益ナクシテ分配スル片ハ必ラズ資本ヲ減少セザルヲ得ザルベキヲ以テナリ

商業帳簿保存ノ義務

第三十四條　各商人ハ十ヶ年間商業帳簿ヲ貯藏シ火災又ハ其他ノ意外ノ事變ニ因リテ喪失又ハ毀損セザルコトニ注意スル責アリ

既ニ前ニ各商人ニ帳簿備置ノ責ヲ負ハシメタリト雖ドモ若シ之ニ或ル年限間保存ノ責ヲ歸セズンバ忽チ之ヲ喪失シテ備置ノ目的ヲ達スルコト能ハズ故ニ十年間ハ之ガ保存ノ責ヲ負ハシメ其間ニ於テ火災其他意外ノ變故ニモ喪失セサラシム而シテ若シ之ヲ喪失シタル片ハ其事ノ眞ニ避ケ難キ事情アリシコトヲ証明セシメ若シ之ヲ爲スコト能ハザレバ他日該帳簿ヲ証據トシテ論爭スルヲ要スルノ時ニ當リ其者ノ爲ニ不利ナル推測ヲ下サルベシ

帳簿ノ私有權

第三十五條　商人ノ商業帳簿ハ其一身ノ所有物ニシテ破產又ハ會社淸算ノ塲合ヲ除ク外官權ヲ以テ之ヲ交附

帳簿差出

セシムルヿヲ得ズ

商人ノ帳簿ハ實ニ一家ノ資産ヲ始メ其生計費マデモ盡ク之ヲ記入スルモノニシテ之ヲ開示スルハ恰カモ一家ノ内ヲ暴露シテ示スト一般ナリ而シテ各人ノ家屋ハ神聖ニシテ何人モ故ナク之ヲ侵ス能ハズトスレバ各商人ノ帳簿モ亦容易ニ犯ス可ラザルモノタラザルベカラズ故ニ其人自ラ自己ノ權利ヲ主張スル爲ニ進ンデ之ヲ開示スルノ外ハ官ノ威權ヲ以テスルモ之ヲ取リ上ルヿヲ得ズ唯ダ破産ヲ爲スノ時又ハ會社解散ノ場合ニハ他人ノ權利ヲ害スルヿアランヿヲ慮ルガ故ニ此レガ交附ヲ命ズルヿアルベシ是レ一人ノ權利ト多數ノ權利ト抵觸スル場合ニハ止ヲ得ズ一人ノ權利ヲ多數ノ權利ノ犧牲ニ供スルモノナリ

第三十六條　然レ𪜈相續ニ關スル事件分割ニ關スル事件及ビ業務取扱ニ關スル爭訟ニ付キ當事者ノ申立ニ因リ裁判所ノ命令アルトキハ總テノ商業帳簿ヲ差出

帳簿開示

サゞルヿヲ得ズ

前ニハ各商人ノ帳簿ノ私有權ノ安固ヲ規定シタレ𪜈若シ其帳簿一己人ノ有ニアラズメ數人共有ノ塲合ニ於テ其記載事項ノ上ニ爭訟ヲ生ズル𪜈ハ其ノ對手人中ノ申立ニ由リテ帳簿ヲ差出サシム乃ハチ此塲合ニハ共有者中ノ一ハ帳簿ノ差出ヲ求ムレバ也盖シ相續ニ關スル事件ハ相續者數人アル𪜈也分割ニ關スル事件ハ夫婦共通財產ノ如キ二人以上ノ所有主アリテ而メ今之ヲ分割セントスル塲合ナリ業務取扱ニ關スル爭訟ハ會社組合等數人ニテ一事業ヲ取扱フ塲合ナリ

第三十七條　爭訟中原告又ハ被告ノ申立アルトキハ受訴裁判所ハ相手方ノ商業帳簿ノ開示ヲ命シ其所有者ノ面前ニ於テ右爭訟事件ニ關スル記入ノ撿閲又ハ時宜ニ因リテ其騰寫ヲ爲サシム若シ其帳簿カ他ノ地ニ在ルトキハ右裁判所ハ其地ニ就キ又ハ其地ノ裁判所

ニ嘱托シテ撿閲又ハ謄寫ヲ爲サシム

商人ノ帳簿ハ上來屢々說クガ如ク裁判上ニ証據トシテ採用スルヿアルモノナルガ故ニ訴訟對手ノ一方ハ往々他ノ相手方ノ商業帳簿ノ開示ヲ望ムコトアルベク若シ此塲合ニ之ヲ拒ム者ハ不利ノ推測ヲ受クベシ然レ𪜈帳簿ハ元來家宅ニモ等シキ私有權ノ安固ヲ保スルモノナルガ故ニ其所有者ノ面前ニ在ラサレバ之ガ撿閲ヲ爲サシメズ而ノ此等訴訟上ノ証據トノ遠隔ノ地ヨリ徵收シ來ルトキニハ一時商業帳簿ヲ失ハシメテ商業ヲ營ムヿ能ハサラシムルノ恐アルガ故ニ此塲合ニハ其地ノ裁判所ニ嘱托シテ撿閲又ハ謄寫セシムルナリ

帳簿隱匿者ノ制裁

第三十八條　何人ニテモ商業帳簿又ハ其中ノ一ヲ開示スベキ裁判所ノ命令ニ從ハザル者ハ之ヲ証スベキ爭訟事件ニ附キ自己ノ不利ト爲ル推定ヲ受ク但其開示セサリシハ自己ノ過失ニアラザルコトヲ証シ又ハ疏

明シ得ルトキハ此限ニアラズ

是レ乃ハチ帳簿ノ裁判上ニ於テ證據力ヲ有スル所以ニ〆自己ノ利益ヲ主張セント欲スルモノハ乃ハチ自己ノ帳簿ヲ證據トシテ之ヲ證シ又他ノ對手ヨリ其開示ヲ求メラレタルトキハ公然之ヲ示シテ以テ其ノ地位ノ正當ナルヲ證スベキモノナルニ之ヲ拒ンデ示サヾルハ自カラ内ニ顧ミテ疚シキ所アルモノナリト推定セラルヽナリ尤トモ之ヲ示サヾリシ所ノ當然ノ理由ヲ擧ゲテ辨明スルコトヲ得バ此ノ不利ノ推定ヲ免ルベシ

商業帳簿記入ノ證據力

第三十九條　商業帳簿ノ記入ノ証據力ハ裁判所事情ヲ斟酌シテ之ヲ判決ス然レトモ其記入ノミヲ以テ記入者ノ利益ト爲ルベキ十分ノ証ト爲スコトヲ得ズ但相手方ニ於テモ亦其記入ヲ援用シタルトキ又ハ相手方カ商人ニシテ自己ノ帳簿ニ於ケル反對ノ記入ヲ以テ之ニ對抗シ能ハザルトキ又ハ相手方ニ於テ其不正ナルコ

トヲ少シニテモ信認セシメ得サルトキハ此限ニアラズ

相手方其記入テ援用シタル場合ニ於テ之ト連絡セル記入アルトキモ亦同ジ

本條以下三條ハ主トシテ商業帳簿ニ記入セル事項ハ裁判上如何ナル證據力ヲ有スルカヲ規定セル者ニシテ理論上ヨリ之ヲ言ヘバ訴訟法ニ屬スベキ問題ナルモ各國ノ法律皆之ヲ商法中ニ規定セリ蓋シ何人モ躬自カラ法文ヲ作ルコト能ハズト云ヘル格言ノ如ク自カラ記入セル文書ヲ證據トシテ他人ニ對スル權利ヲ主張スルハ普通法ハ之ヲ許サズ乃ハチ證書類ハ之ヲ記載セシ者ノ不利ニ歸スベキ證トナルモ決シテ其人ノ利益トナルベキ證據トナルコトナシトハ證據法上ノ一大原則ナレドモ商法上ノ帳簿ノ場合ハ此ノ例外ニシテ乃ハチ自カラ記錄セル所ノ商業帳簿ハ商人ト商人トノ間ニ於ケル商事上ノ爭訟事件ニハ證據ノ効力ヲ有ス尤トモ其取捨ハ裁判所ニ於テ事情ヲ斟酌シテ之ヲ判決ス

商業帳簿ノ記入ヲ以テ直チニ十分ナル証據トナス場合

ルモノナルガ故ニ帳簿ニスラ記載スレバ盡トク有効ナリト云フヲ得ザレ𪜈常ニ証據トシテ之ヲ提出スルヲ得ベシ而シテ之ヲ以テ裁判所ハ直チニ記入者ノ十分ナル證據トノミ爲サヾルハ或ハ記入者ガ自已ノ利益ト爲スガ爲ニ豫シメ詐僞ノ記入ヲ爲シ置キタルヤモ亦保ス可ラザレバナリ而シテ此規則ニハ二三ノ例外ナリ則チ相手方ニ於テモ其記入ヲ援用セル𪜈例ヘバ甲乙間ノ爭訟事件ニ於テ甲ハ自已ノ帳簿ヲ以テ訴訟ノ目的ヲ遂ントト欲シ乙モ亦甲ノ帳簿ヲ援用シテ自己ノ趣旨ヲ貫徹セントスル𪜈ハ勿論甲者ノ商業帳簿ヲ以テ十分ナル証據トセラルベシ叉相手方ガ商人ニシテ自己ノ帳簿ニ於ケル反對ノ記入ヲ以テ之ニ對抗シ能ハザル𪜈例ヘバ甲乙二商人間ノ爭訟事件ニ付甲ハ自己ノ商業帳簿ヲ提出シテ乙トノ取引ニ關スル事實ヲ立証スルニ乙ハ其同一事件ニ付キ自己ノ帳簿ヲ提供シテ反對ノ立証ヲナスコ能ハザルトキハ甲ノ帳簿ノ記入事項ハ甲利益トナルベキ十分ノ証據トナスヲ得ルナリ加之對手人ニシテ能ク裁判官ヲシテ其商業帳簿記入事項ノ信正ナラザルコヲ信認セシ

ムルニ足ルノ証明ヲ爲スニアラザレバ商業帳簿ハ常ニ其記入者ノ利益トナルベキ証トナルモノ也要之ニ商業帳簿ノ記載事項ヲ無効トスルニハ反對ヲ主張スル者ニ擧証ノ責アル也

原被双方帳簿上ノ記入ノ抵觸スル件

第四十條　原告被告雙方ノ商業帳簿ノ記入相牴觸シテ解明シ能ハサルトキニ於テ亦裁判所ハ事情ヲ酙酌シテ其証據物ヲ全ク擲棄スルト否ト又ハ一方ノ帳簿ニ一層ノ信用ヲ置クト否トヲ判決ス

本條ハ乃チ原被告双方其商業帳簿ノ記入ヲ異ニシ何レカ眞何レカ僞タルヲ定メ難キ場合ニ其証據取捨及ヒ証據力ノ輕重ヲ決スルノ權ヲ裁判所ニ歸シタルモノナリ

商業帳簿ノ記入十分ノ証據トナラサル場合

第四十一條　商業帳簿カ十分ノ証トナラサル總テノ場合ニ於テハ裁判所カ事情ヲ斟酌シテ定ムベキ他ノ証據ヲ以テ之ヲ補充スルコトヲ得

既ニ前條ニ於テ原被双方ノ商業帳簿ノ抵觸矛盾スル塲合ニ其ノ取捨輕重スルノ權ハ裁判所ニ屬スルヿヲ定メタレバ本條ノ如ク更ニ他ノ證據ヲ以テ之ヲ補充スルノ權ヲ裁判所ニ歸スルモ當然ノヿトス

第五章　代務人及商業使用人

世運進歩シ人事複雜ニ赴クニ隨ヒ何人モ萬種ノ事務皆自己ノ一身ヲ以テ之ニ當ルヿ能ハズ故ニ自已ノ爲ニ自己ニ代テ事ヲ執ルノ人乃ハチ所謂代理人ナル者ヲ使用スルハ商人非商人トモニ日常之ヲ見ル所ナリ而〆此事殊ニ商人ノ塲合ニ最トモ痛切ナルヲ見ル蓋シ頻繁ナル商業ヲ營ミ廣大ナル事業ニ從フ者ハ固ヨリ自カラ盡ク親シク之ニ當ル能ハズ必ラズ幾多ノ番頭手代ノ如キ人ヲ要スルハ必然ノヿニ〆本章ニ所謂代務人トハ從來ノ番頭ヲ指シ商業使用人トハ手代ヲ指スモノト領解シテ可ナリ而〆總テ此等ノ代理者ハ其權限ニ廣狹ノ差アリト雖ドモ其主人若クハ傭主ノ爲ニ代ツテ取引ヲ爲スモ

代務人委任

ノナルガ故ニ其取引ノ効果ハ主人若クハ傭主ヲシテ之ニ任ゼシム而メ世人モ亦番頭手代ト取引スルハ其主人ヲ信用シテ之ヲ為スヲ常トシ此等ノ代理者ヲ使用スル主人恰カモ自己ノ手足ヲ以テ為スト同一ノ權利義務ヲ有スルナリ從來商業使用人ヲ指シテ手代乃チ手ノ代リト呼ベルモ宜ベナリ本章ニ於テハ總テノ代理者ノ中專ラ此代務人及商業使用人ノヿヲ定メ一般代理ノ為ニハ第七章第六節代理ノ中ニ之ヲ定メ亦代理中ノ特別部分乃チ獨立ニ自己ノ氏名ヲ用ヒテ取引スル代辨人仲立人仲買人運送取扱人等ノヿハ第八章中ニ於テ之ヲ規定セリ

第四十二條　何人ニテモ商業ヲ營ム者ハ本店又ハ支店ニ明示ノ委任ヲ以テ一人又ハ數人ノ代務人ヲ置クヿヲ得但其委任ハ別ニ定式ヲ要セズ

代務ノ委任及ヒ其解任ハ商業登記簿ニ其登記ヲ受クベシ

代務ノ消滅

本條ハ先ヅ代務人ノ委任方法ヲ定ム而シテ代務人ナルモノハ總テ代人中最モ權利ノ廣大ナルヿ第四十五條ノ規定ノ如キ者ナルガ故ニ其委任解任ハ商業登記簿ニ登記ヲ受ケテ以テ世上公衆ニ告知スルヲ要ス而シテ其委任ノ式モ亦言語若クハ書面ヲ用テ以テ委任ノヿヲ明示スルヲ要ス且ツ法文中ニ明記ナキモ此場合ニハ必ラズ主人ノ商號ヲ以テ委任スルヲ要スベシ何トナレバ次條ニ代務委任ハ主人ノ死亡ヲ以テ消滅セザルヿヲ明言セリ是レ其主人ノ代務人ニアラズシテ商號ヲ用ユル商店ノ代理人ナレバナリ而シテ此ノ代務人ハ數ニ制限ナシ又以上ノ三要件ヲ具備スレバ其他ニ委任ノ定式ナシ

第四十三條　代務ハ何時ニテモ之ヲ解任シ又ハ代務人ヨリ之ヲ辭スルヿヲ得其委任時期ノ滿了ニ因リ又ハ代務人ト取結ビタル雇傭契約ノ絶止ニ因リ又ハ其委任ヲ爲シタル營業ノ讓渡若クハ廢止ニ因リテ自ラ消滅ス然レドモ商業主人ノ死亡ニ因テハ消滅セズ代務人

其委任ノ終リタル後ニ爲シタル取引ハ代務人其終リタルコトヲ知ラサルトキニ限リ有効タリ

本條ハ專ラ代務委任ノ消滅スル塲合ヲ示シタルモノニヽ乃チ第一傭主ヨリ解任第二代務人ヨリ辭任第三委任時期ノ經過第四雇傭契約ノ絶止第五委任シタル營業ノ讓渡又ハ廢止第六代務人ノ死亡第七數人共同シテ委任ヲ受ケタルトキハ其一人ニ於テ代務ノ消滅シタルトキトス此内第六ハ法文中ニ明記ナキモ代務ヲ爲スベキ人ノ存在セザレバ消滅スルヿ勿論ナリ第七ハ次條ニ於テ之ヲ規定セリ蓋シ代務ノ雇傭ハ本人代人双互ノ合意ヲ以テ爲セル契約ナルガ故ニ又双方ノ合意ヲ以テ解任シ辞任シ得ルヿ無論タルベク時期ノ滿了ハ契約期限ダケ履行シ了リタルナリ雇傭契約ノ絶止委任營業ノ廢止若クハ讓渡ハ契約ノ主眼タル目的物ノ消滅シ了リタル也此等ノ塲合ニ代務ノ消滅スルハ當然ナリ而ヽ商業主人ノ死亡ノ爲ニ消滅セザルハ主人存セザルモ商號ハ依然トヽ存シ其ノ商業ハ相續者之ヲ繼承シテ毫モ前ニ異ル所ナケレバ

ナリ

数人共同ニ委任ヲ受ケタル代務

第四十四條　數人共同ニ委任ヲ受ケタル代務ハ總員共同ニ非サレバ之ヲ行フコトヲ得ズ此代務ハ其一人ニ付テ消滅シタルトキハ他ノ各人ニ付テモ亦消滅ス

數人共同シテ一事ノ代務ヲ委任セラレタル片ハ是レ其ノ内ノ若干ニテハ未ダ不完全ナリト信ゼラルヽナリ故ニ總員ヲ以テ爲スニアラザレバ委任事項ヲ完全ニ結了スルヿヲ得ズ是レ然ラサレバ未ダ危險ナリトスルモノ也然ラバ則チ其總員中ニ缺クル所アレバ到底委任事項結了スルヿ能ハザル故一人ノ消滅ハ全員ノ消滅トナルモノトス

代務人ノ權限

第四十五條　代務ノ委任ニハ商業主人ノ商號ヲ用ヰ且之ニ代リ裁判上ト裁判外トヲ問ハズ其商業ニ關スル總テノ商取引及權利行爲ヲ爲シ得ル權力授與ヲ包含ス

代務委任ノ期限

代務權ニ制限ヲ定メルモ其制限ハ第三者ニ對シテ無効タリ但第三者其制限アルコトヲ知リタルトキハ此限ニアラズ

代務人ハ主人ノ身上ノ代理ニシテ各事件ニ付キ其代辨ヲ爲スベキモノナルガ故ニ其人ハ乃ハチ他ノ世上一般ノ人ニ對シテハ全ク主人ト異ナル所ナシ唯ダ其辨務ノ期限ヲ主人ノ意ヲ以テ定メラルヽノミ故ニ代務人ハ普通ニ主人商業上ノ總理代人ト見レバ可ナルモノニシテ一々其權ヲ列擧スルノ要ヲ見ズ若シ其總理代人ノ内或ル代務權ニ制限ヲ設クルトモ當時第三者ガ其事ヲ知リタル塲合ノ外ハ無効ニシテ乃ハチ普通ニハ無制限ナル廣大ノ權利ヲ有スルモノトス然レドモ此ノ廣大ナル代務者ノ權ハ專ハラ商業上ニ於テ有スルノミニシテ其他ノ民事上若クハ私事ノ代理者ニハアラズトス

第四十六條　代務ハ無期ニテモ又或ル時期ニ達シ若クハ或ル事件ノ生スルヲ限トシテモ又有期ニテモ之ヲ

委任スルコトヲ得但解任及ヒ辭任ノ權利ハ此ガ爲メニ妨ケラルヽヿ無シ

代務委任ノ期限ハ之ヲ定ムルヿナキモ可ナリ又或ル時期マデハ之ヲ明定スルモ可ナリ若クハ時期ノ上ニ定メズノ事件ノ發生ヲ期ス例ヘバ若旦那ニ嫁ヲ迎フルマデ若クハ洋行ノ主人ノ歸鄕マデ等ノヿヲ以テ其期限トスルモ可ナリ此ノ如ク期限ノ上ニ種々ノ規定アルモ若シ主人ヨリ解任スルカ代務人ヨリ辭任セント欲セバ何時ニテモ之ヲ爲スヲ得ベシ

代務ヲ更ニ人ニ委任スヿノ禁止

第四十七條　代務人ハ代務權ノ全部若クハ一分ヲ他人ニ轉付スルヿヲ得ズ但シ商業使用人ヲ置クノ權アリ

代務ハ其人ヲ信用シテ之ヲ爲スモノナルガ故ニ其代務權ノ全部ヲ他人ニ複代務セシムルヿ能ハザルノミナラズ其一部ニテモ之ヲ爲スヿヲ得ズ尤トモ其代務人ノ手代ト爲テ奔走ノ用ニ供スル商業使用人ヲ任用スルヿヲ得是レ使用人ハ此場合ニハ專ラ代務人ノ器械ト爲テ働ラクニ過ギザレバナリ

商業主人ノ義務

第四十八條　商業主人ハ代務人カ其主人ノ營業上ニ於テ爲シタル取引及行爲ニ因リテ特リ直接ニ權利ヲ得義務ヲ負フ但主人ノ之ヲ承諾シタルト否トヌハ主人ノ名ヲ以テシタルト否トヲ問フコト無シヌ代務人カ其主人ノ營業上ニ於テ爲シタル不法ノ行爲ヌハ代務人カ自己ノ名ヲ以テ取結ヒタル取引ト雖モ其時ノ情況及ヒ相手方ノ意思ニ因リ主人ノ計算ヲ以テ爲シタリトスベキモノニ付テハ亦同シ

商業主人ハ元來自カラ爲スベキヿヲ代務人ニ依賴シテ之ヲ爲サシメ而メ代務人ガ其營業上ニ於テ爲セルヿハ一切自カラ之ガ責ニ任スベキヿヲ諾シテ委任ノ事ヲ商業登記簿ニ登記スルモノナルガ故ニ其ノ營業上ニ於テ爲セルヿハ盡トク自カラ之ガ責ニ任ゼザルベカラズ然ラズンバ此代務人ト取引セル所ノ他ノ第三者ヲ害スルニ至ルヿ多カルベシ而メ苟クモ代務人ガ其營業

委任僞稱若クハ權限踰越者ノ責任

上ニ於テ爲セルヿナレバ主人ノ之ヲ承諾セルト否トヲ問ハズ一切之ヲ爲スノ權アルヲ以テ主人ハ之ガ責ニ任ズ且ツ代務人ハ必ラズシモ主人ノ名ヲ用ヒザルモ可ナリ何トナレバ代務人ハ主人ト同一ノ營業ヲ自己ノ計算ノ爲ニ爲スヿヲ得ズ亦他人ノ爲ニモ爲スヲ得ザルガ故ニ代務人ノ爲セルヿハ主人ノ營業ノ範圍内ナレバ他人ハ其名ノ誰タルヲ問ハズ主人ノ爲ニスルモノト推知スベキヲ以テナリ

第四十九條　何人ニテモ代務委任ヲ僞稱シ又ハ代務委任ヲ踰越シテ取引ヲ結ビタル者ハ相手方ニ對シテ其擇ニ從ヒ取引履行又ハ損害賠償ノ責任ヲ自己ニ負フ其代務委任踰越ノ塲合ニ於テ第四十五條第二項ニ從ヒテ商業主人其義務ヲ負フ可キトキハ主人モ亦之ガ責ニ任セザルコトヲ得ズ然レ𪜈此塲合ニ於テハ主人又ハ代務人ノ中一方ノミニ對シテ其取引ノ効用ヲ致

サシムルヿヲ得

相手方ニ於テ代務委任ノ欠缺ヲ知テ爲シタル取引ハ
雙方ニ在テ無効タリ

代務人ハ其主人ノ營業上ノ事務ニ限リ主人ニ代リテ之ヲ經理シ其ノ爲セル所ノ結菓ニ附テハ主人ヲシテ之ガ責ニ任ゼシムルモノナルモ元來主人ノ委任モナキニ自カラ代務者ナリト詐稱シテ爲セルヿ又ハ其委任權外乃ハチ商業上ノ事務外ニ更ニ他ノ民事上ノ事務ノ如キヿマデモ執行スルヿアラバ主人ハ其委任セザルヿニ對シ責ヲ負ハザルベキガ故ニ此ノ場合ニ其相手トナリタル人ハ詐稱代務者又ハ權限踰越者ニ對シテ其契約通リニ執行セシムルカ又ハ契約違犯ノ損害ヲ賠償セシムルカ二方法ノ内其一方ヲ擇ンデ之ヲ請求スルヿヲ得セシムル也尤トモ商業上ニ於テ代務人ハ全般事務ヲ代リ行フヿヲ以テ通則トスルガ故ニ其ノ事務ノ上ニ制限ヲ設ケ某ノ事ハ爲スヲ得ルモ某ノ事ハ爲スヲ得ズト定メテモ其制限ハ第三者ニ對シ効力ナク矢張リ主人

代務人ハ商ヲ爲スヲ得ズ

之ガ責ニ任ゼザル可ラズ尤トモ第三者ニシテ主人ガ制限付キニテ委任セルヿヲ知ルトキニハ責任ヲ主人ニ歸セザルベキヿハ第四十五條ニ於テ之ヲ定メタリ故ニ此ノ塲合ニハ主人若クハ代人ノ一方ニ係リテ請求スルヿヲ得ベキモ旣ニ其内ノ一人ニ係リテ取引ヲ爲シ了レバ其他ノ人ニ係ルヲ得ズ是レ一ノ契約ヲ二回以上履行セシムルガ如キヿ無ラシメンガ爲ナリ且ツ代務人ト取引ヲ爲ス所ノ相手方ニ於テ不完全ナルヿヲ知リツヽ之ト取引スル者ナレバ其人ノ過失ナルヲ以テ自已ノ過失ノ責ヲ他人ニ歸スベカラザルノ原則ニヨリ主人ニ責ヲ歸ス可ラザルノミナラズ其代務人ニ對シテモ元來代務人ハ自已ノ計算ニテモ第三者ノ計算ニテモ商ヲ爲シ得ベカラサルヿヲ知リナガラ爲スモノナル故無効ト爲スナリ

第五十條　代務人ハ自已ノ計算ニテモ又第三者ノ計算ニテモ商ヲ爲スヿヲ得ス若シ此成規ニ背キタルトキハ第六十三條ニ定メタル結果ノ外商業主人ノ求ニ從

ヒ其商取引ヲ主人ノ計算ニ移シ且損害アラバ之ヲ賠償スルヿヲ要ス

代務人ハ商業上ニ於テハ主人ノ全權ヲ代リ行フモノナルガ故ニ亦其全能力ヲ之ニ注ガザル可ラズ況ヤ別ニ自カラノ計算又ハ主人以外ノ他ノ人ノ計算ノ爲ニ商ヲ爲スヿアラバ或ハ主人ノ利益ヲ第二段ニ置クヿナキヲ保セズ故ニ一切之ヲ爲スヲ得セシメズ然ルニ若シ此ノ禁ヲ犯スヿアラバ其制裁トメ第六十三條ノ規定ノ如ク主人ハ之ヲ解任シ得ルノミナラズ其ノ爲シタル取引ノ效果ヲ主人ニ歸セシメ而メ之ガ爲ニ損害アレバ主人ハ該代務人ニ對メ賠償セシムルヿヲ得ルナリ

商業使用人ノ權限

第五十一條　何人ニテモ商業上商業主人ノ業務ヲ辨センガ爲メニ商業使用人トシテ置カレタル者ハ特別ノ委任ヲ受ケスト雖モ通常其擔當職分ノ範圍內ニ屬スベキ總テノ取引及ビ行爲ヲ主人ノ爲ニ十分ノ效力ヲ以

テ爲スヿヲ得使用人カ營業ノ全部若クハ一分ノ爲ニ置カレタルト否ト又ハ或種ノ取引若クハ一箇ノ取引ノ爲メニ置カレタルト否トヲ問ハズ其取引及ヒ行爲ニ因リテ主人獨リ權利ヲ得義務ヲ負フ
使用人カ主人ノ爲メニ訴訟ヲ爲シ又ハ裁判所ニ出テ或ル行爲ヲ爲スハ特別ノ委任ヲ受ケタル時ニ限ル
使用人署名スルトキハ主人ノ代理タル旨ヲ書添フルコトヲ要ス

本條以下ハ專ラ商業使用人ノ事ヲ定ム而メ所謂商業使用人トハ從來普通ニ稱スル所ノ手代ノ謂ニメ其權限ハ主人ノ機關トナリ主人ニ代ツテ主人ノ商業事務ノ一部分ヲ擔當シ例ヘバ注文受取ノ爲ニ廻ハルアリ簿記計算ノヿヲ司トルモアリ或ハ金錢出納ノヿヲ掌ドルモアリ又時トシテハ主人ノ事務ノ全部ヲ代理スルヿモアルナリ而メ此全部代理ノ時ニハ殆ド商業代務人ニ類

似ス然レ𪜈亦異ナル所アリ何トナレバ代務人ハ自己ノ名ヲ以テスルコトヲ得レ𪜈使用人ハ必ラズ主人ノ代理タル旨ヲ記セザル可ラズ亦代務人ハ裁判所ト裁判所外トヲ問ハズ商事ノ爲ニハ當然主人ニ代ハルノ權アレ𪜈使用人ハ特別ノ委任ヲ受ケタルトキニ限ルモノナリ

第五十二條　商業使用人カ商業主人ノ爲ニ店舖倉庫及ビ其他ノ營業場ニ於テ或ル業務ヲ辨スルトキ又ハ他所ニ差遣セラルヽトキ又ハ帳簿ニ於テ第三者ト取引ヲ爲スニ際シ主人ヨリ制止セラレズ若クハ第三者ノ問ヲ受ケテ己レ之ヲ爲ス權アリト答ヘタルトキハ殊ニ其職分ノ範圍ニ付キ置カレタルモノト看做サル

商業使用人行爲ノ結果

商業使用人ハ其主人ノ代理ト爲テ他ノ第三者ト取引ヲ爲スモノナルガ故ニ假令其委任權限ハ主人ヨリ明カニ之ヲ委任セザルモ其店頭ノ帳場ニ於テ爲ス事又ハ主人ノ手代ト爲テ出張先キニテ主人ノ爲ニ爲スコヲ主人ハ知リナ

ガラ之ヲ制止セザレバ乃ハチ暗默ノ委任アリタルモノトシテ主人其結果ノ責ニ任ジ又第三者ニシテ使用人ニ向ヒ足下ハ此ノ事ヲ爲スベキ權アリヤト問ハレテ然リ之ヲ爲スノ權アリト答ヘタル時ニハ主人ヲシテ其責ニ任ゼシム尤トモ何レノ場合ニモ使用人ノ行爲ノ爲ニ主人ノ責ヲ負フベキ場合ハ商業主人ノ爲ニ爲シタルトキニ限ル

第三者ガ商業使用人ト爲セル取引ノ効果

第五十三條　商業使用人ヲ商業主人ノ代人トシテ之ト取引ヲ爲シタル第三者カ善意ナルニ於テハ使用人其受ケタル委任ニ依ラサルモ又指定セラレタル方法ニ依ラサルモ其取引ハ第三者ニ對シテ有効タリ

商業使用人ハ代務者ノ如ク當然商業主人ノ全權ヲ代務スルノ權ヲ有スルニアラザルカ故ニ或ハ假令其業務ノ範圍内ニテモ其權限外ナル事ヲ爲スコトナシトセズ然レドモ此際之ト取引セル他ノ第三者ニシテ全タク其權限外ナルコトヲ知ラズシテ毫モ不正ノ意思ナク爲シタル所ノ取引ナラハ有効ナルモノトス而

メ此場合ニハ商業主人ノ代人トメ之レト取引セルモノナルガ故ニ其ノ責ヲ主人ニ歸セシムルナリ而メ主人若シ之ガ爲ニ損害アラバ更ニ之ガ賠償ヲ該越權ノ使用人ニ求ムベキノミ

普通ノ慣習以外ノ委任ヲ爲ス場合ニ要スル手續

第五十四條　商業主人カ商業使用人ヲメ商慣習ニ定マレル職分ノ範圍ヲ擴メテ其代理ヲ爲サシメントスルトキハ此カ爲メ特別ノ委任ヲ爲シ且ツ相當ノ方法ヲ以テ之レヲ第三者ニ告知スルヿヲ要ス殊ニ商業通信書又ハ手形及ビ其他ノ債務証書ニ於ケル使用人ノ署名カ主人ヲ覊束スベキトキハ右ノ規定ヲ遵守スルコトヲ要ス

商業使用人ハ普通ニハ商業上ノ慣習ヲ以テ定リタル範圍内ニ於テ働ラクモノナルガ故ニ若シ其範圍ヲ超越シ例ヘハ使用人ハ手形ノ裏書ヲ爲スヿヲ得ザルノ慣習ナルモ之ヲ爲サシムルガ如キ場合ニハ豫メ其旨ヲ取引先ヘ通知

セザルベカラズ而メ此ノ通知ヲ爲スノ方法ハ郵便電信等普通ニ先方ヘ知レ得ベキ方法ナルヲ要シ曖昧ナル手段ニテ　告知ノ効ナキガ故ニ若シ先方ニテ其通知ヲ受ケザリシト云フトキハ通知セザルト同一ノ推定ヲ受ルヿアルベシ此ニ所謂商業通信書トハ注文書承諾書ノ類手形ハ爲替手形約束手形引出小切手ナリ其他ノ債務證書トハ負債義務ヲ證スル所ノ證書ヲ謂フ故ニ商慣習上若シ此等ノ權ヲ使用人ニ許サヾルニ之ヲ爲サシメント欲セバ必ラズ特別ノ委任ヲ爲シ又相當ノ方法ニテ之ヲ取引先ヘ告知セザル可ラザル也

使用人ノ行爲ニ關シテ第三者ノ有スル權利

第五十五條　營業場ニ於テ第三者カ善意ヲ以テ商業使用人ニ對シテ金錢ノ受渡ヲ爲シタルトキハ何レノ場合ヲ問ハズ商業主人之ヲ承認スル義務アリ商品證劵及ヒ其他ノ有價物ニ付テモ亦同ジ

受取ノ証アル勘定書及ビ其他ノ受取証書ヲ持參スル者ハ拂金及ヒ其他書中記載ノ物ヲ受取ル權アル者ト

使用人其委任事務ヲ更ニ他人ニ委任スル

看做サル但情況ニ因リテ右ニ異ナレル推定ヲ爲スベキトキハ此限ニ在ラズ

使用人カ其ノ主人ノ營業場ニ於テ其ノ業務ノ範圍内ノヿヲ爲スニ當リテハ其ノ所ニ於テ之ト取引ヲ爲ス者ニメ別ニ不正ノ意思ナケレバ該使用人ト金錢及ビ商品ノ賣買手形又ハ物件ノ授受ヲ爲スハ皆有効ナリ何トナレバ此場合ニ於テ他人ヨリ見ルトキハ使用人ノ權限内ナリトスルヿ普通ナルベク若シ之ヲ疑フテ躊躇スルガ如キアラバ大ニ商業取引ノ圓滑ヲ害スベケレバナリ故ニ此際主人ハ使用人ノ專擅ニ出テタルヿ又ハ使用人ノ惡意詐僞委託物消費等ニ出テタルヿヲ名トメ使用人ノ行爲ヲ取消スヿヲ得ズ必ラズ之ヲ承諾セザルベカラズトス而メ此規則ハ郵便配達人ガ其商店ノ下等ノ僕婢ニ引渡シタル郵便物及ビ爲替支拂証書等ノ類ニモ適用セラルベシ

第五十六條　商業使用人ハ其職分上ノ權ヲ他人ニ轉付スルコトヲ得ズ又商業主人ノ承諾ヲ得ルニ非サレバ

ヿヲ得ズ

他人ヲ代理トシテ其權ノ全部若クハ一分ヲ行ハシムルコトヲ得ズ但商慣習ニ於テ代理ヲ許スモノハ此限ニアラズ

商業使用人モ亦代務人ト同ジク其人ノ能力又ハ品行ニ信用ヲ置キテ主人ハ之ニ委任スルモノナルガ故ニ其ノ委任事項ヲ他ノ人ニ更ニ委任スルヿ能ハザルハ勿論ナリ尤トモ商慣習上之ヲ許ルス場合例ヘバ甲店ノ使用人乙ハい及ろノ二地方ニ懸ケ賣リ代金取立ニ赴キ丙店ノ使用人丁モい及ろノ二地方ニ懸ケ賣リ代金取立ニ赴クベキ用アルトキ乙ハろ地方ノ取立ヲ丁ニ委任シ丁ハい地方ノ取立ヲ丙ニ囑スルガ如キヿヲ從來慣行シ來ラバ之ヲ爲スヲ得ベシ又一營業中諸事務ノ分課ハ監督上ノ職務ニシテ即チ此監督ハ主人若クハ商業代理者ニノミ屬シ使用人ニハ屬セズトスルハ後項ノ趣旨ナリ

代務人ノ規定ヲ使用人ニ適用

第五十七條　第四十五條第二項第四十八條第四十九條及ビ第五十條ノ規定ハ商業使用人ニモ亦之ヲ適用ス

一般ノ性質ナル雇傭契約ハ民法ニヨル

本條ハ代務人ニ關スル規定ヲ其儘使用人ニモ適用スルモノニメ乃ハチ四十五條ノ第二項ハ第三者ノ知ラザル代理權ノ制限ハ第三者ニ對メ無効タルヿ第四十八條ハ代人ノ爲セル行爲ニ附テ商業主人ノ責任第四十九條ハ僞稱代人又ハ越權代人ノ行爲ハ其僞稱又ハ權限踰越者其責ニ任スルヿ第五十條ハ代人ハ其委任セラレタル事務ノ外ニ自カラ商ヲ爲ス能ハザルノ規定ナリ是レ此等ノ關係ハ代務人モ使用人モ其性質上同一ナレバナリ

第五十八條　商業主人ト商業使用人トノ間ノ權利關係ニメ其雇傭ニ關スルモノハ本法ニ規定シタルモノヲ除ク外雇傭契約ノ原則ニ從ヒ之ヲ定ム

元來自已ノ事務ヲ爲スニ當リ自カラ之ヲ爲ス能ハザルガ爲ニ他人ヲ雇ヒ來リテ其者ヲメ自已ニ代リテ事務ヲ爲サシメ自已ト其代人トノ間ニ權利義務ノ關係ヲ作ルヿハ是レ一ノ雇傭契約ニメ此人一般雇傭契約ニ關スル規定ハ民法財產取得篇第十二章雇傭及仕事受負契約ノ第一節雇傭契約ノ下ニ於テ

其ノ原則ヲ定メタリ故ニ商業主人ト使用人トノ特別ナル關係ハ此ニ規定スルモ其ノ雇傭ト云フ点ニ關スル規定ハ普通ノ原則ニ從ハシムルナリ元來商業使用人ハ必ズシモ主人ノ傭人ヲ以テ之ニ任ズル者ニアラズ或ハ傭人ナラザル主人ノ家屬又ハ妻子等ヲ任用シテ其業ヲ扶助セシムルコアリ而メ此場合ニハ雇傭ノ關係ハ毫モ存セサレドモ此ニ規定セル主人ト使用人トノ關係ハ全ク存シテ他ノ傭人タル使用人ト異ナルコナキ也

雇傭契約解除ノ豫告

第五十九條　期限ヲ定メズシテ取結ヒタル雇傭契約ハ雙方何時ニテモ之ヲ解ク豫告ヲ爲スコトヲ得但其豫告ハ一ケ月前ニ之ヲ爲スコトヲ要ス

商業主人若クハ商業使用人ノ終身ヲ期シ又ハ之ト同視ス可キ長キ期限ヲ定メテ取結ヒタル雇傭契約ハ期限ヲ定メサルモノト看做ス

主人ト使用人トノ雇傭契約ハ元來合意ヲ以テ締結セルモノナルガ故ニ双双

期限滿了若クハ雙方ノ協議ニヨル雇傭契約解除

使用人ノ給料ヲ受ル權

方ノ合意ヲ以テ之ヲ解クヿヲ得ベキハ當然ナルモ何レノ一方ニテモ突然解雇又ハ申出ルトキハ他ノ相手方之ガ爲ニ迷惑ヲ感ズルコト無シトセザルガ故ニ此ノ塲合ニハ一ヶ月前ニ豫メ其ノ解任又ハ辭任ノ事ヲ告ゲ置カザルベカラズ尤トモ此事ハ唯ダ期限ヲ定メザル片ニ附テ言フノミ期限ヲ定ムルカ又ハ或ル事件ノ發生等ヲ條件トソ期限ト爲セルモノナル片ハ双方トモニ豫メ覺悟シ在ルガ故ニ此ノ豫告ヲ要セザル也

第六十條　期限ヲ定メテ取結ビタル雇傭契約ハ雙方ノ承諾アルニ非レバ其期間滿了ノ前ニ之ヲ解クコトヲ得ズ但シ法律ニ依リ其期限前ニ辭任又ハ解任ヲ爲シ得ベキ場合ハ此限ニアラズ

雇傭期限中ハ商業主人ニ於テ商業使用人ヲ全ク使役セズ又ハ僅カニ使役スト雖モ使用人ハ契約上ノ給料又ハ各地慣習ノ給料ヲ受クル權利アリ

雇傭契約期限滿了前ニ主人ヨリ解任スル

期限ヲ定メタル契約ハ双方トモニ其期限間雇傭ヲ繼續スベキヿヲ豫期シタルモノナリ然ルニ若シ其一方ニ於テ随意ニ解任シ又ハ辭任スルコトアラバ爲ニ他ノ對手ノ迷惑スベキハ必然ナリ故双方トモニ承諾ノ上ニアラザレバ之ヲ爲スヿヲ得ズ若シ强ヒテ之ヲ爲スモノアラバ損害賠償ノ責ニ任ゼザル可ラズ然レ𪜈假令契約期限滿了前ニテモ此商法第六十一條又ハ第六十三條ノ如キ事故アルトキハ主人ハ使用人ヲ解雇スルコトヲ得ベク又第六十四條ノ如キ事故アレバ使用人ハ随意ニ辭任スルコトヲ得ベシ而メ此等ノ事情ナケレバ主人ハ假令使用人ヲ使役セサルコトアルモ使用人ハ其一身ノ全力ヲ擧ケテ主人ノ事務ヲ委ヌルヿヲ覺悟シ他ノ事務ニ從ハザルモノナルガ故ニ其給料ヲ給セザルベカラズトス乃チ使用人ハ時雇ヲ以テ給金ヲ給スルモノニシテ請負雇ヲ以テ之ヲ給スルニアラザレバナリ

第六十一條　商業使用人雇傭期限中疾病ニ罹リ又ハ其他ノ事故ニ因リテ二ヶ月以上業務ニ就クニ耐ヘサル

コヲ得ベキ事情
疾病負傷ノ治療費
何時ニテモ商業使用人ヲ解任スルコヲ得ベキ場合

トキハ之ヲ解任スルコトヲ得

第六十二條　商業使用人カ就業中疾病ニ罹リ又ハ傷痍ヲ被フルモ商業主人ノ過失ニ因ラザルトキハ主人ヨリ治療費ヲ給シ又ハ償金ヲ與フル義務ナシ

第六十三條　商業使用人ハ何時ニテモ解任シ得ベキ場合左ノ如シ

第一　不實ノ行爲ヲ爲シ又ハ已レニ受ケタル信任ニ背キタルトキ

第二　自已ノ計算又ハ第三者ノ計算ニテ取引ヲ爲シタルトキ但些少ノ取引ハ此限ニ在ラズ

第三　正當ノ理由ナクシテ其命セラレタル仕事ヲ爲スコト及ヒ總テ已レノ負擔シタル義務ヲ履行スルコトヲ拒ミ又ハ之ヲ怠リタルトキ

第四　不當ノ擧動又ハ不品行ノ爲メニ指斥ヲ受ケタルトキ

雇傭契約ヲ解除スル場合ハ上來揭ケ來リシ各條ニ徵スレハ總テ四種ナルガ如シ乃ハチ第一ハ無期限ノ場合ニ雇者被雇者間ノ一方ノ豫告第二ハ期限ノ經過第三ハ雙方ノ協議第四ハ本條以下ニ規定スル期限前ノ解除トス而メ期限前ノ解除ニ主人ヨリスル解任ト使用人ヨリスル辭任トノ二種アリ此所ニ列擧セル三條ハ主トメ主人ヨリスル解任ノコニ係ル乃ハチ第六十條ハ使用人疾病ニ罹ルカ又ハ其他ノ事故ノ爲ニ使用人ハ實際主人ノ事務ヲ執ルコ能ハザルノ事情二ケ月以上ニ亘リタル時ナリ而メ第六十一條ハ其ノ註解トモ見ルベク其ノ未ダ解雇セザル前ハ假令事務ヲ執ラザルモ尙ホ給料ヲ給スルノ責アレモ其疾病ノ爲ニ要スル治療費ハ主人之ヲ負擔スルニ及バズト定メタルモノナリ此ノ規定ノ如キハ我邦從來ノ慣習ニ違ヒ或ハ主人ト雇人トノ間ニ存スル道德上ノ關係ヲ薄弱ナラシムルノ感ナキニアラズト雖ドモ畢竟

使用人ヲ解任スルノ理由トナルベキ事項

此ニ定ル所ハ專ラ法律ニ依頼シテ法廷ニ爭フニ至リタルトキニ裁判スベキ規定ニシテ必ズシモ從來ノ如ク商店ノ主人ガ雇人ノ疾病ヲ醫師ニ托シテ治療セシメ主人其治療費ヲ負擔スルノ慣習ヲ打破スルノ目的ニアラザルナリ其第六十三條ニ規定スル所モ亦主人ノ解任シ得ル場合ナルモ第六十一條ハ使用人ニ失行ナキ片ニシテ六十三條ハ使用人ニ過失アル片ナリ其過失トスベキ事項凡テ四ニシテ乃ハチ第一ハ背信ノ行爲アリタル時ニシテ例ヘバ委托ヲ受ケタル主人ノ金錢ヲ消費スルノ類ナリ第二ハ委任外ノヿヲ爲セル時ニシテ例ヘバ商業主人ノ業務ヲ爲スト同時ニ己レ亦自己ノ資本ヲ以テ傍ハラ主人ノ取引ヲ横奪シ依テ以テ利益ヲ得タル場合ナリ第三ハ第二ニ反シ委任内ノコトヲ爲サヾルノ時ナリ前者ハ爲ス可ラザルヲ爲シ後者ハ爲スベキヲ爲サヾルナリ第四ハ不當又ハ不品行ノ擧動ヲ爲シタル片ナリ此内第二ノ取除トシテ些少ノ取引ハ此限ニアラズト規定セル所ノ些少トハ幾何ヲ謂フカハ裁判官ノ認定ニ依テ定ルノ外ナカルベキナリ

使用人ノ何時ニテモ辭任スルコトヲ得ル場合

第六十四條　商業主人カ商業使用人ニ相當ノ給料ヲ與ヘズ又ハ之ニ違法若クハ不善ノ業務ヲ命シ又ハ其身體ノ安全健康若クハ名譽ヲ害シ若クハ害セントスル取扱ヲ爲ストキハ使用人ハ何時ニテモ辭任スルコトヲ得

若シ使用人獨立シテ營業ヲ始メントスルキハ期限前ト雖トモ第五十九條ニ掲ケタル豫告期間ニ從フニ於テハ亦辭任スルコトヲ得

前條ハ主人ヨリ解任スルコトヲ得ベキ場合ヲ定メ本條ハ使用人ヨリ辭任スルコトヲ得ベキ場合ヲ定ム乃ハチ其事項ハ第一主人ガ相當ノ給料ヲ與ヘザル時ナリ畢竟雇傭契約ハ給料ヲ受ルニ對シテ勤務スル双務契約ナル故一方ニ義務ヲ盡サヾレバ他ノ一方ニ契約ノ解除ヲ求ムルヲ得ルハ勿論ナリ第二ハ違法若クハ不善ノ業務ヲ命ズル時ナリ違法ノコヲ爲ス可ラザルハ當然ナリ然

主人ノ死亡及營業ノ廢止

レ𪜈不善ノ事トハ何ヲ指スカ或ハ道徳上ノ事項ヲ法律上ニ適用スルノ嫌アリ第三身体ノ安全健康若クハ名譽ヲ害シ又ハ未ダ害セザルモ將サニ害セントスル取扱ヲ爲サバ之ガ爲ニ辭任ヲ請求スルヿヲ得ベシ加之使用人其主人ノ羈束ヲ脱〆更ニ一己獨立ノ營業ヲ開始スルヿハ甚ハダ嘉奬スベキヿナルヲ以テ之ヲ辭任ノ理由ト爲スヿヲ得セシム然レ𪜈前ニ定ムル一如クケ月前ニ豫告スルニアラズ〆其際ニ至リ突然之ヲ請求スルヿヲ得ザル也

第六十五條　雇傭契約ハ商業主人ノ死亡ニ因リテ終ラズ然レトモ商業使用人ヲ雇入レラレタル其營業ノ廢止ニ因リテ終ル但其營業ヲ他人ニ移サントスルトキハ第五十九條ニ從ヒ雙方豫告ノ權利ヲ有ス

本條モ亦主人ト使用人トノ雇傭契約解除ノ事ヲ定ム乃ハチ若シ其主人ニ〆使用人ヲ雇入レタル營業ヲ廢止スルトキハ雇傭契約當然解除ス是レ例ヘバ主人ガ從來呉服店ヲ開キテ手代ニ使用シ居タルニ一朝其ノ商業ヲ廢セバ該手

代ガ所長ノ技能ハ最早用ユル所ナキヲ以テナリ尤トモ其營業ヲ他ニ轉セントスル片ニハ使用人ニ豫告スルヲ要ス然ルトキハ使用人ハ他ニ雇ハルベキ計畫ヲ爲ザル可ラザレバナリ然レ圧其營業ヲ廢スルニアラズシテ唯ダ主人ノ死亡セル塲合ニハ契約解除セズ是レ此塲合ニ其職業ハ子孫ノ手ニ渡ルカ又ハ他人之ヲ續行スルカ若クハ之ヲ讓與スルヲ得ベク而シテ此際使用人ヲシテ其儘繼續シテ其職業ヲ行ハシムルコ商業上双方便益ナレバナリ本條ニ使用人死亡ノ塲合ハ明定セザルモ此塲合ニハ必ラズ雇傭契約ハ解除スベシ何トナレバ使用人ノ義務ハ其一身上ニ止マリ子孫ニ及ボスコヲ得ズ而シテ義務ノ履行者ナケレバ權利モ併セテ消滅スベケレバナリ

第六章　商事會社及ヒ共算商業組合

商事會社總則

羅馬時代ノ法律ニ於テハ會社契約モ他一般ノ契約ト異ナルコナク社員間相

會社ノ性質

互ノ關係ヲ生スルノミニ止マリシモ法理上ノ新主義ヲ以テ一トタヒ會社ヲ目シテ一箇ノ無形人トナシ單獨孤立ノ資格ヲ與ヘ之レニ權利義務ヲ有セシムルニ至リタル以來各國ノ法律ハ特ニ會社事項ニ付キ最モ精密整備ナル規則ヲ定メタリ即チ佛國商法ハ千八百六十七年七月二十九日ノ制定ヲ以テ從前ノ不備ヲ補綴シ一層其適用ノ範圍ヲ擴充シ英國ニ在リテハ千八百六十二年ノ法律ヲ以テ商社事項ヲ制定スルニ至レリ就中獨逸商法ハ最トモ其完美ヲ極ムト稱セラル而メ此ノ如ク各國ニ於テ商事會社ノ制定上較著ナル進化ヲ見ルハ時勢ノ進歩ト商業ノ發達ハ會社ノ必要ヲ感スルコト切ナルヲ以テ隨ツテ之レカ保維ヲシテ益々鞏固ナラシメントスルニ至レルナリ請フ先ヅ是ヨリ會社契約ノ他ノ一般契約ト異ナル所以ヲ一言シ進ンテ會社ヲ無形人ト做スノ利益及ヒ結果ヲ論陳スベシ是レ各條ヲ解スルニ當リ發生セントスル疑團ヲ豫シメ解釋スルノ一便法ナルベケレバナリ

會社トハ理論上ヨリ之レカ定解ヲ下タス片ハ多數人相集合シ全一ナル目的

ヲ以テ同一ナル事業ヲ經營スル所ノ一ノ集合体ナリト云フヘシ然リト雖ﾓ是レ甚タ廣漠ニ失シ此定解ノ中ニハ彼ノ國ト云ヒ縣ト云ヒ又ハ婚姻ト云フモノヲモ包含スルニ至ルヘシ何トナレハ此等モ亦二人以上ノ人ノ集合ナレハナリ故ニ法律上ニ於ケル會社ナルモノハ斯ル範圍ノ汎漠ナルモノニアラス今法律上會社ノ義解ヲ下タスﾄｷﾊ即チ二人已上集合シテ利益ヲ得ンカ爲メ資本ヲ醵出シ之レヲ共通シ以テ其所得ノ利潤ヲ共分シ其損害ヲ分担スルノ契約ヲ云フナリ而シテ會社ノ契約モ一ノ契約タル已上ハ組成上普通民法上ノ契約ニ於ケルト異ナルコナシト雖ﾓ其性質ニ於テ特殊ナルモノアリテ存スルカ故ニ其契約ヲ組成スルニモ他ノ原素ヲ要スルモノアリ今一般會社成立ニ要スル條件ヲ擧クレハ左ノ如シ

會社成立ノ要件

一　社員ハ協力シテ進取ヲ謀ラサルヘカラス

社員ノ協力

會社ハ人力ノ集合体ナルカ故ニ事業ヲ興スニ當リ甚タ勢力アルヲ以テ社會必要ノ一トナルモノナリ然ルニ若シ單獨ノ資力ト孤立ノ勞働トニ因リ利益

ヲ計ランントスルモ到底其目的ヲ達シガタカルベシ加之其所謂協力進取テウ條件ハ會社ノ目的上自ツカラ發生スル一結果ナリトス何ントナレハ會社ノ目的ハ有益ナル事物ヲ製出スルニ在リテ靜止的ノ集合体ニアラザルガ故ニ協力ノ進取ヲ謀ラサレバ之ヲ遂ルヿヲ得べカラザルヤ勿論ナリ

約束

二　會社ハ必ス約束ニ由ルヲ要ス

會社ハ會社契約ヲ以テ其ノ目的及社員間ノ權利義務ヲ定メサルヘカラス而シテ其契約ハ一ノ承諾契約ニシテ別段ノ方式ヲ要スヘキモノニアラス然レ圧第三者ニ向ツテハ或ル方式ヲ踐行スルニアラザレバ其効ナシ（六十九條）

物件ノ差入

三　社員ハ各々物件ヲ會社ニ差入レザルヘカラズ

會社ニ差入ルヽ物件ハ必ズ完全ナル所有權ノミニ限ルニアラズ使用權用益權又・享用權ノミヲモ差入ルヽヿヲ得又貨幣ハ勿論其他勞力ヲモ差入物件トスルヿヲ得べシ又或ル學說ニ由レハ商業上ノ信用ヲモ差入ノ目的物トナスヿヲ得ルモノナリトス而シテ其差入レタル物件ノ特定物ナルトキハ會社ハ

其物件上ニ所有權ヲ得タルモノナレハ其物件ノ毀損滅盡ハ如何ナルヿニ原因スルモ之ヲ負擔セサルヘカラス然リト雖𪜈差入レタル社員ハ普通賣主ト等シク擔保ノ義務ヲ負ハサルヘカラス

若シ又差入ノ目的唯ダ物件ノ使用用益權ニ止マルトキハ其社員ハ其物件ノ處分權ヲ保有シ會社ハ其使用用益權ヲ得ルモノナレハ會社ノ損失モ會社ノ有スル權利ノ範圍內ニ於テ負擔スルノミナリトシ而シテ會社ノ解散セル場合ニハ其物件ハ之ヲ返還セサルベカラザルハ勿論ナリ

又社員カ會社ニ對シテ差入レタルモノ丶或ル確定ナル物件ノ享用權ナルトキニ於テハ會社ハ其物件ニ付キ物上權ヲ有スルモノニアラス其社員ニ對スル物件ヲ享用セシムルノ對人權アルノミ故ニ其使用物消滅シタルトキハ會社ノ享用ニ供スルヿ能ハザレハ會社ノ解散原由トナルヿアルヘシ（詳細ハ本條ノ下ニ至テ論述スベシ）

又其差入レタル物件ノ不動產ナルトキト雖𪜈社員ノ權利ハ動產タルヘシ何ト

ナレハ會社ノ目的タル唯ダ利益ヲ得ルノ權ニシテ而シテ利益ヲ得ルノ權ハ動産ニ屬スルモノナレバナリ

營利ノ目的

四　會社ハ營利ノ目的ナラサルヘカラス

營利ノ目的ハ會社成立ノ一要件タリ若シ會社ノ目的ニシテ將サニ來ラントスル損失ヲ避クルニ在リトセハ適法ノモノニアラス往年嘗テ流行シタル共濟一錢會社ノ如キ數人互ニ出金シテ之レヲ蓄積シ社員中不幸ニ罹リタルモノアル片ニ之レヲ救濟スルノ目的ニ出ツルモノハ其名ハ會社ト稱スルモ法律上之レヲ見テ會社ト云フヿヲ得ス已ニ會社契約ニアラザレハ普通ノ契約法ノ原則ヲ適用セサルヘカラス故ニ事ニ法律ニ從フモノ先ツ其契約ノ性質如何ニ着目スヘシ其外形ニ迷ハサランヿヲ要ス

共同利益

五　會社ハ共同ノ利益ヲ期セサルヘカラズ

共同利益トハ各社員ニ於テ其差入レタル會社ノ資本ニ依リ得タル利益ノ或ル一定ノ割合ニ由リ又ハ差入レタル資本ノ高ニ應シ之ヲ配當スル額ヲ云フ

故ニ一社員其會社ニ於テ得タル利益ヲ悉皆領收セントト約スルカ又一社員ニシテ決シテ會社ノ損失ノ責ニ任セストト定ムルモ法律上無効ナルモノトス假令數人相集合シテ或ル金額ヲ醵出シ且ツ約スラク各人其醵集シタル合資ヨリ得ル所ノ利益ヲ獲得スヘシ然レ氏其組合ヲナスノ際其内一人ノ先ツ死去シタル片ハ其死去者ノ得ベカリシ分ハ之ヲ殘存スル者ノ間ニ分配スベシト是レ一見スレハ會社ヲ成立スルカ如シト雖氏殘存者ノ利益ヲ得ルノ原因ハ他一人ノ死亡ニアルガ如キハ共同ニ利益ヲ得タルモノニアラサレハ會社ヲ組成スルモノニアラズ

又此條件ノ適用トシテ玆ニ擧示ス可キモノアリ則チ外面上利益ノ一部分ヲ分與スル點ヨリ觀察スル時ハ會社ニ似タリト雖氏其實會社ヲ成サヽルモノアリ例ヘハ商店ニ於テ其雇人ニ對シ定額給料ノ外ニ其商業ニ得タル利益中ノ一部分ヲ收得セシメント約シタル時ノ如キ是ナリ然リト雖氏雙方ノ間ニ於ケル約束ノ意思タル決シテ會社ヲ搆成スルニアラサレハ此契約ヲ見做シ

利益ノ多少ニ應シテ賞金ヲ與フルノ制ト會社契約トノ差違

テ會社ヲナシタルモノト謂フコトヲ得ス故ニ會社ト此約束トノ間ニハ左ノ如キ主要ナル差別アリ

第一　此約束ニ於ケル役員ハ損失ヲ負擔セス故ヲ以テ損失ヲ受クルコトナキノミナラス又資本ヲ醵出スルノ責ナシ之レ會社ト異ナル所ナリ

第二　此約束ニ於ケル役員ハ會社資本ノ共有者ニ非ス故ニ會社解散等ノ場合ニ於テ雇人其事業ヲ廢止スルモ其資本ニ付テ役員ハ一ノ權利ヲ有スルコトナシ

第三　役員雇入ノ期限ヲ豫定シ其未ダ滿了セザル時ニ於テモ會社ハ他ノ賃貸契約ニ於ケルカ如ク隨意ニ解雇スルコトヲ得可シ（但シ其解雇ニ由リ生シタル損失ハ雇人ニ對シ賠償セザルベカラズ）反之會社ヲ組成シタルモノトセハ此ノ如キヲ要セザルナリ

第四　若シ其雇入ノ破産シタル時ハ役員ハ其給料及ヒ雇主ヨリ得可キ利益ノ一部ニ付テハ他ノ債主ト併立シテ其辨償ヲ求ムルコトヲ得可シ反之

會社ヲ無形人ト爲スノ利益

會社ノ破產シタル𪜈ハ其社員ハ會社債主ニ拂ヒ盡シタル後會社ニ殘存シタル物件ニ付キ分配ヲ受クベキ權利アルノミトス

已上ハ會社ヲ成立セシムルニ最モ緊要ナル條件及ヒ或ル塲合ニ於テハ原則ヲ適用スヘカラサル理由ヲ陳ベタルモノナリ

佛國ニ於テハ商事會社ヲ法律上無形人ト見做スカ否ニ付キ議論二派ニ分カレテ猶ホ一定セスト雖𪜈我國ノ本法ハ或ル塲合ニ於テハ明ラカニ無形人タルヿヲ認メタリ故ニ今其ノ會社ヲ無形人ト認ムルノ利益ニ附テ一言セン盖シ會社ヲ無形人ト認ムルハ會社ノ經濟上ヨリ觀察メ大ニ利益アリ其理由ハ若シ會社ヲ一ノ無形人トスル𪜈ハ社員ノ差入レタル資本ハ會社ニ其所有權ヲ移轉シ社員タルモノ其ノ會社資本ニ付キ自己ノ意見ヲ以テ之レヲ處分スルヿヲ得ス然ルニ之レヲ無形人ト見做サヾルノ時ニ在リテハ會社ノ資本ハ社員ノ共有ニ屬スルモノナレハ社員一己ノ債主ト雖𪜈會社ノ資本ヲ差押ユルヿヲ得ルノ結果ヲ見ルニ至ル可シ之レ會社ノ成立上甚タ危險ナルヿニメ

會社ヲ無形人ト爲スト否トノ差異

無形人タル會社々員ノ權利ハ盡トク動産

到底永久ニ保維スルヿヲ得サルヤ明カナリ然ルニ會社ヲ以テ無形人ト認ムルニ於テハ會社ハ一已獨立体ヲナスモノニシテ其ノ資産ハ社員ノ共有財産ニアラサレハ社員一己ノ債主ノ爲メニ蹂躪セルラヽノ憂トシ果メ然ラハ會社ノ基礎自カラ鞏固ナルヿ疑ナシ是レ會社ヲ以テ無形人ト認ムル最モ重要ナル理由ナリトス已下會社ヲ無形人トナスト否トニ由リ異ナル結果ヲ畧陳セン

第一　會社ノ成立シタル片ハ假令其資本盡ク不動産ヲ以テ組成シタル片ト雖𪜈社員ノ權利ハ動産タルニ過キス之ニ反シ若シ會社ノ財産ヲシテ各社員ノ共有タラシメハ其財産ニシテ不動産タル片ハ社員ノ權利モ從ツテ不動産ナリトス而メ會社ノ無形人タル以上ハ一旦其資本ヲ差入レタル會社移轉シタル時ハ假令其物件ハ不動産タリト雖𪜈社員ノ會社ニ對シテ得ントスル利益ハ動産タルノ性質ナレハ其權利モ亦タ動産タルモノトス而シテ此權利ノ動産タルヤ不動産タルヤヲ區別スルハ實際上

負債	財產

大ニ利益アルモノトス

第二　會社ヲ一ノ無形人ト認ムル時ハ會社財團ト社員ノ資產トハ其間劃然タル區別ノ存スルアルヲ以テ會社ノ財產ハ會社ノ債主ノ擔保物トナルノミニシテ社員ノ債主ハ其利益ヲ受クルヿヲ得ス然レ𪜈茲ニ注意ス可キハ會社ノ債主ハ其會社ノ全財產ヲ受取了リテ尚ホ自己ノ債額ニ充ルニ足ラサル𬼀ニ於テ始メテ其會社ノ社員ノ資產ニ就キテ社員ノ私債主ト共ニ分配ヲ受クルノ權利アルモノトス然ルニ若シ會社ヲ無形人ト定メサル𬼀ハ會社ノ債主ハ未タ會社ノ資本ヲ盡クスニ至ラサルモ社員ノ私財產ニ付キ直チニ債權ヲ執行スルヿヲ得可シ

第三　會社ヲ無形人ト爲ス𬼀ハ社外者ヨリ會社ニ對スル義務ト社員ニ對スル權利トヲ相殺スルヿヲ得ス例之甲者乙會社ニ對シ千圓ノ義務アル𬼀又其乙會社ノ社員タル丙ハ甲ニ對シテ千圓ノ負債アルモノトセハ之レヲ差引スレハ甲ニ於テ更ラニ貸借ノ干係ナキカ如シト雖𪜈其實決シ

召喚狀ノ送達

破產

共同利益

テ然ラス是レ乙會社ト丙會社トハ自ツカラ獨立セルモノニシテ更ラニ關係ナキモノナレハ此場合ニ相殺ノ方法ヲ適用スルコヲ得ス若シ甲ニシテ乙會社ニ對シテ千圓ノ負債アリ乙會社モ亦タ甲ニ對シテ千圓ノ負債アリトセハ其間差引ノ行ハルヽコ普通ノ場合ト異ナルコナシ

第四　會社ヲ無形人トナスヰハ訴訟ノ起リシ場合ニ裁判所ハ其會社ノ本店又ハ支店ニ對シテモ召喚狀ヲ送達スレハ各社員ニ一々送達スルヲ要セサルノミナラス期滿免除中斷ノ効ヲモ及ホスモノトス若シ會社ニシテ無形人タラサレハ召喚狀ハ箇々ノ社員ニ對シテ送達セサル可カラス

第五　商事會社ニシテ其支拂ヲ停止セルヰハ破產ノ宣告ヲ受クルモノハ會社ニシテ會社財產ノ足ラサルヰニ非ラサレハ社員タルモノハ決シテ處分ヲ受クルコナシ是レ商事會社ノ無形人タルノ結果ナリ

以上ニテ總論ヲ了リタレハ以下各條項ニ入リテ逐一講究ス可シ

第六拾六條　商事會社ハ共同シテ商業ヲ營ム爲メニノ

無効ノ會社

ミ之ヲ設立スルヿヲ得

元來商事會社ノ商業ハ永久ノ目的ヲ以テ取引ヲナスカ故ニ彼ノ數人相集合スル所ノ當座組合ノ如キハ決シテ會社ト見做スヿヲ得サルナリ畢竟會社ハ法律カ一箇獨立ノ無形人トシテ此レニ固有ナル性質ヲ付與シ以テ之ヲ保維センヿヲ欲スルモノナレハ其原因トスル標識ナカルヘカラス是レ存亡ノ一定セサル普通組合ノ如キモノニハ本條ノ干渉スル所ニアラスシテ唯ダ常職テ商事ヲ營ム所ノ會社ニノミ之レヲ適用スル所以ナリ

又一時ノ商業取引ヲ目的トスル組合ノ如キモ本法ノ規定ノ支配スル所ニアラサレ𪜈普通一般ノ契約ナレハ民法ノ範圍内ニ在リテ其支配ヲ變クヘキモノナリ然リト雖𪜈其事柄ハ元來商事ニ關スルモノナルヲ以テ全ク商法ノ規制ニ關係ナシト斷言ス可カラス

第六拾七條　法律ニ背キ又ハ禁止セラレタル事業ヲ目的トスル會社ハ初ヨリ無効タリ

會社解散ノ命令

若シ會社ノ營業カ公安又ハ風俗ヲ害ス可キトキハ裁判所ハ檢事若シクハ警察官ノ申立ニ因リ又ハ職權ニ依リ其命令ヲ以テ之ヲ解散セシムルコトヲ得但其命令ニ對シ即時抗告ヲ爲スコトヲ得

會社設立ノ目的ニシテ法律又ハ特定ノ布達等ノ主旨ニ背戻スルニ於テハ抑モ不法ナル會社ナルモノニシテ之ニ効力ヲ付與スヘキニアラズ而シテ法ニ背キタル目的トハ例令ハ貨幣僞造爲換手形僞造脫稅貿易等ノ事柄ヲ含ムモノナリ又禁制セラレタル事業トハ阿片又ハ彈藥猥褻ノ圖畫等ヲ販賣スル類ヲ謂フ又公安風俗ヲ害スベキ營業ヲ目的トスル會社トハ前例ト大ニ其趣ヲ異ニシ會社ノ實体ニ付キテ之ヲ見ルトキハ理論上存在セシメサル可カラサルモノナリト雖モ檢事若クハ警察官廳ノ申立又ハ其職權ニ依リ命令ヲ以テ之レヲ解散セシムルモノナレハ第一項背法ノ會社ノ如ク初メヨリ其根本ニ於テ無効ナルモノト同一視スヘカラス加之其命令ニ對シテハ抗告ヲナスヿヲ

許スモノナレハ若シ抗告ノ証スル處ニシテ確實ニ且ツ事實上公安ヲ害シ風俗ヲ紊スノ虞ナキニ於テハ法律ハ其會社ノ成立ヲ認メサルヘカラサルモノナリ故ニ其會社ヲ無効トスルニハ其不正ナル事實ノ証明ヲ爲サヾル可ラズ然ラスンハ謂レナシ之レカ解散ヲ命スルヿヲ得ス

要スルニ前項ト異ナル處ハ其根源ヨリ既ニ無効ナルト其會社ノ爲ス所ノ事實ニシテ公安又ハ風俗ヲ害スルノ故ヲ以テ解散セラル丶トノ点ニ在リ今一例ヲ示シテ其區別ノ存スル處ヲ明ラカナラシメン例ヘバ賭博ヲ爲スノ目的ヲ有シテ設立スル會社ハ即チ法律ニ背戾シタルモノナレハ本條第一項ノ規定ニ依リ素ヨリ其効ナシ之ニ反シ旅店營業ノ目的ヲ以テ設立シタル會社ニシテ其店中ニ於テ禁制ノ賭場又ハ猥褻ニ關スル居室等ヲ設置スル𪜈ハ其ノ本來ノ目的タル旅店營業ハ毫モ法ニ背キタルモノニアラサレハ之ノミニ付テハ有効ナリト雖トモ其會社ノ爲シタル事實ハ公安ヲ害シ風俗ヲ紊タスヿアルヲ以テ一タヒ成立シタル會社モ裁判上ノ判決ニ由リ解散セシムルモノ

ナリ

第六拾八條　法律命令ニ依リ官廳ノ許可ヲ受ク可キ營業ヲ爲サントスル會社ハ其許可ヲ得ルニ非サレハ之ヲ設立スルコトヲ得ス

本條ハ商事會社ヲ一箇ノ無形人ト見做シタルノ結果ヨリ生ジ乃チ一已人タル商人ニ對シテ禁スル所ハ會社ニモ之レヲ適用スルモノナリ而シテ官廳ノ許可ヲ受ケテ後爲スヘキ營業トハ第二條ニ於テ認メタル規則即チ國立銀行條例株式取引所條例私立鐵道會社條例其他警察及ヒ行政上ノ諸布達ニ由リ官廳ノ許可ヲ受ケテ爲スベキモノヲ云フ

法律カ特ニ會社ニ付テ明掲シタルハ會社ニシテ一タヒ許可シタル範圍外ニ出テヽ成立スルﾄｷハ廣大ナル害毒ヲ會社ニ傳播スルモノナレハ法律ハ深ク意ヲ注ギ之レヲ明記シテ其害毒ヲ未萌ニ妨クニ在リ又株式會社ハ有限責任社員ノミヲ以テ組成シ會社資本ハ社員ノ株式ニ止マルモノナレハ其結果極

登記公告

メテ薄弱ナルガ故ニ法律ハ第三節ニ於テ特別ナル方法ヲ以テ設立セシムヘキヿヲ命セリ

第六拾九條　會社ノ設立ハ適當ナル登記及ヒ公告ヲ受クルニ非サレハ第三者ニ對シテ會社タル効ナシ

本條ニ於テ第三者ニ對シテ會社ノ効力ヲ有スルニハ登記及ヒ公告ヲ受クヘキヿヲ規定シテ而シテ他ニ全法典中會社ノ設立ハ政府ノ許可ヲ受ルヲ要スルノ規定ナシ是レ本條ニ會社設立ノ第三者ニ對スル要件トシテ登記ト公告ヲ受ベク然ルトキハ別ニ政府ノ許可ヲ經ルノ要ナキヿヲ示セルモノナリ會社成立ニハ政府ノ許可ヲ受クルノ可否ニ付テハ現時學説殆ント一定セリ其故ハ會社ヲ設立スルニ當リ政府ノ許可ヲ受ケシムルハ其ノ利益ナクシテ却テ弊害ノ存スルヲ見ル何ヲ以テ利益ヲ見ズト謂フ乎今夫レ一ノ會社ヲ組織スルニ當リテ必ス政府ノ許可ヲ受クベキモノト定ムルトキハ其會社ハ設立ノ當時外面上最モ完美ナル申合書及ヒ規則ヲ編製シテ許可ヲ請ヒ而メ政

府ハ之レニ對シ其体面上ノ觀察ニヨリテ許可セサルヘカラス而メ其會社ニシテ一タヒ組成セラルヽヤ冠スルニ官許ノ二字ヲ以テシ之ニ依テ以テ會社外ノ者ヲ瞞着シ虛僞ノ穽井ニ陷ラシムルハ實際ノ事例ニ於テ往々見ル所ナリ是レ利益ナクシテ却テ弊害ヲ生セシムルモノト斷言セル所以ナリ此事近來ノ新主義ニ出ツル決定ニシテ此主義ニ由リ英國ハ千八百六十二年公布合本會社條例ニ於テ何等ノ商事會社ト雖𪜈政府ノ許可ヲ受クヘキノ規制ナク唯其契約ヲ官簿ニ登記シ且ツ之レヲ公告スルヲ以テ足レリトセリ佛國ニ於テ千八百六十七年七月二十九日ノ制定ニ係ル法律モ亦タ然リ獨逸ハ千八百七十年六月十一日公布シタル法律ヲ以テ官許ヲ得ヘキ成規ヲ廢止セリ唯今日ニ在リテ官許ヲ受クルヲ必要トスルハ伊太利商法第百五十六條及ビ埃及商法第四十六條アルノミ

又本條會社設立ニハ適當ナル登記及ヒ公告ヲ受クルヲ要スルヿヲ規定ストト雖𪜈會社契約ニハ右規則ヲ適施スヘキモノニアラサルヿニ注意スヘシ會社

契約ノ要素ハ總論ニ於テ縷述シタル如ク特ニ登記公告等ヲ要スルモノニアラス然レトモ苟クモ會社ニシテ第三者ニ對シ其存立ヲ主張スル爲ニハ必ラズ登記及ヒ公告ナカルヘカラザルナリ

會社ノ第三者ニ對シテハ登記及ヒ公告ヲ要スルノ理由ハ屢々述ベタル如ク會社モ一ノ無形人ナレハ社會ニ生出スルト同時ニ之レヲ發表セサルヘカラス是レ恰カモ吾人カ世ニ出ツルト共ニ身籍ニ加ヘラルヽト同一ナリ而メ身籍上氏名ナキノ人間ハ會社ニ對シテ權義ノ干係ヲ生セサルナリ又タ特ニ公告ヲ要スル所以ノ者ハ第三者ノ利益及ヒ權利ヲ保護スルニ在リ其他公告ハ取引上大ナル影響ヲ世上一般ノ人ニ及ホスモノナリ

第七拾條　會社ハ商號ヲ設ケ社印ヲ製シ定マリタル營業所ヲ設クルコトヲ要ス

第七拾一條　社印ニハ商號ヲ刻シ其印鑑ヲ商業登記簿ニ添ヘテ保存スル爲メ之ヲ第拾八條ニ掲ケタル裁判

商號社員營業所

社印ヲ裁判所ニ差出

所ニ差出スコトヲ要ス社印ヲ變更シ又ハ改刻スルト
キモ亦此手續ヲ爲ス

第七十二條　商號及社印ハ官廳ニ宛テタル文書又ハ報
告書、株劵、手形及會社ニ於テ權利ヲ得義務ヲ負フ可
キ一切ノ書類ニ之ヲ用ユ

商號及社印ノ使用

以上各條ハ法律上商事會社ハ一ノ無形人ナリトノ原則ヨリ生スルノ結果ヲ規定シタルモノニシテ事理一轍ニ出ツルモノナレハ之レヲ一括シテ講究スルヿ最モ便利ナリトス
抑モ會社ハ登記及ヒ公告ヲ經テ然ル後社會ニ對シテ商業取引ヲナスベク而シテ之ヲ爲スヤ必ラズ其會社ノ商號アルヲ要ス是レ會社ハ一箇ノ法人ナルヲ以テ商業取引上會社自ラカラノ名號ヲ以テ權利ヲ有シ義務ヲ負ハサルヘカラザルニ由ル而シテ社印ヲ製スルモ亦タ然リ凡ソ一已人トシテ社會ニ獨立セントスルニハ其存在ヲ表示スルノ徽標ナカルヘカラス會社ノ商號ヲ付スル

ハ猶ホ各人各箇ニ氏名アルカ如シ要スルニ會社ハ數人ノ各社員ヨリ組成セルト雖トモ社外人ト取引上ノ關係ハ各社員ニ對シテ生スルモノニアラスシテ獨立體ヲナス會社ニ對シテ其關係ヲ有スルモノナリ

又商號ハ多クハ無限責任社員ノ名ヲ以テスル者ナリ然レトモ合資會社又ハ株式會社ハ其ノ社員全員ノ氏名ヲ以テ之ニ付セスシテ商業ノ目的等ニ由リ商號ヲ付スルコト多シ

又商社ニシテ一定ノ營業所ヲ設ケサルヘカラサルハ恰カモ各人各箇カ住居ヲ一定セサルヘカラサルト異ナルコトナシ要スルニ會社タル一ノ獨立体ノ標識ヲ鞏固ニスルノ主旨ニ出ツルモノナリ

又第七十一條ニ於テ社印ヲ刻シ其印鑑ヲ商業登記簿ニ添ヘテ之ヲ裁判所ニ差出スヘキコトヲ命セリ是レ各人カ其印鑑ヲ付シテ郡區役取ヘ届出テサルヘカラサルト同一理ナリ而シテ商號及ヒ社印ハ一切ノ書類ニ用ユヘキコトハ各人カ權利ヲ得義務ヲ負フノ際自己ノ氏名ヲ署シ自己ノ印ヲ捺スルト異ナルコト

ナシ

第七拾三條　會社ハ特立ノ財産ヲ所有シ又ハ獨立シテ權利ヲ得義務ヲ負フ殊ニ其名ヲ以テ債權ヲ得債務ヲ負ヒ動産不動産ヲ取得シ又訴訟ニ付キ原告又ハ被告ト爲ルコトヲ得

會社財産ト社員財産ノ區別

本條ニ於テハ會社ノ財産ト社員ノ財産トハ其間劃然差別アルモノニシテ相連絡混合セルモノニアラサルコヲ明示セリ上來屢々論陳セル如ク會社ハ自ツカラ一種特別ノ性質ヲ有シ或ル場合ニ於テハ法律上無形人トシテ之ニ權利義務ヲ有スルノ能力ヲ附與シタルモノナレハ從ツテ獨立シテ財産ヲ領有シ他ノ會社上ニ關スル事業ハ社外人ニ對シテハ直接ニ之レヲナシ得ルモノナリ故ニ社員ハ一タヒ資金ヲ醵出シタルト同時ニ其資金ハ會社ノ所有内ニ入リテ社員財産ノ部内ヲ脱離ス而メ斯クノ如ク會社ハ別有ノ財産アリ又其財産ヲ處分シテ社外人ト權利義務ノ關係ヲ生シ得ルヲ以テ裁判所ニ出テ訴

訟ニ干與スルモ亦タ其商號ヲ以テ獨立シテ或ハ原告トナリ或ハ被告トナルヲ得ルモノトス

斯ノ如ク會社財産ト社員財産トハ別殊ナルガ故ニ社員ハ會社ノ財産ヲ私用スルヿヲ得サルハ言ヲ竢タス其結果トシテ會社ニ對シテ負債ヲ帶フル者縱令社員ニ對シテ債權ヲ有スル者ト雖モ之レヲ相殺スルヿヲ得ス又タ會社破産シタル片ハ先ツ會社ノ債主ニ其財産ヲ充テ尚ホ殘餘アレハ其財産ニ就キ社員ノ債主ニ對シテ償還ヲナスモノトス是レ會社財産ハ社員ノ財産ト關係セサルニ由ルナリ然リト雖圧玆ニ注意スヘキハ合名會社ニ於テハ其社員自己ノ名ヲ以テナシタル所業モ會社其責ニ當ラサルヘカラス其然ル所以ハ此會社ノ社員ハ自己ノ財産ヲ盡シテ其責ニ當ルヘキ任アルモノナレハ其社員ノナス取引ハ自身一己ノ爲メニナスモノニアラスシテ會社ノ爲メニスルモノナレハナリ

第一節　合名會社

第一款　會社ノ設立

凡ソ商事會社ニ三箇ノ種類アリ合名會社其一ニ居ル他ハ合資會社株式會社是レナリ而シテ各會社ハ組織ニ於テ大ニ差違アリト雖𪜈今茲ニ先ツ合名會社ノ性質ヲ説クベシ

合名會社ノ特質

合名會社トハ責任ノ無限ナル社員相集合シテ成立スルモノニシテ社名ヲ以テ總ヘテノ商業取引ヲ營ム所ノモノトス今夫レ商號ヲ以テ取引ヲナスハ獨リ合名會社ニ止マラスシテ他ノ二會社モ皆然ラサルナシサレ𪜈其商號ノ起ル所大ニ其趣ヲ異ニス合名會社ニ於テハ社員中ノ一名若シクハ二名ノ名ヲ取リ之レヲ商號トシ他ノ會社ハ商社ノ目的又ハ其事業ノ名稱ヲ取リ之ニ付ス是レ取引上大ニ信用ノ厚薄ニ差アリ何ントナレハ社外人ハ合名會社ノ商號ニ表示サレタル氏名ヲ信憑シ之レニ對シテ取引ヲナスト雖𪜈他ノ會社ニ在リテハ其商號ノ起ル所社員ノ氏名ニアラサルヲ以テ社外人ハ其商號ニ依リ信用ヲ取引上ニ措クヿヲ得ス

商號

責任無限

合名會社ノ特別ナル性質ハ該會社々員無限ノ責任ヲ負フコトトス是レ他ノ會社ノ如キ會社ノ資産ヲ限リ義務ヲ負フモノト大ニ異ナリ要スルニ人物ヲ目的トシテ組成シタルモノナルガ故ニ他ノ會社ニ比シテ其信用上極メテ鞏固ナルモノトス

合名會社ノ定義

第七十四條　二人以上七人以下共通ノ計算ヲ以テ商業ヲ營ム爲メ金錢又ハ有價物又ハ勞力ヲ出資ト爲シテ共有資本ヲ組成シ責任其出資ニ止マラサルモノヲ合名會社ト爲ス

本條ヲ分拆解釋スル片ハ左ノ二点ニ付キ着意スルヲ要ス

社員

第一　社員ハ七人ヨリ多カラサルヲ要ス

我商法中社員ヲ七人ト制限セルハ英國法律ノ規定ニ從フタルモノナリ佛國法律ノ如キハ之カ制限アルヲ見ス我法典カ英國ニ摸範ヲ取リタルハ蓋シ故アリ合名會社ニ於テハ社員ノ數十人ニ及フトキハ全員悉ク其社務ニ干與ス

差入資本

ルヿヲ得ス從ッテ商業取引ハ或ル數人ノ社員ノ掌中ニ落チ終ニ危害ヲ釀モスノ恐レアリ之レ豫メ少數者ヲ以テ制限シ其弊害ヲ防止シタル所以ナリ

第二　差入資本ハ金額又ハ有價物件即チ土地家屋商品發明又ハ專賣特權ノ類ト連續スヘキ物件及ヒ權利例セハ營業勞力及ヒ供用權ノ如キヲ云フ而メ一旦會社資產ニ差入レタル以上ハ其物件ノ所有權ハ移轉シ隨テ毀損又ハ滅盡ノ危險モ會社ニ於テ負ハサルヘカラス然レ𪜈單ニ物件ノ用益權若シクハ使用權ノ虛有權ハ尙ホ社員ニ存スルヲ以テ其物件ノ毀損滅盡ハ社員其責ニ當ラサルヘカラス

今勞力及ヒ供用權ヲ會社ニ差入ルヽ片ハ之レヲ稱シテ連續物件ト云ヘリ其故ハ勞力智力又ハ借用權ノ如キ社員ノ會社ニ對シテ日々社務ニ當リ若シクハ之カ爲メニ勞働スル所ノモノハ恰カモ其會社存立ノ間日々差入レヲナスカ如ク連續スヘキモノニシテ彼ノ金額又ハ有價物件ヲ一タヒ差入ルヽ片ハ其物件ノ所有權ハ皆會社ニ移轉シテ其毀損滅盡ノ責ヲ會社ノ負擔ニ皈セシ

ムルモノトハ大ニ差アリ乃チ絶ヘス會社ニ對シテ差入ルヘキ義務ヲ有シ會社ハ唯ダ差入ヲシテ連續セシムルヘキ人權ヲ有スルノミトス供用權ヲ差入レタル時ト雖モ亦同シ會社ノ目的ハ只タ其物件ヲ自己ノ用ニ供セシムルノ權ヲ有スルノミニシテ恰カモ借家人借地人ノ貸主ニ對シテ有スル所ノ人權ト大異アルヿナシ此ノ如クナルヲ以テ使用權ヲ差入レタル場合ニ其物件ノ滅盡スルカ勞力ヲ差入レタル場合ニ社員ノ疾病アル片ハ其勞力ハ繼續スルヿ能ハサルヲ以テ會社資産ノ一部ヲ滅盡スルノ理ナルヲ以テ會社ハ存續スルヿヲ得サル也

商號

第七十五條　商號ニハ總社員又ハ其一人若シクハ數人ノ氏ヲ用ヒ之ニ會社ナル文字ヲ附スヘシ

會社若シ現存セル他人ノ營業ヲ引受クル片ハ其舊商號ヲ續用スルコトヲ得ス

本條ノ規定ハ合名會社タル性質ヨリ生スルナリ合名會社々員ハ擧ケテ無限

責任ヲ有スル者ナレハ社外人ハ其人物ノ如何ニ着目シ總ヘテノ商業取引ヲナス者ナリ故ニ其會社ノ商號ヲ以テ一名若クハ二名ノ社員ノ氏名ヲ表スルハ最モ肝要ナルモノナリトス例ヘハ白木屋越後屋大丸屋ノ三名相協同シ一ノ會社ヲ設立シタルトキハ三名悉ク會社ノ商號ニ表示スルハ最モ本意トスル所ナレ圧今之ヲ悉ク表ハサントスルコハ白木屋越後屋大丸屋會社ト稱セサル可ラサルニ至ル然リト雖圧商業取引ノ活潑ナル一々此ノ如キ冗長ナル名ヲ呼ブハ甚タ便ヲ欠クモノナレハ其社員中社會ニ對シ信用アル一人若クハ數人ノ氏名ヲ商號ニ表示スレハ足レリトス故ニ他ノ株式會社ノ如ク商業ノ目的等ニ依リ商號ヲ付スルモノニ習ソコトヲ得ス

又本條第二項ニ據レハ彼ノ通常營業讓受人ハ先人ノ商號ヲ其ノ儘ニ繼續スルコヲ得ス何トナレバ前述セル如ク該社ニ在リテハ商號ト社員ノ氏名トハ相合ハサレバ其社ノ信用ヲ害スベキノミナラス社外人ヲシテ豫想ノ外ナル損失ヲ被ラシムルコアレハ法律ハ斯ク規定シタルナリ

退社員アリシキノ商號

第七十六條　社員ノ退社シタル後ト雖從前ノ商號ヲ續用スルコトヲ得但退社員ノ氏ヲ商號中ニ續用セントスルトキハ本人ノ承諾ヲ受クルコトヲ要ス

法律ハ會社ノ商號ト社員ノ氏名トハ全ク相合フヿヲ必要トセス只其商號ニ現ハレタル氏名ヲシテ名實相合ハシメンヿヲ要スルノミ何ントナレハ其商號ニ表示セラレサル社員ノ退社ハ外人ノ信用ニ影響スルヿ甚ハダ少ナシ又其商號中ニ氏名ヲ用ヰタル社員ノ退社スルヿアルモ其本人ノ承諾ヲ經レハ其商號ヲ繼用スルヿヲ得ルモノトセリ之レ商號ノ變更ハ取引上大ナル不便ヲ生ズルガ故ニ第三者ニ不利セサル限リハ之ヲ存セシムルナリ

會社ノ契約

第七十七條　會社ハ書面契約ニ依リテノミ之ヲ設立スルコトヲ得其契約書ハ總社員之ニ連署シ各自一通ヲ所持ス

本條ハ佛朗西商法伊太利商法ニ其淵源ヲ汲ミタルモノニシテ獨逸及ヒ英國

會社契約ハ書面ヲ必要トス

法トハ其規定ヲ異ニセリ而シテ我法典ノ斯ク規定シタル所以ノモノハ要スルニ會社契約ヲ重ンスルト我邦從來ノ慣習ニ基ツキタルナリ佛國ニ在リテハ會社契約ニ於テ書面ハ一ノ必要條件ナルヤ又タ證據ノタメニ要スルモノナルヤニ付キ學者間大ニ議論アリト雖ドモ其定説ニ由ルトキハ要スルニ商社契約モ民法一般契約ノ原則ヲ適用スヘキモノナレハ其契約ノ成立上書面ヲ要スルノ理ナク只設立ノ證據タルニ過キサルモノトス故ニ其ノ未タ書面ヲ製セサル已前ニ在リテモ各社員ノ合意アルニ於テハ會社ハ成立セルモノニシテ唯第三者即チ社外人ニ對シテ効ナキノミトス故ニ此場合ニハ社員相互間ニハ十分ニ關係ヲ發生スルニ足ルモノナリ我此商法ニ於テ此等ノ不明ヲ避ケンカ爲メ豫メ會社契約ハ書面ニ由ルニアラサレバ成立スルヲ得サル旨ヲ定メタリ之ニ由テ見ルトキハ獨リ第三者ニ對シテ成立セサルノミナラズ社員間ニ在リテモ曾ツテ契約ノ成立セサルモノトス是レ固ヨリ便宜ヲ貫フヨリ出テタル定案ニシテ社外人ハ官簿ノ登記又ハ公告ニ由リ會社ノ成立セ

ルヤ否ヲ了知スルヿヲ得ヘケレハ實際書面契約ヲナシタルヤ如何ンヲ探知スルノ要ナシ何ントナレバ登記公告ハ書面ヲ以テスル契約ニアラサレハ爲シ能ハサレバナリ

又本條ニ於テ總社員ノ連署シタルモノヲ各人ニ所持セシムル所以ノ者ハ即ヲ普通ノ原則ニ由リタルモノニシテ會社契約ハ一ノ双務會社ナレハ其利益ヲ異ニスル毎トニ其契約書ヲ作ルヘキハ勿論トス

第七十八條　會社ハ設立後十四日內ニ本店及支店ノ地ニ於テ其登記ヲ受ク可シ

本條ハ合名會社ニ在リテモ尙ホ商事會社設立ノ一般規則（第二十條以下參看）ニ依リ其契約書ヲ以テ登記ヲ受クヘキヿヲ定メタルモノナリ然レ圧登記ヲ請フニハ其屆書中契約書ノ全文ヲ揭クルヲ要セス只其要領ヲ記シ各社員ノ連署セルモノニテ充分ナリ何トナレハ官廳ニ在リテハ其事實ノ成否ヲ確ムルニ過キサレハナリ若シ官吏ニ於テ其契約ノ成否ニ疑ヒアルトキハ之レ

登記及公告スベキ事項

ヲ拒ムヿヲ得ヘク而メ此場合ニ社員ハ更ラニ其事實ヲ証明シテ以テ抗告ヲナスヿヲ得ルナリ

第七十九條　登記及公告スベキ事項左ノ如シ

第一　合名會社ナルコト

第二　會社ノ目的

第三　會社ノ商號及營業所

第四　各社員ノ氏名住所

第五　設立ノ年月日

第六　存立時期ヲ定メタルトキハ其時期

第七　業務擔當社員ヲ特ニ定メタルトキハ其氏名

各國ニ於テ會社ヲ設立スルニ當リテ官廳ニ登記スヘキ事項ハ殆ンド異ナルヿナシ而シテ之レヲ登記スルノ要ハ其會社ノ適法不法及會社ノ種類等ヲ知ルガ爲ニスルモノナル故專ラ其重要ナル事項ヲ掲クルナリ

本條各事項ハ詳細ニ解釋スルヲ要セス只一二点ニ付キ注意スル所アラバ足ルベシト信ズ

本條ニ他ノ會社ニ於ケルカ如ク合資ノ額ヲ明記スルヲ要セサル所以ノモノハ該會社ノ性質ヨリ自然ニ生スルノ結果ナリ夫レ此種ノ社員ハ責任無限ニシテ其差入レタル會社資金ニ止マラサルモノナレバ之レヲ記載スルノ要ナシ之レ法律ノ特定ナキ所以ナリトス又本條第二項會社ノ目的ハ詳細ナルコヲ記スルニ及ハス只要スル所ハ其會社ノ目的ノ適法ナルヤ否ヲ知レハ足ルナリ

登記事項ノ變更

第八十條　前條ニ掲ケタル一箇又ハ數箇ノ事項ニ變更ヲ生シ又ハ合意ヲ以テ變更ヲ爲シタルトキハ七日內ニ其登記ヲ受クヘシ

前條ニ於テ列記シタル事項ニシテ變更ヲ生スルコアルトキハ更ニ之レカ登記ヲ受クヘキ當初ノ登記ヲ無効トシテ更ニ新ナル登記ヲ爲スモノナリ

登記前開業ノ禁止

第八十一條　會社ハ登記前ニ開業スルコトヲ得ス之ニ違フキハ裁判所ノ命令ヲ以テ其營業ヲ差止ム但其命令ニ對シテ即時抗告ヲ爲スコトヲ得

登記ハ會社設立ニ付キテ必要ナル手續ニソ若シ其登記以前ニ開業スルヿヲ許スキハ登記ハ恰カモ會社成立ニ要ナキモノト均シキ結果ヲ生スルニ至ルヘシ是レ此ノ規定アル所以ナリ然レモ玆ニ區別シテ論スヘキハ其登記以前ニ會社ノ他人ニ對シテナシタル取引ハ何レノ塲合ニ於テモ無効ナリト謂フヘカラズシテ其開業後更ラニ登記シテ有効ニ許可セラレタル片ハ其登記前ニナシタル諸々ノ所業ハ登記後ニ向ツテモ有効ナリト謂ハザルヘカラズ而ソ此際又會社ハ其登記已前ニハ開業セザリシ所ノ事實ヲ證明シテ抗告ヲナスヿヲ得ベシ

登記後開業ノ時期

第八十二條　會社其登記ノ日ヨリ六ケ月内ニ開業セサルキハ其登記及公告ハ無効タリ

會社設立ノ際一タビ登記ヲ受クレハ永久其會社ノ商業ニ從事セサルモ有効ナリトスルキハ法律上虚空ナル會社ヲ認ムルノ結果ニ至ルベシ夫レ登記ニ因リ社會ニ公然タラシムル所以ノ者ハ事實會社ニ於テ商事ヲ營ミ社會ニ現在セルヲ表證セルニ在リ然ルニ六ケ月以外ニ及ビ尚ホ開業セサルノ會社ハ社會ニ永存スルヿヲ表スルノ充分ナル根據ナキモノト見做サヾルヲ得ズ是レ開業セスシテ六ケ月ヲ經過シタルモノハ登記ノ効力ヲ失ハシムル所以ナリ

第二欵　會社契約ノ變更

會社契約ノ變更

第八十三條　會社契約ハ総社員ノ承諾アルニ非サレハ之ヲ變更スルコトヲ得ス其承諾ナキキハ契約ノ從前ノ規定ニ從フ

會社契約ヲ變更スルニハ總社員ノ承諾ヲ要スル所以ハ各社員ハ其商業取引上ノ方針ヲ取ルニ於テ獨立ナル思慮ヲ有スルモノニシテ決シテ會社ナル一

契約ノ不施行

團体ノ存シアルカ爲メニ自由ヲ箝制セラルヽコナシ然ルニ他一般ノ事ヲ決議スルカ如ク多數決トスル卄ハ其少數者ハ多數者ノ爲メニ强制ヲ受ケ自己ノ意思ヲ達スルコヲ得ザルベシ如斯クナル時ハ同等ナル自由ヲ有スル各社員ニシテ自ツカラ他ノ牽制ヲ受クルノ不都合アルヲ以テ其多數決ニ由レル事柄ハ効力ヲ有スルコヲ得ズ玆ニ於テ法律ハ其社員中一人タリトモ不同意ヲ表スルモノアル卄ハ會社ハ從前ノ契約ニ準由シテ商業上ノ方針ヲ取ラサルベカラズト規定セラレタリ

第八十四條　會社契約ノ規定ニシテ會社ノ施行セサリシモノハ社員又ハ第三者ニ對シテ其効用ヲ致サシムルコトヲ得ス

本條ハ適用セラレザル法律ハ其効ヲ失フトノ原則ニ據レルナリ夫レ會社契約ハ會社々員間ニ於テハ一ノ法律ナリト雖𪜈之レヲ實際ニ適用セサルニ於テハ其法律ノ存スルモ尙ホ存セザルカ如シ實効ナキノ法律ハ到底存立スベ

カラズ初メ會社契約ニ於テ証書ヲ以テ確定シタル事柄ハ容易ニ變更スヘカラザルハ勿論ナリト雖モ其實際ニ適施セザルノ事實アル以上ハ是レ暗默ニ其効力ヲ消滅セシムルニ均キナリ

又第三者則チ社外人ニ對スル時ニ於テモ右ノ原則ヲ適用スルニ外ナラズ例ヘハ總理代理人ヲ命スルハ全社員ノ捺印ノ上之レヲナスヘシトノ規定アリシニ其中一社員ノ捺印シテ他ニ異議ヲ生セサリシ時ハ後日同樣ノ景狀ニ由リ總理代人ヲ命スルヿアルモ豫定シタル會社契約ヲ以テ異議ヲ唱フルヿヲ得ス何トナレハ事實ニ於テ已ニ豫定ノ契約ヲ施用セサリシヲ以テ終ニ其効用ヲ失ヒタルモノナレバナリ

第三欵　社員相互ノ間ノ權利義務

社員間ノ權利義務

第八十五條　社員間ノ權利義務ハ本法及ヒ會社契約ニ因リテ定マルモノトス

本條ノ目的トスル所ハ社員間ノ權利義務ハ會社契約ノ定ムル所ニ依リ而メ

其會社契約ハ此商法ニ違反セサル範圍内ニ於テ自由ニナシ得ヘキヿヲ明定セルナリ抑モ會社契約ハ方式契約ニ屬セサルモノナレバ社員間相互ノ承諾ヲ以テ成立ス故ニ本條ハ普通一般ノ原則ヲ適用シタルニ過キズ然リト雖圧總則ニ於テ詳述シタル如ク會社ヲ設立スルニハ會社契約ノ完成ヲ以テ未ダ足レリトセズ必ズ書面上ノ契約ヲナシ然ル後官廳ノ簿冊ニ登記ヲナサヽルヘカラズ是レ會社ノ商業上一般ノ取引ヲナスニ當リ社外人ニ對シテ有効ニ活動スルニ於テ最モ欠クヘカラザル要件ナリ加之會社ハ亦其根基トスルトコロノ資金ヲ造成セザルヘカラズ而シテ此資金ハ要スルニ社員ノ差入物件ヨリ組成スルモノナレバ社員ノ差入ヲナシ其差入額ノ報告ヲナシタル後ニアラサレバ會社ハ内外ノ整備ヲナシタルモノト謂フベカラズ而シテ會社々員ノ會社契約ニ由リ發生スル義務ノ重モナルモノハ差入資本ノ拂込ミニアリ此資本ノ拂込ナケレバ契約ハ其實用ヲナスノ効力ナカルベシ

獨逸國商法（第九十條）ニハ會社々員ノ權利義務ハ主トシテ會社契約ノ定ム

會社ノ目的ニ異ナル事務執行

ル所ニ由リ尚ホ其契約ノ不備ニシテ規定ナキトキハ商法ノ規定ヲ適施スベシトス由之見之甚ダ其ノ公平ノ理ニ背戻セルヲ覺フ何トナレバ法典ニ違ヒタル會社契約ハ不法ニ屬スルヲ以テ素ヨリ無効ナルモノナレバナリ佛國商法ノ規定スル所ハ然ラス社員ノ權利義務ハ先ツ民法商法ノ規制ニ據リ次ニ會社契約ノ定ムル所ニ依ルモノトス然レトモ商事部内ニ在リテ商法ハ民法ニ對スル原則ノ地位ニアレバ先ヅ商法ノ規定ニ從フヲ以テ適當トス

第八十六條　合社ノ目的ニ反セサルモ之ニ異ナル業務及ヒ事項ニ付テハ業務擔當ノ任アル總社員ノ承諾ヲ要ス

會社ノ目的ハ陸地運漕ノ事業ヲ主トスルニ於テハ之レヲ變シテ海運ノ事業ヲナスヿヲ得サルハ言ヲ竢タズ而シテ此際陸地運漕ノ事業ヲナスニ於テモ最初ノ目的ヲ超ユルノ業務ナルトキ例ヘバ陸運會社或ル一定ノ地ニ達スル道路ヲ變更シテ他ニ一ノ運路ヲ開キ或ハ輸入會社ニシテ輸出ニ干スル事業ヲ

會社契約規定ノ施行

行ハントスルカ其他會社已外ノ者ニ對シ贈與ヲナシ義務ヲ釋放スルガ如キ所業ハ其目的ノ度ヲ踰越スルモノニシテ則チ契約ヲ變更スルモノナレバ第八十三條ニ出ルモ總社員ノ同意アルニアラスンバ之レヲ有効ニ施行スルヿヲ得ズ故ニ本條ノ基ク所ハ要スルニ尋常業務以外ノヿハ總テ社員一同ノ承諾ヲ經サルベカラスト云フニ在リ

第八十七條　會社契約ノ規定ノ施行ニ關スル事項ハ業務擔當ノ任アル社員ノ多數ヲ以テ之ヲ決ス

會社契約ヲナスト雖圧其施行ニ關スル事項ニ至ルマデ細大漏洩ナク豫定スルヿヲ得ス加之重要ナル事柄ト雖圧將來事業ヲナスニ該リ初メテ取極ムベキヿアルニ於テハ自然會社契約ヲナスノ當時ハ之レヲ確定スルヿヲ得ザルベシ是レ本條ノ規定アル所以ナリ而メ法律ハ此事ニ付テハ少數者ハ通例多數者ニ曲從セサルヘカラズトノ普通ノ原則ヲ採リ彼ノ獨逸國商法ノ規定ニ於ケルカ如キ總社員又ハ業務擔當總員ノ同意ヲ要スルガ如キ實用ニ適セサ

會社ノ義務負擔及利益保衛

社員ノ議決權

業務ヲ擔當セザル社員業務ノ實況監視

ルモノニ倣ハザルナリ又英佛國商法ニ於テハ我國ノ制ト同一ナリ
多數トハ通例議事ニ參與セル人ノ過半數ヲ云フト雖𪜈法典上之レガ仔細ナル規定ヲナサヾルハ或ハ會社契約中他ノ多數決ノ方法ヲ採用スルヿアルヲ思惟シタルナルベシ

第八十八條　會社ノ義務ヲ行ヒ及其利益ヲ保衛スルニ付テハ各社員同等ノ權利ヲ有シ義務ヲ負フ但會社契約ニ別段ノ定アルトキハ此限ニアラス

第八十九條　社員ノ議決權ハ其出資ノ額ニ應シテ等差ヲ立ツルコトヲ得ス

第九十條　業務擔當ノ任ナキ社員ハ何時ニテモ業務ノ實況ヲ監視シ會社ノ帳簿及書類ヲ撿査シ且此事ニ關シ意見ヲ述フルコトヲ得

右三ケ條ノ起因ハ合名會社ハ一箇無形人タル完全ナル性質ヲ認ムルニ在リ

夫レ會社々員ハ悉ク自己ノ全資產ヲ以テ會社ノ責ニ當ラザルベカラザル特質アルモノナレバ假令其差入物件ニ於テ價値ノ高低多寡アリト雖圧其責任ヲ無限ニ負フニ至リテハ恰カモ一箇人ガ全產ヲ盡クシテ負債ノ責ニ任セザルベカラサルト同一ニシテ各員ノ間厚薄アルコナシ斯ノ如ク責任ニシテ同等ナル以上ハ其權利ニ於テモ同等ナラサルベカラサルハ普通ノ原則ナリ然リト雖圧始メ差入レタル物件ヲ限度トシテ責任ヲ負フベキ社員ヲ以テ組成セル株式會社ノ如キニ至リテハ大ニ其理由ヲ異ニスベシ如此キ會社ニ在リテハ會社決議權ヲ定ムルニ於テモ其差入高ノ多寡ニ原ツキ其醵出高ノ多キモノハ强大ナル決議權ヲ有スルハ該會社ノ性質ナリトス反之合名會社ニ在リテハ出資ノ高ニ由リ決議權ニ等差ヲ定ムルヲ得ズ(八十九條)以上會社ノ種類ニ由リ社員ノ責任ニ等差アルハ明ラカナリト雖圧其差入レタル資本ノ多少ニヨリ損益ヲ異ニスルハ同一ナリ

皮相上一見スレハ合名會社ニ於テ社員中殊ニ業務擔當者ヲ定ムルハ之レ社

業務擔當員ノ權利

員ノ權利ニ厚薄ヲ付スルカ如キモノニ似タレ圧要スルニ他ノ社員ハ會社契約ニ由リ事務ヲ委任シタルニ過ギサルヲ以テ之レカ業務ヲ監督シ又會社ノ帳簿書類ヲ調査シ且ツ此等ノ𪜈ニ付キ異見ヲ提出スル𪜈ヲ得故ニ業務擔當者ハ其事務上自カラ二ケノ制限ヲ付セラル其一ハ會社ノ目的ニ反シ又一般ノ契約ニ適セサル𪜈ハ實行スヘカラズ其二ハ社員ニ告知セスシテ竊カニ執行スヘカラズト云フニアリ（第九十條）

第九十一條　業務擔當ノ任アル各社員ハ代務ノ委任又ハ解任ヲ爲ス權利アリ

元來總理代人ハ業務担當員ニ代リ事務ヲ司ドルモノナレバ之ヲ任免スルノ權利ハ委任者タル業務担當者ニアルハ普通ノ理ナリ然レ圧他ノ各社員モ其會社全体ニ對スル主任者ニシテ自己ノ持分高ヲ以テ主務ノ限度トスルモノニアラサレバ各社員分業ヲナシタル塲合ニ於テハ其事務ニ付キ總理代人ヲ任スルノ權限アルハ勿論ナリ故ヲ以テ業務擔當者ハ總理代人ヲ任免スルノ

各社員ノ會社ニ對スル義務

權利アリト雖トモ之レヲナス以前ニ在リテ總社員ノ決議ヲ經サルベカラズ何ントナレバ他各社員ノ代理人ヲ任免スルノ權利ト相衝突スル事實ヲ生シ來ルヿナキニアラズ例ヘバ一方ニテハ或一人ニ代理事務ヲ任セントシ又一方ニテハ其人ヲ罷免セントスルガ如キヿアレバナリ

第九十二條　各社員ハ會社ニ對シ正整ナル商人ノ自己ノ事務ニ於テ爲スト同シキ勉勵注意ヲ爲ス責務アリ其責務ニ背キ會社ニ損害ヲ生セシメタルトキハ之ヲ賠償スルコトヲ要ス

合名會社ノ各社員ハ其持分高ノミニ止マラズ自己固有ノ全資ヲ盡シテ會社ノ負債ニ當ルノ責任アル者ナリト雖𪜈會社ト各社員トハ自カラ別箇ノモノナリトス故ニ社員ハ會社ニ對シ左ノ二大要點ノ普通ノ義務アリ

第一　社員ハ會社ニ對シテ誠實信義ヲ守ラサルベカラズ

第二　社員ハ會社事務ニ就キ正整ナル商人ノ自己ノ事務ニ於テナスガ如

社員ノ差入資本ハ會社ノ所有

キ注意ト勉强トヲ要ス

誠實トハ會社ノ利ヲ先ニシ自己ノ利ヲ後ニシ又タハ恰カモ人民ガ國家ニ對スル信實夫婦相互間ノ信實ト異ナルヿナキヲ要ス又信義トハ苟クモ私利ノ爲メニ邪心ヲ抱クヿナク其事務ニ該ルヘキヲ謂フ又最モ正整ナル商人ノ自己ノ業務ヲ取ルト同一ナル注意ト勉勵トヲ以テセサルベカラサルハ會社々員カ會社ニ對シテ盡クスベキ義務ノ標準ヲ示スモノナリ故ニ尋常確實ナル商人ノ行爲ニ反シ會社財産ヲ隨意ニ處分スルカ如キヿヲ爲シ得サルナリ由之見之會社々員タラントスルモノハ入社ノ際宜シク此任務ヲ盡スヿヲ承認セシムヘキナリ

第九十三條　社員ノ差入レタル金錢又ハ有價物ノ出資ハ契約ニ定メタル評價額ヲ付シ會社ノ財産目錄ニ記入シ會社ノ所有ニ皈ス

本條ニ所謂差入レタル金額トハ左ノ如シ

第一　差入資本ハ現實ノ拂渡ナラザルヘカラズ
是ヲ以テ見レハ彼ノ一般承諾ノミニテ所有權ヲ移轉スルモノト同一ニアラザルナリ故ニ社員ノ會社ニ對スル差入資本ハ實際ニ拂込ミヲ要ス

第二　差入資本ヲ現實ニ拂込ミタル後ニアラザレハ會社ハ其物件ニ於ケル總テノ危險ヲ負フノ責ナシ

又其差入資本トハ如何ナルモノナルヤト云フニ前條ニモ明記セシ如ク貨幣又ハ其他ノ物件並ニ勞役ヲ以テスルヿヲ得又タ其物件ニ屬スルトキハ全所有權支分權ヲモ差入資金トスルヿヲ得ルナリ而シテ此物件ハ會社契約ノ規定ニ從ヒ各種物件ノ價格ヲ調査確定スベキナリ
如斯クシテ差入レタル資本ハ會社ノ所有ニ皈シ全ク會社財團ヲ組成スルモノトス

第九十四條　社員其負擔シタル出資ヲ差入ルヽコト能

差入レザル者ノ處分

ハサルトキハ除名セラレタルモノト看做ス但總社員ノ承諾ヲ得テ他ノ出資ヲ差入ルトキハ此限ニアラス

本條ヲ一見スレハ初メ約シタル差入資本ヲ納ムルヿヲ得サルト同時ニ直チニ社員ノ班列ヨリ除却セラルヽカ如シト雖𪜈其實決シテ然ラズ必ズヤ他員ノ決議シタル後之ニ代ル可キ差入資本ヲ會社ニ拂渡スヿ能ハザル時ニ及ンデ始メテ會社々員中ヨリ除却セラルベキナリ而シテ本條出資ヲ差入ルヽヿ能ハサル時トハ事實上往々生シ得可キヿニシテ例ヘハ其物件ノ天災ニヨリ滅盡又ハ毀壞シタルカ又ハ社員ノ疾病ニ罹リシカ為メ會社ニ對スル勞働ヲナシ得サル時ノ如キヲ豫期シタルモノナリ斯ノ如キハ社員ノ過失ニ出テタル者ニアラサレハ之ヲ償ハシメ又ハ利子ヲ拂ハシムルカ如キヿハ正理ノ認メザル處ナレハ之ニ代ルヘキ物件ヲ以テ會社ヘ對スル出資トナシ得ルモノトス然リ而シテ此場合ニ總社員ノ決議ヲ經サル可カラザル所以ハ會社契約上一ノ變更ヲ來タシタルモノナルヲ以テナリ

同上

第九十五條　社員其負擔シタル出資ヲ差入レサルトキハ會社ハ之ヲ除名スルト年百分ノ七ノ利息ヲ拂ハシムルトヲ擇ミ尚其孰レノ場合ニ於テモ損害賠償ヲ求ムルコトヲ得

此レ普通ノ原理ヨリ生出シタル規定ニシテ社員會社契約ニ於テ確定シタル差入物件ヲ自己ノ隨意又ハ過失ニテ拂渡スヿ能ハサル片ハ是レ破約ヲナシタルモノナレバ之ヲ會社ヨリ除名スルヿヲ得ヘキナリ何ントナレバ差入資本ハ會社ヲ成立セシムルニ於テ其基本タルモノニシテ最モ重要ナルヿナレバナリ然リト雖圧實際ニ於テ會社ノ存立上ニ大ナル影響ヲ及ホサヽル片ハ其怠慢ヲ以テ遷延シタル時間ノ利子(年百分ノ七)ヲ拂ハシメ尚ホ會社々員ノ班列ニ加ハラシムルノ寛典ヲ設ケタリ是レ適實ナル考案ト云フ可シ而シテ其寛典ヲ以テ其社員ヲシテ社員タル資格ヲ保續セシムルト又其怠慢時間ノ利子ヲ拂ハシムルトノ孰レヲ問ハス會社ニ於テ之レガ爲メ直接ニ生シタ

ル損失ハ社員ニ於テ償ハサルヘカラズ是レ何人ト雖圧自己ノ過失怠慢ヨリ生シタル損害ハ之レヲ償ハサルヘカラズトノ普通ノ原則ヲ適用シタルモノナリ

社員ハ契約外ニ出資ノ責ナシ

第九十六條　社員ハ契約上ノ額外ニ出資ヲ增シ又ハ損失ニ因リテ減ジタル出資ヲ補充スル義務ナシ

會社々員ハ自己正當ナル義務ヲ盡クス以外ニ於テ會社ノ爲メニ臨時若シクハ普通ノ支拂ノ爲メ自己ノ資金ヲ以テ立替ヘタルキハ社員ハ會社ニ對シテ債主權ヲ有シ會社之レカ償還ノ義務ヲ負フモノトス而シテ社員ニ於テ正當ニ盡スヘキ義務トハ差入資本ヲ拂渡スノ謂ナリ茲ニ注意スヘキハ出資又ハ損失トハ社員ノ身上ニ關スルモノヲ云フニアラズシテ業務上相離ルヘカラサルモノヲ謂フ此ノ如キ費額ハ到底會社ノ負擔ニ皈スベキナリ

社員ハ縦マヽニ出資ヲ減スルヲ得ズ

第九十七條　社員ハ総社員ノ承諾ヲ得ルニ非サレハ其出資又ハ會社財產中ノ持分ヲ減スルコトヲ得ス

本條ハ合名會社ノ單純ナル性質ヨリ生出セル所ノモノナリ初メ會社設立ノ際ニ當リテ會社契約上各社員ノ持分高ヲ定メ其金額ヲ以テ會社資本ヲ組成セルモノトス然ルニ會社成立後社員ヲシテ隨意ニ其定限ノ出資又ハ持分ヲ減セシムルコヲ得ルトセバ一ハ會社契約ニ變更ヲ及ボシ二ハ會社ノ成立ヲシテ危殆ナラシメ多クノ塲合ハ解散スルニ至ルベシ是レ法律カ殊ニ総員ノ承諾ヲ經ルニアラサレハ社員ノ出資高及ヒ持分高ヲ減少スルコヲ得サルモノト定メタル所以ナリ

新入社員

第九十八條　社員ハ総社員ノ承諾ヲ得ルニ非サレハ第三者ヲ入社セシメ又ハ第三者ヲシテ己レノ地位ニ代ラシムルコトヲ得ス

社員資格繼承

社員ノ相續人又ハ承繼人ハ契約ニ於テ反對ヲ明示セサルトキハ其社員ノ地位ニ代ハルコトヲ得但総社員ノ承諾ヲ得ルニ非サレハ業務ヲ擔當スル權利ナシ

社員持分ノ讓渡無効

第九十九條　社員ヨリ他人ニナシタル持分ノ讓渡ハ會社及ヒ第三者ニ對シテ其効ナシ

此兩條ハ合名會社ノ性質ヨリ自然ニ生スルモノニシテ之レヲ併說スルヲ便トス抑モ合名會社ハ彼ノ株式會社ノ如ク一種ノ財團ヲ以テ成立スルモノニアラスシテ其會社々員ノ人物ヲ目的トシテ成立スルモノナレハ何人モ代リテ社員タラシメ又入社セシムルヲ得ヘカラザル特質アリテ存シ若シ社員ヲシテ隨意ニ自己ノ地位ニ代ハラシメ又何レノ塲合ニテモ第三者ノ入社ヲ拒ムヲ得サルモノトセハ深ク合名會社タル性質ヲ損スルモノト謂フヘシ夫レ第三者ハ何ニ由リテ其會社ヲ信用スルカト云フニ其ノ無限ノ責任ヲ帶フル社員ノ人物ヲ目的トシテ取引スルモノナレハ屢々社員ニ交迭アル片ハ第三者ハ終ニ其間ニ危疑ノ念ヲ介ミ取引上澁滯ヲ來タシ會社ハ解散ノ慘狀ヲ見ルニ至ルヘキナリ故ニ本法ニハ總員ノ承諾ヲ經ルニアラサレハ各社員一己ノ意見ニ任セズ然リト雖氏會社契約ニ反對ノ事實ナキニ於テハ其社員ノ相

社員其持分ニ他人ヲ加入

續人又ハ承繼人ハ其後任ニ當ルコヲ得可キ者ト定メタリ之レ會社ハ契約ノ當時豫認シタル者ナルコト又其相續人又ハ承繼人ハ先人ト酷ダ類似スルノ氣風ト多ク異ナラザル資産トヲ有スルコトヲ推測シタルニ由ル者ナリ然リト雖圧其相續人又ハ承繼人ヲシテ業務擔當者タラシムルコハ法典ノ許認セサル處ナリ（九十八條）

又前陳ノ理ニ基ツキ合名會社ハ人物ヲ目的トシテ第三者ニ信用ヲ博スルモノナレバ假令社員タルモノ他人ニ其持分高ヲ讓渡シタリト雖圧其効ハ第三者ニ及ボスヘカラズ是レ第三者ヲシテ意外ナル損失ヲ被ムラシメザル爲ナリ（第九十九條）

第百條　社員其持分ニ他人ヲ加入セシムルトキハ其關係共算商業組合ノ規定ニ依リテ之ヲ定ム

一社員會社契約ヲナス時ニ當リ自己ノ會社ニ對スル持分高ヲ定メタルニモ係ハラズ他人ヲシテ其利益ニ與カラシメントスルカ又其持分高ニ對スル責

社員ヨリ會社

任ニ堪ヘサルモノタル圧ハ自己ノ持分高ノ一部ヲ分ケ他人ヲシテ其責務ニ當ラシムルノ事實ナキトスベカラズ此場合ハ會社ニ對スル表面上ノ名義ハ其會社々員一人ナルモ其實際ニ當リ持分ヲ有スル者ハ二人アルヿヲ知ラザル可ラズ法條ノ認メタル場合モ此レニ外ナラズ而メ此場合ハ外面上ヨリ觀察スル圧ハ會社ニ對スル持分ヲ有スル者ハ社員其人ヲ除イテ他ニ在ラサルヲ以テ其責任ニ至リテモ其社員一身ニ止マルカ如シト雖圧法律ハ此ノ如キヿヲ認メズ必スヤ其二人間ノ關係ハ共算商業組合ノ規定（二百六十五條巳下ヲ參看ス可シ）ヲ適用スルモノトナセリ今其二人間ニ生ズル關係ヲ畧說センニ抑モ共算商業組合ナルモノハ其組合員ノ商業上ニ關スル取引ヨリ生ズル結果ニ付テハ組合員ノ各箇人ニ付キ各々權利義務ヲ成立スルモノニシテ其義務ヲ果タスニ當リテハ各箇組合員ハ自己ノ資產ヲ盡クシテ其責ヲ盡クサヽルベカラザルナリ

第百一條　社員カ會社ニ消費貸ヲ爲シ又ハ會社ノ爲

ヘ貸金

メニ立替金ヲナシタル片ハ年百分ノ七ノ利息ヲ求ムルコトヲ得又社員カ業務施行ノ爲メ直接ニ受ケタル損失ニ付テハ其補償ヲ求ムルコトヲ得

會社ハ各社員ノ外ニ成立スル者ナルガ故ニ社員若シ會社ヨリ負債シタル片ハ會社ハ社員ニ對シテ債權ヲ有シ又社員ハ自己ノ義務巳外ノ事柄ニ付キ會社ノ臨時支出ヲナシ又ハ會社ノ爲メニ立替ヲナシタル片及ビ明ラカニ會社ニ貸付ヲナシタル片ハ會社ハ社員ニ對シ其金額辨償ノ義務アルハ論ヲ待タス其貸與シタル時若シクハ立替支拂ヒタル時ヨリ巳後ノ利子ヲモ要求スルヿヲ得可キモノトセリ此ノ規定ハ普通ノ原則ヲ適用シタルモノナリ本條直接ニ受ケタル損失トアリテ其損失ノ如何ニ付テハ別ニ規定ナシト雖𪜈各國法律ニ於テ之レカ定則ヲ設ケタリ是レ敢テ明定ヲ待タスシテ自カラ明瞭ナルヿト謂フ可シ何ントナレバ會社タル一箇獨立体ヲ成ス巳上ハ假令其損失ノ原因社員ノ所爲ヨリ生スルト否トニ論ナク全會社員共擔ス可キヿナレ

社員ノ勞力ニ對スル報酬

バ也由之考之此場合ニ於ケルノ義務又ハ損失トハ社員一身上ニ及ボシタルモノヽ謂ニシテ此等ハ會社ヨリ補償ス可キ義務アルモノナリ（佛國商法第千八百五十二條獨逸商法第九十三條參照）

第百二條　會社契約ニ於テ明示ノ合意ナキトキハ社員ハ業務施行ノ勤勞ニ付キ其報酬ヲ求ムルコトヲ得ス然レトモ勞力ヲ出資トシタル出資外ニ爲シタル勞力ニ付テハ相當ノ報酬ヲ求ムルコトヲ得

會社契約ニ於テ明示ナキ以上ハ社員ハ業務施行ノ勤勞ニ付キ會社ヨリ報酬ヲ求ムルヲ得ズト規定シタルハ最モ正當ナル者ト謂フ可シ夫レ會社ノ成立スルヤ會社自ツカラ商事上ニ立チテ活動スルコヲ得サルモノナレバ會社員其業務ニ當ルベキハ是レ當然ノ義務ナリトス加之其會社事務ヲ施行シタル各社員ハ其勞働ニ對スル報酬ナキモノト謂フ可カラズ商事取引ニ干與シテ然ル後得タル利益ハ何人ニ皈スルカト云ヘトキハ悉ク各社員ノ持分高ニ應

シテ配分スルニ外ナラズ然ルトキハ會社事務ノ施行ニ勤勞スルハ結局自己ノ利益ノ爲メニナスモノニシテ結社ノ目的モ亦タ茲ニ出テタルヤ知ルベシ是レ法律カ區別シテ規定シタル所以也然リト雖圧其會社業務ノ爲メニ使用人ヲ置キタルカ又ハ代務人ヲ定メタルトキニハ其ノ使用人代務人ハ社員ノ委頼ニ由リ施行シタルモノナレハ之レニ對シテハ報酬ヲ拂ハサルベカラズ又勞力ヲ以テ會社ニ對スル差入物件ト定メシ社員ニ在リテハ其義務ハ一定ノ勞力ニ限レルモノナレバ其定メタル出資ノ外ノヿニ付キ勞働シタル片ハ曾テ陳ヘタル「義務己外ノヿヲナシタル者ハ會社ニ對シテ要償ヲナシ得可シ」トノ原則ニ由リ相當ノ報酬ヲ會社ニ要求スルヿヲ得可キ也何トナレバ社外人ヲシテ其勞働ヲナサシメハ之レニ報酬ヲ與フ可キ程ノモノナレバ社員ニ對スルモ亦同一ナラザルノ理ナシ

同シク社員ノ爲シタル業務中ニ於テハ尋常社務ト會社ヨリ報酬ヲ受ク可キ性質ノ事務トハ如何シテ區別ス可キヤ例ヘバ茲ニ二人アリ相協力シテ航運

社員會社ノ財産ヲ消費

事業ヲ開カンガ爲メ船舶ヲ買ハントスル片ニ其差入資本ハ各自負擔ス可キハ勿論ナルノミナラズ其業務ヲ擔當スルモ當然ノヿナリトス然ルニ其一人船長トナリ其指揮ヲナシタルカ如キ場合ニ在テハ全ク殊別ノ業務ヲ行ヒタルモノナレバ報酬ヲ受ク可キナリ要之社員ハ自己ノ業務ヲ整理スル爲メニナシタルモノナル片ハ報酬ヲ會社ニ望ム可カラズ

第百三條　社員カ會社ノ爲メニ受取リタル金錢ヲ相當ノ時日內ニ會社ニ引渡サス又ハ會社ノ金錢ヲ自己ノ用ニ供シタル片ハ會社ニ對シテ年百分ノ七ノ利息ヲ拂ヒ且如何ナル損害ヲモ賠償スル義務アリ

社員カ會社ノ爲メニ臨時支拂ヲナシ又會社ノ爲メニ勞力ヲ費シタル片ハ之レガ辨償ヲ受クベキ所以ノ理ヨリ見レバ亦社員ハ謂レナク會社ニ渡ス可キ金額ヲ延滯シ又ハ自己ノ用ニ供シタル片ハ會社ニ對シテ其既ニ經過シタル時日ニ應ズル利子年百分ノ七ノ割ヲ以テ元金ニ付シテ辨償セサルベカラズ

社員會社ノ商部類ニ屬スル商業取引ノ禁止

且ツ之レガ爲メ會社ノ商業取引上大ナル損失ヲ被ムル無キヲ保セザレハ其賠償ヲモナサヽルベカラズ而シテ此賠償額ハ社員ガ豫知シ得可カラザル損失ヲモ包含ス是レ偶然ノ所爲ニ由リ他人ニ損害ヲ及ボシタル片ハ之レヲ寛恕ス可キ情實アリト雖圧苟モ故意ニ之ヲ爲シタルトキニ於テハ其レヨリ生スル總テノ損害ヲ賠償セシムルモ敢テ意想外ノ處置ニアラザレバナリ

第百四條　社員ハ總社員ノ承諾ヲ得ルニ非サレハ自己ノ計算ニテモ又第三者ノ計算ニテモ會社ノ商部類ニ屬スル取引ヲ爲シ又ハ之ニ與カルコトヲ得ス之ニ背キタル片ハ會社ハ其擇ニ從ヒ其社員ヲ除名シ又ハ其取引ヲ會社ニ引受ケ尚其孰レノ場合ニ於テモ損害賠償ヲ求ムルコトヲ得

社員ハ會社ノ業務ニ從事スルノ義務アルガ故ニ社員ノ身トシテ會社ニ對シテ不利ヲ釀スコトヲ得サルハ恰カモ總理代人ハ委任者ノ業務ヲ代任スルノ時

間其委任セラレタル事業ニ付キ自己ノ所爲ヲ以テ不利ナル影響ヲ及ボスヿヲ得サルカ如シ本條記スル處ハ會社ノ爲メニ爲ス可キ義務アル商取引ヲ自己又ハ他人ノ計算ノ爲メ之レヲ行ヒタルモノハ會社ノ商取引ノ部内ニ屬スルモノナレバ之レヲ保護スルノ任ニアルモノヲシテ自己ノ利益ノ爲メ之レヲ障碍セシム可カラズト云フニ在リ若シ又其商取引ニシテ會社ノ取引ニ屬セサルモノナル𪜈ハ社員ハ自己又ハ他ノ計算ノ爲メニ營ムト雖𪜈會社ニ其影響ヲ及ボスノ恐レナケレバ此等ノ所爲ハ社員ノ隨意ニ放任シテ敢テ之ヲ制限セズ故ニ斯ル場合ハ公然其取引ヲナシテ決シテ憚ル所ナシ然リト雖𪜈若シ會社ノ故障アル𪜈ハ其取引ハ之ヲ停止シ其權利ヲ失フモノトス且ツ又會社ノ取引部内ニ屬スルヿト雖𪜈之　ヲ絕對ニ制限スルハ時トシテ會社ノ爲ニ害アルモ其利アルヲ見ザルヿアル可シ是レ會社ニ於テ豫メ明許スルヿアル所以ナリ蓋シ商業上ノ利益　同事業ニ付キ各自競爭スルノ結果ニ於テ顯ハルヽヿ多ケレバ也而シテ此等ノ取引ヲ社員ニ認許スルハ必ス會社契約ノ明

定アルヲ要スルモノニシテ默許ヲ以テスル丁ナシト知ル可シ然ルニ社員カ其制限ヲ超越シテ會社ノ取引ニ屬スル事業ヲナシタル片ハ會社ハ之レヲ繼續シテ其事務ニ從事スルカ又ハ其社員ヲ除名スルカ會社ニ於テ其意見ニ由リ處置ヲナシ得可キナリ

社員ノ損益共擔

第百五條　各社員ノ會社ノ損益ヲ共分スル割合ハ契約ニ於テ他ノ準率ヲ定メサル片ハ其出資ノ價額ニ準ス出資トナシタル勞力ノ價額ヲ契約ニ於テ定メサル片ハ各般ノ事情ヲ酙酌シテ之ヲ定ム

各社員損益負擔ノ割合ハ通例會社契約ヲ以テ之ヲ定ムト雖圧若シ之レヲ定メザル片ハ各社員ノ出資ノ價額ニ準シテ共分スルモノトス此割合タル最モ適理ノモノタリ其故ハ總テ資本ハ生産ノ基本タルモノナレハ其資本ノ多少ニ依リ會社ノ利得ニ增減アレハナリ彼ノ獨逸法ノ規定ノ如ク社員ノ員數ニ應シテ平均ニ分割スルカ如キハ其基ク所ヲ知ラサルナリ

勞力ノ出資ニ付キ價額ヲ定メサルトキハ其會社ノ諸般ノ事情ニ依リ之レヲ定ムヘキモノトス斯クノ如ク法律カ一定ノ價額ヲ定メザルハ此勞力タル或ハ一時ニ差入ルヽモノアリ又日毎ニ差入ルヽモノアリテ一定ノ方法アルヿナク從ツテ其價額ヲ定ムルハ甚ダ難キガ故ナリ加之其勞力ハ時トシテ往々其會社ノ目的ヲ達スルニ於テ重要ナルヿアルヘキヲ以テ此レカ價格ヲ豫定スルハ却テ實際ト齟齬スルノ媒介タルヿアルベケレバ寧ロ其會社ノ事情ヲ參酌スルノ權ヲ裁判官ニ委ヌルノ優レルニ若カサルナリ

社員ノ權限踰越又ハ義務懈怠ノ制裁

第百六條　社員カ業務擔當ノ任ナクシテ業務擔當ノ所爲ヲ爲シ又ハ會社ニ對シテ詐僞ヲ行ヒ又ハ其他會社ニ對シテ主要ノ責務ヲ甚シク缺キタルトキハ會社ハ之ヲ除名シ且損害賠償ヲ求ムルコトヲ得

本條ハ社員ヲ除名スルノ塲合ヲ定メタル者ニシテ其事由三箇アリ即チ其一ハ社員其會社ニ對シテ詐欺ヲ行ヒタルヿ其二ハ擔當外ノ業務ヲ取扱フヿ其

三ハ第九十二條ノ定メタル責務ヲ盡クサヽリシヿ是レナリ

社員ノ詐僞ヲ行ヒタルトキハ言ハズシテ第九十二條ノ規定ニ違反シタルモノナリト雖圧殊ニ之レヲ記載スル所以ノモノハ固ト詐僞ハ信用ヲ害スルヿ最圧重キ所爲ナルヲ以テ宜シク人ノ注意ヲ要スヘキヿナレハ格別ニ之ヲ明記セルナリ而シテ元來此詐欺ナルモノハ法律上ノ觀察ヨリスレハ不正ノ利得ヲナサントスルノ目的ヲ以テ或ル事實ヲ搆造シ又ハ之ヲ掩蔽シテ以テ他人ノ財產ヲ害スルモノニシテ彼ノ道德上ニ於ケル如ク信用ヲ破フル所爲ヲ盡ク包含セルモノニアラス只此場合ニ於テハ社員タルモノ詐欺ノ方法ニ由リ會社ノ資金ヲ費シ以テ不正ノ利ヲ得タルノ所爲ヲ云フニ他ナラス其他ノ詐欺ニ屬スル所爲ハ多クハ第九十二條ニ定メタル社員タルモノヽ一般本分ヲ欠キタルモノト看做サルヘキナリ

法律カ社員ノ會社契約ニ違背シテ擔當ノ任ナキ業務ヲナシタル片ニ於テ之ニ嚴重ナル制裁ヲ加フル所以ノモノハ若シ其社員ニシテ業務擔當員ニ屬ス

ル業務ヲ隨意ニナシ得ルヿトセハ會社取引上ノ秩序ヲ紊亂シ終ニ金圓ヲ以テ回復スルヿヲ得ヘカラサルニ至ルヿアルヘキヲ以テナリ斯クノ如ク社員ニ不正ノ所爲アル片ハ之レヲ除名スルヿヲ得ヘシト雖圧總社員ノ協議ニ基カサルヘカラス何ントナレハ是レ會社契約ヲ變更スルモノナレハナリ而メ此際若シ其協議整ハサル片ハ會社ヲ解散スルノ他方法アルヿナシ

社員ハ他ノ社員ノ適正ノ行爲承認ノ責アリ

第百七條　社員カ會社契約ニ依リ又ハ本法ノ規定ニ依リテ會社ノ爲メニ爲シタル總テノ行爲及ヒ取引ハ各社員互ニ之ヲ承認スル義務アリ

本條ハ會社々員ハ各自相代理スルモノナリトノ原則ヨリ生シ其社員ノ會社契約ニ從ヒ又法律ニ違反セスシテ有効ニナシタル業務ハ他ノ各社員皆之レヲ承認シ服從スルノ義務アルヿヲ定メタルモノナリ是レ會社契約ノ性質ヨリシテ必然生シ來ルノ結果ナリトス然レ圧若シ其社員ニシテ會社契約ニ違

會社員ノ所爲ノ會社ニ及ボス効果

ヒ又法律ノ制定スル所ニ遵由セスシテ爲シタル事業ニ付テハ他社員ハ其所爲ヲ認ムルノ義務ナキノミナラス又其責ハ全ク其違犯ヲナシタル社員一人ノ負擔ニ歸スヘキナリ

第四款　第三者ニ對スル社員ノ權利義務

第百八條　會社ハ業務擔當ノ任アル社員ノ明示シテ會社ノ爲メニ爲シタル總テノ行爲ニ因リテ直接ニ權利ヲ得義務ヲ負フ

合名會社々員ハ相互利益ノ爲メニ代理ヲナスモノニシテ其各員ノ會社業務ノ爲ニ爲シタル効力ハ皆同樣トシ而シテ其權利モ異同アルコトナシ故ニ社員タルモノハ自由ニ社務ニ干與スルヲ得可キ也然レドモ各員テシテ縱マヽニ其業務ニ干渉セシムルモノトセハ取引上紛亂ヲ來タシ易キガ故ニ社員中ヨリ業務擔當人ナルモノヲ撰定シテ之ニ一切ノ業務ヲ擔當セシム而シテ其業務擔當者ハ恰カモ會社各社員ノ代理者タルノ任ニ當レハ其業務擔當者タルコ

社員ノ行爲ニ附キ社內ト社外ト其効果ヲ異ニス

ヲ明示シタル後會社事業ヲナシタル時ハ勿論第三者ニ對シテ有効ニ權利ヲ有シ義務ヲ負フ而シテ其關係タルヤ社員ト第三者トノ間ニ生スルモノニアラズシテ直接ニ會社ト第三者トノ間ニ關係ヲ生シ來ルモノナリトス是レ業務擔當者ハ社外人ニ對シテハ會社ノ代理者タルノ資格ヲ有スルヲ以テナリ是ヲ以テ此社員ハ土地販賣讓與ノ處分ヲナシ又書入質契約和解契約等ヲナシ得ルモノトス然レ圧業務擔當者ト雖圧元來法律ニ背反セル所業例ヘバ税關規則ノ違犯飲食物ノ僞造禁制品ノ輸出入及ヒ賣買等ハ何人ニ對シテモ會社ノ爲メニ權利義務ノ關係ヲ生スルヿナシ

茲ニ最モ注意ス可キハ業務擔當者ノ會社事業ニ付キ代理者タルハ會社外ノ者ニ對スル時ト社內ノ各社員ニ對スルトキト其ノ性質ヲ異ニスルヿ是ナリ其業務ノ關係社外人ニ對スル塲合ハ業務擔當者ハ會社ノ代理者トナリ取引上其他ノ業務ヲナスモノナルベシト雖圧社內ノ各員ニ對スル片ハ各員相互ノ代理ヲナスニ過ギス故ニ社內ニ在リテハ初メ會社契約ヲ以テ其權利ヲ確

業務擔當社員ノ權利

會社又ハ業務擔當社員ニ對スル第三者ノ權利

定シ若シ違背シタルトキハ其社員一人ノ責ニ任スルノ外ナシ然ルニ社外人ニ對スル片ハ一人ノ爲シタル業務ト雖圧會社其者ノ代理者タルヲ以テ其責ハ共同シテ之レニ當ラザルベカラズ是レ各社員相互ノ會社契約ハ第三者タル社外人ニ効力ヲ及ボスモノニアラサレバナリ

第百九條　會社ノ權利ハ業務擔當ノ任アル社員裁判上ト裁判外トヲ問ハス之ヲ主張シ又ハ有効ニ之ヲ處分スルコトヲ得

第百十條　第三者ニ對スル會社ノ義務ハ第三者ヨリ業務擔當ノ任アル各社員ニ對シテ其履行ヲ求ムルコトヲ得

業務擔當者ハ會社ノ事業ニ付キ第三者ニ對シ完全ニ代理ヲナスモノナレバ其代理者則チ業務擔當者ノ正當ニナシタル所爲ヨリシテ會社ニ權利ヲ獲得シタル片ハ其社員一人ニ止マラスシテ會社々員タルモノ何人モ裁判上ニテ

業務擔當者ハ無制限ノ代理人ナリ

訴訟ヲ提起シ又ハ裁判外ニテ其權利ヲ執行スルヿヲ得可キモノトス然リト雖𪜈何レノ塲合ニ於テモ會社ノ商號ヲ以テ執行ス可キヲ要ス是レ元來會社ニ屬スル權利ニシテ社員ノ私權利ニアラサレバナリ

又業務擔當人ノ所爲ニヨリ社外人ニ對シテ義務ヲ負ヒタル𪜈ニ於テモ一人ノ爲シタル業務ハ他社員一般ニ及ブ者ナルヲ以テ社外人ハ業務擔當者ノ各員ニ對シテ全般ノ事項ニ付キ履行ヲ求ムルヿヲ得可キナリ然ラハ業務擔當者一人ニ對シテ交付シタル書類ハ他ノ社員ニモ効用アルモノト云フ可シ

第百十一條 業務擔當ノ任アル社員ノ代理權ニ加ヘタル制限ハ第三者ニ對シテ其効ナシ

本條ハ社內ニ於ケル社員相互ノ契約ハ第三者ヲ害スルヿヲ得ストノ一般原則ヨリ生セルモノナリ元來業務擔當社員ハ會社全般ノ事業ヲ代理スルノ任アルハ社外人タルモノ何人モ信シテ疑ハザルナリ而シテ社外人ノ業務擔當社員ト商業契約又ハ取引ヲナスヤ曾テ社內契約ヲ以テ業務擔當社員ノ代理

權ニ如何ナル制限ヲ付シタルモノナルヤヲ知察スルヿヲ得サルノミナラズ假令其事實ヲ知得スルモ其制限ノ効力ハ社外人ニ及ボスヿヲ得ズ若シ然カラストセハ會社ハ第三者ニ對シテ信用ノ鞏固ヲ欠キ取引上對手ヲシテ甚ダ危疑ノ思ヲ抱カシムルニ至ルベシ何トナレバ業務擔當社員ニ對シテ爲シタル取引ハ果メ完全ニ効力ヲ有スル者ナルヤ否ヤヲ豫斷スルヿ難キ片ハ取引上自ツカラ澁滯ヲ來タシ會社ヲメ永久不振ニ置クヲ得サラシムル者ナリ是ヲ以テ社員ノ所業詐欺ニ基クト雖圧會社ハ其責ニ任セザル可ラストス

第百十二條　會社ノ義務ニ付テハ先ツ會社財産之ヲ負擔シ次ニ各社員全財産ヲ以テ不分ニテ之ヲ負擔ス

會社ノ義務負擔者

會社ノ存立セル間ハ會社財産ト社員ノ私有財産ト判然其ノ間ニ區別アルモノナレバ會社ニ於テ負ヒタル債務ハ會社財産ヲ以テ之レニ充ツルハ通例ノコトナリトス最モ各社員ニ對シテ債務ノ執行ヲ求ムルコトヲ得ルモ其辨濟ニ至リテハ會社財産ヲ以テセザル可カラズ而シテ各國ノ法典ニハ多ク會社

義務ニ付キ社員ニ連帶責任アルヿヲ重要ナル事項トシテ規定スルモ我法典ハ稍々其趣ヲ異ニセリ蓋シ純粹ニ連帶ト云ヘバ會社ノ義務ヲ果タスニ付キ社員相互ニ其責任ヲ盡クス可キ筈ナレ圧本條ノ規定スル處ハ先ツ會社ノ資產ヲ盡クシテ尙ホ債額ニ不足ヲ覺ユル圧ニ始メテ社員ノ私財產ニ及ボスヘキモノトス斯クスル所以ハ合名會社ノ信用ノ根基タルヤ決シテ會社資本ノミニ止マラズシテ各社員ノ財產ヲモ目的トスルニ在リ故ニ社員ハ會社ノ資本ニテ不充分ナル圧ニ至リ始メテ自己ノ財產ヲ擧ゲテ會社ノ責務ヲ盡スモノナリ

社員ノ社外人ニ對シテ會社ノ義務ヲ盡クスノ方法ハ各社員各自ニ異同アルヿナシ則チ業務擔當者タルト其他ノ社員タルト又氏名ヲ商號ニ揭ゲタル者ト否トノ區別アルヿナク其責任上豫メ制限ヲ付セザル以上ハ彼此差違アルベキモノニ非ラズ之レ合名會社ノ性質ヨリ出ヅル結果ナリ

第百十三條　社員ニ非スシテ商號ニ其氏ヲ表スルコト

名義社員又ハ

匿名社員ノ責任

ヲ承諾シ若クハ之ヲ表スルニ任セ又ハ會社ノ業務ノ施行ニ與カリ又ハ事實社員タルノ權利義務ヲ有スル者ハ社員ト同シク連帶無限ノ責任ヲ負フ

實際ノ社員ニアラズシテ責任ヲ負フ各場合

本條ハ前條ニ所謂各社員ハ會社義務ニ付テハ責任ヲ免カルヽヿヲ得ストノ原則ヲ擴張シテ事實社員ニアラサルモノ又ハ事實上會社事業ニ干與シタルモノ及ヒ事實上社員タルモノニモ適用ス可キヿヲ明示セリ今逐一其場合ニ付キ畧述セン

名義社員

第一　實際社員ニアラサル者ノ氏名ヲ會社ノ商號ニ表示シタル者ハ社員ト同シク連帶無限ノ責任ヲ負ハシムルモノトス其要ハ會社ノ信用ヲシテ確固ナラシメントスルニ在リ然リト雖モ會社ハ當然當社名ヲ保續スルヿヲ得サルモノトス

匿名社員

第二　眞ノ社員ニ非ラズシテ事實會社事務ヲ擔當スルモノハ會社ノ債務ニ付キ連帶無限ノ責ヲ免カレサルナリ之レ前項ト異ナリ名實ノ差別アリ

匿名社員

故ニ匿名社員及ビ差金社員ノ如キ此責ニ當ル可キハ勿論ナリトス

第三　外面上決シテ社員タルノ皮相ヲ具ヘズシテ内實ニ在リテハ社員同様ノ權利ト義務トヲ有スルモノハ其責任公告セシ社員ト其間差違アルコトナシ何トナレバ此等ノ社員ハ平等ノ利益ヲ配受シ加之取引上他ノ社員ト同一ナル權利ヲ執行シ來リタルモノナレバ其責任ニ於テモ亦同一ナラサル可カラズ往時各國法典ニ於テハ多ク此等ノ秘密社員ヲ認メズシテ之レヲ處罰スルヲ以テ例トセリ

商業使用人代務人ハ社員ニアラズ

第百十四條　商業使用人又ハ代務人ハ其給料ノ全部又ハ一分ヲ一定又ハ不定ノ利益配當ニ因リテ受クルモノト雖モ前條ノモノト同視セス

此條ニ掲クル種類ノ人員ハ上來説ク所ノモノトハ其性質大ニ異ナルモノトス其故ハ商業使用人又ハ代務人ノ如キハ純然タル一己ノ雇人タルニ過キズシテ格段ノ場合ノ外決シテ會社ヲ代表スルモノニ非ラズ只通常器械的ノ作

新入社員ノ責任

用ヲナスノミナレハ其者ニシテ會社ノ爲メニ業務ヲ取ルト雖𪜈他ノ社員ト同一視シテ連帶ノ責任ヲ負ハシムルヿヲ得ス

第百十五條　新ニ入社スル社員ハ契約上他ノ定ナキ𪜈ハ其入社前ニ生シタル會社ノ義務ニ就テモ責任ヲ負フ

本條ノ規定ハ獨法ト英法ヲ折衷シタルモノナリ獨逸商法第十三條ニ於テハ新入社員ハ總テ會社ノ舊債ヲ擔當ス可キ規則ヲ定メ英法ニ於テハ全ク之ト相反ス今純理上ヨリ觀察スル𪜈ハ會社々員ハ損益共分ヲ以テ組成スルモノナレハ損失ヲ負擔スルノ義務アリシナラハ又利益ヲ收得スルノ權利アラサル可カラス然ルニ獨逸法典ニ從ヒ新入社員ヲシテ舊債ノ責ヲ負ハシムルトセハ義務ヲ負フノ點ニ於テハ各社員ト異ナルヿナキモ利益ニ至リテハ一モ得ルヿナケレハ事理甚タ適應セサルモノト謂フ可シ我カ商法ハ乃チ英獨法ヲ折衷シテ別段ノ契約ヲ定ムルニアラサレハ新入ノ社員ヲシテ會社ノ舊債ヲ負ハシムルモノトセリ是レ合名會社ニ入ルモノハ會社ニ對スル責任ニ付

會社ノ財產ト社員ノ財產ノ區別

キ他ノ社員ト異同ナキヿヲ豫想シタルモノタルヿハ該會社々員ノ一般責任ノ如何ニ注目スレハ容易ニ知得スルヿヲ得可ケレバ也

第百十六條　會社財產ニ屬スル物ハ社員ノ債權者其債權ノ爲メ之ヲ請求スルコトヲ得ス但差入前ニ於テ其物ニ付キ第三者ノ爲メ權利ノ設定セラレタルトキハ此限ニ在ラス

本條ニ於テハ會社財產ト社員財產トノ間判然分離セルノ意義ヲ明ニセリ前ニモ屢々陳タル如ク會社固有ノ財產ハ會社ノ負債若クハ供用ノ爲メニアラスンハ假令總社員ノ資產ヲ以テ組成シタル會社資本ナリト雖ドモ之レヲ社員各自ノ供用ニ充ツルカ又ハ各社員ノ債主タルモノ其會社ニ既ニ差入タル物件ニ付キ債權ヲ執行スルヿヲ得ズ然リト雖ドモ會社ニ屬シタル財產ト社員財產トハ絕對的ニ分離シテ決シテ侵カスヘカラザルモノニアラズ或ル場合ニ於テハ已ニ會社ニ屬シタル資產ヲモ社員私債ノ債務ニ充ルヿアリ是レ其分

會社財產ヲ社員ノ私債ニ充ル場合

會社存立ヲ失ヘル後ハ會社財產ト社員財產ハ分離セス

離ハ或ル時間ニ制限セラルヽモノニシテ永久ノモノニ非サレバナリ今其ノ場合ヲ擧レバ二アリ乃チ

第一　社員ノ私債主ト雖圧會社財產ニ付キ債權ノ爲メ請求スルヿヲ得ルヿアリ

凡ソ物上權ナルモノハ其物件他ニ輾轉シタルガ爲メ消滅セサルヲ以テ本質トス故ニ社員ノ未ダ會社ニ差入レザル財產ニ付キ書入又ハ質入ノ權利ヲ得タル第三者ハ即チ物上權ヲ得タルモノナレハ假令其資財ノ會社ニ移轉シタレバトテ其權利ヲ失フモノニアラサルナリ若シ之ガ爲メ其財產ヲ減少スルカ或ハ變更ヲ來タス片ハ會社解散ノ一原由トナル可キナリ

第二　會社財產ト社員財產ト劃然分離スルハ會社存立中ニ在リトス

會社財產ヲ分配スルヤ其財產ハ各社員ノ有ニ皈シ盡トク舊狀ニ復スルモノナレバ此場合ニ於テハ已ニ會社ノ財產ナルモノナシ何トナレバ會社財產ハ社員各自ノ醵出シタル財產ヨリ成立スルモノナルニ其財產ニシテ已ニ分配

社員ノ債主ノ會社ニ對スル權利

シタラバ他ニ會社財産ヲ組成スルノ原素アラサレバナリ故ニ會社財産ト社員財産ト別箇ニ分立スルハ會社成立ノ期間ニ止マルモノト知ルベシ

第百十七條　社員ノ債權者ハ社員自ラ要求シ得ヘキ利息又ハ配當金ノミヲ會社ニ對シテ要求スルコトヲ得然レ圧社員ノ持分ハ社員ノ退社又ハ會社解散ノ場合ニ非ザレハ之ヲ要求スルコトヲ得ス

負債主ノ要求シ得可キ權利ハ債權者之ニ代リテ其權利ヲ執行スルヲ得ルコト一般ノ原則ニシテ乃チ負債者ノ有スル權利ハ債主ノ抵保トナルモノナリ故ニ社員ノ私債主ハ會社ノ財産ニ付キ直チニ權利ヲ執行スルヲ得ストノ原則ト本條社員ノ會社ニ對シテ要求シ得可キ金員ニ付キ其債主ノ會社ニ對シテ要求スルヲ得ルトノ規定トハ決シテ衝突スルモノニアラサル也然レ圧玆ニ區別スヘキハ同シク社員ノ會社ニ對シテ要求シ得可キモノナリト雖圧社員ノ持分ハ會社解散スルノ時カ又ハ社員會社總員ノ承諾ヲ經テ退

社員ノ私債主會社ニ對シテ要求シ得ル場合

社スル𬼂ニ非ラズンバ社員ノ債權者タルモノハ會社ニ對シテ要求スルヿヲ得ス之レ他ニ非ラズ持分高ハ會社存立中ハ社員ト雖𪜈要求シ得可キモノニアラサレバナリ要スルニ債權者ノ會社ニ對スル權利ハ社員ノ會社ニ對シテ有スルノ權利ノ限度ニ於テ止ムモノト知ル可シ故ヲ以テ社員私債主ハ左ノ場合ニ於テノミ社員ノ爲メニ會社ニ對シテ要求スルヿヲ得可キモノトス

其一　會社ノ得利ニヨリ各社員ノ配分領收シ得可キ金額ハ私債主其金額ヲ會社ニ對シテ要求シ得可キナリ然リト雖𪜈會社資本ニ損害ナク又差入物件ノ減少セザル時ニ限ル可シ

其二　會社解散シタル𬼂又ハ社員ノ退社スル𬼂ハ其持分高ニ付私債主ハ會社ニ對シテ要求スルヿヲ得

會社ノ債務ト社員ノ債權トノ相殺

第百十八條　會社ニ對スル債務ト社員ニ對スル債權ト又會社ニ對スル債權ト社員ニ對スル債務トノ相殺ハ

會社財產ノ分割前ニ在テハ之ヲ爲スヿヲ得ズ

本條ニ於テモ尙ホ前條ノ原則ヲ貫徹シ一層會社資本ト社員私產トノ區別ヲナセリ例ヘハ甲者アリ乙者ヨリ金千圓ヲ借リシニ其後乙者モ亦タ甲者ニ對シテ金千圓ヲ償還スベキ義務ヲ生シタリトセンニ甲者ハ乙者ニ一タビ返償シ又乙者ヘ對シテ要求スルノ手數ヲ省キ双方差引相殺シ得ルヿハ何レノ國ノ法律ト雖圧之ヲ認メザルモノナシ然リト雖圧若シ甲者又ハ乙者ノ會社々員タル片ハ其社員ノ私債主タルモノハ自己ノ會社ニ對スル債務ト差引相殺ヲ要ムルヿヲ得ス何トナレバ會社ニ對スル債務ハ社員ノ敢テ關涉シ得可キヿニ非ラサレバナリ故ヲ以テ會社ニ對スル義務者ニシテ且ツ社員ニ對スル權利者タル者之ガ相殺ヲナサント欲セハ宜シク會社財產分配後ノ各社員ニ屬シタル片ヲ待チテ之レヲ要求スヘキナリ是レ會社ノ分配ハ其財產ノ權利ヲ社員ニ歸セシムルモノナレバナリ

第百十九條　社員ノ持分ヲ減シタル爲メ會社ノ債權者

少ニ對シ會社ノ債主ノ爲メ得ル權利

カ社會其財産ヨリ得ベキ辨償ヲ減損セラレ又ハ支障セラレタルトキハ減少ノ時ヨリ二ケ年内ニ在テハ其減少ニ對シテ異議ヲ述フルコトヲ得

本條ハ務メテ會社々員ノ詐僞欺罔ヲ防禦スルニ在リ若シ社員ノ持分高ノ減少シタルガ爲メニ其結果會社債權者ニ損害ヲ及ボシ會社ニ對スル要求額ヲモ減損セラルヽトセバ社員ハ百方詐計ヲ廻ラシ自己ノ持分高ヲ減少シテ以テ會社財産ヲ私スルニ至ルコトナキヲ保セズ故ニ法典ハ本條ニ於テ其財産ノ減少セラレタルトキヨリ一年内ニ會社債主ヲシテ異議ヲ申立ツルコトヲ得セシム（獨逸商法第百二十二條參照）

第五欵　社員ノ退社

會社員ノ退社ヲ以テ直ニ會社ヲ解散スル舊制ノ不便

羅馬法ノ亞流ヲ汲ミタル二三ノ國（獨佛法典ノ如キ）ニ在リテハ社員ノ退社ヲ以テ會社解散ノ一原由トセリ是レ羅馬時代ニ在リテ會社ノ成立ハ全ク社員各自ノ一身上ノ契約ヨリ生スル關係ニ過キズト認メタレバ一社員ノ退

社スルモノアレバ既ニ其關係ヲ解クニ足リ其契約ハ成立スルヿヲ得サラシム殊ニ羅馬法ニ在リテハ總テノ契約ハ人ノ一身ニ屬スルモノトシ之ヲ他ニ讓渡スルヿヲ認メサルナリ然リ而シテ近時各國ノ制ハ總テ契約ハ人ノ一身ニ附着スルモノナリトノ舊見ヲ脫シタリト雖𪜈獨リ會社契約ニ於テハ其契約ハ一定ノ社員ノ結果ニ由リ成立スルモノト爲シ其一人ノ社員退社スル時ト雖𪜈尙ホ會社ヲ解散セシムル原因ト爲セリ之レ乃チ會社ハ社員相互ノ信用上ノ結合ヨリ成立スルモノニシテ若シ何人モ入社スルヲ許ス片ハ會社　存立ヲシテ確固ナラシムルヿヲ得ストノ法理ニ出テタルヤ明ラカナリ

然リト雖𪜈會社ハ一タビ組成スル片ハ會社固有ノ資產ヲ有シ自カラ進ンデ權利ヲ得義務ヲ負フ所ノ法律上一箇ノ無形人ヲ形チツクルガ故ニ亦社員一己人ノ退社ノ爲メニ會社ノ存立ヲ危フスルノ理ナカルベシ故ニ特ニ契約中一社員ノ退社ヲ以テ會社ヲ解散セシム可キヿヲ定メタル時ニアラスンバ社員ノ退社ハ會社解散ノ原因ト見做スベカラザルコト便利ニシテ且ツ會社ノ存

退社及退社ノ豫告

立チ固カラシムベシ我法典ニハ此ノ主義ニ基ツキ乃チ社員ノ退社ト會社ノ解散トヲ全ク分別シタルナリ

第百二十條　社員ハ會社契約カ有期ナルトキハ總社員ノ承諾ヲ要シ無期又ハ終身ナルトキハ其承諾ヲ要セスシテ任意ニ退社スルコトヲ得

其退社ハ六ケ月前ニ豫告ヲ爲シタル上事業年度ノ末ニ限ル但急速ニ退社スベキ重要ノ事由アルトキハ此限ニアラス

本條初項ニ於テ會社契約ノ有期ナルトキハ總社員ノ承諾ヲ得タル後ニアラザレバ退社スルコトヲ得スト定メタルハ若シ其會社契約ニシテ無期若クハ終身ナルトキハ契約當時ノ社員ノ意趣タル今後幾年間無限ニ會社ヲ結成シ以テ自己ノ財産上ノ自由ヲ拘束セラルヽモノトハ豫想シ得ベカラザレバナリ反之會社ノ有期ナルトキハ各社員入社ノ際ニ於ケル意思ヲ探ラハ必ラス其會社成

當然退社

立期間ハ會社契約ノ爲メニ結束セラルヽヿヲ承認セルモノタルコトヲ推知シ得ベシ故ヲ以テ本條ハ無期又ハ終身ノ會社契約ヲ爲シタル社員ハ總社員ノ承諾ヲ要セスメ隨意ニ退社スルヿヲ許セリ然レ圧若シ其時ノ如何ヲ問ハズ恣ニ社員ノ退社ヲ許ストキハ會社商業上ノ機ヲ失シ意外ノ損失ヲ蒙ムルヿナキニシモアラサレバ法律ハ本條第二項ニ於テ社員ハ急遽ニ退社ス可キ重要ナル事由アルノ外ハ六ケ月ニ於テ豫告ヲナスベキヲ命シ第三者則チ社外人ヲシテ取引上ノ危險ヲ免レシメタリ

第百二十一條　右ノ外社員ハ左ノ諸件ニ因リテ退社ス

第一　除名

第二　死亡但亡社員ノ地位ニ代ハル可キ相續人又ハ承繼人ナキ時ニ限ル

第三　破産

退社スヘキ各場合

除名

第四　能力ノ喪失但特約ナキトキニ限ル

本條ニ於テハ各社員ノ退社スル各場合ヲ定メタルモノニシテ隨意ヲ以テ退社シ得ル場合ト又會社ノ決議ニ由リ除却セラル丶不隨意ナル退社トヲ包含スルモノトス以下本條ノ各項ニ付キ逐一詳說スル處アル可シ（獨乙商法第百二十三條參照）

第一　除名　會社々員ニシテ初メ約シタル資本ヲ差入レサルカ又ハ會社ノ利益トナル可キ取引ヲ自己營利ノ爲メニナシタル片又會社ニ對シ詐欺ヲナスコ及ヒ業務擔當員ニアラサルモノ業務擔當者ノ事務ヲ執行シタル片ノ如キ其他會社ニ對シテ重大ナル義務ヲ欠キタル片即チ商業取引及ビ勘定仕上ニ關スル不信實或ハ社名ヲ濫用スルコ禁止物ヲ販賣シ會社ノ各自ヲ汚瀆スルノ所爲ノ如キ悉ク除名セラル丶ノ原因トナル可シ（第百六條）此場合ハ會社總員ノ決議ニ由リ其ノ社員ヲ除却スルモノニシテ則チ不隨意ナル退社ト謂フ可キ場合トナス

死亡

破産

第二　死亡　社員死亡シタル時ハ會社ニ名義ヲ殘存セシムルヿヲ得サルハ勿論ナリト雖ﾓ會社ガ別段ノ契約ヲ定メタルニアラサレバ其相續人ヲシテ先人ノ權利ヲ繼承シテ社員タルヿヲ得セシムルモノトス然レﾓ其相續人數人アル片ハ之レヲ如何スベキヤ此相續人ノ社員タルニハ其相續人ト會社ト特別ノ契約ナカルベカラズ即チ其相續人先人ヨリ受ケタル遺産持分高ニ應シテ社員タル資格ヲ繼承スルカ又ハ相續人合同シテ亡社員ノ持分高ヲ繼承スルヿヲ得ルモノトス（佛民法千八百六十六條）而シテ合同シテ先人ノ舊權利ヲ保有セントスル時ハ其相續人間ニ於テ一ノ約束ナカルベカラズ若シ然ラスシテ協議整ハサル時ニ於テハ相續人ハ亡社員ノ損益ノ持分高ヲ繼承スルノ義務アルモノトス

第三　破産　社員ノ破産ヲ以テ會社解散ノ一原由トナスハ各國ノ通規ナリト雖ﾓ社員一己ノ破産ハ會社ノ存亡ニ影響ヲ及ボスヿ甚ダ薄シ唯社員ノ破産ハ社員自ツカラ其持分ノ上ニ施ス處分權ヲ失フ者ナレバ會社

ニ在リテハ各社員ト同等ニ併立スルヿヲ得サルナリ何トナレバ社員ノ獨立ハ其已ニ差入レタル資本ニ止マラズ自己一身上ノ信用アルニ基因セルモノナリ然ルニ債主自ツガラ會社ニ對シテ其持分高ニ應シタル利益ヲ要求スルヿヲ得可キモノナレバ社員ハ一モ會社ニ對シテ獨立ノ資格ヲ保有スルヿヲ得ザルベシ

第四　能力ノ喪失　社員ニシテ精神病ニ罹リタルカ又ハ財産ヲ浪費スルカ爲メ管財人ヲ付スルニ至リタルカ又ハ刑事上ノ處分ヲ受クルカ又婦人ノ社員ニメ結婚セルトキハ夫ノ全權ニ委セザルヲ得サルモノナリ已上ハ生理上又ハ法律上能力ヲ喪失シタルモノニシテ會社々員タルノ資格ヲ失フモノトス但シ管財人會社ト約シテ從前ノ關係ヲ保續スルヿヲ得ベシ

以上ハ法律上社員タルノ資格ヲ保有ス可カラサル各場合ヲ定メタルモノナリト雖𪜈社員自ヅカラ其職ヲ辞スルヿナキヲ保セズ其原因ハ或ハ社員相互

間ニ不和ヲ釀シタルニ由リ又ハ豫想ノ利益ヲ得サリシニ由リ又ハ住所ヲ移轉シタルガ爲メ若シクハ疾病其他ノ事故ノ爲メ退社スルヿアル可シ

社員退社ノ登記

第百二十二條　社員退社スル每ニ會社ハ七日內ニ其理由ヲ附シタル登記ヲ受ク可シ

社員退社スル片ハ社外人ニ對シテ大ニ影響ヲ及ボスモノナルヲ以テ會社ハ其旨ノ登錄ヲ受ケ而シテ之レヲ會社ニ備ヘ置キ社外人ヲシテ意想外ナル結果ヲ生セシメザルヲ要ス且ツ本條殊更ニ其理由ヲ付シテ登記セシム可キヿヲ定メタルハ其理由ノ如何ニ由リ社外ニ對スル信用ノ度ニ厚薄ノ差アレバナリ（獨逸商法第百二十九條第三項參照）

退社員ニ對スル計算

第百二十三條　會社ハ退社員ノ爲メ特ニ作リタル貸借對照表ニ依リ退社ノ時ノ割合ヲ以テ其持分ヲ退社員又ハ其相續人若クハ承繼人ニ拂渡スコトヲ要ス

退社前ノ取引ニシテ未タ結了セサル者ハ其結了ノ後

之ヲ計算スルコトヲ得

會社ノ財産ハ社員ノ差入資本ヨリ成立スルモノニシテ一タビ其所有權ヲ移轉スルト雖圧其社員ノ退社スルニ當リテハ其資本ノ爲メニ利潤ヲ增加セルヿノ貸借對照表ニ由リ明確ナル片ハ何ノ理由ニヨリテ會社ハ之レヲ保有スルヿヲ得ルヤ元來社員ハ會社全般ノ利益配當ヲ受クルノ權利アルモノニシテ又各社員ノ會社ヲ組成シタルノ主タル目的ナリトス故ニ若シ退社ノ當時ニ於テ退社社員ノ持分高ニ對スル清算取引上結了スルヿ能ハザル事情アリテ損益ノ明確ナルヲ得サルニ於テハ其部分ヲ排除シテ之レヲ他日ノ計算ニ讓ルヿヲ得ルモノトス(獨逸商法第百三十條參照)

退社員ニ出資ノ拂戾

第百二十四條　退社員ノ持分ノ價直ハ特約アルニ非サレハ其出資ノ何種類タルヲ問ハス金錢ノミニテ之ヲ拂渡ス

勞力ノ出資又ハ其他退社ト共ニ終止スル出資ニ付テ

ハ特約アルニ非レハ之ニ對スル報酬ヲ爲ス義務ナシ

本條ノ規定ハ全般ノ原理ト會社ノ便益トヲ計ルニ在リ夫レ社員ノ一タビ物件ヲ差入レタルトキハ其所有權ハ會社ニ移轉スルモノナレバ再ビ社員ニ其物件ヲ返還スルノ義務アルコトナシ然リト雖モ其差入レ物件ノ價額及ヒ其物件ヨリ得タル利益ハ之ヲ返還セザル可ラズ然ラザレバ會社ハ故ナク自己ヲ利スルノ結果ヲ生スルニ至ル可キナリ加之若シ社員ノ退社シタルトキニ於テ其差入物件ヲ返還セザル可ラザル者トセバ爲メニ會社ノ存續ハ覺束ナカル可キナリ何トナレバ若シ其差入物件ニシテ土地家屋又ハ其會社ノ目的トスル營業ニ關スル器具獸畜類ナルトキニ於テハ會社ノ障碍ヲ受クルコト實ニ鮮少ナラサルナリ之レ本條ノ規定ハ大ニ會社將來ノ保續ヲ助クルト謂フ所以ナリ若シ其社員勞力若クハ物件ノ供用ヲ以テ出資ニ代ヘシトキハ多クハ會社設定ノ際契約ヲ以テ定メ置ク可キモ若シ其定約ナキニ於テハ諸般ノ事情ニ準由シテ之レヲ定ム可キモノトス而シテ此等ノ規定ハ獨佛英共ニ其軌ヲ一ニセ

リ

第百二十五條　退社員ハ退社前ニ係ル會社ノ義務ニ付テハ退社後二ケ年間仍ホ全財産ヲ以テ其責任ヲ負フ

第九十八條ノ場合ニ於テ第三者ヲシテ已レノ地位ニ代ハラシメタル者ニ付テモ亦前項ヲ適用ス

退社員退社後ニ於ケル責任

本條第一項ノ規定ハ會社ノ債主ト退社々員トノ間ニ偏利偏損ナカラシメンヿヲ欲スルニ在リ夫レ社員ノ退社ヲ許メ其退社後一切會社ノ債主ニ對スル舊義務ヲ脱離スルヿヲ得セシムルトセバ會社ノ債主ハ大ニ不利ヲ蒙ムルニ至ル可シ何トナレバ合名會社ニ在リテハ社員ハ其持分高ニ止マラズ其財産ヲ以テ會社負債ノ責ニ當ラザルベカラサル者ナレバ其社員ニシテ半途ニ退社シ其責ハ持分高ニ止マル者トセバ會社債主ハ豫定ノ確保ヲ障碍セラルヽヿ甚タシキモノト云ハザルベカラズ然リト雖𪜈一ツニ社員ノ自由ヲ拘束シテ退社ヲ禁制スルニ至テハ其條理ニ背反スルヿ亦甚タシト云フベシ於是乎

本條ハ之レヲ調和シテ一ハ社員ノ退社ヲ許シ一ハ會社債主ノ不利ヲ防禦スルノ方法ヲ要メ其社員ヲシテ退社後猶ホ二年間退社前ニ係ル會社ノ負債ニ付キ社員ノ全資產ヲ以テ其義務ヲ負ハシム而シテ此退社後二年ト定メシハ其退社前ノ債主ニ對スル義務ノ大凡ソ結了スルヲ得可キ期限ニシテ或ル邦ノ法典ニ於テハ退社後五ケ年間會社ノ義務ニ當ラシムルモノト定メタルモ之レ甚ダ其永キニ失スルモノト謂ハサルベカラズ何トナレバ退社員ト會社トノ關係ハ取引ヲ除クノ他凡テノ事項ハ退社ト同時ニ消滅スルモノニシテ其取引ハ左程遲延スベキモノニアラサレバ斯ク長久ナル日月ヲ要セズ加之退社員ヲシテ其退社後長ク社務ニ干與セシムルハ會社ニ取テ決メ得策トナスヲ得サルナリ

第六欵　會社ノ解散

解散スベキ場合

第百二十六條　會社ハ左ノ諸件ニ因リテ解散ス

第壹　會社存立時期ノ滿了

第貳　會社契約ニ定メタル解散事由ノ起發
第三　總社員ノ承諾
第四　會社ノ破產
第五　裁判所ノ命令

本條ノ規定ハ獨佛及其他ノ制ニ比スルニ大ニ其趣ヲ異ニセリ是レ蓋シ社員一箇ノ退社及ヒ變動ト會社ノ解散トノ法理ヲ混同セルノ致ス處ニメ本法ノ主義トスル所ハ會社ノ解散ハ社員一箇人ノ動作ニ關セシメス〆會社一体ノ事項ニ原由セシメントスルニ在リ夫レ會社ハ若干ノ社員ヨリ成立セルモノト雖𪜈一タビ一ノ團体ヲ組成シタル後ハ社會ニ獨立シテ財產ヲ所有シ社外ニ對シテ權利義務ノ關係ヲ生スルモノナレハ社員一已ノ資格ト會社ナル獨立体トハ自ツカラ異ナルモノニシテ會社ノ財產ハ社員財產ニアラズ又會社ノ有スル所ノ權利ハ一社員ノ意向又ハ一社員ノ破產ニヨリ一モ會社ニ影響ヲ及ホスヿアラサレバ決メ之レカ爲メ會社ヲ解散セシムルノ理由トナスヲ

存立時期ノ滿了

得サルナリ若シ又是レ等ノ理由ヨリシテ會社ヲ解散セシムルニ至ラハ社會ノ商業取引上非常ノ激動ヲ起サシメ社會ノ理財上回復スヘカラザル狀態ヲ現出シ殆ンド防禦ノ術ナキニ至ルハ固ヨリ自然ノ理ニシテ亦如何トモスベカラサルナリ故ニ我法典ハ一般ノ條理ニ基ツキ社會ノ利害ヲ顧ミ能ク之レガ分別ヲ明ラカニセリ

此會社ノ解散スルモ社員ノ退社ニ於ケルガ如ク隨意ナルモノト不隨意ナルモノトノ二種アリ則チ本條揭グル所ノ會社ノ破產及ビ裁判所ノ命令ハ不隨意ナル解散ナリ

以下本條列記セル所ノ各項ニ依リ逐一詳說スベシ

第一　會社存立時期ノ滿了　會社存立ノ期限ハ會社創設ノ當時契約ヲ以テ明定セルヲ通例トスト雖トモ或ハ默諾ニ由リ其時期ヲ限ルコトアリ若シ又其會社ニシテ或ル事業ノ成就ヲ目的トスル時ニ於テハ其事業ノ終局ヲ以テ存立時期ノ滿了セル者トス例之或ル地ヨリ或ル地ニ達スル鉄道線

豫定事由ノ發生

路ヲ敷設セントスルノ目的ヲ有シ一會社ヲ設立シタルニ其ノ事業ノ完了シタルガ如キハ是レ其ノ會社ニ於テ爲ス可キ事業ノ盡キタルモノナレバ會社ハ當然解散セサルヲ得ズ然レ圧總員ノ協議ニ依テ猶ホ存續センヿヲ決定シタル片ハ法律ハ强テ之ヲ解散セシムルモノニ非ラズ又豫定ノ期限ニ盡キタリト雖圧總社員ノ決議ニ由リ之レヲ延期スルヿヲ得此塲合ハ更ラニ公告ヲナサヾル可カラズ然ラザレバ社外人ニ對シテ總テ効力ヲ有セズ

第二　會社契約ニ定メタル解散事由ノ起發　會社契約ニ於テ豫メ定ムルニ一事業ヲ爲シ終リ其目的ヲ達スルヿヲ得バ此會社解散ス可シト云ヘルガ如ク或ル事業ノ結成ヲ以テ解散ノ一條件トナシタルトキ例之若シ此鑛坑ヲ發掘シテ鑛脈ヲ發見スルヿヲ得サリシ片ハ會社ハ解散ス可シト云ヘルカ如キ偶然ニ關スル事項ヲ條件トシテ會社ヲ創設シタル片ハ其事項ノ發生スルニ於テハ會社ハ當然解散スルモノトス

總社員ノ承諾

第三　總社員ノ承諾　會社ハ其成立スルヤ總社員ノ決意ニ由リタルモノナレハ其解散スルニモ亦總社員ノ承諾ニ由ル可キハ當然ナリトノ理由ニヨリ各國法典ハ其規定ヲ同フセリ茲ニモ其主義ニ由ル然ルニ我法典ノ起草者ロエスレル氏ハ大ニ其理由ヲ異ニシ會社ノ成立ト解散トハ決シテ同一理ヲ以テ定ム可ラザルヿヲ切言セラレタリ今其要旨ヲ掲ケンニ會社ハ臨時解散スルヿヲ得可シト雖モ會社員ノ承諾ヲ要セズ若シ然ラサレバ一人ノ社員ノ不承諾ヲ以テ他ノ多數社員ノ勢力ニ打勝ツガ如キ形狀ヲ現出スベク最モ不條理ト云フ可シ殊ニ合名會社ノ如キ七名ヨリ多カラザル社員ヲ以テ組成セル會社ニ在テハ必スシモ總社員ノ決議ニ由ラサルモ四分ノ三ナル多數ヲ得ルニ於テハ殆ンド總員ノ同意ニ異ナルヿナシ加之其決議ニ參與スルモノハ當ニ業務擔當者ノミナラズ總社員ノ協議ヲ要スレバ之レヲ以テ少數者ヲ壓制セリトモ言フベカラズ然ルニ論者或ハ會社契約ノ變更ハ總員ノ同意ヲ要スルトノ法條ニ抵觸

スルヲ咎ムルモノアリ然レ圧之レ只皮相上ノ觀察ニシテ眞理上決シテ然ルモノニアラズ其故ハ會社關係ノ成立及ビ保續ト其解廢トハ宜シク區別スベキヿニシテ何人ニ對スルモ其意向ニ反シ不同意ナル約束ヲ爲サシメ他人ト强テ結合セシムルヿヲ得サル可シト雖圧其結合ヲ解クニ當リテハ法律上之レガ例外ヲ設クルヿ少ナカラズ譬ハ離婚、共有物分割、及ヒ總テ無形人會社並ニ株式會社ノ解散等皆ナ然リ顧ミテ古來ノ成典ヲ閲スルニ一方ニ於テハ一社員ノ意向ニ任シテ會社ヲ解散セシメ一方ニテハ總社員ノ承諾ヲ要スルモノトセリ之レ大ニ事理ノ撞着セルモノト謂ハサル可カラズ故ニ會社ノ解散ハ全社員ノ承諾ヲ要セスシテ四分ノ三ノ多數ヲ得レハ之レヲ決定スルハ最モ適當ナリト論ゼラレタリ我法典ハ一般各國ノ成典ニ倣ヒ總社員ヲ以テ完全ナル承諾ヲ經會社ヲ解散スルヿト定メタリ而レ圧ロエスレル氏ノ攻擊スル古來ノ餘風ハ之レヲ脱却セルモノナリ何トナレハ此ノ法典ハ一人若クハ數人ノ意向

ニ由リ會社ヲ解散セシムルヿハ決シテ許容セザル處ナレバナリ

第四　會社ノ破産　各國法典ハ社員ノ破産若クハ分散ヲ以テ會社ノ解散ノ原由ト定ムルヲ以テ例トス然レ圧吾法典ハ固リ分離主義ヲ採用シ社員一已ノ破産ハ會社ノ存立ニ毫モ影響ヲ及ホサルヽモノナリトシ唯會社其者ガ破産ノ宣告ヲ受ケタル片ニ於テハ會社ハ其固有資本ヲ處分スルノ能力ヲ失シ權利義務ノ關係ヲ生スルヿヲ得サレバ解散セサルヲ得ザルモノトス而シテ此レ則チ不隨意解散ノ塲合ナリ

佛蘭西法典ニハ前說セシ如ク社員ノ破産又ハ分産（合名會社ニ限リ）ハ會社解散ノ一原由トナシ明記セルモ會社ノ破産ヲ以テ解散ノ原由トセズ學者往々會社ノ破産ハ解散ノ原由トナルヤ否ヤニ付キ論シテ云ハク夫レ破産ナルモノハ負債ノ高會社固有資産ヨリ多キ塲合ニシテ自カラ其資本ハ消滅ス可キモノナレバ物件ノ滅盡（佛國法典ニハ物件ノ滅盡ヲ以テ會社解散ノ一原由トス）ノ理由ヲ以テ會社ハ解散スヘキモ何レ

ノ塲合ニモ皆必ラズ然ルモノニ非ラズ其故ハ時トシテ會社ノ債主ハ會社ノ爲メニ約束書ヲ作リ會社資産ヲ遺存繼續セシムルヿアリ而メ後日之ヲ計算ニ付シテ或ハ資産ノ高負債高ヨリ超過スルニ至ルヿナキニ非ラズ此塲合ハ自然會社ハ存續ス可キナリト然レ𪜈我法典ハ斷然會社ノ破産ハ解散ノ一原由トナセリ之レ蓋シ尤モ適理ナルモノナルベシ

第五　裁判所ノ命令　裁判所ニ於テ會社ノ解散ヲ命スル塲合ハ社員會社ノ爲メニ社外人ニ對シ其義務ヲ執行セザル時ナリ此レ一般ノ契約ニ通用ス可キ理ニシテ會社ニ於テ社外人ニ義務ヲ果サヽルモノトセバ會社ハ獨立シテ存在ス可ラズ此塲合ハ裁判所ニ於テハ解散ヲ命ス可キナリ其他裁判所ニ於テ事實ニ就キ會社ノ解散セザルヘカラザル原因アリト認ムル時例之會社々員ノ不和又ハ資本ノ減額シタル片ノ如キ皆ナ裁判所ニ於テ會社ノ解散ヲ命ズル原由トナル可シ

又次條ニ規定セル如ク或ル原由ヲ以テ社員中ノ一人又ハ數人ヨリ申立

社員ヨリ請求シテ解散又ハ除名ノ裁判所ノ命令

ツル片ニ於テモ裁判所ハ其會社ヲ解散セシムルモノトス

第百廿七條　第六十七條ニ掲ケタル場合ノ外會社其目的ヲ達スルコト能ハス又ハ會社ノ地位ヲ維持スル能ハサルノ理由ヲ以テ一人又ハ數人ノ社員ヨリ會社ノ解散ヲ申立ツルキハ裁判所ノ命令ヲ以テ之ヲ解散セシムルコトヲ得

會社ノ地位ヲ維持スルコト能ハサル場合ニ於テ會社ノ解散ニ換ヘテ或ル社員ヲ除名スヘキコトヲ他ノ總社員ヨリ相當ノ理由ヲ以テ申立ツルキハ裁判所ノ命令ヲ以テ之ヲ除名スルコトヲ得

前二項ニ掲ケタル裁判所ノ命令ニ對シテハ即時抗告ヲ爲スコトヲ得

會社ノ目的外國ヨリ或ル商品ヲ輸入シテ以テ內國ニ賣捌カントスルニ在リ

社員中ノ一人又ハ數人ヨリ中立裁判所之ヲ審理シテ解散ヲ命スル片

總社員ノ請求ニヨリ或ル社員ノ除名

シニ其物品ハ盛大ニ內國ニ於テ產出製造スルコヲ得ルニ至リタル片ノ如キ又或ル港ニ達スル運漕ヲ以テ目的トナシ會社ヲ設ケタルニ他ノ運漕事業ノ爲メニ壓セラレ到底成立スルノ望ミナキ片又ハ會社々員中相互ノ親密ヲ欠キ社內ノ規律甚ダ紊亂シタル片又ハ社員專橫ニ流レ社資ヲ濫費シ私用ニ供スルニ至リタル片等凡テ此等ノ塲合ニ於テハ到底會社ノ成立ヲ全フスルコ能ハザル情狀アルヲ以テ會社ハ總社員ノ承諾ヲ以テ解散ス可キハ通例ナリト雖圧斯ク社員間ノ親和ヲ欠ク片ハ總員ノ承諾ヲ以テ解散スルカ如キハ望ム可カラザルコナレバ法律ハ其社員中ノ一人若クハ數人ヨリ解散ヲ申立ツル片ハ地方裁判所ヲシテ審判セシメ事實上支フ可カラザル有樣ナルニ於テハ會社ノ解散ヲ命スルコヲ許容セリ(第一項)

又前項ノ塲合トハ少シク異ナリテ社員中ノ一人若クハ數人ノ社外ニ對シテ不適當ナル取引ヲナシ又社資ヲ濫用シ加之會社々員ノ親密ヲ妨クルノ計畫ヲナシ之ヲ除名スルニ非サレバ會社ノ維持上甚ダ危險ナルノ形狀アル片ハ

總社員ノ一致ニ由リ其理由ヲ付シ裁判所ノ命令ニ憑リ之レヲ除却セシムルヿヲ得（第二項）

前項裁判所ヘ對スル社員ノ申立ニ付テハ反對者ヨリ之ガ抗告ヲナスヿヲ許セリ之レ其ノ不正ノ申告ヲ防制セントスルニアリ

總社員又ハ會社ノ一分ニテ會社ヲ保續スルヿヲ得ル場合

第百廿八條　百廿六條ノ第壹號第貳號ニ記載シタル場合ニ於テハ總社員又ハ社員ノ一分ニテ會社ヲ保續スルコトヲ得但社員ノ一分ニテ保續シタルトキハ其離脱シタル社員ハ退社シタルモノト見做ス

會社ノ存立期限到着シタルトキ又會社ガ或ル時機ヲ未必トシ又ハ或ル偶生ノ事業ヲ目的トナシタルトキニ於テ其事業ノ盡ク到着シタルトキハ其會社ハ當然解散スルヲ以テ通例トスレモ其時ニ當リテ將來ヲ觀察スルニ其會社ヲシテ存續セシメテ大ニ利益アルノ望ミアルトキハ更ニ其會社ヲ保續セシムルヿハ固ヨリ法律ノ希望スル所ナレハ之レヲ妨止スル理由ナシ而シテ寧ロ成ルベ

破産ニアラザル解散ノ處分

ク之レガ保續ノ方法ヲ案出ス可キナリ故ヲ以テ其會社ノ其期限後又ハ解散事由ノ起發後ニ保續セントスルニハ必シモ總社員ノ決議ニ由ルヲ要セズ其社員中ノ一人若クバ數人ノ希望ニヨリ尙ホ將來ニ向ツテ其會社ヲ保續セシムルコヲ認メタリ而シテ其希望ニ與ミセザル社員ハ之ヲ退社シタル者ト看做シ其社員ノ持分高ヲ付與スルヲ以テ足レリトス要スルニ此場合ハ會社契約ヲ變更スルヲ要セズ又會社ヲ新設シタル者ニアラズ然リト雖圧實際上會社契約ヲ更定セスト雖圧之ヲ保續スル以上ハ自カラ前會社契約ヲ變更シタルモノト見做ス可シ依テ第一欵及ビ第二欵ノ規定ニ從ヒ登記公告ヲナス可キナリ

第百廿九條　會社解散スルトキハ破産ノ場合ヲ除ク外總社員ノ多數決ヲ以テ清算人一人又ハ數人ヲ任ジ七日内ニ解散ノ原由、年月日及ヒ清算人ノ氏名、住所ノ登記ヲ受ク可シ會社ノ解散セル當時ニ於テハ何人モ社員タル身分ヲ以テ社外人ニ對シテ取引上ノ處分ヲナスコヲ得ザレバ總社員ノ多數決ヲ以テ清算人ヲ任定シテ之レニ一切ノ事業ヲ取扱ハシメ會社ノ代理者タル資格ヲ有セシム可シ而シテ此清算人ノ氏名住所等ヲ會社ノ商業簿明簿ニ登記セシメサル可カラズ其要ハ清算人タルモノハ會社ノ代表者タルヲ以テ社外人ヲシテ何人ニ向ツテ會社ニ對スル債權ヲ執行シテ可ナルヤ又何人ニ向ツテ會社ニ對スル債務ヲ盡クシテ可ナルヤヲ了知セシメザル可カラザルニ由ル

清算人ノ權利義務

第百三十條　清算人ハ會社ノ現務ヲ結了シ會社ノ義務ヲ履行シ未收ノ債權ヲ行用シ現存ノ財產ヲ賣却ス又清算人ハ清算ノ目的ヲ起エテ營業ヲ保續シ又ハ新ニ取引ヲ爲スコトヲ得ス又清算人ハ裁判上會社ヲ代理トシ且會社ノ爲メニ和解契約及ヒ仲裁契約ヲ爲スコトヲ得

會社ノ解散スルニ當リ法律ハ必ス社員中ヨリ一人若クハ數人ノ清算人ヲ撰任セシメ敢テ之ヲ社員ノ自由ニ專任セサル所以ノモノハ何ソヤ之レ二ケノ規定ヲ要スベキ理由アルナリ其一ハ會社ノ解散スル片ハ各社員タルノ身分ヲ脫スルモノナレバ會社ノ代表者ナルモノナシ之レ清算人ヲ撰定メ會社ノ代表者タルノ地位ニ在ラシムル所以ナリ其二ハ解散ノ決筭ハ最モ正當ニシテ偏頗ナキヲ要スルコナレバ之ヲ各社員ノ分擔ニ皈ストセバ之レヲ防クコヲ得ズ於是乎一人若クハ數人ノ清筭人ヲ撰任シ之レニ全般ノ決筭事務ヲ擔當セシメ公平ナル處置ヲナサシメザル可ラサルニ在リ而シテ此清算人タルモノハ固トヨリ自己ノ爲メニ取引ヲナスモノニアラサレバ會社在來ノ取引ノ決算ヲナシ及會社事業ノ結局ニ干スル處分ヲナスニ限リ他事ハ之レヲナスコヲ得サルモノトス要スルニ清算人ハ社員ノ代理者タルニ過キサルモノナレバ權利義務ノ干係ハ會社財產又ハ無限社員ニ對シテ生ズルノミ

前陳セシ如ク清算人ノ任トスル處ハ取引結局ノ處分ニアレバ會社在來ノ營

業ヲ繼續シ又新ニ取引ヲ爲スコヲ得ス之レ本條ノ明定スル處ナリ然レ𪜈現存セル物品ヲ金錢ニ換フルカ爲メ其物件ヲ賣却シ又ハ負債辨償ノ爲メ爲換證劵ヲ振出シ又ハ保險及ビ運送事業ノ取引ヲ爲スコヲ得又裁判所ニ出テ原被告トナルコヲ得又會社ノ爲メニ和解ノ結約及ヒ仲裁ノ契約ヲナスコヲ得ルモノトス是レ會社解散處分ノ爲ニ必然遭遇スルコアルベキ事務ナレバナリ

清算人ノ權限ノ安固

第百三十一條　清算人ノ權ハ社員之ヲ制限スルコトヲ得ス且重要ナル事由ニ基ク社員ノ申立ニ因リ裁判所ノ命令ヲ以テスルニ非レハ之ヲ解任スルコトヲ得ス但其命令ニ對シ即時抗告ヲ爲スコトヲ得

既ニ前條ニ於テ法律ガ清算人ヲ設ルノ精神ニ基ツキ之レガ權限ヲ明記シタレバ社員ハ其權利ヲ制限スルコヲ得ベ之レヲ許サヽル所以ノモノハ若シ之ヲ許ストセバ法律ガ清算人ヲ設グルノ主旨ヲ達スルコヲ得ザルニ由ルナリ

然リト雖圧清算人ハ社員ノ全權代理者タルニ過キサレバ社員ハ其事務ヲ委任スル際又其後ニ至リ社員多數決ニ由リ其爲ス所ノ業務ニ就キ差圖ヲ爲スヿヲ得ルモノトス然レ圧一己社員ノ意想ノミヲ以テ之レガ指圖ヲナスヿヲ得ズ何ントナレバ清算人ハ全社員ノ代理者タレバナリサリトテ多數社員ノ決議ノ爲メ一社員ノ不利ヲ受クルノ義務ナケレバ其旨ヲ裁判所ニ申立テ相當ノ理由アル片ハ之ヲ罷免セシムルヿヲ得ベシ而メ此場合ニ於テ清算人ハ抗告ノ權ヲ有ス

清算人ノ職務

第百三十二條　清算人ハ委任事務ヲ履行シタル後社員ニ計算ヲ報告シ第百五條及ヒ第百廿四條ノ規定ニ準シ會社財産ヲ社員ニ分配ス又清算中ト雖自由ト爲リタル財産ハ之ヲ社員ニ分配スルコトヲ得

會社財産ノ分配

第百三十三條　社員ニ分配ス可キ物ハ會社ノ總テノ義務ヲ濟了スルニ要セサル會社財産ニ限ル

佛蘭西商法ノ如キハ會社解散ノ際社員ニ對シテ損益分配ノ方法ハ盡ク之ヲ民法上相續分派ノ規定ヲ應用スヘキモノトシテ殊ニ之ヲ明記セズ然レ𪜈我ガ此ノ制ニハ之ヲ特定シテ以テ其分配ノ方法ヲ明ラカニセリ抑モ清算人タルモノハ會社々員ノ全權ヲ委任セラレタリト雖𪜈要スルニ自己ノ計算ノ爲メニナスモノニアラサレバ其管理ノ所爲ハ最モ公正ナラサルヘカラズ故ニ其事務結了ノ後ハ之レヲ各社員ニ報告セザルベカラズ若シ又其決算ノ數年ニ渉ル𬼀ハ其毎年末ニ於テ決算ノ報告ヲナスモ妨ケナシ而メ此際各社員ハ其委任事務ヲ監査スルノ權ヲ有スルモノトス

又會社ノ財産ヲ各社員ニ分配スルノ方法ハ第百五條第百二十四條ノ規定ニ由ラザルベカラズ而シテ其分配スル財産ハ會社從來ノ債務ヲ濟シタル後尙ホ殘存シタルモノニ限ルモノナリ是レ合名會社々員ハ自已ノ私財産ヲ以テモ會社ノ義務ニ對スル辨償ヲナスノ義務アルモノナレバ況シテ未ダ會社ノ義務ヲ終ヘザルニ之レガ分配ヲ受クルガ如キハ爲シ能ハザルヿ言ヲ竢タザ

解散セル會社帳簿ノ處分

會社ノ義務ニ對スル社員ノ責任

ルナリ

第百三十四條　解散シタル會社ノ商業帳簿及ヒ其他ノ書類ハ社員第三十四條ノ規定ニ從ヒ之ヲ處分ス

會社ハ解散セルト雖モ商業取引上ノ決算ハ直チニ終局ヲ告クルヿヲ必ス可カヲサレバ其後ニ至リ社外人ニ對シテ干係ヲ存スルヿナシトセズ依テ法律ハ第三十四條ニ於テ會社ノ帳簿及ビ諸書類ハ十ケ年間相當ノ注意ヲ以テ保管セシムルノ義務ヲ負ハシメタリ然レモ其保管ノ方法ハ法律特ニ之レヲ定メス故ニ會社々員ノ多數決ニ由リ之ヲ定ムルモノトス

第百三十五條　會社ノ義務ニ對スル社員ノ無限責任ハ其義務ニ付キ五ケ年未滿ノ時効ノ定ナキトキニ限リ解散後五ケ年ノ滿了ニ因リテ時効ニ罹ル但債權者カ未タ分配セラレサル會社財産ニ對シテ請求ヲ爲ストキハ此限ニアラス

商事上ノ期滿得免ハ民事上ノ期滿得免ヨリ短期ナルハ各國其規定ヲ一ニス是レ商事ナルモノハ其取引頻繁ナルガ故ニ財產ノ處理迅速ニシテ且ツ圓滑ナラザルヘカラズ於是乎獨佛法典ニ於テモ會社解散後ノ社員ニ對スル訴權ハ五年ヲ以テ期滿得免トス本邦法典モ之レニ倣フ然レ圧獨逸商法ニ於テハ退社員一已ノ退社シタル後ノ會社ニ對スル責任ニ於テノ時效ト會社解散ニ於テ社員ノ責任ニ於テノ時效ノ間更ニ區別セズト雖圧我ガ法典ハ已ニ詳陳セシ如ク退社員ノ會社ニ對スル義務ハ二ケ年ヲ以テ時效ヲ得ルモノトス然ルニ會社解散後ノ社員ノ義務ハ五ケ年ヲ以テ時效ヲ得ルモノト定メタリ如此二者間差違アル所以ノモノハ一社員ノ退社シタル後ト雖圧他ノ社員ニ於テ尙ホ會社事業ニ鞅掌シテ其責任ニ當ルモノ無シトセサレ圧苟クモ會社ノ解散シタル片ハ繼續シテ其事業ニ從フモノ無キヲ以テ會社債主ハ甚ダ危險ナリト云ハザルベカラズ是レ一社員ノ退社シタル時ヨリ其時效ヲ伸暢シタル所以ナリトス而シテ今本條中ノ五ケ年ノ期滿得免ヲ適用スベキ訴權ハ如何

會社解散後關係者ニ生シ得ベキ訴權ノ種類

會社債主ガ會社財産ニ對シ行フ訴權

會社ノ債主社員ノ財産ニ對シ行フ訴權

ナルモノナルヤニ付キ一言スルヲ要ス而シテ之レヲ知ラントスルニハ會社解散後諸關係者ニ於テ生シ得ベキ訴權ノ大種類ヲ畧說セザルベカラズ

第一　會社債主ガ會社ノ資産ニ付キ行フベキ訴權

會社解散スルト雖𪜈未タ淸筭ノ局ヲ結ハサル間ハ會社ハ尙ホ存立セルモノト謂ハザル可カラズ而シテ其會社ニ對シテ債權ノ執行ヲナサントスルモノハ會社ノ代表者タル淸筭人ニ向ツテ請求ヲナス可シ此塲合ニ於テハ會社ハ其負債主ニ向テ請求權ヲ有スルト等シク普通ニ民法ノ時効ニ由ル可キモノニシテ本條規定ニ準由スルヿヲ得サルモノトス

第二　會社ノ債主社員各自ノ財産ニ對シ直接ニ行フ可キ訴權

此訴權ハ會社存立中ニ發生シタルモノニシテ會社ノ解散シタル後ト雖𪜈決シテ消滅セサルモノトス則チ合名會社々員ハ自己ノ財産ヲ盡クシテ連帶ニ責任ヲ擔當スルノ義務アルモノナレバ會社債主ハ直接ニ各社員ニ對シテ訴權ヲ執行スルヿヲ得ルモノトス是レ本條殊更ニ「會社ノ

社員相互ノ訴訟

義務ニ對スル社員ノ無限責任ハ其義務ニ付」云々ト明記セル所ナリトス而シテ此場合コソ社員ハ五ケ年ノ時効ヲ申立テ得免セラルヽモノトス

佛蘭西商法（第六十四條）ニ於テハ此時効起算點ヲ會社解散ノ日ヨリセスシテ其解散ヲ公告シタル日ヨリ起算スルモノトセリ是レ我ガ法典ト大ニ其趣ヲ異ニスル處ナリ本法典ニ於テハ更ニ如此區別ヲ用井ズシテ何レノ場合ニ於テモ會社解散シタル日ヨリ時効ノ計算ヲナスモノトセリ之レ本條（解散後）ノ文字ヲ掲記シタルヲ以テ最モ明瞭ナリトス而シテ本條斯ク規定シタル所以ノモノハ會社ノ解散ヲ認知スルハ必スシモ公告ニ由ルニ非ラズ假令又公告ニ由リ知リタルモ他ノ方法ニ由リ知リタルモ之ヲ認知スルニ於テ同一ナリ依テ公告ノ日ヲ待ツノ必要ナシ是レ直チニ解散ノ日ヨリ起算スルモノト定メタル所以ナリ

第三　社員相互間ニ於テ起リタル訴訟

本條五ヶ年ノ時効ハ此等ノ訴訟ニ適用スヘカラザルハ明文上ニ規定セリ而シテ本條ハ會社ノ義務ニ對スル社員ノ無限責任云々トアリ是レ言ハズシテ會社外ニ對スル義務ヲ指示スルモノニシテ決シテ社員相互間ニ適用スベキニ非ラズ社員相互ノ關係ハ會社ニ對スル義務ノ直接ナルモノニシテ普通ノ規定ヲ遵守ス可キ事項ニ屬スルモノトス

上來說キ來リタル短期ノ時効ハ法律ノ特例ナリト雖モ其中斷方法ニ至リテハ決シテ異ナルヿナシ

第二節　合資會社

本法典合資會社ト稱スル者ハ從來學者ノ差金會社ト名ツケ或ハ合本會社トモ謂フ所ノモノナリ今本法典ガ此等會社ノ規制ヲ設クルニ當リテハ其主義ヲ英米國法ニ採リ佛獨其他ノ諸邦ニ於ケル法典上ノ主義トハ其性質及ビ理由ヲ異ニセリ今佛國法其他諸邦ニ於テ多ク採用セル合資會社ノ性質ヲ畧述シ然ル後本法典ハ之レヲ排斥シテ新主義ヲ採用シタル理由ヲ論陳ス可シ

從來英米二國ノ法典ヲ除クノ外他ノ諸邦ニ於テハ合資會社ハ左ノ性質ヲ有スルモノトス（佛國商法第二十三條第一項仝第二十六條獨逸商法第百五十條參照）

佛獨法典ニ依ルニ合資會社ニハ二種アリテ一ヲ利益差金會社又通常差金會社ト云ヒ他ヲ株式差金會社ト云フ要スルニ二者株式ヲ發行スルト否トノ別ハアレ𪜈其性質ニ至リテハ大差ナシ抑モ此等諸邦ニ於ケル差金會社ナル者ハ有限責任社員ト無限責任社員トヲ以テ組成セルモノニシテ第一種ノ社員ノ責任ハ無限ニメ連帶ヲ以テ業務ヲ擔當シ其氏名ヲ社號ニ表出シ合名會社ト等シク社員ノ名前ヲ以テ社外人ト取引ヲナスモノトス故ニ此社員ハ名義社員ト云ヒ又ハ實際ノ事務ヲ管理セサルモ管理者トモ云フ第二種ノ社員ハ其責任ハ有限ニシテ其差入レタル金額ニ止マリ會社ニ對シテ義務ヲ擔當スルノミ故ニ之ヲ名ツケテ金主又ハ資金社員ト云フ

今此會社ノ種類ヲ細説セス其通則ヲ畧述センニ元來此差金會社ナルモノハ

一方ニ在リテハ資本ヲ會社ニ差入レ一方ニ在リテハ其資本ヲ取引上ニ利用シ其事務ヲ管理シ得タル利益ヲ分配スルモノヲ云フ是レ有限責任社員ニ取リテハ大ニ利益アルモノナリ何トナレバ其責任ハ有限ナリト雖𪜈利益ヲ得ルニ至リテハ他ノ社員（責任無限ノモノ）ト平等ナルベケレハナリ佛國古法一般ニ金圓上ノ利子ヲ付スルヿヲ禁止シタル當時ニアリテハ富豪家ハ其貯蓄セル資本ヲ此會社ニ差入レ利金ニ引換ヘ大ニ利益ヲ博シタルヨリ益々隆盛ヲ極メ荏苒今日ニ至ルモ商人ノ身分ヲ得サルモノ其資金ヲ投シテ其利益ノ配分ヲ得ルモノ多シ又商人ニ於テモ他人ノ資本ヲ利用シテ商業取引ヲ營ムノ益アルヲ以テ日ヲ追フテ此會社ノ設立ヲ見ルニ至レリ而シテ差金社員ハ只其資本ヲ投シテ嘗テ會社ノ業務ニ干與スルヿナク之ヲ無限責任社員ニ依賴シテ顧ミザルモノナリ

我ガ法典ハ右ノ主義ニ倣ハスシテ大ニ其組織ヲ變セリ然レ𪜈該會社ノ差金者ハ一定ノ資金ヲ會社ニ差入レ其責任ハ差入資金ノミニ底止スルヿハ自他

トモニ異ナルヿナシ唯其差金社員ノ會社事業ニ關スル權限ニ付テハ本法典ノ主義ヲ彼レニ採ラザル所ナリ其故ハ前段略述セシ如ク獨逸法ニ於テ差金者ハ一定ノ資本ヲ會社ニ差入レタル後ハ會社事業ニ干與スルヿヲ得ズ其全權ヲ一人若クハ數人ノ無限責任社員ニ委シ實体上恰カモ共算商業組合ノ如クナレバ之レニ商社ノ規則ヲ適用セントスルハ其理由ナケレハナリ此點ニ付テハ英法ハ能ク其理ニ適シタルモノヽ如シ乃チ英法ニ由レバ資本ヲ差入レテ損益共分スルノミニテハ未ダ以テ商事會社ト見做スヿナク又有限責任社員ヲ以テ會社ノ業務ニ干與セシメサルガ如キヿナシ（千八百六十二年及ヒ千八百六十七年制定ノ合本會社法）

合資會社ノ定義

第百三十六條　社員ノ一人又ハ數人ニ對シテ契約上別段ノ定メナキトキハ社員ノ責任カ金錢又ハ有價物ヲ以テスル出資ノミニ限ルモノヲ合資會社ト爲ス

社員ノ數

合資會社ノ社員ノ數ハ之ヲ制限セス

合資會社ノ要案

本條ハ合資會社一般ノ性質ヲ定ムルモノナリ今立法者ノ精神ニ基ツキ該會社ノ成立要件ヲ掲クレバ左ノ如シ

第一　合資會社ハ商業ヲ營ム目的ヲ以テ設立ス

第二　合資會社ハ各社員ノ差入資本ヲ以テ其財產ヲ組成ス而シテ其差入資本ノ高ハ同一ナルヲ要セズ

第三　各社員ノ會社ノ義務ニ對スル責任ハ其差入資本ニ止マリテ各自ノ固有私產ニ及バズ

第四　社員ノ責任ハ差入資本ニ限ル可シト雖𪜈業務擔當者一人若クハ數人ノモノ全資產ヲ盡スベキヿヲ會社契約ニテ明定シアル𪜈ハ其責任ハ無限ナル可シ

第五　社員ニハ責任上仮令有限無限ノ差別アリト雖𪜈均シク各々權利ト義務トヲ得有スルモノトス故ニ別段ノ約束ナキ𪜈ハ各員ノ權利義務ハ同等ナリ

以上各項掲載セル所ニ由レハ佛法ノ主義ト相異ナルコ少ナシトセズ佛法ニ於テハ合資會社ナルモノハ必ズ有限責任無限責任ノ兩種ノ社員ヲ以テ組成シ無限責任社員ノ一人若クハ數人ノ氏名ヲ商號ニ掲ケテ商業取引ヲナシ又其社員ハ會社ノ業務ヲ擔當シ他ノ差金社員乃チ有限責任社員ヲシテ業務ニ參與セシムルノ權利ヲ付與セズ之レ我法ト大ナル差異ナリトス

會社ノ持分高

各社員ノ會社ニ對スル持分高ハ前キニ差入レタル資本ノ高ニ準シテ定マリ元來其人ニ屬スルモノナルヲ以テ株式ノ如ク之レヲ他ニ讓與賣買スルコヲ許サス而シテ其差入資本ハ會社ノ財産ヲ組成スル元素ナルヲ以テ必ズ一定ノ額ナカル可カラズ然リト雖圧之レヲ差入ルヽニハ一時若クハ數次ニ之ヲナスコヲ得ベシ

差入資本

該會社ニ差入ルヘキ資本ハ一定價格ヲ有スルモノナラザルヘカラス故ニ貨幣ヲ除クノ外勞力物件ハ差入資本トナルコヲ得ヘキヤ否ト云フニ勞力ハ元ト價格ニ見積リ得ヘカラザルモノニ非ラズト雖圧此勞力ヲ以テ直チニ會社

合資會社ノ普通ノ規定ハ合名會社ニ準ス

債主ニ對シテ會社ノ負フ所ノ義務ヲ盡クスコトヲ得サレバ無論該會社ノ差入資本トナスコトヲ得ズ之ヲ獨佛法典ニ照スモ亦タ然リ然レドモ獨佛法典ニ於テハ差金社員ハ會社ノ業務ヲ擔任スルコトナキヲ以テ自然勞力ヲ差入ルヽコトヲ得ズトスルニ在リテ(佛商法第二十七條參觀)我法典トハ其理由ヲ異ニスルモノトス反之物件ハ純然タル價格ヲ有スルモノニシテ會社ハ代價ヲ以テ更ニ物件ヲ買入レタルト同一ナレバ會社ノ債主ニ對スルモ之ヲ公賣シテ辨償ニ充ツルコトヲ得ベキナリ

第百三十七條　合資會社ハ本節ニ定メタル規定ノ外總テ合名會社ノ規定ニ從フ

合資會社ハ合名會社ト株式會社トノ中間ニ在ル會社ニシテ多クハ合名會社ニ類スト雖ドモ又タ株式會社ニ似タル所アリ而シテ其合名會社ノ規則ハ概ネ之レニ適用シ得可キモ或ル場合ニ於テハ然ルヲ得サルモノアリ則チ合資會社ハ各社員固有ノ私產ヲ以テ會社ノ義務ニ對スル責任ヲ負フコトナクシテ唯

登記公告事項

會社ハ其財産ヲ以テ取引ヲナスモノナリ故ニ社外人ニ對シテハ一層公告及ヒ取扱等ハ嚴密ナル特例ナ要スルモノトス是レ殊ニ合資會社ニ關スル規制ヲ本節ニ掲ケタル所以ナリ

第百三十八條　合資會社ノ登記及ヒ公告ニハ第七十九條ノ第二號乃至第六號ニ列記シタルモノヽ外尚ホ左ノ事項ヲ掲クルコトヲ要ス

第一　合資會社ナルヿ

第二　會社資本ノ總額

第三　各社員ノ出資額

第四　無限責任社員アルトキハ其氏名

本條ニ於テハ合資會社ノ登記及ヒ公告ハ概ヲ合名會社ノ規定ニ從フ可キモ特ニ該會社ニ於テ登記公告ス可キ必須ナル事項ヲ掲記シタルモノナリ乃チ第一合資會社ナルヿヲ登記スルヲ要スルハ會社ノ種類ニヨリ其組織等總テ

異ナルヲ以テ之レヲ知ラサレハ社外人ハ取引上甚ダ不便ナルコ勿論ナレバナリ又會社資本ノ總額ヲ社外人ニ知ラシムルハ合名會社ト異ナリ合名會社ニ在リテハ各社員差入資本ヲ以テ會社財產ヲ組成シ而シテ各社員ハ自己固有ノ資產ニ付キ會社義務上ノ責ニ任セザルモノナレバ會社資本ノ總額ヲ詳知シテ然ル後其會社ニ對スル取引ヲナスノ要アルナリ若シ其會社資本ノ總額ヲ知ルコヲ得サレバ其取引上甚ダ危險ヲ懷クヲ免レズ又各社員ノ出資額ハ會社契約ニ於テ豫メ確定セサレバ社員ノ有スル持分高ニ應ズル利益ノ配分ヲ算スルニ於テ甚ダ不便ナリ又無限責任社員ノ氏名ハ殊ニ會社ニ在リテ重大ナル關係ヲ有スルモノトス何ントナレバ其會社ノ義務ニ對スル責任ヲ無限ニ負擔スルモノアル片ハ會社ノ信用ヲシテ鞏固ナラシムルニ於テ最モ有効ナルモノナレバナリ又其會社ノ業務擔當社員又ハ取締役ノ氏名又ハ其責任ノ有限又ハ無限ナルコヲ登記公告スルノ必要ハ業務擔當者ノ如キハ社內ノ事業ヲ一切負擔シ社外人ニ對シテハ各社員ノ代理者トナリテ諸般ノ取

商號

引上ニ干與スルモノナレバ殊ニ社外人ニ對スル關係多シ故ニ之レガ氏名ヲ豫知セシメサレバ其社員中何人ニ對メ取引ヲナセバ有効ナルヤ甚ダ分明ナラサルヲ以テ取引上ノ澁滯ト不確ナル又知ル可キナリ又取締役モ裁判上ト裁判外トヲ問ハズ會社事業ニ就キ會社ノ代理者トナルモノナレバ其氏名ヲ公告スルハ最モ必要ナリ加之此業務擔當社員及ビ取締役ノ責任ノ有限又ハ無限ナルヿヲ知ラシムルヿモ會社信用上大ナル關係ヲ有スルモノナルヲ以テ之レヲ登記公告セシムルノ必要アルナリ

第百三十九條　商號ニハ社員ノ氏ヲ用ユルヿヲ得ス但無限責任社員ノ氏ハ此限ニアラス又商號ニハ何レノ場合ニ於テモ合資會社ナル文字ヲ附ス可シ
若シ商號ニ社員ノ氏ヲ用ヰタルトキハ其社員ハ此カ爲メ當然會社ノ義務ニ對シテ無限ノ責任ヲ負フ

合資會社ハ彼ノ合名會社ト異ナリテ社員ノ責任或ル特約アル者ノ以外ハ有

限ナルヲ以テ其社員ノ氏名ハ其商號中ニ掲クルヿヲ得ズ何トナレバ其氏名ヲ商號ニ掲クル片ハ社外人ヲシテ其社員ハ全資産ヲ以テ會社ノ義務上ノ責ニ當ルモノタルヿヲ豫知セシムルヿアレハナリ故ヲ以テ法律ハ其社員ノ責任無限ナル片ニ於テハ其氏名ヲ商號ニ掲記スルモ妨ケナキヿヲ明言セリ然リト雖圧該會社ニ在リテハ必ズ其氏名ノ下ニ合資會社ナル文字ヲ附記セサルヘカラズ若シ然ラサル片ハ社外人ヲシテ合名會社ト誤ラシムルニ至ル可シ故ニ官署ヘ對スル届書其他諸証書等ニ於テモ必此文字ヲ附記スルヿ尤モ緊要ナリ

如此商號ニ社員ノ氏名ヲ用ヰル片ハ社外人ニ對スル信用上大ニ差違アルヲ以テ其社員中有限責任社員ノ其商號中ニ氏名ヲ掲クルモノアル片ハ法律ハ社外人ヲ保護シ意想外ナル不利ヲ生セサラシメンガ爲メ之レニ罰欵ヲ付シ無限責任ト均シク其會社ノ義務ニ對シ其責ヲ負ハシムルモノトセリ之レ獨リ本法典ノミナラズ各國商法概ヲ然ラサルハナシ

社員ノ權利

第百四十條　無限責任ノ社員取締役ヲ除クノ外社員ハ自己ノ計算又ハ第三者ノ計算ニテ會社ノ商部類ニ屬スル取引ヲ爲シ又ハ之ニ與カルコトヲ得

本條ハ合名會社ニ在リテハ採用ス可ラザル規則ニシテ（第百四條參照）合資會社ニ於テノミ之ヲ許スモノナリ其斯ク異ナル所以ハ其社員ノ責任ニ於テ彼此異ナル所アルニヨル何トナレバ合資會社々員ハ多クハ其全資產ヲ擧ゲテ會社ノ義務上ニ對スル責任ヲ盡ス可キ義務ナキモノナレバ隨テ會社外ノ人及ビ社員間ニ在リテ利益ノ關係ヲ生出スルハ稀有ノ事ナルヲ以テ會社商業ノ取引ト自己ノ計算又ハ他人ノ爲メニ計算ニ關スル取引ト相衝突スルノ事項甚ダ鮮ナク其取引上ノ區劃自ツカラ分明ナルベケレバ合名會社ニ於ケルカ如ク之レヲ禁制スルノ必要ナシ是レ本條ノ規定アル所以ナリ

社員權利義務ノ同等

第百四十一條　各社員ハ契約上他ノ定メナキトキハ同等ニ會社ヲ代理スル權利義務ヲ有ス

本條ハ乃チ佛獨法ノ舊套ヲ脱シタル規定ナリ夫レ佛獨法典ニ在リテ差金會社ハ無限有限二種ノ社員ヨリ成立シテ其會社ノ業務ヲ擔當スルモノハ必ス無限責任社員ニ止リ他ノ有限責任社員ハ恰モ金主ト同樣ナル地位ニ在リテ全ク其業務ニ干與スルヿヲ得ザルモノナルニ本邦典ハ此點ニ付テハ英米ノ新主義ヲ採用シテ各員協同シテ一ノ會社ヲ設立シタル以上ハ同シク其會社ノ爲メ會社ノ事業ニ付キ理事者タルノ權利アリ又義務アルモノニシテ會社ナル法律上ノ無形人タルモノヲ保護スルニ於テ欠クベカラザル方法ナリトス然レ𪜈本條ニモ謂ヘル如ク契約上其代理權ヲ付シ業務擔當社員若クハ取締役ナルモノヲ設ケタル片ニハ合名會社ニ於テ之レヲ禁セサルト同一理由ニテ合資會社ニモ之ヲ許ス可キナリ是レ各社員ニ於テ固有ノ權利ナキニアラズシテ其己ニ有スル權利ヲ一二ノ社員ニ委任スルニ在ルノミ而シテ業務擔當社員ノ權利義務及ヒ數名共同又ハ各員各個ニテ其業務ヲ取扱方法等ニ就テハ合名會社ト異ナルヿナシ

取締役撰任

第百四十二條　社員七人ヲ超ユル會社ニアツテハ其契約ヲ以テ社員中ヨリ一人又ハ數人ノ取締役ヲ任シ又設立後七人ヲ超ユルヰハ會社ノ決議ヲ以テ之ヲ任ス但其決議ノ効力ハ總社員四分三以上ノ多數決ニ依リテ生ス

本條ニ於テ合資會社ハ合名會社ト異リテ殊ニ取締役ナルモノヲ設クルコヲ命スルハ如何ナル理由ニ基ヅクヤト云フニ合名會社ニ於テハ社員ノ數七名以上ニ超ユルコヲ得サルノ制限アルヲ以テ之レガ取締役ナルモノヲ撰定スルノ要ナシト雖𪜈合資會社ニテハ社員ノ數ニ制限ヲ置カサルヲ以テ或ハ數十人乃至數百名ニ至ルコアル可シ然ルヰハ各社員各自同等ノ權利ヲ有スレハトテ悉ク會社義務ヲ擔當スルコトハ得テ望ム可カラザルノミナラズ之ヲ爲サバ爲ニ會社業務ノ錯雜ト資本ノ紊亂ヲ生スルノ原由トナル可シ故ニ法律ハ七名以上ノ社員アルヰハ必ズ取締役ナルモノヲ設ケテ之レニ一般ノ業

務ヲ擔任セシメ各社員ノ全權ヲ代理セシムルモノトセリ又此レヲ擬定スルニハ社員ノ四分ノ三以上ノ多數ヲ以テス是レ會社業務施行上ノ事項ニ關スルヿニシテ各社員ノ權利ヲ確定スルモノニ非ラサレバ殊ニ總社員ノ承諾ヲ要セサルモノトセリ而シテ又一タビ取締役ヲ撰定セルト雖モ之レニ確定固有ノ權利ヲ賦與シタルモノニ非ラサレハ各社員ニ於テ不適任ト認ムル時ハ四分三以上ノ多數ヲ以テ解任セシムルヿヲ得是レ代理事務ハ何時ニテモ委任者ノ意向ニ由リ解任スルヿヲ得ルノ一般規則ヲ適用スルニ外ナラズ

又業務擔當社員ト取締役ト異ナル所ハ其職務上ニ於テ施行セル事業ノ効力ニ於テ　差別ナシト云ハザルヲ得ズ然リト雖モ業務擔當社員ハ會社契約ヲ以テ之レヲ定メ之レニ由リテ任定セラルヽモノナリ故ニ會社契約ニ變更ヲ來タサヽレバ其職權ヲ失フヿナシ取締ハ然ラズ社員多數ヲ以テ撰任セラルヽモノニシテ之レヲ解任スルニモ通常ノ會社ノ決議ニ由リ之レヲナスヿヲ得可シ

業務擔當社員又ハ取締役ノ權限

第百四十三條　業務擔當ノ任アル社員又ハ取締役ハ裁判上ト裁判外トヲ問ハス總テ會社ノ事務ニ付キ會社ヲ代理スル專權ヲ有ス然レモ會社契約又ハ會社ノ決議ニ依リテ羈束セラルヽ數人ノ業務擔當社員又ハ取締役アル場合ニ於テ各別ニ業務ヲ取扱フコトヲ得ルモノタリヤ又ハ其總員若クハ數人共同ニ非サレハ之ヲ取扱フコトヲ得サルモノタリヤハ會社契約又ハ會社ノ決議ヲ以テ之ヲ定ム

本條ハ合資會社ニ於ケル業務擔當社員及ヒ取締役ノ權限ヲ確定セリ此業務擔當社員及ヒ取締役ハ會社々員ノ全權代理者タルヲ以テ裁判上裁判外何レノ場合ニ於テモ其事務施行上ニ付キ制限ヲ受クルヿナキヲ以テ通則トス然レモ委任者則チ各社員ニ於テ其代理事業施行ニ制限ヲ設ケタル片ハ其代理者則チ業務擔當者及ヒ取締役ハ其事務代理權ヲ制限セラルヽヿハ普通ノ原則

業務擔當社員又ハ取締役ノ代理權制限ノ効力

ナリ又業務擔當社員及ビ取締役ノ數人アル片ハ各自其業務ヲ施行スルヿヲ得ル者ナルヤ否ヤ又數人共同ニ非レバ之ヲ取扱フヿヲ得サルヤ否ヤモ會社契約又ハ會社ノ決議ニ因リ確定セラルヽモノトス若シ然ラサレバ各自代理ノ權限ヲ確定スルヿ能ハサレハナリ何ソトナレバ業務擔當者及ビ取締役等ノ會社業務ニ付キ專權ヲ有スルハ各社員ノ委任ニ由ルモノナレバ之レガ權限ノ廣狹モ其委任者ノ委任シタル範圍内ニ由リ定マルモノトス

第百四十四條　業務擔當ノ任アル社員又ハ取締役ノ代理權ニ加ヘタル制限ハ善意ヲ以テ之ト取引ヲ爲シタル第三者ニ對シテ其効ナシ

業務擔當社員又ハ取締役ハ通常社外人ニ對シテ會社代理者トナリ會社事業ノ全般ヲ有効ニ取扱フノ權利アルヲ以テ社外人ハ之レニ信用ヲ措キ寸毫ノ遲疑ヲ抱クナク安堵シテ其取引ヲナスベキナリ故ニ社外ニ公告セスシテ其代理權ヲ制限シタリト雖圧其制限アルヿヲ了知セスシテ取引シタル第三者

ニ對シテハ更ニ其効アルヿナシ然レ𪜈若シ其他人ニシテ已ニ其制限アルヿヲ了知シタルニ拘ハラズ之レト取引ヲナシタル片ハ其所爲ハ有効タリ何ントナレバ其他人ハ制限外ノヿヲ爲シタルヨリ生スル結果ハ自己ノ既ニ了知シタルヿニシテ其負擔ノ自己ニ皈スルヿモ豫知スベケレバナリ故ニ此場合ニ其取引ヲシテ有効ナラシムルハ社外人ニ於テ意外ナルヿニ非サルモノトス又會社ガ業務擔當者又ハ取締役ノ不正ニナシタル事業ノ結果ハ社外ニ對シテ當然負擔セサル可カラズ是レ恰カモ各人ガ或ル事務ヲ任シタル人ノ所業ニ付キ他人ニ對シテ義務ヲ擔當スルト異ナルヿナシ

有限責任社員ノ持分讓渡

第百四十五條　有限責任社員ハ業務擔當ノ任アル社員又ハ取締役ノ認可ヲ得テ其持分ヲ他人ニ讓渡スコトヲ得此場合ニ於テハ取得者ハ讓渡人ノ權利義務ヲ襲承ス

合名會社ノ社員ハ假令其持分高ヲ總社員ノ承諾ヲ得テ賣買讓渡セントト欲ス

ルモ法律ハ之ヲ許容セズ然レ圧本條合資會社ニ於テハ業務擔當社員又ハ取締役ノ認可ヲ經レハ其持分高ヲ他人ニ讓渡スルヿヲ許セリ是レ果メ如何ナル理由ニ基ツク者ナルヤト云フニ實ニ二者會社社員ノ責任ニ差異アルヲ以テ生出セル自然ノ結果ナリ夫レ合名會社ニ於テハ其社員ノ責任無限ナルヲ以テ特リ其差入レタル資本ノ高ニ止マラズ其一身ニ屬シタル責任ヲ有スルモノナレバ之レヲ他人ニ讓渡スヿヲ得ズト雖圧合資會社ニ於テハ其社員ノ責任有限ニシテ已ニ差入レタル資本ニ限リ會社ノ義務ヲ擔任スルモノナレバ他人ニ其持分高ヲ讓渡スモ他ノ各社員ニ於テ許容シ得ズト云フノ理ナシ然リト雖圧株式會社ノ如ク其會社ニ對スルモノハ單ニ財產ノミヲ以テ主要トスルモノニアラズシテ各社員ハ皆主員トナリテ其業務ニ參與スルノ權アリト雖圧只多人數ナル塲合ニ於テハ業務擔當社員又ハ取締役ヲ撰定メ各員ニ關係ナク事務ヲ執行セシムルヿヲ得セシム故ニ該會社ノ持分高ハ株式會社ノ株式ニ於ケルガ如ク當然他人ニ讓渡スノ性質ヲ有スルモノニアラスシ

無限ニ責任ヲ負フ者ヲ定ルヿヲ得ルノ權

テ會社契約又ハ總社員ノ承諾ヲ得テ然ル後讓渡スヿヲ得セシム此場合ニ於テ在來ノ社員退社シテ讓受人新入社員トナレバ其氏名ヲ公告セサルヘカラズ故ニ從來ノ社員ノ權利義務ハ一タビ解除シテ而シテ後交替社員代リテ其權利義務ヲ襲承スルモノナリ

第百四十六條　會社契約ニ於テ又ハ第百四十二條ニ定メタル會社ノ決議ニ依リテ業務擔當ノ任アル社員又ハ取締役ノ總員、數人若シクハ一人カ其業務施行中ニ生シタル會社ノ義務ニ付キ無限ノ責任ヲ負フベキ旨ヲ豫メ定ムルコトヲ得

本條ハ業務擔當者又ハ取締役ニ對シテ格外ノ義務ヲ負ハシムルヿヲ得可キ場合ヲ定メタル者ニシテ合名會社ノ如ク當然生ズ可キ義務ニ非ラズ夫レ合資會社ニ在リテハ無限責任社員ハ特別ナルモノニシテ實ニ例外トスルモ可ナリ故ニ會社契約又ハ會社決議ヲ以テ會社ノ信用ヲ確固ナラシメンカ爲メ

合名會社ト合資會社ノ間業務擔當者連帶責任ノ差違

業務擔當者又ハ取締ノ無限責任ノ消滅

業務擔當者及ヒ取締役ノ數名ニ連帶ノ責任ヲ負ハシムルヿヲ豫定スルニアラザレバ當然其職務上ヨリ起ル可キ責任ナリトスル佛法主義ニ倣フタルモノニアラサルナリ故ニ合名會社ニ於ケル業務擔當者ノ連帶責任トハ二ツノ差異アリ其一ハ合資會社ノ業務擔當者又ハ取締役ノ義務ハ當然生スルモノニ非ラズ會社契約又ハ會社決議ニ由リ始メテ起ルモノナリ加之第百三十八條ニ從ヒ之レガ登記ヲナサヽル可カラズ（英國ニ於テハ會社ノ頭取ニ辭令書ヲ付與シテ無限ノ責任ヲ負ハシムルト云フ）其二ハ此義務ハ會社ノ財産ヲ補充スルニ止マルモ合名會社々員ニ於ケルガ如ク社員ノ私財産ト會社財産ト殆ンド差別ナキガ如キモノニ非ラズ

第百四十七條　前條ニ揭ケタル無限ノ責任ハ業務擔當ノ任アル社員又ハ取締役ノ退任後一ケ年ノ滿了ニ因リテ消滅ス

本條ハ通常ノ會社々員ガ退社後二年間會社義務ヲ負フト同一ノ理ニヨリ業

務擔當又ハ取締役ハ退任後一ヶ年ノ間無限責任ノ義務アルモノトセリ且又本條ノ規定ハ業務擔當者及取締役ノ會社事業ニ付キ懈怠ナル所業アルヿヲ防クノ効力アルモノニシテ會社ノ維持上最モ緊要ナルモノトス

（總會及臨時會招集）
第百四十八條　業務擔當ノ任アル社員又ハ取締役ハ毎年少ナクトモ一回通常總會ヲ招集シ其他業務擔當ノ任アル社員又ハ取締役ニ於テ必要ト認ムルトキハ總社員四分一以上ノ申立アルトキハ臨時總會ヲ招集ス可シ

（總會招集ノ通知）
第百四十九條　總會ヲ招集スルニハ會日ヨリ少ナクトモ七日前ニ各社員ニ會議ノ目的ヲ通知シ及ヒ提出ス可キ書類ヲ送附スルコトヲ要ス

（事業ノ實況報告）
第百五十條　事業年度ノ終リタル後直ナニ通常總會ヲ開キ其年度ノ貸借對照表及ヒ事業并ニ其成果ノ報告書ヲ社員ニ提出シテ撿查及ヒ認定ヲ受ク其認定ハ出

臨時會ノ決議

席社員ノ多數決ニ依ル

第百五十一條　臨時總會ニ於テ議ス可キ事項ハ總社員ノ過半數ヲ以テ之ヲ決ス

然レ𪜈合名會社ニアツテ總社員ノ承諾ヲ要ス可キ事項ハ總社員四分三以上ノ多數ヲ以テ之ヲ決ス此場合ニ於テハ不同意ノ社員ハ直チニ退社スル權利アリ

決議ノ定數ニ滿タサル𬼀ノ處分

第百五十二條　前條ニ掲ケタル決議ニ要スル定數ノ社員出席セサル𬼀ハ其總會ニ於テ假ニ決議ヲ爲スコトヲ得此場合ニ於テハ其決議ヲ認可シタル𬼀ハ之ヲ有効ト爲ス可キ旨ヲ明告スルコトヲ要ス

以上五ケ條ハ合資會社ノ會議規則ヲ定メタルモノニシテ各條事義相聯絡セルモノナルヲ以テ之レヲ一括シテ陳フルハ重複ヲ省キ且ツ事理ヲ貫徹スルヲ得ルノ便アリ故ニ今右各條ヲ通說セン

通常總會

該會社ニ於ケル會議ニハ二種アリ一ヲ通常總會ト云ヒ一ヲ臨時總會ト云フ通常總會ナルモノハ業務擔當者又ハ取締役ノ招集ニ依リ毎年一回以上ノ開設アルヘキモノトス而シテ其總會ヲ招集スル片ハ會日ヨリ一週間前ニ各社員ニ對シテ會議ノ目的ヲ通知セシメザル可カラズ其要ハ各社員ヲシテ總會議ニ出席シテ發表ス可キ思想ヲ養生セシメントスルニハ其會議ノ目的及ビ其會議ノ提出案等ヲ豫知セシムルハ最モ緊要ナル事ナルニヨル又通常總會ハ事業年度ノ終了シタル片ニ於テ必ズ開設ス可キモノニシテ則チ其年度ノ決算及ヒ精算ノ調査ヲ目的トスルモノナリ

臨時總會

又臨時總會トハ業務擔當者又ハ取締役ニ於テ必要ト認ムル片又ハ總社員四分ノ一以上ノ發議ニヨリ招集スルモノニシテ而シテ臨時總會ニ於テハ通常過半數ヲ以テ議決スルコトヲ原則ナリトス然レ圧合名會社ニ於テ總社員ノ承諾ヲ受クベキ事項ハ該會社ニ於テハ社員四分ノ三以上ノ多數ヲ以テ之ヲ定ムル者トス此差違アルモノハ合名會社ニ在リテハ概ヲ各員ニ於テ會社業務

利益配當ノ制限

ヲ司ドルモノニシテ深ク其事業ニ干與スルヲ以テ總社員ノ承諾ヲ經ルニ非ザレバ取引上一途ニ皈セザルノ恐レアリト合資會社ニアリテハ多クハ會社ノ業務ヲ或ル一部ノ社員ニ擔任セシムルヲ通例トスルヲ以テ各自社員ニ於テ會社事業ニ干涉スルヿ甚ダ薄シ茲ニ於テ其決議タル總社員ノ承諾ニ出デスト雖圧敢テ會社ノ存立上ニ影響ヲ及ボスヿナキモノトス又若シ其社中其決議ニ不同意ナル片ハ少數者ト雖圧多數員ノ意見ニ服從スルノ義務ナキヲ以テ退社スルノ權利アルモノトス

又通常總會ト臨時總會トヲ問ハズ其決議ハ社員ノ多數ヲ以テ通例トスレ圧若シ定數ノ出席ナキ片ハ假決議ヲナシ次會ヲ待チテ承諾ヲ受ケ其決議ヲシテ愈々確實ナラシムルモノコトアルナリ

第百五十三條　利息又ハ配當金ハ會社資本額カ損失ニ因リテ減シタル間ハ之ヲ社員ニ拂渡スヿヲ得ス

本條ハ取締役ノ不正ニ利益ヲ配當スルヿアランヿヲ恐レ又他社員ニ於テ之

レヲ不問ニ付シ去ルヿアルヲ慮リ規定シタルモノナリ元來社員ニ利息又ハ配當金ヲ拂渡スハ會社資產ニ過剩アル片ノミ爲スヘキモノニシテ會社債主ノ辨償ニ充ツ可キ部分ヲ以テ社員ニ分配スヘキ理ナシ故ニ己ニ取締役ニ於テ之レガ計算ヲナスモ無効ナルノミナラズ其所業ノ詐僞ニ渉ル片ハ其會社債主ニ對シテ責任ヲ負ハザルベカラズトス

第三節　株式會社

株式會社全般ノ理論ハ既ニ本章ノ始ニ之ヲ說キタレバ茲ニ贅セズ

第一欵　總則

株式會社ノ定義

第百五十四條　會社ノ資本ヲ株式ニ分チ其義務ニ對シテ會社財產ノミ責任ヲ負フモノヲ株式會社ト爲ス

其商事會社

第百五十五條　株式會社ハ其目的カ商業ヲ營ムニアラサルモノモ亦之ヲ商事會社ト看做ス

社員ノ數

第百五十六條　株式會社ハ七人以上ヲ以テシ且政府ノ

免許ヲ得ルニ非レバ之ヲ設立スルコトヲ得ス

此三條ハ株式會社ノ性質及ビ設立ノ方法ヲ確定セルモノニシテ今其規定スル所ヲ要約スレバ左ノ諸點ニ歸ス

第一　株式會社ハ商事ヲ目的トセサルモ尙ホ商事會社タリ

其會社ニシテ商事ヲ營ミ射利ヲ目的トスルニ於テハ商事會社タルコト一般普通ノコトニシテ疑フベクモアラズ然レ𪜈其會社ニシテ商事以外ノコトヲ目的トシテ業務ヲ營ムモノト雖𪜈尙ホ商事會社ト見做スニハ特ニ法文ノ明定ヲ要ス本法第百五十五條ヲ以テ株式會社トシテ之レヲ認メタリ今其理由ヲ尋ヌルニ蓋シ假令其目的ノ商事ニアラザルモ其會社ニシテ利息及ビ利益配當ヲナスモノナレバ其性質廣義ニ於ケル生産上ノモノナリトス加之該會社ニアリテハ株式ナルモノヲ發行スルモノニシテ此株式ハ手形又ハ仕拂切手等ノ如ク會社ニ對シ廣ク流通ノ性質ヲ有ス故ニ此點ヨリ觀察スルモ商事ノ部類ニ屬スベキモノトス而シテ此株式會

社ヲ以テ如何ナル事業ヲ營ムト雖圧商事會社ト看做スノ特例ハ獨リ我ガ法典ノミナラズ英國法「ウヰクトリア」第二十五及二十六年第八十九欵ノ第六條獨逸法一千八百七十年六月十一日ノ法律第二百八條モ共ニ之レヲ認ム

第二　株式會社ハ七人以上ノ社員アルニアラサレハ成立セズ（第百五十六條）

合名會社ニ在リテハ七名以上ノ入社ヲ許サズシテ株式會社ニ於テハ七名以下ノ人員ヲ以テ會社ヲ成立セシムルヿヲ得スト定メタル理由ハ是レ會社ノ性質ヨリシテ起ルモノナリ夫レ合名會社ニ於テハ各社員盡トク會社ノ業務ニ干與シテ相管理スルノ權利アルモノナリト雖圧株式會社ニ在リテハ重モニ各員ノ差入レタル財産ヲ目的トスルモノニシテ數多ノ株劵ヲ集合スルニアラサレバ會社資産ハ成立セズ故ニ少數ノ人員ヲ以テスルモ其基礎薄弱ニシテ永久保維スルノ目的ナシ玆ニ於テ英

佛ノ法律ニ從ヒ七名以上ノ制限ヲ付シタルモノナリ
又七名以上ノ集合ヲ以テスルモ直チニ會社ヲ設立シ得ルモノニアラズ必ズ政府ノ免許ヲ得ベキモノトス此點ニ付テハ佛國法ト其規定ヲ異ニス尤モ佛國ニ於テモ千八百五十六年及千八百六十七年ノ布告頒布以前ハ必ズ政府ノ許可ヲ受クルヲ必要トセルモ一タビ此布告ヲ發スルヤ一般ニ會社創立ニハ政府ノ許可ヲ要セザルコトセリ其主旨ハ會社ノ良否ハ會社創設ノ際ニ在リテハ到底熟知スル能ハザルモノニシテ其會社成立後商業取引ニ着手シタル時ニ於テ始メテ方針ノ當否基礎ノ確否ヲ察知スルコトヲ得可ケレハナリ
夫レ若シ會社ヲ設立スルニ當リ政府ノ許可ヲ受クベキモノトセバ其設立ノ當時ニ於ケル規則上最モ整備ヲ極メ外面上一ノ缺點ナキコトヲ務ムルハ當然ノコトニシテ自ヅカラ其不完全ナルコトヲ表白スルモノナキハ明ラカナルベシ然ルニ政府若シ其外部ノ修飾ニ甘シテ之ヲ許可スルトセ

バ姦譎ナル商賈ハ官許ノ二字ヲ借リテ實際ノ不備ヲ彌縫シ反テ虚勢ヲ張リ世間着實ナル者ヲ瞞着セシムルノ大弊アリ政府若シ其弊風ヲ芟除セントセバ勢ヒ外形ニ依ラズメ其會社ノ内情ニ注目シ社員ノ品行ヨリ財産ノ多寡ニ至ルマデ之ヲ穿知セザルベカラズ然レ𪜈斯クノ如クナル片ハ政府ハ自カラ壓制專斷ノ處置ヲナサヾルヲ得ザルニ至ルベシ而メ如此許多ノ弊害ノ實際ニ存スルモノアルヲ以テ佛國ニ於テハ或ル會社ヲ除クノ外ハ政府ノ許可ヲ經ルヲ要セズ然ルニ我法典ニ於テハ株式會社ヲ設立スルニ當リテハ必ズ政府ノ許可ヲ要スルト定メタルハ我カ國ノ商業ノ未タ幼稚ニシテ隨テ迂濶不備ナル會社ヲ組成スルニ至ルノ恐レアルノミナラズ殊ニ株引會社ノ如キハ單ニ株式ヲ以テ其存續ヲ保スルモノナレバ許多ノ規則ニ付キ之ヲ觀察スルニ非サレバ甚ダシキ危害ヲ釀生スルヤモ知ルベカラサレハナリ

第三　會社財産ハ株式ヲ以テ組成ス

此點ニ於テハ性質上他ノ會社ト較著ナル差違ノアル處ニシテ合名會社及ビ差金會社ニ在リテハ社員タルモノヽ身分ハ會社ニ大ナル關係ヲ有スルモノナリト雖モ株式會社ニ於テハ社員ノ株券面ニ有スル資金ヲ以テ會社財產ノ實体ヲナスモノナレバ其主タルモノハ社員其人ニアラズシテ株金其者ニ在リ而シテ所謂株式ナルモノハ恰カモ二ケノ性質ヲ保有ス一ハ會社ニ對スル確定ナル社員ノ持分高ニシテ一ハ社會一般ニ流通スルヲ得ベキ券面ナリトス而シテ此株券ヲ他人ニ讓渡賣買ノ處分ヲ為シ得ル所ノ社員ハ其株式テウ一ノ資本ニ對スル所有者タルノ地位ニ在ルモノニシテ其株券ハ一ノ有形上ノ資本ナルガ故ニ其株式ハ他ノ有形動產ト同ジク轉輾流通スルヲ得ベキモノトス而シテ其株券ノ賣買讓渡ハ毫モ會社ノ財產上ニ影響ヲ及ボスヿナク又更ニ會社ニ對シテ關係ヲ生ズルヿナキモノナリ何ントナレバ會社ニ於テハ株式其者ヲ以テ主トスルモノニシテ株式ハ恰カモ社員タルノ有樣ナルガ故ニ其所持主ノ何

人タルヲ問フノ要アラサレハナリ故ヲ以テ其株主則チ社員タルモノハ必スシモ商人タルヲ要セサルナリ

以上株式ノ性質ハ略陳シタレトモ尚ホ分明ナラサル所アルヘキヲ以テ更ニ他ノ會社ニ於ケル持分高ト株式トノ差違アル點ヲ列擧セン

他會社ノ持分高ト株式會社ノ株式トノ差違

第一　持分ハ總社員ノ承諾アルニアラザレバ之ヲ讓渡コトヲ得ズ換言スルニ第三者ヲシテ自己ノ地位ニ代ハラシムルコトヲ得ズ（第九十八條）株式ハ其性質上他人ニ賣買讓渡スルコトヲ得ルモノニシテ何人ノ承諾ヲモ要セズ

第二　持分ハ元來賣買讓渡スルコトヲ得サルノ性質アルモノナレバ假令總社員ノ承諾ヲ經テ他人ヲシテ自己ノ位地ニ代ラシムルトスルモ商法規定ノ方法ニ從ハスシテ民法上ノ規則ニ由リ債權讓渡ト同一ナル方法ヲ適用ス而シテ株式ハ之レニ反シ商法上ノ規定セル方法ニ由ルニアラサレハ之ヲ賣買讓渡スルコトヲ得ズ

株式ト債券ノ差違

第三　持分ハ會社員ニ於テ有スル額ハ一定セズト雖圧株式ノ高ハ會社資本チ平等ニ分割シタルモノニシテ異同ナシ（第百七十五條）

右ハ只其三者間ノ差違チ擧ゲタルノミシテ其理由ノ如キハ各條ノ下ニ於テ各事項ニ就キ論述スベキナリ

又一層株券ノ性質チ明ラカナラシメンガ爲メ之レニ類似セル債券トノ差違チ陳述センニ債券トハ金圓借用証ナルモノニシテ會社ヨリ公債チ募リ（起業公債証券ノ如キチ云フ）之レチ証スル爲メ發行スル所ノ負債証券チ云フ是レ其体裁上ヨリ云ヘハ株式ニ類スト雖モ亦左ノ如キ差違アリ

甲　株式ナルモノハ畢竟會社資本ノ一部ナレバ其株券チ所有スルモノハ社員ナリト雖圧債券チ有スルモノハ會社ノ社員ニ非ラズシテ之レカ債主タルモノトス

乙　株券所有者ノ利益配當ノ多寡ハ會社ノ得ベキ利益ノ多寡ニ依ルト雖圧債券所有者ハ其得可キ利息ニ變更チ來タスヿナシ

丙　株式ハ會社資本ヲ組成スルモノナレバ會社財産ノ一部ヲナスト雖圧債券ハ會社ニ對スル債權ヲ證スルモノナレバ之レニ依リテ會社ハ一ノ義務ヲ負フモノナリ而シテ負債者ノ財産ハ盡ク債主ノ抵當物タルベシトノ一般ノ原則ニ由リ會社解散ノ際ニ在リテハ先ヅ其債主ニ對シテ辨償ヲナシ其殘餘ヲ以テ會社々員ニ配分スベキモノトス

丁　株券面ノ高ハ二十圓ヲ下ルヿヲ得ズ又資本十萬圓已上ナル片ニ於テハ五十圓ヲ下ルヿヲ得ズト雖圧債券ハ一定ノ額アルヿナシ

第四ノ株式ヲ有スル者即チ債主ハ會社總會ニ參與シテ會社ノ爲メニ意見ヲ陳述スルヿヲ得ヘケレドモ債券所有主ハ元來會社ノ社員ニ非サレバ會社事務ニ付テハ決シテ參與スルノ權ナシ

戊　株式ヲ申込ミタル者ノ所爲ハ商事ニ干スルガ故ニ其事柄ニ付キ爭訟ノ生シタル片ハ商事裁判所ニ屬スベキモノナレ圧（我日本ニ於テハ未ダ商事裁判所ノ設ケナキモ他日商事ノ特殊ナルヿノ事實ニ顯ハルヽニ

際シテハ必ズ之ヲ設クルニ至ル可シ）債券ノ事ハ其事柄ノ民事ニ屬スルガ故ニ民事裁判所ノ管轄ニ入ル可キモノトス
此他尚ホ株券ノ種類等ヲ知ルノ必要アリト雖𪜈各條項ニ入リ之ヲ詳述スベケレバ茲ニ贅セズ

第四　株式會社ノ社員ハ決シテ會社ヲ代理スルモノニアラスシテ會社ニハ別ニ一ノ團体ナルモノアリテ存ス是レ合名會社等ト大ニ異ナル處ナリ何トナレバ合名會社ノ社員ハ各〻會社業務ヲ代理スルノ任アルモノナリト雖𪜈株式會社ニ在リテハ取締役ナルモノヲ置キ其他ノ社員ニ在リテハ會社業務ニ干與スルコトナシ是レ此會社ニテハ財產ヲ以テ主トスルモノニシテ其社員一身ニ關スルコトナケレバ社員ハ會社ノ爲メニ代理スルコトヲ得サルニ由ル
以上ハ株式會社ノ性質ニ關シ最モ必要ナル數項ヲ揭擧シタルナリ以下次款ニ入リテ株式會社ノ發起設立ノコトヲ陳ブベシ

發起

第二欵　會社ノ發起及ヒ設立

第百五十七條　株式會社ハ四人以上ニ非サレハ之ヲ發起スルヿヲ得ス

發起人ハ目論見書及ヒ假定欵ヲ作リ各自之ニ署名捺印ス定欵ハ本法ノ規定ニ牴觸スルヿヲ得ス

從來各國ノ商法ニ於テハ會社ノ發起ト設立トヲ混同シテ能ク之レカ差別ヲ立ツルモノナシ而メ我商法ハ明ラカニ之レカ手續ノ異同ヲ掲ケ其區別ノ存スル所ヲ知ラシメタリ夫レ會社ノ發起トハ未ダ設立ニ至ラサル已前ニ在リテ盡スヘキ手順ナリ而シテ已ニ設立スレハ一ノ會社ナル組織体ヲ成シ一箇獨立ノ資格ヲ具備スルノミナラズ殊ニ株式會社ハ各社員連帯無限ノ責ヲ負フモノニアラサレハ發起人ハ成ルヘク其設立ヲ公衆ニ知ラシムルヿヲ要ス於是乎發起ノ事業ニシテ信用ヲ維持シ他人ヲシテ危疑ノ念ヲ抱カシムルナキヲ得可キナリ

而シテ本條ニ於テ株式會社ヲ發起スルニハ四人已上ノ人員結合ヲ要スト定メテ英法ノ如ク七人ノ人員ヲ要セサルハ畢竟スルニ事ノ迂濶ニ屬スルヿナキヲ欲シタルモノナリ今夫レ發起人ヲシテ會社設立ノ時ト同シク七人ヲ要スヘキモノトスルモ事業繁冗ニ涉リ曾テ實益ノ生スルヿナキヲ以テナリ唯本條ノ目的トスル處ハ會社ノ目論見或ハ淺薄採ルニ足ラサルニ至ランヿヲ恐ルヽモノナレハ四人ノ熟議ヲ以テセハ左程ノ誤見モアルナク殊ニ發起人ハ公共ニ對シテ陳告シタル事項ニ就テハ其責ニ當ルモノナレハ世人ハ之レヲ疑訝シテ株主タルコトヲ躊躕スルヿナカル可シトナスナリ

本條ニ於テ目論見書ト假定款トヲ區別シテ定メタルハ明ラカニ獨佛主義ヲ脫シテ現世ノ新主義ヲ取リタル所ナリ獨佛法律ハ此區別ヲナサスシテ會社契約書ト其拔書トノ名稱ヲ以テ之レヲ區別セリト雖𪜈素ト全ク性質ノ異ナルモノニシテ斯ル關係ヲ有スルモノニアラサルナリ而シテ此區別ノ必要ナルハ登記及ヒ公告ノ際ニ於テ最モ然リトス已下之レカ區別ノ存スル所ヲ陳

目論見書ト假定款トノ區別

フ可シ

目論見書トハ會社ノ獨立体ヲナスニ付キ要スル條件及ヒ會社ノ種類會社期限等總テ會社ノ組織トナル可キヿヲ記載スルモノヲ云フ又會社假定款トハ其會社ノ組織ニ付キ運用活動ス可キ許多ノ原則ヲ定ムルモノトス而シテ此目論見書則チ會社ノ組織上ニ關シテハ法律各々其會社ノ種類ニ由リ記載ス可キヿヲ定ムト雖ﾓ定款ニ至リテハ之レヲ細定セス之レ他ノ會社ノ定款ト格別ナルモノナルヲ以テ法律ハ殊更ラニ商去ニ背戻スルヿナキ限リハ會社契約ヲ以テ假定款ヲ作ルヘキヿヲ許サレタルナリ

又本條單ニ定款ト記セスシテ假定款ト記載スルハ定款ナルモノハ會社ノ施行上遵守スヘキ確定ノモノタルヿヲ要スレﾓ會社ノ登記ニ止マリ未タ設立ナキ間ハ確定シタルモノニ非ラス只假定ノモノタルニ過キズ且定款トナスニハ主務省ノ認可ヲ受クヘキモノナレハナリ

又此目論見及ヒ假定款ハ發起人各自署名捺印シテ然後官廳ニ差出タシ又之

レヲ公告スルヲ要ス此署名捺印ヲ要スルモノハ會社將來ノ事業ノ成就及ヒ利益ヲ保証スルノ意ニ非ラスシテ唯其公共ニ對シテ豫告シタル事項ニ付キ責任ヲ負フヘキヿヲ明ラカニスルモノナリ

第百五十八條　目論見書ニ記載スヘキ事項左ノ如シ

第一　株式會社ナルヿ

第二　會社ノ目的

第三　會社ノ商號及ヒ營業所

第四　資本ノ總額株式ノ總數及ヒ一株ノ金額

第五　資本使用ノ概算

第六　發起人ノ氏名住所及ヒ發起人各自ノ引受クル株數

第七　存立時期ヲ定メタルトキハ其時期

目論見書ノ記載事項

本條ハ會社ノ骨子トモ云フヘキ諸件ヲ擧ケタルモノニシテ政府ハ之レニ由

發起ノ認可

リテ會社ノ適法ナルヤ否及ヒ其設立會社ニ有益ナルヤ否ヲ了知スルコヲ得ヘシ又ハ公衆其目論見書ノ公告ニ由リ會社ノ組織上詳悉ナル事項ヲ知得スルコヲ得ヘキモノナレハ會社發起ニ付テハ第一着ニナス可キ手段ナリ

第百五十九條　發起人ハ會社ヲ設立ス可キ地ノ地方長官ヲ經由シテ目論見書及ヒ假定欵ヲ主務省ニ差出シ發起ノ認可ヲ請フコヲ要ス

他ノ會社ニ在リテハ法律命令ニ依リ官廳ノ許可ヲ受ク可キ營業ヲ爲サントスル會社ハ其許可ヲ受クヘキモノナリト雖圧（二百六十八條）此株式會社ニ於テハ法律ハ何レノ場合ニテモ政府ノ許可ヲ受ク可キモノト定メ更ラニ之レカ區別ヲナサヽリシナリ前ニ第百五十六條ヲ説明スルニ當リ詳解シタルカ如ク抑モ人民ノ生産起業ハ成ルヘク政府ノ干渉ヲ脱シ自由ナラシムルヲ以テ得策トスルモノナレハ或ル目的ヲ有シ行政官廳ノ許可ヲ經可キモノヽ外濫リニ政府ノ許可ヲ要スルハ社會理財上不利ナルノミナラス又タ實効ヲ奏セサ

ル如キ結果ナキヲ得サルモノト信スルナリ

第百六十條　發起人ハ前條ノ認可ヲ得タル片ハ目論見書ヲ公告シテ株主ヲ募集スルヿヲ得公告中ニハ法律ニ規定シタル發起ノ認可ヲ得タル旨及ヒ其認可ノ年月日ト各株式申込人ニ假定款ヲ展閲セシムル旨トヲ附記ス

株主募集

會社發起ニ付キ第一着ニ盡クスヘキ手段ハ目論見書及ヒ會社假定款ヲ作リ之レヲ主務省ニ差出シ其認可ヲ受ク可キヿナリトス其認可ヲ受ケタル以後ハ猶ホ歩ヲ進メテ之レヲ社會公共ニ對シテ公告シ株主ヲ募集スルヲ以テ順序トス而シテ各公告中ニハ本條ニ掲ケルカ如ク二ケノ事項ヲ掲ケサル可カラス即チ認可ヲ得タルヿ及ヒ其年月日ト株主申込人ニ對シテ會社假定款ヲ自由ニ展閲セシムルヿ是レナリ今歐州諸邦普通ニ行ハルヽ募集ノ方法ヲ掲クレハ即チ下ノ如シ

普通ノ募集方法

第一　發起人ハ會社創立ノ主旨ヲ新聞紙又ハ小冊子ヲ以テ公告募集スルコアリ

第二　發起人ハ銀行又ハ兩換店ニ依頼シテ以テ普ク公告スルコアリ即チ其株劵面ノ額ヲ割引シテ銀行ニ賣渡シ銀行ハ株主申込アル毎ニ幾分ノ歩合ヲ以テ之レヲ賣渡スモノトス又尙ホ一ノ方法ハ他日會社ノ旺盛ニ赴キ多分ノ利益アルコヲ豫定シ得ラルヽ片ハ銀行ハ之ヲ賣出サスシテ自カラ貯ヘ置キ充分其株劵ノ價直ノ騰貴シタル片ニ至リ一時ニ株劵面以上ノ價ヲ以テ賣渡スコアルナリ而シテ其株劵ヲ買取ルモノモ自カラ目的ヲ異ニスルモノアリ則チ其株劵ヲ買取リ會社ヨリ應分ノ利益ヲ配付セラレンコヲ望ムモノアリ又一時ニ之レヲ買占メ他日相場ノ變動アルニ際シ之レヲ流通シテ大利ヲ領得セントスル投機者流アリ而シテ實際ニ於テハ此株劵ヲ買得スル者ハ多ク投機商即チ相場師ナリト云フ

要スルニ目論書ヲ公告スルノ目的ハ世人ヲ誘起スルニアレハ其募集ニ應セ

ントスルモノ丶詳細ナル事項ヲ知ラント欲スル者ニハ其會社ニ就キ假定欵ヲ展閲セシム可キナリ此會社定欵ハ社會ニ公告スルヿヲ得サルモノナレハ特ニ展閲セシムヘキヿヲ目論書公告ニ附記セシムル所以ナリ

第百六十一條　株式ノ申込ヲナスニハ申込人其引受クル株數ヲ株式申込簿ニ記入シテ之ニ署名捺印ス又其申込ハ署名捺印シタル陳述書ノ送附ヲ以テ之ヲ爲スヿヲ得

代人ヲ以テ申込ムトキハ委任者ノ氏名ニ代人其氏名ヲ附記シテ之ニ捺印ス

本條ハ株式申込人ト會社トノ間ニ會社契約ニ付キ他日異議ノ起ランヿヲ慮リ一定ノ例式ヲ以テ株式申込ヲナサシムルヿヲ命シタルモノナリ則チ株式ヲ申込ムモノハ自ラ會社ニ出頭〆其引受ク可キ株式一株若クハ數株ナルヿヲ株式申込簿ニ記入シ之ニ署名捺印スヘキモノトス然リト雖モ遠隔ノ地ニ

資金拂込義務

アル者ニモ尚ホ本人ノ會社ヘ出頭ス可キヿヲ要スルモノトセハ甚タ迂遠ニ勝ヘサルヿナレハ陳述書ヲ以テ申込ムヿヲ許容セリ又本人ノ都合ニ依リ代人ヲ以テ申込ヲナシタル片ニ於テハ本條第二項ノ規定ニ隨ヒ始メノ委任者ノ氏名及ヒ代人ノ氏名ヲ記シ之レニ捺印セサルヘカラス而シテ今日商業ノ頻繁ナル或ハ電信ヲ以テ委任スルモノナキニアラサレハ正式ノ委任狀ヲ有セス圧代人ト認メサル可カラス然レ圧代人ハ其ノ委任セラレタル事實ヲ證スルヲ要ス

第百六十二條　株式ノ申込ニ因リ申込人ハ會社設立スルニ至レハ定欵ニ從ヒ各株式ニ付テノ拂込ヲ爲ス可キ義務ヲ負フ

株式申込ヲナシ會社ノ株式申込簿ニ記入シタル以上ハ會社假定欵ニ異論ナキヿヲ表スルモノナレハ契約ハ双方間ニ在リテハ法律ニ均シトノ普通ノ原則ニ由リ之レヲ遵守ス可キハ勿論ナリ若シ徹頭徹尾不同意ナル片ハ之レカ

式ヲ他人ニ讓渡シテ自己ノ地位ニ代ハラシムルノ外ナシ然レ圧會社設立後總會ニ於テ意見ヲ呈出スルヲ得ルハ固ヨリ自由ナレハ實際上ニ在リテハ斯ク固定ノモノニアラサルナリ然レ圧會社ニ於テハ假定欵ヲ作リ株主ヲ募集シタル後ハ之ニ追加シ之レヲ變更スルヿヲ得サルモノトス

要之株式申込人ハ會社々員ノ列ニ加ハリ其申込ミタル株數ニ割合テ損益ヲ分擔スルヿヲ承諾シ且ツ會社定欵ニ從ヒ各株式ニ付キ株金ヲ拂込ム可キノ義務ヲ負擔シタルモノトス是レ社員タルモノヽ本分ナルヲ以テ到底之レヲ免カルヽヿヲ得サルナリ

創業總會
定欵確定

第百六十三條　總株式ノ申込アリタル後ハ發記人ハ創業總會ヲ開ク可シ其總會ニ於テハ少ナクﾓ總申込人ノ半數ニシテ總株金ノ半額以上ニ當ル申込人ノ承認ヲ經テ定欵ヲ確定ス

總株式ノ拂込濟ミタル片ハ直チニ會社ノ設立ニ着手セサルヘカラス換言ス

レハ會社設立ノ準備ニ於ケル最終手續ヲ盡クサヽルヘカラス而シテ株式ノ全數ヲ充タシタル𪜈ハ全社員ノ同意シタル一ノ契約ヲ組成スルモノナリ本條ハ會社ノ設立ハ必ラス株式ノ申込ノ滿員シタル後ニアルヲ要スル旨ヲ示シタルモノニシテ獨佛法典（一千八百六十七年公市佛國法律第一條千八百七十年公布ノ獨逸法第三百九條參照）モ亦タ同様ナル規制ヲ立テタリ總株式申込ノアリタル後ハ發起人ハ會社設立直接ノ基礎タル創業總會ヲ開クヘキモノトス而シテ本條殊ニ株式申込滿員シタル後ニ於テスヘキヿヲ明言スルハ株式會社ハ總株式ヲ根本トシテ成立シ又運動セントスルモノナレハ其資本タル株式ニシテ確定セサレハ創業總會ヲ開クモ有效ナル決議ヲナシ得ヘキモノニ非ラス其既ニ總株式ノ拂込ミアルヤ一定ノ財產ヲナシ社員タルモノモ確定シタル以上ハ諸般ノ基礎整頓シタルモノナレハ社員ノ合意ニ由リ一ノ定款ヲ作ラサルヘカラス而シテ此定款ヲ確定スルニハ株主半數以上ノ承諾ヲ以テ足レリトセスシテ總株金ノ半額以上ニ當ル申込人ノ承認

創業總會ノ議事

ヲ要スルモノトスル所以ハ株式會社ハ他ノ會社ト異ナリテ社員ノ多少ニ關スルヿナク專ラ株式ヲ以テ主トナシ株式ハ殆ント社員タルノ地位ニ在ルモノナレハ株式ヲ有スルヿ多キモノハ會議ノ決定ニ勢力ヲ有スルモノトセサルヘカラス若シ總申込人ノ半數ニシテ株金モ其半額ニ止マル片ハ畢竟其半數ヲ表スルニ過キスシテ全數ノ同意ヲ表スルヿヲ得サルモノトス之レ更ラニ本條ニ於テ申込人ハ半數ニ止マルモ株金ハ半額以上ニ至ラサレハ承認力ナキヿヲ明定シタル所以ナリトス且ツ又定款ヲ確定スルニ於テ總申込ヲ要ス可キモノト規定セサル所以ノモノハ僅カニ一二ノ不同意者ノ爲メニ多數株主ヲ壓スルカ如キ結果ヲ生シ來ルノミナラス元來株式會社ハ法律上人員ニ制限ナク加之何人モ財産ヲ有スルモノ入社スルニ容易ニシテ其責任モ重カラサルモノナレハ其社員ハ數百若シクハ數千ヲ以テ數フルニ至ルヘキヿナレハ全社員ノ承認ヲ要スルカ如キハ得テ望ム可カラサレハナリ

第百六十四條　創業總會ニ於テハ創業ノ爲メ發起人ノ

爲シタル契約及ヒ出費ノ認否ヲ議定シ又有價物ノ出資ヲ差入レテ株式ヲ受ク可キ者アルトキハ其價格ヲ議定ス

前項ノ議定ハ少ナクモ總申込人ノ半數ニシテ總株金ノ半額以上ニ當ル申込人出席シ其議決權ノ過半數ニ因テ之ヲ爲ス

創業總會ヲ開クハ會社定款ヲ確定スルノ主旨ニ出ツルノミナラス本條規定スル所ノ事項ヲモ議定スヘキモノナリ

會社ノ未タ成立セサル以前ニ在リテハ多數人ノ結合スルコトナキヲ以テ發起人ハ自カラ其創業事項ニ付キ全力ヲ盡サヽル可カラスト雖モ己ニ多人數結合アルトキハ前キニ發起人ノ爲シタル所業ハ盡ク會社ニ密接ナル關係ヲ有スルモノナルヲ以テ株主總會ノ議定ヲ經ルヲ要ス然ラサレハ發起人一己ノ私事ニ屬スルニ至ルヘケレハナリ又有價物件ノ差入アルトキハ其價格ヲ確定ス

ルヲ要ス是レ亦タ會社設立以前ニ在リテ確定ス可キ事項ナリトス何ントナレハ差入物件ノ價格確定セサレハ會社資産ノ全額ヲ確知スルヿヲ得ス加之其物件ヲ差入タル社員ノ株式高ヲ定ムルヿヲ得サレハナリ若シ會社資産ノ全額ヲ知ルヿヲ得サレハ第百六十八條ニ從ヒ登記及ヒ公告ヲナスヿヲ得ス又社員ノ株式高ヲ知ルヲ得サル片ハ其社員ニ對スル利益ノ配當損失ノ分擔額ノ多少ヲ了知スルヿヲ得サルナリ如斯ナル片ハ會社成立ノ要件ヲ失スルモノナレハ豫メ之レヲ議定スルハ最モ須要ナルヿス

本條又議定方法ヲ定メ總申込人ノ承諾ヲ要セサル所以ノモノハ前條既ニ陳ヘタル如ク申込人全數ノ承諾ヲ經ルハ到底爲シ能ハサルノミナラス本條規定ノ事項ハ前條各申込人ノ間ニ設クル定款ノ如ク各自ノ權利義務ニ關スルヿニ非サレハ其議定方法モ亦タ從テ異ナルモノナリトス而シテ本條殊ニ議決權ノ過半數ニ因テ云々ト規定シタルハ唯々出席員ノ過半數ニ由ルノミナラス株式高ノ過半數ヲ得ルヲ要スルニ在ルナリ是レ株式會社ニ於テハ財産

ヲ主トスルノ至ス所ナリトス

役員撰定

第百六十五條　其他創業總會ニ於テハ取締役及ヒ監査役ヲ選定ス

會社定欵存立ㇱ會社資本確定スルモ之レカ業務ヲ取扱フ所ノ役員ナキ片ハ會社ハ商業上ノ活動ヲナスコヲ得ス於是乎取締役及ヒ監査役ヲ撰定セサルヘカラス是レ創業總會ノ重要ナル事務ニ屬スルモノナリ殊ニ株式會社ハ他ノ會社ト異ナリテ其株主タルモノ當然代理スルノ義務無レハ之レカ役員ヲ定メサルトキハ恰カモ肢体アリテ精神ナキカ如キノ感ナキ能ハサルナリ而シテ此取締役ハ會社事業ヲ執行スルノ任アルモノニシテ監査役ハ法律及ヒ定欵ニ於テ與ヘタル範圍内ニ於テ爲シタル取締役ノ業務執行ヲ監査スルモノトス是レ他社員ニ於テ會社事務ニ參與スルノ權ナキヨリ取締役ノ專恣ナル處置アランコヲ恐レ會社ヲ保護スルノ方法ヲ設ケタルモノナリ

會社設立ノ申請書

第百六十六條　創業總會ノ終リシ後發起人ハ地方長官

ヲ經由シテ主務省ニ會社設立ノ免許ヲ請フ其申請書ニハ左ノ書類ヲ添フヘシ

第一　目論見書及ヒ定欵

第二　株式申込簿

第三　發起ノ認可證

第百五十九條ニ從ヒ差出ス可キ目論見書及ヒ定欵ハ假定ノ者ニ過キサレハ本條規定ノ塲合トハ大ニ異ナルモノニシテ本條ハ創業總會ニ於テ各申込人ノ決議ニ由リ確定シ各相互間契約上ノ關係ヲ生シタルモノナリ只ダ此塲合ハ會社ヲ設立スルニ必要ナル政府ノ免許ヲ經ルヲ要スルニ過ギズシテ其基礎ニ於テハ已ニ定マレルモノナリ各申込人ノ結合已ニ成ルト雖モ直チニ會社ノ性質ヲ有スルモノニアラズ必ズ主務省ニ向テ申請書ヲ差出シ設立ノ免許ヲ要ス而シテ其免許ヲ請フニ當リテハ唯申請書ヲ差出スノミヲ以テ足レリトセス必ラス本條以下ニ規定シタル書類ヲ添フヘキモノトス

設立役ノ執務

株金拂込

第百六十七條　會社設立ノ免許ヲ得タルトキハ發起人其事務ヲ取締役ニ引渡ス可シ
取締役ハ速カニ株主ヲシテ各株式ニ付キ少ナクトモ四分ノ一ノ金額ヲ會社ニ拂込マシム

會社設立免許ヲ得サル以前ハ未タ一ノ結合体ヲナサヽレハ諸事總テ會社ノ創立ニ關ス而シテ其既ニ免許ヲ得タル後ハ一ノ獨立体ヲナシ其事業ハ發起人一己ノ私事ニ屬スルモノニ非ラサレハ之レヲ一己人ノ手ニ委ス可カラサルハ當然ノコニシテ而シテ會社タル組織体ニ代ハリテ事務ヲ取扱フ任アル取締役ニ之テ引渡ス可キナリ是レ最モ會社ノ創立ト設立トノ區別アル處ニシテ讀者ノ注意ヲ要スル所トス
又株主ハ少ナクモ株式四分ノ一ノ金額ヲ拂込ム可キモノトス斯ク規定スル所以ノモノハ株式會社ハ其株主ノ株金拂込ヲ以テ會社資本テ組成スルモノナレハ唯ニ株式ノ申込ミアリタルノミニ止マリテ實際拂込ミナキトキハ紙面

上ノ事柄ニ屬シ會社ハ商業取引上活動力ヲ有スル能ハサルナリ於是乎法律ハ各株主ヲシテ株式四分ノ一ニ當ル金額ヲ拂込マシメンコトヲ望メリ之レ佛國法ニ從ヒタルモノニシテ獨逸及ヒ伊太利法典（第二百九條及ヒ第百三十五條參照）ニ於テハ最下額ヲ十分一ト定メタリシモ甚タ少額ニ失シタルト言ハサルヲ得ス而シテ此株金拂込ノ期日其金高ノ割合及ヒ株劵每ニ申込ノ際幾分ヲ拂込ム可キコハ多クハ起業目論見書ニ於テ定ムルコナレハ此ニ從ヒ申込ノ際已ニ拂込ミタル片ハ其金額ヲ差引キ株式四分ノ一ノ額ニ至ル迄會社ニ拂込ムコヲ得ルモノトス斯ク初ヨリ全額ノ拂込ヲ要セサル所以ノモノハ會社ノ設立アルヤ否ナ直チニ全株金ヲ使用スルカ如キコハ實際之レナキヲ以テナリ而メ他ノ會社ニ於テ此規定ナキハ社員ト會社トノ關係尤モ密接ニシテ社員各自ハ會社ノ名義ヲ以テ業務ヲ取ルコヲ得又合資會社ニ在リテモ其社員ハ差入金額ニ限リ會社債主ヨリ直接ニ要求セラル可キ義務ヲ負擔スルモノナリト雖圧株式會社ニ於テハ株主ハ會社ノ債主ニ對スル義務ヲ

負ハサルヲ以テ法律ハ特ニ嚴密ナル取締ヲナシタルモノナリ

第百六十八條 會社ハ前條ニ揭ケタル金額拂込ミノ後十四日內ニ目論見書、定欵、株式申込簿及ヒ設立免許書ヲ添ヘテ登記ヲ受クヘシ

登記及ヒ公告スヘキ事項ハ左ノ如シ

第一 株式會社ナルコ

第二 會社ノ目的

第三 會社ノ商號及ヒ營業所

第四 資本ノ總額株式ノ總數及ヒ一株ノ金額

第五 各株式ニ付キ拂込ミタル金額

第六 取締役ノ氏名住所

第七 存立時期ヲ定メタルトキハ其時期

第八 設立免許ノ年月日

第九　開業ノ年月日

裁判所ハ會社ヨリ差出シタル書類ヲ登記簿ニ添ヘテ保存ス

本條ニ於テハ登記ヲ受クルニ付キ附加ス可キ書類及ヒ登記公告スヘキ事項ヲ定メタルモノナリ元來登記公告ハ會社成立ノ要素ニシテ最モ緊要ナルモノナリ且ツ此諸書類ヲ登記セシムルノ要ハ會社ノ簡明簿（登記ス可キ帳簿）ハ常ニ官廳ニ備ヘ付ケ汎ロク公共ニ展閲セシムルモノニシテ會社ノ確實ナルコトヲ知ラシムルニ於テ最モ便アリ加之各事項ノ法律ニ適スルヤ否ヤヲ調査スルコトヲ得ルノ益アリトス若シ其登記ニシテ詐僞ニ屬スル時ハ發起人取締役ハ刑事上ノ責ヲ負フ可シ又其事ノ不正ナルカ爲メ社外人ニ對シテ損失ヲ生セシメタル時ハ連帶責任ヲ負フ可キモノトス

登記了リタル時ハ裁判所ハ第十九條ニ由リ速カニ公告ヲ爲ス可キモノナリ此公告ハ社員ノ職業ニアラスシテ商業簡明簿備付ケノ官廳ヨリ爲スモノナ

リ是レ法律ハ偏ニ缺漏ナキヿヲ欲スル處ニシテ最モ正確且簡便ナル方法トス

支店ノ登記

第百六十九條　會社支店ヲ設ケタルトキハ其所在地ニ於テ亦登記ヲ受ク可シ

本條ハ通則第二十四條及ビ第七十八條ニ準シテ支店ヲ設立シタル塲合ニ於テモ其地方ノ裁判所ノ商業簡明簿ニ登記ヲ受ク可キヿヲ規定シタルナリ是レ單ニ商號ノミナラス第百六十八條ニ規定セル事項ヲモ尚ホ玆ノ塲合ニ適施ス可キモノトス

設立免許ヲ得タル後登記ヲ受ケザル者ノ制裁

第百七十條　設立ノ免許ヲ得タル後遲クモ一ケ年内ニ登記ヲ受ケサルトキハ其免許ハ効力ヲ失フ第八十一條及ヒ第八十二條ノ規定ハ株式會社ニモ亦之ヲ適用ス

本條ハ第八十一條及ビ第八十二條ノ規定ヲ適應シタルニ過キサルモノナリ本條殊ニ一ケ年ノ期限ヲ定メタルハ株式會社ニ於テハ其業ヲ開クニ至ルノ

登記前ノ經費負擔義務

間許多ノ手續ヲ要スルモノナレハ格別ナル規定ヲナシタルモノトス

第百七十一條　登記前ニ在テハ創業總會ノ承認ヲ經タル義務及ヒ出費ニ付キ發起人、取締役及ヒ株主ニ於テ連帶無限及責任ヲ負フ

本條ハ前條ト其連絡ヲ通スル事項ニ屬ス前條ニ於テ設立免許ヲ受ケタル後一ケ年内ニ登記ヲ受ケサルトキハ其免許ハ無効ニ歸スル旨ヲ規定セリ本條ハ其年内ニ登記ヲ受ケサリシヨリ其間ニ生シ來リシ發起人其他ノ者ノ責任ヲ定ムルモノトス元來何人モ他人ニ對シテ責任ヲ負フ所以ノモノハ其所爲ニシテ過失若シクハ不正ニ出テタルカ故ナリ此場合ニ於テ登記ヲナサヽリシハ恰カモ不正ノ登記ヲナシタルト同一ナリ何トナレハ會社未タ成立セストト雖モ其免許ニ至ルノ間幾多ノ事項ニ付キ會社ノ關繫ヲ有スルモノニシテ其關係者タル發起人及取締役ノ所爲ニ由リ社外人ニ損失ヲ及ボシタルモノナレバナリ株主モ元來代理者則チ發起人及ヒ取締役ノ爲シタル事項ニ付テハ

創業總會ノ承認セザル義務及出資負擔

其責ヲ免カル可カラズト雖モ若シ其所爲ノ過失怠意ニ原因スル片ハ株主ハ更ラニ發起人及ヒ取締役ニ向テ償還ヲ求ムルヿヲ得可キハ勿論ナリ

第百七十二條　創業總會ノ承認ヲ經サル義務及ヒ出資ニ付テハ發起人ニ於テ仍ホ連帶無限ノ責任ヲ負フ

本條ハ前條ト其原理ヲ等シクスルモノニシテ何人ト雖モ其行爲不行爲ヨリシテ他人ニ損害ヲ加ヘタルモノハ之レヲ償ハサル可カラサルハ勿論ナリトス本條ニ因レバ發起人ハ創立以前ノ事業ニ付キ責任ヲ有スルノミナラズ其以後ニ付テモ其責ニ任ス可キヿアルヲ知ルニ足ル可シ而シテ其然ル所以ノ者ハ發起人ノ其創立以前ニ爲シタル行爲ハ登記後ニ於テ尚ホ存續スルモノナレバ其會社設立ノ際ニ創業總會ニ於テ承認ヲ經ザル事項ニ付テハ發起人自己ノ財産ヲ以テ其責ヲ負ハザル可カラズ然ラサレバ會社ニ屬スル財産ヲ私シ其他不正ニ利得スルノ所爲ヲ防制スルノ道ナカルベケレバナリ

第三款　會社ノ商號及ビ株主名簿

商號

第百七十三條　商號ニハ株主ノ氏ヲ用ユルヿヲ得ス又商號ニハ株式會社ナル文字ヲ附ス可シ

本條ハ株式會社ニ特有ナル性質アルヲ示シタルモノニシテ他ノ會社ト差別アルヲ見ルナリ夫レ合名會社ニ在リテハ必ス其社員ノ氏名ヲ商號ニ用ユルコトヲ要スルモノニシテ（第七十五條參照）合資會社ニ於テモ敢テ之ヲ禁制セサル處ナリ而ソ獨リ株式會社ニ在リテハ商號中ニ株主ノ氏ヲ用ヰルヿヲ得ザル旨ヲ規シタルハ會社ノ性質ヨリ生出シタルモノナリ夫レ株式社會ニ於テ株主タルモノハ會社ノ負債上ニ付キ自己ノ全財產ヲ以テ連帶無限ノ責任ヲ負擔スル義務ナキモノナレバ其氏名ヲ商號ニ用ヰテ社外公共ヲシテ社員身上ニ信用ヲ置カシメ以テ會社ノ鞏固ヲ保證シ將來ノ隆盛ヲ計ルカ如キハ該會社ノ目的トスル處ニアラス故ヲ以テ學者或ハ之レヲ稱シテ無名會社ト云フ無名會社トハ更ラニ商號ナキニアラズシテ其社員ノ氏名ヲ商號中ニ揭クルヿナキヲ言フモノトス而シテ該會社ノ商號タル或ハ事業ノ目的ニ由

リテ之レヲ付シ或ハ其事業ノ性質ヲ以テ之レニ付ス則チ知新社ト云ヒ米商會社ト云フガ如キ是レナリ

株主名簿

第百七十四條　會社ハ株主名簿ヲ備ヘ之ニ左ノ事項ヲ記載ス

第一　各株主ノ氏名住所

第二　各株主所有ノ株式ノ數及株券ノ番號

第三　各株式ニ付キ拂込ミタル金額

第四　各株式ノ取得及ビ讓渡ノ年月日

株式會社ヨリ發行スル株券ハ隨意ニ他人ニ讓渡スルヿヲ得ルモノナレバ入退社ノ繁多ナルヿ他ノ會社ノ比ニアラス故ヲ以テ法律ハ該會社ニ在リテハ株主名簿ナルモノヲ設備ス可キヿヲ命シタリ而シテ本條ニ列擧セル各項ヲ規定スルノ要ハ株主ハ會社ニ對シテ權利ヲ有シ義務ヲ負フベキ重大ナル關係ヲ有スルモノナレハ會社定欵ニ從ヒ之レヲ履踐セシムルハ最モ肝要ナル

株主金額

モノトス

第四款　株式

第百七十五條　各株式ノ金額ハ會社資本ヲ一定平等ニ分チタルモノニシテ二十圓ヲ下ルコトヲ得ス又其資本十萬圓以上ナルトキハ五十圓ヲ下ルコトヲ得ス

本條ニ於テハ株式ノ均一ナルヘキヿ及ヒ其株式ノ制限ヲ明示シタルモノニシテ各國其規定ヲ一ニスル處ナリ然レ𪜈其株式金額ヲ制限スル程度ニ至リテハ各々一樣ナラス即チ佛國ニ於テハ千八百六十七年株式會社條例ニ於テ資本金十萬圓以上ノ會社ハ其株劵額ヲ百圓ト制限シ其十萬圓未滿ノ會社ニ在リテハ二十圓ノ制限ヲ加ヘタリ又獨逸商法ニ於テハ千八百七十年ノ公布ヲ以テ記名劵ト無記名劵トノ間ニ差別ヲ立テ其記名劵ニ在リテハ五十「ターレル」ヲ以テ之ヲ制限シ無記名劵ニ在リテハ百「ターレル」ヲ以テ制限シタル等ノ如シ

株劵額ヲ一定平等ニスルノ利益

株式金額ニ制限ヲ附スル所以

今株劵額ヲ一定平等ニスルノ利益ヲ略論センニ株劵額ノ一様ナル片ハ何レノ塲合ニ於テモ簡便ナルノ益アリ夫レ各社員ニ對シテ利益ヲ配當スルニ當リテ亦タ株主總會ニ於テ決議權ハ株數ノ多寡ニ準シテ勢力ノ强弱アリ其他會社ニテ調査上尤モ便利ニシテ帳簿ノ登録ニモ大ニ其勞ヲ省クヲ得ルナリ又株式ノ賣買ヲナスニ當リ多クハ商人集會所ニ於テ相塲ヲ立ツルニ當リ只株劵ノ數ニ由リ直チニ其高低ヲ知ルヿヲ得ルノ便アリ以上數多利益アルヲ以テ株式ハ會社資產ヲ一定平等ナラシムルモノトス

又其株式金額ニ制限ヲ付スル所以ノ者ハ株式會社ニ於テハ巨多ノ資產ヲ以ヲ大事業ヲ起スカ爲メ設立スルモノナレハ其株主モ亦多數ヲ要ス可キナリ然ルニ若シ株式ヲ甚シク少額ニ定ムル片ハ殊ニ株主ノ數ヲ增加シ會社帳簿ノ整理上及ヒ利益ノ配當其他總會開設ノ際ニ於テ甚ダ不便ヲ極ムルノミナラス少額ナル許多ノ株式ヲ發スルモ其金額ハ多カラズシテ危險ハ愈々大ナルニ至ル可キナリ於是乎法律ハ會社資本ノ十萬圓內外ニ由リ之ガ相當ノ制

株券

ノ限ヲ付シタリ

第百七十六條　株式ハ一株毎ニ株券一通ヲ作リ之ニ其金額、發行ノ年月日、番號、商號、社印取締役ノ氏名、印及ビ株主ノ氏名ヲ載ス

本條ニ於テハ數株ノ株式ヲ併記スルヿヲ得ザルヿヲ明ラカニス是レ最モ睹易キノ理ニシテ固ト資本ヲ少金額ニ分割シテ株式ヲ發行スルヤ之ヲ賣買讓渡スルノ便ヲ與ヘ恰カモ流通手形ノ如キ一資本トシテ社會ノ融通ヲシテ圓滑ナラシメントスルニ在レハ最モ輕便ナラシメザル可カラズ況ンヤ一人ニシテ數十株ヲ有スルモ其內ノ一部分ヲ分割シテ賣買スルヿアルハ通例ノヿトス然ルニ一株ハ之ヲ分割シテ細小ニスルヿ能ハザルナリ加之一株毎トニ一株券ヲ作ルトキハ會社ノ調查上甚ダ便宜ナルベケレバナリ及其株券ニ金額發行ノ日付番號商號其他本條規定ノ事項ヲ載スルハ其株券ノ眞僞及ビ種類等ヲ速了セシムルノミナラズ其所有者ノ證人タルヿヲ一目

株式ノ分合

シテ明瞭ナラシムルニ在リ而シテ其氏名ノ記載ハ株主名簿ヘ登記ノ際ニ於テ會社ニ在リテ之ヲ爲サヽルベカラズ故ニ所有者自ツカラ其劵面氏名ヲ記入スルヿヲ許サス假令之ヲナスモ會社ニ對シ効力アルヿナシ

第百七十七條　株式ハ分割又ハ併合スルヿヲ得ス

本條ハ佛蘭西法典ト其規定ヲ異ニス佛蘭西商法ニ於テハ小割劵ト稱シテ一株劵ヲ數箇ニ分割スルヿヲ許シタリ是レ一人ノ株主ニシテ數人ノ相續者アリシ片分割ノ便ニ供シタルモノナリ然圧本邦ノ商法ニ於テハ之ヲ採ラズ盖シ株金額ノ最少ナルト均シク種々ノ弊害ヲ生シ來リ事業ノ煩雜ヲ招クノ媒介トナルベケレバ之ヲ許スノ害ハ之ヲ許サヽルノ利ニ優ルモノナルニ由ル故ヲ以テ若シ其相續者數人アル片ト雖圧數個ノ權利義務ヲ發生スルモノニアラズシテ會社ハ其株劵ヲ有スルモノヲ目シテ確定ノ所有者ト認メサル可カラズ而シテ其相續人ハ相互間ニ於テ分割方法ノ協議ヲナスベキナリ然ルニ其協議調ハサル片ハ其株劵ヲ賣買シテ得タル金額ヲ配分スルノ他ニ方策

假株券

ナカルベシ又會社ニ於テ其株券ノ質取主ノ手ニ在ルト又買主ノ手ニ移ルトヲ論セズ只其株式ヲ有スルモノヲ以テ株主タルモノト認ムルモノトス

又株券ハ併合スルヿヲ許サス元來株式ヲ分割スルヿヲ認メタルハ法律ノ規定ニ基因スルモノナレバ之ヲ併合スルモ亦其規定ニ因ル可キモノニシテ隨意ニ之ヲナス可カラズ況ンヤ其株式數箇ヲ一人ニ所有スル𪜈ニ於テモ會社ニ對シテ數箇ノ權利義務ヲ生スルモノナルヲ以テ之ヲ併合スルノ實利ハ存ス可カラザルモノナルニ於テヲヤ

第百七十八條　株金全額拂込ミ以前ニ於テハ會社ヘ假株券ヲ發行シ全額實納ノ後ニ至リ始メテ本株券ヲ發行スルヿヲ得

本條ハ專ラ詐僞ノ賣買ヲ預防セントスルニアリ若シ其株券面ノ金額ニ不足ナル金額ヲ拂込ミタルニ會社ヨリ本株券ヲ付與スルトセバ內實ヲ掩蔽シテ他人ニ讓渡シ實價ニ超過シタル代金ヲ領收スルノ術策行ハレザルヲ保シ難

シ故ヲ以テ假株券ヲ付與スルハ最モ得策ナリ

株券發行ノ制限

第百七十九條　假株券及ビ本株券ハ登記前ニ之ヲ發行スルヿヲ得ス

株券ヲ發行シテ價直アル所以ノ者ハ會社ノ設立セラレ之ヨリ得可キ利益アルヲ以テナリ故ニ其未ダ主タル所ノ會社ノ設立ナキ以上ハ基礎ニシテ整備セサルヿナレバ之レニ付隨セル株券ノ如キハ之レヲ發行スルヿヲ得サルハ普通ノ理ナリ加之若シ會社ノ登記前ニ株金額ヲ拂込ム者アル毎ニ株券ヲ發行セバ恰カモ實利ヲ有セザル株券ヲ會社ニ流通スルト同一ナル可キナリ然レ圧其株金拂込ノ當時ニ在リテハ會社ヨリ一個ノ領收證ヲ渡サヽルベカラズ而メ此ノ証書タル會社ニ對シテ流通力ヲ有スルモノニ非ラズシテ只他日株券引渡ヲ請求スルノ證トナルニ過ギサルモノナリ

株式讓渡ノ無効

第百八十條　株金額少ナクトモ四分一ノ拂込前ニ爲シタル株式ノ讓渡ハ無効タリ

株式讓渡ノ式

本條ノ目的ハ發起人ノ事業及ヒ株式申込ヲシテ射利ノ手段タラシメサルニ在リ若シ最モ些額ナル拂込ノミヲ以テ他人ニ讓渡スルヿヲ許ス片ハ發起人及ヒ申込者ニ於テ少額ノ拂込ヲナシ假株券ヲ得之ヲ他人ニ流通シテ過分ノ私利ヲ營ムヿナシトセズ佛國商法ニ於テモ同一ナル規定アリ獨逸商法典ニハ之レガ制限ナシト雖𪜈他ニ一層嚴格ナル規則ヲ設ケタリ則チ株主ニ於テ株式高ノ全部ヲ拂込ムニ非ラサレバ會社ノ承諾ヲ得ズシテ他人ニ讓渡賣買スルヿヲ得ズト規定セリ此規定ハ甚ダ允當ヲ欠クモノト謂ハザル可カラズ何トナレバ其會社ニ於テ若シ承諾ヲ與ヘサル時ハ株主ニ於テ其幾分ヲ拂込ミ其假株券ヲ有スルト雖𪜈之ヲ流通スルヿヲ得ザルノ結果ヲ生スベケレハナリ

第百八十一條　株式ノ讓渡ハ取得者ノ氏名ヲ株券及株主名簿ニ記載スルニ非サレバ會社ニ對シテ其効ナシ

株式讓渡人ノ會社ヘ對スル義務

株券記名ノ變更及ヒ株主名簿ノ記入ハ會社ノ承諾ヲ經ザレバ之ヲ爲スコヲ得ズ故ニ株式ノ讓渡ハ必ス會社ノ承認ヲ經ルニ非サレバ他人ニ授受賣買スルコヲ得サルモノドス而シテ會社ニ於テハ塲合ニ依リ其轉賣ヲ拒絶セザルベカラザルコアリ其故ハ株主ニ於テ會社ニ對スル負債ニ代ヘ株券ヲ引渡ス片ハ會社ハ之レヲ受取ラザルヘカラサレバナリ英吉利法ニ於テハ何レノ塲合ニモ會社ニ株式授受賣買諾否ノ權ヲ與ヘタルモ本法之ヲ禁シタル所以ハ株式ノ讓渡賣買ハ會社ノ交替ヲナスモノナレバ會社ハ何人ニ對シテ關係ヲ生シタルモノナルヤヲ了知スルコヲ要スルハ恰カモ當初會員ノ申込ミアリシ時ニ於テ其氏名ヲ株主名簿ニ記入スルノ必要アルト同一理ナリ

第百八十二條　株金半額拂込前ノ株式讓渡人ハ會社ニ對シテ其株金未納額ノ擔保義務ヲ負フ

會社ハ前條ノ規定ニ由リ承諾ヲ經ザル間ハ株主ハ其有スル株式ヲ他ニ讓渡又ハ賣買スルコヲ禁シタルヲ以テ會社ハ其讓受人ノ無資產ナルヤ否ヤヲ了

知シ得ベキガ如シト雖𪜈外面上一見シテ各人ノ資力ノ有無ヲ知ル𬼂最モ難ク假令資産ヲ有スルトスルモ株金ノ殘額拂込ミヲ確保スルモノナキヲ以テ甚ダ危險ナリ於玆本條ハ主トシテ會社ノ債主ヲ保護セン ガ爲メ其未ダ拂込ノ濟マサル株式ヲ賣渡又ハ讓渡シタル株主ハ會社ニ對シテ殘額拂込ミノ義務ヲ負擔ス可キモノト定メタリ夫レ株式會社ニ於ケル債主ハ會社ニ對シテ其資産限リ辨償請求シ得ルニ過ギズシテ決シテ會社員一身ノ資産ニ就テ要求スルノ權ナシ故ニ其株主ニシテ株式金額ノ拂込ミヲ爲サヾル𪜈ハ債主ヲ害スル𬼂甚ダシ何ントナレバ債主ハ其會社ノ資産則チ株式ヲ以テ負債額ノ擔保ト爲ニ過ギザレバナリ

株劵讓渡ノ停止

第百八十三條　會社ハ株主名簿及ビ計算ノ閉鎖ノ爲メ公告ヲ爲シテ事業年度每ニ一ケ月ヲ踰ヘサル期間株劵ノ讓渡ヲ停止スル𬼂ヲ得

本條ハ會社ノ事務上ノ便宜ヲ計リ設ケタルモノナリ若シ事業年度ノ末ニ於

テモ倘ホ株式ノ授受賣買等ヲ爲ス片ハ株主名簿及計算ノ整理ヲナシ得ルノ日ナケレハ其繁雜ト遲延ヲ避ケンガ爲メ一ケ月ヲ出デサル間ハ之レガ賣渡又ハ讓渡ヲ禁ジタリ又タ毎年開グベキ通常總會前ニ在テハ其株式ノ授受賣買ハ一般ニ停止セザル可カラズ然ラサレハ其總會ノ決議權ヲ動カスノ弊ヲ生スルヿアル可ケレバナリ

拂込金ノ取戻拒絕

第百八十四條　拂込ミタル株金額及ヒ會社財產中ノ持分ハ會社解散前ニ於テハ之ヲ取戻サント求ムルコトヲ得ス

本條ハ株式會社ノ性質ヨリ自然生出スル處ノモノナリ夫レ株式會社ノ資產タル各株主ノ株式ニ依リテ組織セラルヽモノナリ故ニ會社ニ自働力ヲ有スル間ハ會社ノ株式ハ會社ノ財產ト同一体ヲナシ相運繫シテ脫離スヘカラザルモノナリ尤モ株式ヲ授受賣買スルニ依リ會社ノ變更スルヿアリト雖圧是レ決シテ退社スルモノニアラテサレバ會社ノ財產上ニ一ノ變更ヲモ來タサヾ

取締役

專務取締役

ルモノナリ然ルニ該會社ノ社員則チ株主ニシテ其拂込ミタル株金額及ビ持分チ會社存立中取戻スヿチ得ルトセハ會社ハ何ニ依リ自立ノ策チナスヿチ得ヘキヤ到底危險チ免カレサルナリ是レ本條ノ規定アル所以ナリ然レ圧合名會社及ビ合資會社ハ大ニ然ラズ何トナレバ此會社ニ在リテハ社員ノ差入レ資本ノミチ以テ成立セズ其人チ主トスルモノナレバ總社員ノ承諾アレバ之チ變更スルヿチ得其一タビ會社資本チ成シタル片ニ於テモ他ノ會社ニ於テ之チ補フヿチ得ベケレバ會社ノ變更ハ會社ノ財産ニ變更チ及ボスヿ毫モ無キモノトス

第五欵　取締役及監査役

第百八十五條　總會ハ株主中ニ於テ三人ヨリ少ナカヲサル取締役チ三ケ年内ノ時期チ以テ撰定ス但其時期滿了ノ後再撰スルハ妨ナシ

取締役ハ同役中ヨリ主トシテ業務チ取扱フ可キ專務

取締役ヲ置クコトヲ得然レトモ其責任ハ他ノ取締役ト同一ナリ

株式會社ノ性質トシテ會社設立後ハ取締役ナルモノヲ撰定シテ之ニ一般ノ業務ヲ取扱ハシメ又ハ或ル業務ヲ決行セシメザル可カラズ是レ他ノ會社ト大ニ其成立ヲ異ニスル所ニメ合名會社及ヒ合資會社ニ在リテハ其社員各々會社事務ニ付キ代理權ヲ有スト雖圧株式會社ハ財產ヲ主トスルガ故ニ株式ヲ募集シ其申込ミノ充備シタル時ニ於テ總會ヲ開キ其決議ニ由リテ株主ハ其會社ノ事務ニ干涉スル事ヲ得可キナリ然レ圧元來此株主ハ其會社ヲ管理スルノ權利ナク又義務ナクシテ只會社ノ代理ヲ任ズルノ權利義務ヲ有スルノミ何ントナレバ會社ハ一ノ無形的組織體タルニ過キサレバ之ヲ運動活用セシムルノ方策ハ會社之レヲナサヽルベカラズ然ラザレバ會社ハ商業上取引ヲナスノ能力ヲ有セズシテ終ニ存續ス可カラザルハ理ノ最モ晰ラカナル所ナリトス而シテ此代理ヲ任スルハ株主總會ノ決議ニ由ルモノニメ而シテ

其取締役ハ三人以下タラサルモノトス本法ニ於テハ取締役ハ必ズ株主中ヨリ撰任スルモノト定メタリ獨法及佛舊法ハ之レト異ナリ株主已外ノ者ト雖圧雇員トシテ社外人ヲ用井ルヲ妨ゲス然ルニ英法及ビ佛新法ニ於テハ取締ハ必ズ株主中ヨリ撰定スルモノトセリ此ク定メタル所以ハ株主ヲシテ取締役タラシムレバ會社ノ業務ヲ取扱フニ付キ盡ク直接ニ自己ノ利害ニ關スルモノナルヲ以テ其業務上最モ注意親切ナルヘケレハナリ之ニ反シ若シ他人ヲシテ取締役ノ任ニ當ラシメハ會社ノ取引上不利ナル變狀ヲ來スヿナキヲ保セサレハナリ

又假令株主總會ニ於テ數名ノ取締役ヲ撰定スト雖圧皆ナ悉ク業務ニ專ラナルヿヲ得サルノ事情アルカ又ハ行爲ノ一途ニ皈セザルノ傾向ナキニアラサレハ專務取締役ナルモノヲ設ケ此者ニ會社ノ業務ヲ主任スルヿヲ得然レ圧其專務取締役ハ之レカ爲メ加重ノ責任ヲ帶ブルモノニアラズ何トナレバ取締役ハ共同シテ其業務ヲナスモノニシテ專務取締役ハ他ノ取締役ノ代理者

取締役ノ代理權及其制限

取締役トナルベキ者ノ持株

タルモノナレハナリ

第百八十六條　取締役ノ代理權及ビ其權ノ制限ニ付テハ第百四十三條及ヒ第百四十四條ノ規定ヲ適用ス

本條ハ取締役ノ代理權及ビ其制限ハ總テ合資會社ニ於ケル規定ヲ適用スベキヿヲ明定セルモノニシテ其理由ハ前ニ已ニ詳解セリ

第百八十七條　取締役ニ撰マル、會社株主ノ所有ス可キ株數ハ會社定款ニ於テ之ヲ定ム取締役ノ在任中ハ其株券ニ融通ヲ禁スル印ヲ捺シ之ヲ會社ニ預リ置ク可シ

本條ハ千八百六十七年公布ノ佛國商法ノ規定ニ倣ヒタルモノニシテ取締役ハ會社定款ニ從ヒ定數ノ株式ヲ所有ス可キモノトス是レ取締役ノ身分ヲ保證スル處ノ抵當物ナレハ其券面ニ取締役ノ在任中ハ禁賣買ノ印章ヲ押捺シ以テ常ニ會社ノ金庫中ニ預リ置ク可キモノトス

取締役ノ責任

第百八十八條　取締役ハ其職分上ノ責任ヲ盡スコト及ビ定款並ニ會社ノ決議ヲ遵守スルコトニ付キ會社ニ對シテ自己ニ其責任ヲ負フ

本條ニ於テハ取締役ノ懈怠過失ヨリ其職分ヲ盡クサス又會社定款幷ニ會社決議ヲ遵守セザル塲合ニ於テ負フ可キ責任アルヿヲ定メタルモノナリ夫レ取締役ナルモノハ會社ノ業務ニ付テハ恰カモ善良ナル商人ノナスヘキ勉勵ヲ以テ信實ヲ盡クシ職務執行上自己ノ計算ノ爲メニナスガ如クスルノ責任アルモノトス是レ取締役ノ何レノ塲合ニモ勉ムベキ識分ナリト雖𪜈又殊ニ會社定款及ヒ決議ニ由リ其職務ノ執行上細密ナル事項ヲ定メ取締役ヲシテ遵守セシムルモノアリ若シ此責務ニ背キタル片ニ於テハ其職ヲ免スルハ勿論其レヨリ生シタル損害ハ會社ニ對シテ償ハザルベカラザルモノトス然リト雖𪜈取締役ハ其自カラ負フタル業務取扱範圍外ニ於テハ更ラニ之レヲ負擔スルノ義務ナクシテ尋常株主ガ會社ニ對スルト異ナラズ故ニ他ノ會社ニ

入リ又ハ私業經營ノ爲メ本社ニ對シテ商業取引ヲナスコハ隨意ナルモ只自己ノ會社ニ對スル職分ヲ怠リ會社ノ不利ヲ來サシメザランコヲ勉ムルヲ以テ最モ肝要トス

取締役ノ責任

第百八十九條　取締役ハ會社ノ義務ニ付キ各株主ニ異ナラサル責任ヲ負フ然レトモ定款又ハ總會ヘ決議ヲ以テ取締役ノ在任中ニ生シタル義務ニ付キ取締役カ連帶無限ニ責任ヲ負フベキ旨ヲ豫メ定ムルコヲ得其責任ハ退任後一ケ年ノ滿了ニ因テ消滅ス

取締役更迭

前條ニ於テ既ニ說キタル如ク取締役ノ其職分上當ニ勉ム可キ責任ヲ除クノ外ハ總テ尋常株主ニ於ケル如ク會社ノ義務上ニ對シテ直接ニ一身ニ責任ヲ負フニ過ギズ元來該會社ノ株主ハ直接ニ會社ノ商業取引上ヨリ生スル損失ニ付テハ其責ヲ負フモノニアラス自己ノ會社ニ對スル持分高ニ限ルモノトス然レトモ此商法ハ千八百六十七年ノ英法ニ摸倣シ會社定款又ハ會社ノ決

取締役交迭

監査役

議ニ由リ在任中連帶無限ノ責ヲ負フ可キコヲ豫定シタルトキハ此レヲ確守ス可キモノトセリ之レ取締役ノ商務取扱上鄭重信實ナルコヲ望ミ以テ相互ノ便ヲ計ルノ主旨ニ出ヅルナリ

第百九十條　取締役ノ更迭ハ其度每ニ登記ヲ受ク可シ

取締役ノ更迭ヲ登記スルノ要ハ社外人ニ對シテ商業取扱上大ニ關繫ヲ有スルモノナルニ由リ恰モ一般登記ヲ要スル理義ト同シ

第百九十一條　總會ハ株主中ニ於テ三人ヨリ少ナカラサル監査役ヲ二ケ年內ノ時期ヲ以テ撰定ス但シ其時期滿了ノ後再撰スルハ妨ナシ

本條規定スル所ハ各國法典ノ認ムル所ニシテ監査役撰擧規則ハ主トシテ獨逸法典ニ倣ヒタルナリ佛法ノ如キハ通例株主中ヨリ撰擧スルモノナレ𪜈若シ簿記計算等ニ熟達スルモノヲ撰ハシトスルモ其人ナキ𪜈ハ止ムヲ得ズ之ヲ社外人ニ需メ其任ニ當ラシム

監査役ノ職務

第百九十二條　監査役ノ職分ハ左ノ如シ
第一　取締役ノ業務施行カ法律命令定欵及總會ノ決議ニ適合スルヤ否ヤヲ監視シ且總テ其業務施行上ノ過愆及不整ヲ撿出スル事
第二　計算書財產目錄貸借對照表事業報告書利息又ハ配當金ノ分配案ヲ撿査シ此事ニ關シ株主總會ニ報告ヲ爲ス事
第三　會社ノ爲メニ必要又ハ有益ト認ムルトキハ總會ヲ招集スルコト

監査役ハ會社ノ業務取扱上ニ專任スルモノニアラズシテ取締役ノ爲シタル職務上ノ事項ニ付キ法律又ハ會社定欵ニ適スルヤ否又ハ社益ヲ計ルヤ否ヲ監査スルニ在リ夫レ株主タルモノハ常ニ會社ノ商業取引上ニ干涉スル事ナク唯總會ニ於テ意見ヲ陳述スルノ權アルノミ故ヲ以テ株主中尤モ商業ニ熟

監査役ノ職權

達シタルモノ敷名ヲ撰定シテ之ヲシテ實況ヲ監査セシムルハ最モ緊要ナリトス是レ監査役ナルモノヲ設ケタル所以ナリ而シテ監査役ノ主務ヲ約言スレハ左ノ三箇ニ屬ス其一取締役ノ會社業務ヲ監督スルヿ其二計算ノ撿査其三會社ノ事業上必要ニシテ且有益ナルトキノ總會ヲ召集スルヿ是レナリ
次ニ此業務ノ監督ヲナスノ方法三種アリ第一其業務ハ法律ノ制定ニ適當スルヤ否第二會社定款ヲ遵守シタルヤ否第三背法ノ所爲ヨリ一般株主ニ損失ヲ及ホスヿノ注意例之取締役或ル株主ノ私益ヲ計リ之レガ爲メ取引ヲナシ又ハ必要事項ヲ隱匿シ詐僞ヲ行ヒタルトキノ如キモノ是ナリ
以上ハ監査役ノ主務及ヒ監督ノ要旨ナリト雖ドモ要スルニ取締役ニ對シテ制止權ヲ有スルモノニアラズシテ只其業務ヲ監査スルノミ若シ然ラサレバ自カラ取締役ノ權內ニ侵入シ商業取引上ノ澁滯ヲ來タスヿナキヲ得ザルナリ

第百九十三條　監査役ハ何時ニテモ會社ノ業務ノ實況

ヲ尋問シ會社ノ帳簿及ヒ其他ノ書類ヲ展閲シ會社ノ金匣及ヒ其全財產ノ現況ヲ撿査スルノ權利アリ

凡ソ一ノ權限ヲ有セシメンニハ其執行ニ緊要ナル付隨ノ權利ヲ付與セサレバ其効力ヲ著ハスヿヲ得サル可シ本條ハ監査役ノ職分上ノ擔任ヲ盡クスニ當リ最モ必要ナル方便ヲ與ヘタルモノナリ

監査役中意見ノ分離

第百九十四條　監査役中ニ於テ意見ノ分レタルトキハ其意見ヲ總會ニ提出ス

監査役ハ共同一致シテ其職ヲ盡クスモノナリ然ルニ其意見ノ分離シテ一定セサル𪜈ハ之レヲ斷行スルニ由ナシ故ニ其意見ヲ總會ニ提出シ其決議ニ依準シテ之レヲナス可キナリ是レ元來總會ノ撰任シタルモノナレバ總會ノ意見ニ服從スルハ當然ノヿナリトス

監査役怠務ノ責任

第百九十五條　監査役ハ第百九十二條ニ掲ケタル責務ヲ欠キタルニ因リテ會社又ハ其債權者ニ加ヘタル損

害ニ付キ責任ヲ負フ

本條ハ監査役責任ノ區域ヲ明示シタル者ナリ則チ取締役ハ自巳ノ職分已外ノ責ニ任セザルナリ換言スレバ取締役ノ業務上ニ付キ承認ヲ與ヘ又ハ賛成シタリト雖𪜈之レガ責アルヿナシ唯第百九十二條ニ掲ケタル職分內ニ於テ自己ノ責務ヲ欠キタル𪜈ニ於テハ其責ニ當ラザル可カラザルモノトス例之取締役ノ過誤ニ出テタルヿヲ熟知シナガラ之レニ協力シ又ハ其職權ヲ怠リタル𪜈ノ如キ是レナリ而シテ責任タル敢テ共同ニアラズ各自其責ヲ負フ可キナリ

第百九十六條　取締役又ハ監査役カ給料又ハ其他ノ報酬ヲ受ク可キトキハ定款又ハ總會ノ決議ヲ以テ之ヲ定ム

取締役及ビ監査役ハ株主一般ノ爲メニ會社業務ヲ負フモノナレバ之レガ報酬ヲ受タルヿハ決シテ背理ノヿニアラズ而シテ此報酬ヲ與フルハ取締役及

役員ノ解任

ビ監査役ヲシテ事業ニ勉勵セシメ又自然會社商業上ノ方針ヲ得ルニ於テ利益ヲナスモノナリ於是乎若シ之レカ報酬ヲ與フルトセバ會社定款又ハ總會決議ニ由リ其額ヲ定ムルモノトス

第百九十七條　取締役又ハ監査役ハ何時ニテモ總會ノ決議ヲ以テ之ヲ解任スルコトヲ得其解任セラレタル者ハ會社ニ對シテ解任後ノ給料若クハ其他ノ報酬又ハ償金ヲ請求スルヿヲ得ス

取締役又ハ監査役ヲ撰任スルモノハ總會ナルヲ以テ之レガ解任ヲナスモ亦タ總會ナリトス而シテ其何時ニモ解任スルヿヲ得ル所以ノモノハ恰カモ通常委任者ガ代理者ニ向ッテ何時ニテモ代理事務ヲ解クヿヲ得ルガ如キモノトス夫レ代理ハ委任者ノ承諾アリテ成立ツモノナリト雖圧其承諾ヲ取消シタル時ニ於テハ其關係ハ消滅スルモノトス又取締役又ハ監査役ハ總會ノ意思ニ由リ解任セラレタルヲ理由トシテ解任後ノ報酬ヲ受クルヿヲ得ズ

總會招會

第六款　株主總會

第百九十八條　總會ハ取締役監査役又ハ其他本法ニ依リテ招集ノ權ヲ有スル者之ヲ招集ス

上來屢々說キタル如キ株主ハ他ノ會社ノ社員ト異ナリ一己獨立シテ會社ノ業務ニ參與スルノ權利ナク又義務モナケレバ別ニ各株主ノ意見ヲ代表スルノ一機關ナカルヘカラズ是レ株主總會ノ設ケアル所以ナリ故ニ此總會ナルモノハ彼ノ取締役及ヒ監査役ノ如キ業務施行上ノミニ係ハル者トハ大イニ其性質ヲ異ニス而シテ本條定ムル所ニ由レハ總會ハ取締役監査役ノ法律ノ命シタル召集權ニ由リ召集セラルヽモノナリトス而シテ本條其他云々ト記スルハ發起人若クハ淸算人ノ如キモノヲ云フ

招集ノ通知

第百九十九條　總會ノ招集ハ會日ヨリ少ナクトモ十四日前ニ其會議ノ目的及事項ヲ示シ且定款ニ定メタル方法ニ從ヒテ之ヲ爲ス

通常總會

此規定ハ創業總會ノ招集ニモ亦之ヲ適用ス

本條ハ總會ヲ開クノ準備方法ヲ定メタルモノナリ而シテ其方法ハ總テ會社定欵ノ所定ニ準依スベキモノトス本條會議ノ目的トハ會社ニ於テ公債ヲ募集スルノ可否及ビ利益配當ノ當否取締役又ハ監査役ノ撰定等是レナリ又其事項トハ之レニ關スル計算及決算書等ヲ展示スルニ在リ又各出席株主ヲシテ其會議ニ付スヘキ事項ニ就キ熟閲深思セシムル爲メ開會ノ當日ヨリ十四日前ニ於テ召集スベキモノトス

第二百條　通常總會ハ每年少ナクトモ一回定欵ニ定メタル時ニ於テ之ヲ開キ其總會ニ於テハ前事業年度ノ計算書財產目錄貸借對照表事業報告書利息又ハ配當金ノ分配案ヲ株主ニ示シテ其決議ヲ爲ス

取締役ノ提出スル書類ニ付テノ監査役ノ報告書ハ其書類ト共ニ之ヲ提出ス

毎年財産目錄及ヒ貸借對照表ヲ作ルハ商業者一般ノ義務ナリ玆ニ於テ乎株式會社ニ於テモ少ナクモ一年ニ一回ハ總會ヲ召集メ其義務ヲ果タス可キハ復タ當然ノ事ナリ蓋シ各國何レノ法律ニ於テモ會社ニ此義務ヲ負ハシムルヲ以テ普通ナリトス又此會社ニ於テハ商業者一般ノ義務ノ外尙ホ毎年一回財産目錄ト貸借對照表トヲ示シテ其報告ヲナサヽルヘカラズ此報告ハ取締役ノ爲スベキモノニシテ監査役ヲシテ充分ニ監査ヲ遂ケシム可シ佛國法律ノ如キハ千八百六十七年公布ノ商法第三十二條ヲ以テ監査役ノ監査ヲナシタル旨ノ報告ヲ添フルニアラサレバ總會ノ決議ヲシテ有効ナラシメス本條第二項ニ於テモ之レヲ定メタレバ其報告ヲ共ニ提出セサル時ニ於テハ各株主ニ於テ異議ヲ申立テ其決議ヲ無効タラシムルヲ得可キナリ而シテ此監査役ヲシテ撿査セシムルノ細則ハ會社定欵ニ於テ之レヲ定ム可キモノナリ

第二百一條　臨時總會ハ臨時ノ事項ヲ議スル爲メ何時ニテモ之ヲ招集スルヿヲ得又總株金ノ少ナクトモ五

分一ニ當ル株主ヨリ會議ノ目的ヲ示シテ申立ツルトキハ亦臨時總會ヲ招集セサルヿヲ得ス

通常總會ハ毎年同一ナル目的ヲ以テ必ス開會スベキ定式ノモノナリト雖圧其他會社事業ノ繁否等ニ由リ不時ニ開會ヲ要スルモノアリ是レ則チ臨時總會ナリ又取締役監査役ハ管理上ノ事項ニ付キ何時ニテモ開會スルヲ得ベキナリ其他總株主五分一ニ當ル株主ノ要求ニヨリ開會スルヿモアリ而シテ此規定ハ各國一樣ナラズ獨逸商法第二百三十七條ニ於テハ會社財産ノ十分一ニ當ル株主ヨリ申立ル片ニ於テ之レヲ召集スルヿヲ得ルモノトシ英國申合規則ハ總株主十分一ヲ以テ其程度トス我法典ハ其割合ハ株主ニ依ラズシテ總株式ノ五分ノ一ニ當ル株主ヨリ請求シタル片ハ總會ヲ召集スベキモノト規定セリ是レ成ル可ク多數ノ意見ヲ用井ンヿヲ望ミタルナリ

總會ノ決議

第二百二條　總會ハ本法ニ於テ別段ノ規定アルトキノ外定欵ノ定ニ從ヒテノミ決議ヲ爲スヿテ得定欵ニ其

定ナキトキハ總株金ノ少ナクトモ四分一ニ當ル株主出席シ其議決權ノ過半數ニ依リテ決議ス

株式會社ハ巨多ノ株式ヲ發行シテ會社資本ヲ組成シ以テ大事業ヲ計ルヲ以テ目的トスルモノナリ故ニ其社員則チ株主タルモノモ千ヲ以テ數フルニ至ル可キ也而シテ此許多ノ株主ハ常ニ會社ノ業務ニ干與セス只總會ニ出席シテ意見ヲ提出スルノ權利アリト雖モ多クハ住居隔絕シテ集會ニ便ナラス故ヲ以テ總社員ヲシテ一時ニ同處ニ會合セシムルコハ望ムベカラザルコトス兹ニ於テ何國ノ法律ト雖モ或ル人員ノ限度ヲ以テ總會ヲ開カシム佛國ハ千八百六十七年公布ノ法典ニ於テ尋常ノ事項ト特別緊要ノ事項トヲ區別シテ規定シ即チ尋常ノ決議ニ在リテハ會社合資四分ノ一ニ該當スル株主ノ出席スルヲ要シ特別ノ事項ニ關スル片ハ會社資本ノ半ハニ當ル株主ノ出席ヲ要スルコトセリ又獨逸商法第二百九條ニテハ會社定欵ニ特定スルコトナケレハ株主ノ出席幾人タルヲ問ハス又英法ニ於テハ其申合規則制限條例ヲ以テ其

會議ノ會社利益配當ノ𛀁ニ關スル場合ヲ除ク外ハ出席人員ノ最下數ハ五名ヨリ三十名ノ間ニ於テ定ム可キモノトス而メ我法典ハ佛國ノ主義ヲ採用セリ是レ總會ノ決議ヲシテ出席者ノ少數ノ意見ヲ以テ會社全般ノ利害ヲ定ムル𛀁無ラシメント欲スルナリ

定款ノ變更及任意ノ散解ノ議事

第二百三條　定款ノ變更及ヒ任意ノ解散ニ付テノ決議ヲ爲スニハ第百六十四條ニ定メタル決議ノ方法ニ依ル

第百五十二條ノ規定ハ株式會社ニモ亦之ヲ適用ス

本條ニ於テハ會社定款ノ變更及ヒ任意ノ解散ニ付テハ第百六十四條創業總會ノ決議方法ニ準依ス可キモノトシ又第百五十二條ノ規定ヲモ適用ス可シトセルモノニメ其理由ノ如キハ既ニ詳論シタレバ今此ニ贅セズ

株主ノ議決權

第二百四條　株主ノ議決權ハ一株毎ニ一箇タルヲ通例トス然レトモ十一株以上ヲ有スル株主ノ議決權ハ定

款ヲ以テ其制限ヲ立ツルコトヲ得

本條ノ目的ハ多クノ株式ヲ有スル少數ナル株主ニ過大ナル議決權ヲ與ヘ多數ノ株主ノ不當ナル勢力ニ壓服セシメラルヽコトナキヲ欲シテ規定スルモノナリ然レトモ議決權ハ多數ノ意見ニ服從スベキコト普通ノ方法ナルヲ以テ若シ十一株已上ヲ有スル株主ニ過多ノ議決權ヲ與ヘ之レヲ制限セザルニ於テハ其株主少數ノ決定ハ能ク會社ノ議決權ヲ左右スルコヲ得ルカ如キ甚ダ普通ノ理ニ反スルノ結果ヲ生シ來ル可キ也而シテ其制限ハ會社定款ニ於テ詳細ニ定ム可キコナリトス而シテ社員一人ニ付キ一箇ノ議決權ヲ與ヘ以テ其決定ヲナス可シトスルノ普通ノ規則ハ以テ株式會社ニ適用スルヲ得ス何ントナレバ該會社ハ資產ヲ以テ主トスルモノニシテ株式ハ恰カモ社員タルト同一ナレハナリ

第七款　定款ノ變更

第二百五條　會社ハ定款ニ定アルトキ又ハ總會ノ決議

ニ依リテ定款ヲ變更スルコトヲ得然レトモ法律ノ規定又ハ政府ヨリ免許ニ附シタル條件ニ違背スルコトヲ得ズ

本條ハ會社定款ハ一定動カスベカラザルモノニアラズシテ會社定款ニ豫定セルトキ又ハ總會ノ決議ニ依リテ變更スルヿヲ得可キモノタルヿヲ示ス元來會社定款ナルモノハ株主間ニ於ケル申合規則ニ過ギザルモノナレバ法律及ヒ政府ノ命令ニ違反セサル限リハ之レヲ變更シ得ヘキハ理ノ當サニ然ルヘキヿニシテ恰カモ普通契約ヲ合意ニ由リ變更シ得ルト異ナルヿナシ

資本ノ増減

第二百六條　會社資本ノ増加ハ株券ノ金額ヲ増シ又ハ新株券若クハ債券ヲ發行シテ之ヲ爲シ又其減少ハ株券ノ金額又ハ株數ヲ減シテ之ヲ爲スコトヲ得但資本ハ其全額ノ四分一未滿ニ減スルコトヲ得ス此債券ハ記名ノモノニシテ其金額ニ付テハ第百七十五條ノ規

定ヲ適用ス

元來會社ノ資本增減ハ會社ノ定款又ハ總會ノ決議ニ因ル可キモノニシテ深ク法律ノ干渉ヲ受クルモノニアラズ本條ニ於テハ會社資本ヲ增減スルノ方法ヲ示シタルニ過キス然リト雖モ法律ハ其資本ヲ減少シテ金額ノ四分ノ一未滿ニ至ルヿヲ禁セリ其故ハ會社ノ株式ヲ增加スルヿハ各株主ノ負擔ヲシテ重カラシムルモノナレバ容易ニ爲シ難キヿナリシト雖モ之レヲ減少スルニ至リテハ先キニ拂込ミタル株式ヲ取戻スモノナレバ前ノ塲合ニ反シテ之レヲ爲スヿ甚タ容易ナリ故ニ法律ニ於テ其制限ヲ立テサルトキハ會社ノ資本ハ減少シテ終ニ事業ヲ遂クルニ足ラサルニ至ルコトナシトセス是レ本條ノ規定アル所以ナリ若シ此規定ナクシテ無限ニ減少スルヿヲ許ストセハ株主ハ敢テ危險ヲ見スト雖モ其會社ノ債主タルモノニ其影響ヲ及ボスヿ決シテ鮮少ナリトセス是レ株式會社ニ於テハ債主ハ其會社ノ資產ヲ限リ負債額ヲ請求スルヿヲ得ルノミニシテ他種ノ會社ニ於ケルガ如ク其社員ノ一身上ノ

資本減少ノ手續

資産ニ及ボスコヲ得サルモノナレハ其資産ノ減少額ニ制限ヲ付スルハ尤モ緊要ナリトス佛法典ニ於テハ資本ノ十分一ヲ殘ス片ハ餘額ハ之レヲ減少スルコヲ得可キモノトセリ又英獨法律ニ於テハ其制限ハ會社ノ定款又ハ總會ヲ以テ確定スルコヲ許セリ

第二百七條　會社資本ヲ減セントスルトキハ會社ハ其減少ノ旨ヲ總テ債權者ニ通知シ且異議アル者ハ三十日内ニ申出ツ可キ旨ヲ催告スルコトヲ要ス

同上

第二百八條　前條ニ掲ケタル期間ニ異議ノ申出アラサルトキハ異議ナキモノト看做ス

異議ノ申出アリタルトキハ會社ノ其債務ヲ辨償シ又ハ之ニ擔保ヲ供シテ異議ヲ取除キタル後ニ非サレバ資本ヲ減スルコトヲ得ス

會社資産ヲ減少スルハ債主ノ債權執行力ヲシテ甚タ薄弱ナラシムルモノナ

資本減少ノ爲

レハ若シ其會社ニシテ其資産ヲ減少セントスル片ハ債主ノ承認ヲ受ケタル後ニ於テス可シ是前條全資四分ノ一ヲ減スヘカラストノ債主保護主義ニ出ツル制規ニ加フルニ尚ホ本條ノ制規ヲ設ケ會社債主ヲシテ意外ノ損害ナカラシメンヿヲ欲スル所以ナリ而シテ若シ債主ニ於テ會社資産減額ニ付キ異議アル片ハ三十日内ニ申出ツヘキモノトス其期間後ハ債主ヨリ何等ノ申出ナキ片ハ默諾アリタルモノト見做シ若シ亦タ債主ニ於テ異議ヲ申出ツル片ハ會社ハ其負債ヲ辨償スルカ又ハ抵當ヲ入ルヽニ非ザレバ其異議ヲ除斥スルヿヲ得ザルモノトス

此事ニ付キ英法ハ千八百六十七年公布第九條已下第二十條ニ至ル法律ヲ以テ詳細ニ規定セリ獨逸商法ハ第二百四十八條ニテ解散ノ場合ニ於テ會社財産ヲ分配スルノ際ニ於ケル債主ノ權利ニ準依シテ之レニ先取特權ヲ付與シタリ

第二百九條　資本ノ減少シタル部分ノ拂戻ヲ受ケタル

拂戻ヲ受ケタル株主ノ責任

株主ハ過怠ナキ不知ノ爲メ其減少ニ付キ異議ヲ申出テサル債權者ニ對シテ登記ノ日ヨリ二ケ年間其受ケタル拂戻ノ額ニ至ルマテ自己ニ責任ヲ負フ

本條ハ過失ナキ債主ヲシテ意外ナル不幸ニ陷ラシメサルヲ以テ目的トス蓋シ其債主ニ於テ異議ナキ片ハ格別ナルモ苟モ異議ヲ抱キナガラ其ノ減額ヲ知ラスシテ經過シタル債主ヲシテ其ノ有スル權利ヲ失ハシムルトセハ恰カモ法律カ債主ノ承諾ヲ受クヘキモノト定メタル主旨ニ違反スルモノナリ於是乎本條ニ過失ナクシテ不知ノ間ニ經過シタル債權者ヲメ異議ヲ申立ツルノ權利ヲ失ハシメス其既ニ拂戻ヲ受ケタル株主ヲシテ其拂戻ノ額ニ至ルマテ其債主ニ對シテ責任ヲ負ハシムルモノトセルナリ

凡ヘテ權利ヲ回復スルニハ相當ノ期間ヲ設ケザルヘカラズ然ラサレハ會社ノ理財上甚タ其圓滑ヲ欠キ又物件ノ廢毀滅盡ニ歸スル傾向アルヲ免レス故ヲ以テ過失ナク經過シタル債主ヲシテ登記後二ケ年間其權利ヲ回復セシム

ルニ付キテノ期間ヲ與ヘタリ此期間ニハ充分ニ異議ヲ申立ツルヿヲ得ル時日アルベク若シ其期間ヲ經過シタル𬼀ハ最早ヤ到底回復ス可カラザル塲合ニ至リタルモノトス

定欵變更ノ登記

第二百十條　會社ノ定欵中既ニ登記ヲ受ケタル事項ヲ變更シタルトキハ直ナニ其變更ノ登記ヲ受ク可シ其變更前ニ在テハ其變更ノ効ヲ生セズ

營業所ヲ移轉スルトキハ舊所在地ニ於テ移轉ノ登記ヲ受ケ新所在地ニ於テハ新ニ設立スル會社ニ付キ要スル諸件ノ登記ヲ受ク可シ又同一ノ地域内ニ於テ移轉スルトキハ移轉ノミノ登記ヲ受ク可シ

會社定欵ヲ設ケタル時ハ直チニ之レヲ登記セザルヘカラザルト同一理ニシテ之レヲ變更シタル𬼀ニ於テモ之レヲ登記セザルベカラズ而シテ其未タ登記ナキ以前ニ在リテハ更ラニ變更ノ効力ヲ生セザルモノトス

又營業所ヲ移轉シタル片新舊ノ地ニ於テ登記ヲ受ケ又同一ノ地域内ニ於テ移轉シタル片ハ其移轉ノ登記ヲ受ク可キ丁ハ是又當初會社ヲ設置シタル場所ノ登記ヲ受クルモノト同一理ニシテ普通登記規則ト其性質ヲ同フスルモノナリ

定欵變更ノ届出

第二百十一條　會社定欵ノ變更ノ登記ヲ受ケタルトキハ地方長官ヲ經由シテ主務省ニ變更ヲ届出ツルコトヲ要ス

本條ハ一讀瞭然更ラニ説明スルヲ要セサルベシ

第八欵　株金ノ拂込

株金拂込

第二百拾二條　株金拂込ノ期節及ヒ方法ハ定欵ニ於テ之ヲ定ム拂込ヲ催告スルニハ拂込ノ日ヨリ少ナクトモ十四日前ニ各株主ニ通知スルコトヲ要ス其通知ニハ拂込ヲ爲サヽル爲メ株主ノ被フル可キ損失ヲ併示

ス

拂込遲滯

第二百拾三條　拂込期節ヲ怠リタル株主ハ年百分ノ七ノ遲延利息及ビ遲延ノ爲メニ生シタル費用ヲ支拂フ義務アリ

其制裁

第二百十四條　拂込ヲ怠リタル株主ハ更ニ少ナクトモ十四日ノ時間ニ於テ拂込ム可キ催告ヲ會社ヨリ受ケ仍ホ拂込ヲ爲サヽルトキハ會社ハ其株主ニ對シテ株券ノ所有權ヲ失ヒタリト宣言スルコトヲ得然ルトキハ其株券ハ會社ノ所有トナル

其制裁ニ伴フ處分

第二百十五條　所有權ヲ失ヒタリト宣言セラレタル株券ハ從前ノ所有者ハ會社ニ於テ其株券ヲ公賣スルモ其代金既ニ催告ヲ受ケタル拂込金額ニ滿タサルトキハ其不足金及ヒ第二百十三條ニ記載シタル利息並ニ

費用ノ支拂ニ付キ仍ホ責任ヲ負フ但シ剩餘アルトキハ會社ハ之ヲ從前ノ所有者ニ還付ス
會社ハ其定欵ヲ以テ別ニ違約金ヲ拂フ可キコトヲ定ムルコトヲ得

本欵數條ハトモニ拂込遲滯ニ關スルヲ以テ合併シテ說クベシ而メ株金拂込ミハ會社存立ニ付テノ一要件ナリトス何トナレバ株式ノ申込アリテ之レカ拂込ミナキ片ハ會社ノ目的ヲ達スルヿヲ得ヘカラズ又株式ヲ申込ミタルモノハ其當時ノ意思タル後日株金ヲ拂込ム可キ義務ヲ負フ可キヿヲ預知シタル者ナリ而メ若シ其株主ニシテ株金ヲ拂込マザルニ於テハ其株劵ハ會社ニ對スルモ又株主ニ對スルモ何ノ用ヲナサヾルモノトス而シテ此拂込ミヲ要求スルノ方法ハ第百十二條ニ定ムル如ク此拂込ムベキ日ヨリ十四日内ニ株主ニ對シテ通告スヘキモノトセリ又其要求ニ應セザル片ハ幾許ノ損失ヲ蒙ムルベキヿヲ示サヾルベカラズ而シテ其損失ノ標目タル其拂込ミ期限後ハ

所有者タル權利ヲ失ヒ又其株主ノ先キニ擔當シタル義務ハ依然存在セルガ如キ是レナリ

己上說キタル手續ヲ盡クスモ株主ニ於テ其期限間ニ拂込ミヲナサヾル片ハ其期限ハ年百分ノ七ノ遲延利子及ビ其レガ爲メ生シタル損失ヲ社會ニ對シテ拂込マザルベカラズ而メ斯ク一タビ會社ノ通告ヲ受ケテ其期節ヲ經過スルモ支拂ヲナサヾル片ハ利子及ビ損失ヲ償ヒ尙ホ會社ヨリ十四日以内ニ於ル猶豫期間ヲ與フルヿヲ得可キモ其期限後愈々支拂ヲナサヽル片ハ更ラニ延期ヲナサズシテ直チニ其ノ株主ニ對シテ株式ノ所有權ヲ失フ可キヿヲ宣言シ全ク會社ノ有ニ歸セシムルモノトス株式ノ所有權ヲ會社ニ移轉スルモ尙ホ其株主ニ對シテ其株式公賣代價ノ不足額ノミナラズ其期節ニ至ルマデノ利息及其滯納ヨリ生スル損失ヲモ要求スルヿヲ得ルモノトス此株式ヲ會社ノ所有ニ歸セシメ以テ之レヲ公賣ニ附スルハ株主ニ對スル一ノ科罰タルニアラザレハ株主ハ之レヲ以テ會社ニ對スル總テノ義務ヲ免脫シタルモノ

ニアラザルナリ若シ株主ニシテ此義務ナキモノトセハ自己ノ拂込ムベキ株金ヲ怠リテ隨意ニ契約ヲ解除セシムルヿヲ得ルニ至ルベケレバナリ又會社ハ罰款トシテ會社定款ヲ以テ豫メ株主拂込ミノ違約金額ヲ付スベキヿヲ定ムルヿヲ得是レ當然株主ノ負フベキ義務ニアラズト雖圧會社ノ利益ヲ計リ義務不執行ヲ防禦スル爲メナリ

第九款　會社ノ義務

株金拂戻禁止

第二百十六條　會社ハ株金ノ全部又ハ一部ヲ株主ニ拂戻スヿヲ得ス

若シ拂戻シタルトキハ其金額ハ會社又ハ其債權者直接ニ之ヲ取戻サントス求ムルコトヲ得

一タビ株式ノ申込ミヲナシ拂込ミヲナシタル以上ハ株主ハ之レヲ引戻スノ權利ナク會社ハ之レヲ拂戻スヿヲ得ザルモノトス何トナレバ若シ之レヲ許スドハ會社資本ノ現ニ保存セラルヽヿヲ會社外ノ債主其他ノ者ニ對シテ証

自己ノ株券取得又ハ質取ノ禁止

スルヿ能ハズ加之斯ク制禁ヲ設ケザル片ハ取締役其管理權ヲ濫用シテ社外人ト共謀シ實價ナキ株式ヲ取引スルヿナキヲ保セス故ヲ以テ會社債主ヲシテ確實ナル手段ヲ以テ濫リニ損失ヲ蒙ムルヿナカラシメザルベカラス是レ本條ハ會社ノ義務トシテ己ニ拂込ミタル株金ヲ其株主ニ拂戻スヿヲ許サス若シ之レヲ拂戻シタル時ハ會社ヨリ又ハ債權者ヨリ直接ニ株主ニ對シテ取戻ノ請求ヲナスヿヲ許認シタル所以ナリ

第二百十七條　會社ハ自己ノ株券ヲ取得又ハ之レヲ質ニ取ルヿヲ得ズ

所有權ヲ失ヘタリト宣言セラレタル株券又ハ債務ノ辨償ノ爲メ若クハ其他ノ事由ニ因リテ會社ニ交付セラレ若クハ移屬シタル株券ハ一ケ月內ニ於テ公ニ之ヲ賣リ其代金ヲ會社ニ收ム

抑モ株式ノ株主ニ所持セラレテ有益ナル所以ノ者ハ其株式資本額ヲ限度ト

メ利子及ヒ利益配當ヲ要求スル權利ノ基因トナルニ在リ又其會社ノ解散シタルニ當リテハ會社總資本ノ平分ヲ受クルノ權アリトス然ルニ會社ニ於テ其自カラ發行シタル株式ヲ得取シ又ハ質取スルヿヲ得セハ資格混同シテ權利義務ノ關係消滅スルニ至ル可キナリ然レ𪜈株主ノ株金拂込ヲ怠リタルガ爲メ其株式所有權ヲ會社ニ奪ヒ又ハ債主ニ對スル辨償ノ爲メ株劵ヲ交付スルヿナキニ非ラス是レ會社ハ株劵ヲ保有スルノ意ニアラス一ケ月ナル短期間ニ於テ公賣シテ其代金ヲ會社ニ收領スルノ目的ニ出ツルモノナリトス

決算ノ公告

第二百十八條　會社ハ毎年少ナクトモ一回計算ヲ閉鎖シ計算書、財產目錄、貸借對照表、事業報告書、利息又ハ配當金ノ分配案ヲ作リ監查役ノ撿查ヲ受ケ總會ノ認定ヲ得タル後其財產目錄及ビ貸借對照表ヲ公告ス其公告ニハ取締役及ヒ監查役ノ氏名ヲ載スルコトヲ要

ス

本條ハ普通會社ノ義務タル定期決算ニ關スル一般ノ規則ヲ擴充セルモノニシテ務メテ會社ノ事業ヲ公示セシメ會社ノ信用及ビ株券等ノ價格ヲ定ムルニ於テ憑準ヲ立ツルニ容易ナラシムルモノナリ

利益配當

第二百十九條　利息又ハ配當金ハ損失ニ因リテ減シタル資本ヲ塡補シ及ヒ規定ノ準備金ヲ扣取シタル後ニ非サレハ之ヲ分配スルコトヲ得ス

準備金積立

準備金カ資本ノ四分一ニ達スルマテハ毎年ノ利益ノ少ナクトモ二十分一ヲ準備金トシテ積置クコトヲ要ス

株主ノ會社ニ對シテ利息及利益ノ配當ヲ要求シ得ルニハ會社ニ於テ幾許ノ潤益アリテ存スル時ナラザルベカラズ故ニ會社ノ商業取引計算點ニ幾分ノ利得アリト雖モ之ヲ以テ直チニ利益ノ配當ヲ要スルノ權利ヲ生スルモノニアラス其得利ヲ以テ會社ノ總テノ債權額ニ充テ又株式會社ニ特別ナル會社

準備金ヲ積立タル後ニ於テ尙ホ剩餘ノ利益アル時ニアラサレハ株主ハ會社ニ向テ利益ノ配當ヲ受クルコヲ得ルモノニアラス故ニ會社定欵ヲ以テ會社事業ノ損益如何ヲ問ハス確定ノ利足ヲ株主ニ支拂フヘシト定ムルカ又ハ總會ニ於テ右樣ニ定ムルモ其効力アルコナシ然レ𪜈會社ハ其前年度ニ會社ヨリ支拂ハレタル利益ノ配當ハ假令其後ノ商業取引ニ於テ損失アル𪜈ト雖𪜈之レヲ拂戾スノ義務アルコナシ是レ利子及利益配當ハ每年ニ於テ決算セラルベキモノナレバナリ又相當ナル諸般ノ手續ヲ踐ミテ正當ニ領收シタル各株主ノ利子及ヒ利益配當ハ假令其計算上ノ錯誤ヨリ生ジタルモノナリト雖𪜈決シテ返納スルノ義務ナキモノトス何トナレハ會社ハ一モ自己ノ責任ヲ欠キタルコナク此等ノ錯誤ハ會社全体ノ過失ナレハナリ其理由ハ其計算書タルヤ必ス總會ニ於テ認定シタルモノナラザルベカラザレバナリ然レ𪜈若シ其取締役又ハ監査役ノ詐欺ニ出テタル時ニ於テハ其者ニ責任アルハ當然ノ理ナリ此點ニ付テハ獨逸商法第二百十八條ニ明文アリ又株式會社ニ在リ

テハ法律之レニ特別ナル義務ヲ課シ各株主ヲシテ會社資本金額ノ四分ノ一ニ該當スル額マテハ毎年ノ利金中ヨリ貯蓄方法ヲ立テザルベカラズ此義務ハ他ノ合名會社又ハ合資會社ニ見ザル處ニシテ特ニ株式會社ニ於テノミ然リトス其故ハ株式會社ハ各株主ノ拂込ミタル資金ヲ以テ其資本ヲ組成シ其資産ヲ限リ商業上ノ取引ヲ爲シ又其資額ヲ限リ會社ノ義務ヲ盡スモノニシテ絶テ各株主ノ資産ニ付キ會社業務ヲ計畫シ又會社ノ義務ヲ負ハシムルヿヲ得ス故ニ商業上ノ信用甚タ薄弱ニシテ其基礎モ亦タ確固ナラザルヲ以テ一朝損失ヲ蒙ムルニ至リテハ會社ノ特立シテ存續センヿ得テ望ムヘカラザルナリ茲ニ於テ法律ハ會社ノ存續ヲ保持スルガ爲メ毎年決算ノ後會社資本ノ四分ノ一ニ至ルマデノ間利益ノ二十分一ヲ貯蓄スルヲ以テ各株主ノ義務ナリトス佛朗西商法ニ於テモ此ノ規制ヲ設ケ會社資本ノ十分ノ一ノ額ニ至ルマデ貯蓄スルノ義務アルモノトセリ然レ𪜈此準備金ノ目的ハ他日會社ノ損害アリト雖𪜈爲ニ會社ノ解散ニ至ラサルヲ期ス然ルニ甚タ少額ニ失スル

𪜈ハ僅カニ一年度ノ損失ヲ補償スルニ足ルベキノミニシテ到底永遠存續ノ道ヲ得ルモノニアラズ又英國會社規則第七十四條及ビ獨逸商法第二百十七條ニ於テハ此點ニ付キ會社定款ノ定ムルト否トニ因ルモノトセリ然レ𪜈實際會社ノ信用ヲ維持センガ爲メ幾許ノ積金ヲ爲スハ其習慣ナリトス

不當ナル利益配當ノ制裁

第二百二十條　前二條ノ成規ニ依ラズシテ拂出シタル利息又ハ配當金ハ會社又ハ其債權者直接ニ之ヲ取戻サントヲ求ムルコトヲ得

本條ハ前條ノ規定ヨリ自然生スル處ノモノナリ前二條ニ於テハ株主ニ對シテ正當ニ利益配當ヲナス方法ヲ示シタルモノナリ則チ二百十八條ニ於テハ五ケノ要件ヲ掲ケ第一取締役ニ於テ計算ニ關スル諸表ヲ作リ第二監査役ノ調査ヲ受ケ第三總會ノ認定ヲ得第四財產目錄及ビ貸借對照表ヲ公告シ第五其公告ニハ取締役監査役ノ氏名ヲ載スルコトヲ命令シ而シテ又第二百十九條ニ於テハ其利息又ハ配當金ヲ以テ損失ヲ塡補スヘキコト及ビ四分ノ一ニ至ル

マテ準備金ヲ蓄積スベキヿ等全株主ニ對シテ利息又ハ利益配當ニ至ルマテノ手續ヲ定メタリ會社ハ以上ノ手續ヲ盡クシタル後ニアラサレハ正當ニ利息又ハ利益ヲ配當スルヿヲ得ス故ニ此場合ニハ會社ハ債權者ノ取戾ノ請求ニ應セザルヘカラサルナリ

利益配當ノ平等

第二百廿一條　利息又ハ配當金ノ分配ハ各株ニ付キ拂込タル金額ニ應シ總株主ノ間ニ平等ニ之ヲ爲ス

利息又ハ配當金ノ分配ハ其拂込ミタル金額ニ應シテ其割合ヲ以テスルハ當然ノヿナリトス何ントナレハ利息又ハ配當金ナルモノハ皆拂込ミタル株金ヨリ生スルモノナレバナリ

重要書類ノ展閲

第百二十二條　會社ハ其本店及ヒ各支店ニ株主名簿、目論見書、定欵、設立免許書、總會ノ決議書、每事業年度ノ計算書、財産目錄、貸借對照表、事業報告書、利息又ハ配當金ノ分配案及ヒ抵當若シクハ不動産ノ債權者ノ名

簿ヲ備置キ通常ノ取引時間中何人ニモ其求メニ應シ展閲ヲ許ス義務アリ

第二百廿三條　諸帳簿撿正ノ爲メ事業年度毎ニ一回一ケ月ヲ超エサル期間前條ニ定メタル展閲ヲ停止スルコトヲ得

總ヘテ會社ノ權利義務ニ關スル𪜈及ヒ取引上ノ狀態ハ成ルヘク公示スルヲ以テ適理トス然レ𪜈事業年度毎ニ一回諸帳簿ヲ撿正スルノ時アルベク此時ニハ撿正ノ爲ニ之レカ公示ヲ停止メ以テ紛雜ヲ避ルヿヲ得ルト云フノミ

第十欵　會社ノ撿査

裁判所ヨリ命スル會社業務及財產現況ノ撿査

第二百廿四條　總株金ノ少ナクトモ五分一ニ當ル株主ノ申立ニ因リテ會社營業所ノ裁判所ハ一人又ハ數人ノ官吏ニ會社ノ業務ノ實況及ヒ財產ノ現況ノ撿査ヲ命スルコトヲ得

本條ハ會社業務及ヒ財産ノ現况ヲ撿査スルノ權ヲ裁判所ニ許シタル所以ノ者ハ此事タルヤ多クハ會社ノ破産若シクハ取締役ニ對スル會社業務上ノ出訴アル塲合ニ於ケル豫審ニ關スルコトナレハナリ叉之レヲ行政廳ニ委セサル所以ノモノハ人民ノ私權利及ヒ義務ニ關渉スルコヲ許スハ得策ニアラサルヲ以テナリ本條ハ主トシテ英法第五十六條及ヒ六十條(千八百六十二年公布)及千八百七十六年佛國商法第三十二條ニ準依シタルモノトス

第二百二拾五條　撿査官吏ハ會社ノ金匣、財産現在高帳簿及ヒ總テノ書類ヲ撿査シ取締役及ヒ其他ノ役員ニ說明ヲ求ムル權利アリ

本條ハ撿査官吏ノ職權ヲ定メタルモノナリ或ハ會社ニハ監査役ナルモノヲ置クヲ以テ殊ニ撿査官吏ヲ設クルノ必要無ルヘシト思惟スルモノアラン然レモ此二者ノ職掌各相異ナルモノニシテ監査役ハ平常取締役ノ事業ヲ監査シ取締役ト並立ツテ事ヲナスモノナリト雖モ撿査官吏ハ會社ノ實况ヲ撿査

スル爲ニ設ルモノニシテ其必要ハ主トシテ非常ノ塲合ニ於テノミ存ズルモノトス故ニ監査役ニ之レヲ一任スルハ甚タ危險ナリ

検査官吏ノ職務

第三百二十六條　檢査官吏ハ檢査ノ顚末及ヒ其面前ニ於テ爲シタル供述ヲ調書ニ記載シ之ヲ授命ノ裁判所ニ差出スコトヲ要ス

調書ノ謄本ハ裁判所ヨリ之ヲ會社ニ付與シ又株主及ヒ其他ノ者ヨリ手數料ヲ納ムル時ハ其ノ求ニ應シテ之ヲ付與ス

是レ檢査官吏會社ノ事業及ビ財産ノ實況ヲ檢査シタル後ニ於テ盡クスベキ職務ヲ定メタルモノトス而シテ此事タル該官吏ヲ命スルノ要旨タルヲ以テ決シテ他ノ取締役又ハ監査役ノ爲シ得ベキ處ニアラズ

主務省ヨリ命スル檢査

第二百二十七條　主務省ハ何時ニテモ其職權ヲ以テ地方長官又ハ其他ノ官吏ニ命シテ第二百二十四條ニ揭

ケタル檢査ヲ爲サシムルコトヲ得

第二百二拾四條ノ規定スル處ハ株主中ヨリノ申立ニ由リ檢査官吏ヲ派遣スルコニ屬スルモノナレ𪜈本條ハ官廳ヨリノ職權ヲ以テ公衆保護ノ爲メ官吏ヲ派遣シテ會社ノ實況ヲ檢査セシムルニ在リ是レ株式會社ノ設立ハ官許ニ係ルモノナレハ會社ノ所業ヲ公ケニシ以テ世人ノ思慮ヲ安ンセシムルノ要アルニ因由スルナリ

第十一欵　取締役及ヒ監査役ニ對スル訴訟

總會ヨリ役員ニ對スル訴訟

第二百二十八條　總會ハ監査役又ハ特ニ撰定シタル代人ヲ以テ取締役又ハ監査役ニ對シテ訴訟ヲ爲スコトヲ得

往日佛國ニ於テハ社員間ノ訴訟ハ必ス裁斷人ヲ命シテ之レニ事理ヲ斷セシメタルモ千八百五十六年ノ法律ヲ以テ一般ニ裁斷人ヲ廢シタル後大ニ其主義ヲ改メタリ本條ハ之ニ倣ヒタルモノナリトス夫レ該會社ノ訴訟ハ監査役

ヨリ爲スヲ以テ常トスレ𪜈株主監査役ニ對シテ爲ス片ハ株主ハ代人ヲ撰ミ之レニ訴訟ノ權ヲ委任スルモノトス

株主ヨリ役員ニ對スル訴訟

第二百二十九條　會社資本ノ少ナクトモ二十分一ニ當ル株主ハ又特ニ撰定シタル代人ヲ以テ取締役又ハ監査役ニ對シテ訴訟ヲ爲スコトヲ得但株主ノ自己ノ名ヲ用井又ハ參加人ト爲リ裁判所ニ於テ其權利ヲ保衞スル權ヲ妨ケス

本條會社資産二十分一ニ該當スル株主ヨリ代人ヲ以テ訴訟ヲ起スヿヲ許サレタル主旨ハ總株主ヨリ訴訟ヲ起スニ當リ或ル一部分ノ株主ニ於テ監査役ノ意見ニ反シ又ハ監査役ヨリノ請求ヲ拒絶セントスルトキハ特ニ出訴スルノ權ヲ與ヘタルモノ也又本條末文ニ定ムル如ク株主代理人ヲ撰定スルモ自己ノ名義ヲ以テ故障ヲ申立ツルノ權利ヲ妨ケラルヽヿナシ（千八百六十七年佛法第十七條及ビ第三十九條參照）又參加人トナリ其訴訟事件ニ干與ス

ルヿヲ得（獨逸商法第百九十五條參照）

第十二欵　會社ノ解散

第二百三拾條　會社ハ左ノ諸件ニ因リテ解散ス

第一　定欵ニ定メタル場合

第二　株主ノ任意ノ解散

第三　株主ノ七人未滿ニ減シタルコト

第四　資本ノ四分一未滿ニ減シタルコト

第五　會社ノ破産

第六　裁判所ノ命令

會社解散ノ原由ハ他ノ會社ト差異ナキヲ以テ特ニ詳述セス然レ圧該會社ニ二箇ノ特別ナル解散ノ原由アルヲ以テ玆ニ之ヲ講究スヘシ

第一　株主ノ七人未滿ニ減シタリシ片

株式會社ニ在リテハ株主七人以上タルヘキハ該會社成立ノ要件タリ若シ其

社員ノ減シテ七名以下ニ至ル片ハ是レ成立ノ一要件ヲ欠キタルモノナルヲ以テ會社ハ當然解散セサルヘカラス然レ𪜈會社總會ニ於テ尙ホ株主ヲ募集スヘキコヲ決議シ以テ會社ノ存續ヲ計リタル片ハ必スシモ解散スルヲ要セサルナリ

第二　會社資本四分ノ一未滿ニ減少シタルコ

株式會社ハ財產ノミヲ主トシテ組成シタルモノナルヲ以テ其資產ニシテ甚タシキ減少ヲ來タシタル時ハ到底存立ヲ維持スルコヲ得ズ故ニ會社ハ解散セサルベカラズ例ヘハ百萬圓ノ資本ヲ以テ創立シタル會社ニシテ商業上損害ヲ蒙ムリ其資本ノ四分ノ一即チ二十五万圓以下ニ減少シタル片ハ會社ハ依然存續ノ目的ナキヲ以テ之レヲ解散スルニ若クハナシ然レ𪜈若シ株主總會ニ於テ若干ノ資本ヲ塡補シテ尙ホ存續スヘキ方法ヲ得ル片ハ必スシモ會社ノ解散ヲ要セザル可シト信ス

解散ノ場合ニ

第二百三十一條　會社解散ノ場合ニ於テハ既ニ始メタ

業務ノ停止

ル取引ヲ完結シ又ハ現ニ存在スル會社義務ヲ履行スル外其業務ヲ止ム取締役之レニ拘ラズシテ營業ヲ續行スルトキハ之カ爲メ其全財産ヲ以テ自己ニ責任ヲ負フ

其會社ノ當然解散ス可キ原因ノ生シタルト裁判所ノ命令ニ由リ解散スルニ至リタルトヲ問ハス其會社ノ解散シタリシトキニ於テハ其以後ノ取引ヲ止メザル可カラズ是レ法典カ前條ニ於テ會社解散ノ原因ヲ明記シタルノ結果ナリトス然ルニ取締役ニ於テ依然營業ヲ續行スル片ハ其責ハ自己ノ資産ヲ以テ之レニ當ラザル可カラズ是レ當然ノヿニシテ其株式額ニ止マリテ有限ノ責任ヲ繼カントスルハ甚タ非理ナルヲ以テナリ而シテ此規定ハ千八百六十二年ノ英法第四十八條ノ例規ニ憑依シタルモノトス

解散ノ手續

第二百三十二條　會社解散ノ場合ニ於テハ取締役ハ總會ヲ招集シ解散ノ決議ヲ取ル但裁判所ノ命令ニ依リ

テ解散スル場合ハ此限リ在ラズ

其總會ニ於テハ破産ノ場合ヲ除ク外一人又ハ數人ノ清算人ヲ撰定ス

解散ノ手續

會社創立ノ時ニ於テハ創業總會ナルモノヲ開クベキハ已ニ說キ來リタル處ナリ故ニ會社ノ解散スル片ニ於テモ總會ヲ開テ其決議ヲ取ルベキハ終始一轍ニノ當サニ然ルベキノ理ナリ又本條但書ニアル如ク解散ノ原由裁判ノ命令ニ出ツル片ハ更ラニ會社ノ決議ヲ要スルコナシ何ントナレハ是レ强制ノ解散ナレバナリ又タ總會ニ於テ一人若シクハ數人ノ清算人ヲ撰定スルヲ要スルハ會社解散後ニ在リテ繼續ヲナス可キ取引及ビ會社ノ義務履行上ニ欠ク可カラザルモノナルニ由ル

第二百三十三條　前條ニ揭ケタル解散ノ決議又ハ清算人ノ撰定ヲ爲サヽルトキハ裁判所ハ債權者若クハ株主ノ中立ニ因リ又ハ職權ニ依リ其命令ヲ以テ決議ニ

換ヘ又ハ清算人ヲ任スルコトヲ得

會社ニ於テ解散ス可キ原因ノ生シタル片ハ總會ノ決議ヲ以テ清算人ヲ撰定スルハ最モ欠クベカラザルモノナリ而シテ若シ之レヲ怠リシ片ハ其地ノ裁判所ニ於テ職權ヲ以テ清算人ヲ命スヘキモノトス此點ハ合名會社ノ規則ヨリ一層嚴重ナリ

解散ノ届出及株主ヘ通知

第二百三十四條　會社ハ破產ノ場合ヲ除ク外決議後七日内ニ解散ノ原由、年月日及ヒ清算人ノ氏名、住所ノ登記ヲ受ケ之ヲ裁判所ニ届出デ又何レノ場合ニ於テモ之ヲ各株主ニ通知シ且地方長官ヲ經由シテ主務省ニ届出ツルコトヲ要ス

本條ハ會社解散ノ際ニ於テ盡ス可キ重要ノ手續ヲ示シタルモノニシテ會社創業ノ時ニ盡クス可キ手續ト異ナルヿナシ

解散ノ監視

第二百三十五條　裁判所ハ解散及ヒ清算ノ實況ヲ監視

清算人ノ職務

解散登記後ノ株式讓渡及財産處分

スル權アリ

本條ハ地方裁判所ニ於テ會社解散ノ際解散及ビ清算ノ實況ニ付キ監査權アルヿヲ定メタルモノナリ

第二百三十六條　登記ヲ受クルト共ニ取締役ノ代理權ハ清算人ニ移ル然レトモ取締役ハ清算人ノ求メニ應シ清算事務ヲ補助スル義務アリ

本條ニ由レハ登記ヲ受クルト同時ニ清算人ハ取締役ト同一ナル代理權ヲ得ルカ如シト雖圧其權利ニ於テハ大ニ廣狹ノ差アリトス何トナレハ清算人ハ會社存在上ノ業務ヲナスモノニ非ラズシテ其殘務ヲ取扱フヲ以テ趣旨トスルモノナレハ苟クモ其區域以外ニ渉リ代理權ヲ有スルヿナシ

第二百三十七條　登記後ニ爲シタル株式ノ讓渡及ヒ清算ノ目的ノ爲メニセサル財産ノ處分ハ總テ無効タリ但特別ノ理由アリテ裁判所ノ許可ヲ得タルトキハ此

總會ノ招集又ハ登記ヲ爲サヾリシトキ取締役ノ責任

限リニ在ラズ

會社ハ解散後直チニ消滅スルモノニアラスト雖圧只其殘務ヲ取扱フニ便ナルカ爲メ存續スルニ過ギス故ニ依然會社ノ事業ヲ繼續シテ其財產ヲ利用セントスルカ如キハ爲スベカラス然レ圧清算人ヨリノ申立ニ由リ裁判官例外ノ處置ヲ以テ許可ヲ與フルヿナキニアラス是レ多クハ甚タシキ會社ノ損害ヲ來サヽランカ爲メ豫防ノ方法ヲナスモノナリ

第二百三十八條　取締役ガ總會ノ招集又ハ登記ノ屆出ヲ爲サヽリシトキハ之カ爲メ會社又ハ第三者ニ生セシメタル損害ニ付キ其全財產ヲ以テ自己ニ責任ヲ負フ

會社ノ解散ニシテ第三者ニ對シ有効ナルハ取締役カ總會ノ召集又ハ登記ヲナシタル片ニアリトス若シ取締役ニシテ此等ノ手續ヲ怠リタル片ニ於テハ第三者ハ會社ノ解散ヲ了知セサル片モノト見做スガ故ニ第三者ハ會社ノ尙ホ

存立スルモノト信シテ之レガ爲メニ事業ノ經營ヲナスカ又ハ會社ニ對スル取引上損害ヲ來タスヿアリト雖𪜈決シテ自己ノ負擔ニ歸スルニアラスシテ其責任ヲ怠リタル取締役ニ於テ損失擔當ノ責アルモノトス是レ取締役當然ノ職分ヲ怠リタルヨリ生スル自然ノ結果ナレハ普通ノ理ニ由テ其責ニ當ル可キハ勿論ナリ

解散及清算ノ費用

第二百三十九條　解散及ヒ清算ノ費用ハ現在ノ會社財産中ヨリ最モ先ニ之ヲ支拂フモノトス

本條ハ會社ノ解散後ハ決算事務ノ最モ必要ナルヨリ其ノ費用ニ付キ最先ノ支拂ヲナスヘキヿヲ定メタルモノナリ而シテ費用ノ細目ヲ擧クレハ裁判費用登記手數料及ヒ決算人ノ報酬金其外解散及ヒ殘務ニ關スル諸費用ヲ包含スルモノトス

第十三欵　會社ノ清算

精算人ノ職分

第二百四十條　清算人ノ職分ニ付テハ第百三十條及ヒ

第百三十壹條ヲ適用ス

清算人ノ殘務ハ何レノ會社ニ於テモ同一ナル趣旨ニ出ツルモノナレハ彼是相異ナルコトナシ則チ其會社ノ財産ハ公平ニ處分シ先會社債主ニ返濟シテ其他ノ剩餘ハ社員ニ分配ス可キナリ而シテ其殊ニ要スル細則ハ以下數條ニ於テ明ラカナリ

清算人ノ義務

第二百四十一條 清算人ノ職分ノ踐行ニ付テハ總會ヨリ又ハ株主若クハ債權者ノ申立ニ因リテ裁判所ヨリ清算人ニ訓示ヲ與フルコトヲ得清算人ハ其訓示及ヒ法律ノ規定ヲ遵守スル責任ヲ負フ

本條ハ清算人ノ職分ニ制限ヲ付スル場合及ヒ其手續ヲ規定シタルナリ普通ニハ會社ノ總議ニ由ルベキナレ𪜈或ル場合ニ於テ一株主又ハ債權者ノ申立ニ由リ地方裁判所ノ訓示ヲ以テ制限ヲ付スルコトアリ其然ル所以ノ者ハ會社全體ノ利益ハ必シモ一己人ノ利益トナルヘキモノニアラス往々相衝突スル

會社ノ債權者ノ申立ニヨリ裁判所ノ行フ職權

コトナキヲ得ス殊ニ會社ノ債權者ニ在リテハ多クハ會社全体ノ利益ニ相反スルハ常理ナレハ充分ナル理由ヲ具供シテ地方裁判所ヘ申立テ其訓示ヲ受ケテ後清算人ノ職權ヲ確定スルハ最モ必要ナリトス

第二百四十二條　會社ノ債權者ノ相當ノ理由ヲ以テ爲シタル申立ニ由リ總會又ハ時宜ニ從ヒテ裁判所ハ債權者ノ利益護視ノ爲メ一人又ハ數人ノ代人ヲシテ清算ヲ監査シ又ハ清算人ニ參加セシムルコトヲ得

本條ハ愈々前條ノ主義ヲ擴充セリ元來會社ノ債主ナルモノハ會社ノ決算上ニ大ナル關係ヲ有スルモノナリ何トナレハ株式會社ニ在リテハ債主ノ要求權ハ會社ノ資產ヲ以テ制限セラルモノナレハ他ノ會社ノ如ク其社員ノ私財產ニ付キ債權ヲ執行スルコトヲ得ザルモノトス故ニ債主ハ會社ノ清算ノ如何ニ由リ損益上ノ關係甚タ少ナカラザルナリ故ニ法典ハ本條ヲ以テ債權者ニ保護ヲ與ヘ其請求ニ依リ代人ヲ以テ清算ヲ監査セシメ又ハ清算上ニ參加セ

シムルモノトセリ故ヲ以テ清算人ハ其代理人ト協力シテ其業務ヲ行ヒ又代理人ノ承諾ヲ受クルヲ要スルモノトス

第二百四十三條　清算人ハ其撰定ノ日ヨリ六十日内ニ會社帳簿ニ依リテ其財産ノ現況ヲ取調ヘ少ナクトモ三回ノ公告ヲ以テ債務者ニハ其債務ノ辨濟期限ニ至リタル時直チニ之ヲ辨濟ス可ク又債權者ニハ或ル期間ニ其債權ヲ申出ツ可キ旨ヲ催告スルコトヲ要ス但其期間ハ六十日ヲ下ルコトヲ得ス

其公告ニハ債權者期間ニ申出ヲ爲サヽルトキハ其債權ヲ清算ヨリ除斥セラルヽ旨ヲ附記ス然レトモ清算人ハ期間ニ申出テサル債權者ト雖モ其知レタル者ヲ清算ヨリ除斥スルコトヲ得ス

第二百四十四條　清算人ハ其期間滿了前ニ於テハ債權

ノ制限

期間後ニ申出タル債權者ニ支拂

者ニ支拂ヲ爲シ始ムルコトヲ得ス

淸算人ノ重要ナル職務ハ其結果ヲ淸算人ニ公告スルニ在リ夫レ現有財產ノ目錄及ヒ貸借對照表ヲ制シ且ツ其行ハレタル事業ヲ帳簿ニ記入スルハ商人タル普通ノ義務ニシテ會社ニ於ケル淸算人モ亦タ此ノ義務ヲ負フハ勿論ナリト雖モ其他負債主ノ名簿ヲ製スルヲ以テ特別ナル要務トナス而シテ此ノ帳簿ヲ作ルノ要ハ畢竟スルニ本條揭クル所ノ公告ヲナスカ爲メナリ而シテ此公告ハ最モ鄭重ナル手續ヲ以テセザルヘカラズ元來該會社ノ債主又ハ負債主ハ會社ノ淸算上ニ關係ヲ有スルヿ他ノ會社ノ如キ比ニアラザレハ殊ニ本條ノ規定アル所以ナリ又淸算期間ニ在リテハ未タ確定セサルヿナレハ債權者ニ支拂ヲナスハ甚タ失當ノ處置ナリト云フ可シ是レ法典カ明文ヲ以テ禁制シタル所以ナリ

第二百四十五條　期間後ニ申出テタル債權者ハ會社ノ債務ヲ濟了シタル後未タ株主ニ分配セサル會社財產

清算人ノ未拂株主ニ對スル權利

ノミニ對シテ其辨償ノ請求ヲ為スコトヲ得

一タビ會社ニ對シテ存立シタル債權ハ辨濟ヲ得サル間ハ假令公告以後或ル期間ヲ經過スルト雖モ決シテ消滅スルモノニアラズ故ニ本條ハ期間後申出テタル債權者ノ為メニ一ノ要求權ノ存スルヿヲ認メタルモノトス則チ會社ニ於テ總テノ債務ヲ盡クシ終リテ尚ホ殘額ヲ存シ未タ各株主ニ分配セサルトキニ在リテハ各債主ヲシテ辨償ノ要求ヲナサシムルモノトセリ是レ甚タ至當ノ規定ト云フ可シ

第二百四十六條　清算人ハ清算ノ為メ株主ヲシテ其未タ金額ヲ拂込マサル株券ニ付キ拂込ヲ為サシムル權利アリ

本條ハ會社解散ニ至リテ始メテ發生スル事項ニ係カルモノニアラスシテ元來株主其株券ノ金額ニ付キ拂込ムヘキ責任アルハ株式申込ノ當初ヨリ已ニ存スル者ナリ然レトモ會社ノ解散スル時期ニ至リ猶ホ未タ未納ナルトキハ清算

總會招集

上甚ハダ困難ナルガ故ニ本條ニ清算人タルモノ株劵額滯納者ニ向テ拂込ヲ要求スルノ權利アルヿヲ明定シタルナリ

第二百四十七條　清算人ハ必要又ハ有益ト認ムルトキハ何時ニテモ總會ヲ招集スルコトヲ得又清算人ハ定欵又ハ總會ノ決議ヲ以テ定メタルトキ又ハ總株金ノ少ナクトモ五分一ニ當ル株主ヨリ申出ツルトキハ總會ヲ招集スル義務アリ

前ニモ既ニ一言セル如ク清算人ハ取締役ノ代理權ヲ繼續スルモノナレバ裁判所ノ命分ヲ以テ制限ヲ受クルニアラザレバ取締役ト同樣ナル權限ヲ保有スルモノトス故ヲ以テ清算上必要又ハ有益ト認ムル片ハ總會ヲ召集スルノ權利アルモノトス抑モ清算人ハ清算上ニ付キテハ其業務執行ニ關スル總テノ事項ヲ辨理スルノ職權アル者ナレハ會社現有財產ヲ公賣シ又ハ監査役ニ對スル訴訟ヲ起シ又ハ和解ヲナシ其他會社ノ利益ニ關シ尤モ必要ニシテ欠ク

可カラサル處置ハ自己ノ任務トシテナスベキ者ナリ然レ圧此執行上ノ正確ヲ表セントスルニハ總會ノ公認ヲ經ルヲ以テ最良ナル方法ナリトス加之會社定欵ヲ以テ總會ノ認許ヲ經可キヿヲ預定シタル片ニ於テハ義務トシテ之レヲ召集ス可キナリ又會社定欵ニ特定ナク又總會ノ決議ナシト雖圧總株主ノ五分ノ一以上ニ當ル株主ヨリ申立ツル片ハ清算人ハ義務トシテ總會ヲ召集スルノ責任アリ是レ清算人ノ專恣ヲ防制スルノ方法ナリトス

第二百四十八條　清算人ハ委任事務ヲ履行シタル後總會ニ計算書ヲ差シ出シテ其認定ヲ求ム

清算人ノ清算上ノ業務ニ付キ代理權ヲ有スルハ單ニ總會ノ委任ニ基因スルヿナレハ其業務結了ノ後ハ總會ノ認許ヲ得可キハ當然ノ理ナリ故ニ其責任モ總テ總會ニ對シテ生スル者ニシテ各株主ニ對シテ生スルヿナシ是レ本條ニ於テ委任事務履行後ノ計算書ハ之レヲ總會ニ差出スベキモノトセル所以ナリ

計算後ノ殘餘財產ノ分配

第二百四十九條　清算人ハ前條ニ揭ケタル認定ヲ得タルトキハ會社ノ債務ヲ濟了シタル殘餘ノ財產ヲ各株主ニ其所有株數ニ應シ金錢ヲ以テ平等ニ配當ス此分配ハ總債權者ニ辨償シタル時ヨリ三ケ月ノ滿了ノ後ニ非サレバ之ヲ爲スコトヲ得ス株主ハ總會ニ於テ金錢ニ非サル物ヲ以テ配分ス可キ決議ヲ爲シタルトキト雖モ之ヲ受取ル義務ナシ

會社解散ノ際財產ヲ各會社ニ分配スルハ金錢ヲ以テス可キヿハ何種ノ會社ニ在テモ同樣ナリトス而シテ殊ニ株式會社ニ在リテハ初メ株式ヲ申込ミタル後拂渡スベキモノハ金圓ナルヲ以テ通例トスレハ之レニ代フルニ株劵又ハ自債證劵ヲ以テセントスルモ法律ハ之レヲ許サヽルナリ此點ニ付テハ假令總會ニ於テ決議シタル後ト雖圧不同意ナル株主ハ決メ之ニ服從スルノ義務アルヿナシ何ントナレハ何人モ自己ノ意見ニ背テ會社々員タラサルヲ得

卸任

清算人自己ノ所爲ニ關スル責任

サルノ義務ナケレバナリ

第二百五十條　清算ノ終リタル後清算人ハ總計算書及ヒ一般ノ事務報告書ヲ總會ニ差出シテ卸任ヲ求ム若シ總會ニ於テ卸任ヲ許サヽルトキハ裁判所ハ清算人ノ申立ニ因リ其命令ヲ以テ之ヲ許スト否トヲ定ム但其命令ニ對シテ即時抗告ヲ爲スコトヲ得

本條ハ清算人ノ終極ノ義務ヲ定メタル者ニメ何レノ會社ニ於テモ普通ノ規定ナリ

第二百五十一條　清算人ハ其所爲ニ付キ總會ノミニ對シテ責任ヲ負フ然レトモ其所爲ニ因リ或ル株主ノ一己ノ權利ヲ害シタルトキハ其株主ハ清算人ニ對シテ其權利ノ承認及ヒ損害ノ賠償ヲ求ムルコトヲ得ス

清算人ハ總會ノ撰定ニ由リ其業務ヲ負擔シタル者ナレハ其責任ハ總會ニ對

シテノミ負フ可キハ當然ナリト雖𪜈若シ清算人ノ所爲若シクハ過失ニ由リテ株主ノ權利ヲ害シタル𪜈ハ何人モ自己ノ所爲ヨリ他人ニ加ヘタル損失ハ之レヲ償ハサルヘカラストノ原則ヲ確守ス可キ義務アルモノトス是レ必スシモ本條ノ規定ヲ竢ツテ始メテ生スルノ義務ニアラザルナリ

清算結了ノ登記公告

第二百五十二條　清算人ハ卸任ヲ得タル後商業登記簿ニ清算結了ノ登記ヲ受ケ且之ヲ公告ス其公告ニハ清算ニ付キ生シタル會社ニ對スル請求アレバ之ヲ三ケ月ノ期間ニ主張ス可キ旨ノ催告ヲ附シ其請求アリタルトキハ清算人ニ於テ之ヲ辨了ス

清算人ハ全ク清算上ノ責任ヲ免ルヽ爲メ會社總會ノ認可ヲ經ルヲ得則チ清算人ニ於テハ計算書及ヒ清算執行上ノ責任報告書ヲ差出シ之ヲ認可セシムルハ其手續ナリ而メ總會ハ委員ヲ撰擧メ撿査ヲナサシメ其結果ヲ總會ニ向テ報告セシムルヿヲ得而メ其清算ノ結果及ヒ總會ノ認可ヲ商業登記簿ニ登

破産手續ノ開始

記シ且公告ヲナスハ普通會社ノ例規ニシテ清算人當然ノ義務ナリ之レ千八百六十二年公布英法第百四十二條第百四十三條ノ規定ニ基キタル者ナリ會社ハ解散ストモ直チニ消滅スルモノニアラサルヿハ前ニモ一言セシカ如シ而シテ全ク會社ノ廢滅ニ歸スルハ清算人ガ其精算結了ノ登記ヲナシ又之ヲ公告シタル時ニ在ルモノナリ此時ニ至テハ諸般ノ關係全ク脫離シ一モ連絡ヲ有スル者ナシ然リト雖モ其公告後尚ホ三ケ月間清算人ニ於テ辨了スルノ義務アルモノナレハ各株主又ハ社外人ヨリ清算上ニ付キ權利義務ノ關係ヲ生スルヿナシトセス是レ會社消滅後ニ於ケル清算人ノ責任ナリ

第二百五十三條　清算中ニ現在ノ會社財産ヲ以テ會社ノ總債權者ニ完濟シ能ハサルコトノ分明ナルニ至リタルトキハ清算人ハ破産手續ノ開始ヲ爲シテ其旨ヲ公告シ且會社ノ取引先ニ通知ス

此場合ニ於テ既ニ債權者又ハ株主ニ支拂ヒタル者有

ルトキハ之ヲ取戻スコトヲ得清算人カ貸方借方ノ此ノ如キ關係ナルコトヲ知リテ爲シタル支拂ニシテ其請取人ヨリ取戻シ得サルモノニ於テハ債權者ニ對シテ其責任ヲ負フ

清算處分ト破産處分ノ別

清算人財産目錄及ヒ債主負債主ノ名簿ヲ作ル時ニ於テ支拂ヲ停止ス可キ現狀ノ存スル𪜈ハ速ニ破産手續ノ開始ニ着手セサル可カラス如此ヿハ事實上最モ稀有ノヿナル可シ通常ハ其現有財産ヲ以テ債主ニ對スル辨濟ニ充テ尚ホ剩餘アル場合ヲ多シトス然リト雖圧動モスレハ之レニ反スル現象ヲ呈スルヿナシトセス是レ本條ノ規定アル所以ナリ而シテ清算ノ處分ト破産處分トハ大ニ其趣キヲ異ニスルモノニシテ一ハ自己ノ所有ノ物件ヲ處置スルノ自由ヲ有スルヿ恰カモ普通營業人ノ廢業スル時ト異ナルヿナキモ一ハ總テノ權利債主ト裁判所ニ屬スルヲ以テ其結果ニ於テ大ニ差違ヲ生スルモノトス若シ清算人ノ善意ニテ債權者又ハ株主ニ支拂ヒタル𪜈ハ總テ無効ニ歸シ

帳簿及書類貯藏ノ届出

清算結果ノ届出及公告

之レカ返還ヲ要スルコトヲ得ルト雖トモ其拂渡ニシテ詐僞奸計ニ出テタル片ハ清算人其責ヲ負フ可キハ當然ノ理ナリ

第二百五十四條　總會ノ決議ニ依リテ會社ノ帳簿及ヒ其他ノ書類ノ貯藏ヲ委任セラレタル者ノ氏名、住所ハ清算人ヨリ之ヲ裁判所ニ届出ツ可シ此届出前ニ在テハ清算人其貯藏ノ責任ヲ負フ

會社ニ關スル帳簿ヲ保存スル義務ハ普通會社ノ負擔ナリ然リ而シテ保存セシガ爲メ總會ノ決議ニ由リ被任者ヲ撰ム以前ニ在リテハ清算者ハ之レヲ保存スルノ義務アルモノトス

第二百五十五條　清算ノ結果即チ左ノ事項ハ清算人ヨリ裁判所ニ届出テ且之ヲ公告ス可シ

第一　支拂又ハ示談ニ因リテ總債權者ニ辨償ヲ爲シタルコト

第二　會社ノ殘餘財產ヲ株主ニ分配シタルコト及ヒ其分配ノ金額
第三　清算費用ヲ辨濟シ及ヒ清算ニ付キ生シタル請求ヲ辨了シタルコト
第四　總會ヨリ又ハ裁判所ノ命令ニ因リテ卸任ヲ得タルコト
第五　會社ノ帳簿及ヒ書類ノ貯藏ニ關スル處置ヲ爲シタルコト
第六　會社ノ株劵又ハ株劵ノ其効力ヲ失ヒタルコト
其清算ノ結果ハ又淸算人ヨリ地方長官ヲ經由シテ主務省ニ届出ツルコトヲ要ス

本條ハ清算人ノ最終ノ事務ヲ定メタルモノニシテ會社事項ニ關スル終末ノ手段ナリ而シテ清算ニ於テ許多ノ手續ヲ履ミ右列記ノ事項ヲ届出ツベキ義

罰則ヲ設ル必要

務ヲ命スルハ最モ重要ナルコニシテ清算人ヲシテ事務ノ鄭重ヲ加ヘ且ツ裁判所及ヒ公共ノ監視ヲナサシムルニ於テ甚タ益アリトス而シテ其屆出ハ必ス詳密ナルヲ要セス事實ノ簡明ヲ以テ足レリトス何トナレハ是レ唯タ事ノ結局ヲ告クルニ在ルノミナレバナリ

第四節　罰則

罰則ハ上來說キ來リタル所ノ合名會社合資會社及ヒ株式會社ヲ通シテ適用セラルベキ所ノ會社ニ乄乃チ其ノ一般ニ定メタル所ノ命令ヲ守ラザル者ニ對乄加フル所ノ制裁ナリ若シ此ノ制裁ナケレバ彼ノ三種ノ會社ノ爲ニ設クル所ノ二百有餘ノ法文モ遂ニ無効ニ歸スル者多カルベケレバナリ蓋シ法律ハ主ト乄奸商ヲ抑ヘテ正買ヲ保護スルニアルモ此ノ制裁ナケレバ奸商ヲ制抑スルノ道ナカルベシ而乄本節ノ次ニ共算商業組合ナルモノヽ規定ヲ設クルモ彼レハ元來商事會社ニアラズ乄本節ノ罰則ハ專ラ商事會社ニ關スルガ故ニ所謂共算商業組合ハ其中ニ包含セザル也且ツ罰則ノ制ハ唯ダ本則ノ法

文ヲ遵守セザル者ニ附加スル科料若クハ罰金ト其情狀ノ最トモ重キ者ニ限リ禁錮ニ處スルト云フニ過ギズソ別ニ一々說明ヲ要スルヿナカルベキ也

業務擔當ノ任アル社員及取締役ノ制裁

第二百五十六條　業務擔當ノ任アル社員又ハ取締役ハ左ノ場合ニ於テ五圓以上五十圓以下ノ過料ニ處セラル

第一　本章ニ定メタル登記ヲ受クルコトヲ怠リタルトキ

第二　登記前ニ開業シタルトキ

本條ハ合名會社合資會社ヲ通ジテ適用セラルヽモノナリ

株式會社取締役ノ制裁

第二百五十七條　株式會社ノ取締役ハ左ノ場合ニ於テハ五圓以上五十圓以下ノ過料ニ處セラル

第一　株主名簿ヲ備ヘス又ハ之ニ不正ノ記載ヲ爲シタル時

同上

第二　會社解散ノ場合ニ於テ總會ノ招集又ハ株主ヘノ通知ヲ怠リタルトキ

本條ハ特ニ株式會社ニ限ルモノニメ他ノ種類ノ會社ニハ關係ナキナリ

第二百五十八條　株式會社ノ取締役ハ左ノ場合ニ於テ二十圓以上二百圓以下ノ過料ニ處セラル

第一　第二百十六條ノ規定ニ反シ株金ノ全部又ハ一分ヲ拂戻シタルトキ

第二　第二百十七條ノ規定ニ反シ會社ノ爲メ其株券ヲ取得シ又ハ質ニ取リ又ハ公賣セサルトキ

第三　第二百十八條又ハ第二百十九條ノ規定ニ反シ利息又ハ配當金ヲ株主ニ拂渡シタルトキ

第四　第二百二十五條ノ場合ニ於テ會社ノ金匣財產現在高帳簿及ヒ總テノ書類ノ撿查ヲ妨ケ又ハ求メ

株式會社ノ清算人ノ制裁

ラレタル說明ヲ拒ミタルトキ

合資會社ノ業務擔當ノ任アル社員又ハ取締役カ第百五十三條ノ規定ニ反シ利息又ハ配當金ヲ社員ニ拂渡シタルトキハ亦本條ニ定メタル罰則ヲ之ニ適用ス

本條中第一第二第四ハ專ラ株式會社ノミニ關シ第三ハ株式會社ト合資會社トヲ合セ支配スル者ナリ第一ノ株金第二ノ株劵ノ如キハ株式會社ニアラザレハ必要ナク第四ノ會社ノ撿査ト云フヿモ專ラ株式會社ニノミ限ルヿナレハナリ

第二百五十九條　株式會社ノ清算人ハ左ノ場合ニ於テハ十圓以上百圓以下ノ過料ニ處セラル

第一　第二百四十三條ニ定メタル公告ヲ爲スコトヲ怠リタルトキ

第二　第二百五十三條ノ規定ニ反シ破產手續ノ開始

同上

過料ハ民事裁判所ニテ科ス

ヲ爲スコトヲ怠リタルトキ

此事ニ關シテモ既ニ二百四十三條二百五十三條ノ下ニ說キタレバ贅セズ

第二百六十條　株式會社ノ清算人ハ左ノ場合ニ於テハ二十圓以上二百圓以下ノ過料ヲ處セラル

第一　第二百四十四條ノ規定ニ反シ債權者ニ支拂ヲ爲シ始メタルトキ

第二　第二百四十九條ノ規定ニ反シ株主ニ分配ヲ爲シタル時

是レモ亦專ラ株式會社ニ關スル罰則ナリ

第二百六十一條　前數條ニ揭ケタル過料ハ裁判所ノ命令ヲ以テ之ヲ科ス但其命令ニ對シ即時抗告ヲ爲スコトヲ得

過料ノ辨納ニ付テハ業務擔當ノ任アル社員取締役又

ハ清算人連帶シテ其責任ヲ負フ

上來說ク所ハ此商法中ニ規定スル法文ニ違犯スル者ニ對シテ加フル所ノ制裁ナリ而ソ其罰ハ之ヲ科料ト稱シ民事裁判所ニ於テ之ヲ科ス而ソ會社ハ元來無形人ニソ役員ニ依テ其作用ヲ爲ス者ナル故過料辨納ノ責ハ役員破產ノ場合ニハ清算人ノ連帶責任トナシ一人之ガ責ヲ盡セバ他モ盡ク免カルベシ而シテ若シ其內甲者其責ヲ盡スコ能ハザレバ他ノ乙丙者ニ於テ甲者ノ責ヲモ負擔セザル可ラザル也

假令民事裁判所ノ申渡ニテモ裁判ノ錯誤等ノ事ナキヲ保セザルガ故ニ不服アルトキハ即時抗告スルヲ得セシムルハ裁判ノ公正ヲ維持スル所以ナリ

罰金及ヒ重禁錮ニ屬スル場合

第二百六十二條　業務擔當ノ任アル社員、取締役、監查役又ハ清算人ハ左ノ場合ニ於テハ五十圓以上五百圓以下ノ罰金ニ處セラレ情重キトキハ罰金ニ併セ一年以下ノ重禁錮ニ處セラル

第一　官廳又ハ總會ニ對シ書面若クハ口頭ヲ以テ會社ノ財產ノ現況若クハ業務ノ實況ニ附キ故意ニ不實ノ申立ヲ爲シ又ハ不正ノ意ヲ以テ其現況若クハ實況ヲ隱蔽シタルトキ

第二　公告ノ中ニ詐僞ノ陳述ヲ爲シ又ハ事實ヲ隱蔽シタルトキ前ニ揭ゲタル者ノ外會社ノ他ノ役員及ビ使用人ガ之ト共ニ犯シタルトキハ亦右ノ罰ニ處セラル

発起人ノ詐僞ニ科スル制裁

第二百六十三條　發起人カ株式申込ニ付キ詐僞ノ記載ヲ爲シタルトキハ二十圓以上二百圓以下ノ罰金ニ處セラル

刑事裁判

第二百六十四條　前二條ニ揭ケタル罰ニ處スルニハ刑事裁判上ノ手續ヲ以テス

第二百六十二條及三條ニ規定スル所ハ其關係スル所重キガ故ニ之ヲ過料ニ止メズシテ罰金ニ處シ且ツ情狀重キトキハ一年以下ノ重禁錮ニ處スルヿアルナリ過料ヲ科スルハ行政處分若クハ民事裁判所ニ於テモ之ヲ爲セドモ罰金禁錮ハ純然タル刑事上ノ刑罰ナルガ故ニ刑事裁判所ニ於テ之ヲ宣告スルヿ總テ治罪法ノ定ムル所ニ從フナリ

此ノ如ク凡テ犯則者及之ガ共犯者ハ皆制裁ヲ加フルニ當リ其科スル所ノ過料若クハ罰金ハ元來其事會社ノ爲ニセル者ナレバ會社之ヲ負擔セザルベカラズ是レ畢竟役員ノ過失ニ出ルモノナルモ役員ハ會社ノ代務人タル性質ナルヲ以テナリ

第五節　共算商業組合

共算商業組合ノ性質

二人以上ノ人互ニ資本若クハ物件ヲ醵出シ營利ノ目的ヲ以テ商業ヲ營ミ之ニ依テ得ル所ノ利益ヲ分配スルモノヲ共算商業組合ト云フ其ノ會社ト異ナル所ハ別ニ會社ト名クル無形人ナク既ニ無形人ナケレバ各組合員ハ其組合

組合ト會社ノ

差違

ノ事務ニ從フモ是レ組合ノ代理ト爲テ働ラクモノニアラズ實ニ各組合員互ニ代理人ト本人トノ關係ヲ爲シ例ヘバ甲乙丙ノ三人ヨリ成ル組合ナラバ其組合事業ノ範圍内ニ於テ甲ノ爲ス所ハ乙丙モ之ガ責ニ任ジ乙ノ爲ス所ハ甲丙モ亦之ガ責ニ任セザルベカラズ畢竟組合ハ二人以上一己商ト一己商ト結合シテ商業ヲ爲シ損益ヲ共ニ負擔スル迄ノ性質ナルガ故ニ他ノ會社ノ爲ニ設クル所ノ商法上ノ規定ハ組合ノ爲ニ適用スルコトナキ也故ニ會社ノ場合ニ其會社ノ行爲ハ會社之ガ責ニ任ズレドモ組合ノ行爲ハ別ニ組合ト云フ無形人ナキガ故ニ各組合員連帶シテ之ガ責ニ任ズ去レバ會社ハ會社ノ名ヲ以テ取引スルモ組合ハ組合員ノ名ヲ以テ取引スルモノナリ

組合契約

組合契約ニ會社財産ナシ

第二百六拾五條　共算商業組合ノ契約ハ會社ニ關スル本法ノ規定ニ從フコトヲ要セズ其契約ニ因リテ商事會社及ビ會社財産ハ成立セズ

本條ハ會社ト組合トノ異ナル所以ヲ定メタルモノニシテ前項ニ說ク所ノ如シ乃

當座組合

ハチ會社ニ會社ト名ヶル集合体アルガ故ニ之ニ屬スル財產アリテ會社ノ義務ハ其財產ニ負ハシムルモ組合ニハ其集合体ナク隨テ財產モナケレバ各組合員直接ニ其義務ヲ負擔スルナリ

第二百六拾六條　二人以上共通ノ計算ヲ以テ一時ノ商取引又ハ作業ヲ爲スヲ當座組合トシ契約實行ノ爲メ其一二ノ組合員若クハ總組合員ニ於テ又ハ共同代理人ヲ以テ爲シタル行爲ニ付テハ第三者ニ對シテ各組合員直接ニ連帶ノ權利義務ヲ有ス

組合ニ三種アリ一ヲ當座組合二ヲ共分組合三ヲ匿名組合ト爲ス而メ本條ハ先ヅ當座組合ノコトヲ規定ス當座組合ハ永久ニ繼續シテ組合商業ヲ爲スニアラズ唯ダ一時ノ商取引又ハ作業ヲ爲スニ當リ數人資本ヲ合セ又ハ物件ヲ醵出シテ之ヲ爲ス者ニメ此ノ場合ニハ數人共同ニ一事ヲ爲スモノナレバ其行爲ノ結果ハ各組合員連帶ニ權利義務ヲ有シ若シ其組合ノ一人ヨリ第三者ニ

對シ義務ヲ盡シ了レバ他ノ組合員ハ該第三者ニ對スル組合事業ノ義務ヲ免カレ第三者モ亦組合中ノ一人ニ義務ヲ盡セバ全組合員ニ對シテ義務ヲ免ルベシ

第二百六十七條　二人以上各自別箇ニ一時ノ商取引若クハ作業ヲ爲シ又ハ商業ヲ營ムト雖トモ此ニ因リテ生スル損益ヲ共分スルコトヲ契約シタルモノヲ共分組合トシ各組合員亦前條ニ揭ケタルト同シキ連帶ノ權利義務ヲ有ス然レ圧他ノ組合員ノ爲シタル行爲ヨリ生スル請求ニ對シテハ先訴ノ抗辨ヲ爲スノ權利アリ

本條ハ即チ共分組合ノ規定ニシテ數人ニテ各自別々ナル商取引ヲ爲シ又ハ作業ヲ爲スコトアルモ之ヨリ生ズル損益ヲ一ト纏メニシテ之ヲ分配スルトキ例ヘバ甲ハ芝居小屋ノ座主ニシテ乙ハ其ノ道具方トナリ丙丁ハ俳優ニシテ戊ハ

匿名組合

其ノ金主ト爲リ芝居ヲ興行シテ其ノ損益ヲ分擔スルモノナルトキハ之ヲ共分組合ト見ルナリ故ニ此ノ芝居興行ニ關シテ起リタル權利義務ハ各々連帶シテ之ニ任ジ乃チ此共分組合ノ各組合員ガ他ノ組合員ノ爲シタル行爲ニ就キ第三者ニ對スル權利義務ハ當座組合ト同一ナリ然レ𪜈他ノ組合員ノ爲シタル行爲ヨリ生スル請求ニ對シテハ訴訟法ノ所謂先訴ノ抗辨ヲ爲スノ權利アルモノトス

第二百六十八條　或人カ損益共分ノ契約ヲ以テ他人ノ營ム商業ニ出資ヲ供シテ之ヲ其者ノ所有ニ移シ商號ニ自己ヲ表示スル稱ヲ顯ハサス又業務施行ニ與カラサルモノヲ匿名組合トシ其營業ノ行爲ニ付キ第三者ニ對シテ出資未濟ノ場合ニ於テ其出資ノ額ニ滿ツルマテヲ限リ義務ヲ負フ

代務人又ハ商業使用人ト爲リテ用務ヲ辨スルハ業務

匿名組合員損益共分ノ割合

施行ニ與カルモノト看做サス

第二百六十九條　匿名組合ノ損益共分ノ割合ハ明約アルニ非サレハ營業資本總額ニ對スル出資額ノ比例ヲ以テ之ヲ量定ス

此二條ハ專ラ匿名組合員ノ規定ナリ元來匿名員ハ他ノ組合員ト同シク損益共分ノ契約ヲ以テ他ノ組合員ノ營ム所ノ商業中ニ資本ヲ供スル者ナルモ唯ダ其商號ニ名ヲ表シ又ハ實際業務ノ施行ニ參與セサルモノナリ例ヘハ甲乙兩人組合ヲ設ケテ或ル種ノ商業ヲ營ムニ當リ丙ナル者若干ノ資本ヲ供シテ組合員ト爲ルモ自己ノ名ヲ其商號ニ表示セス又外面上其業務ニ與カラサルトキハ丙ハ甲乙組合ノ匿名員ニシテ甲乙組合ハ匿名組合タリサレハ匿名員トハ單ニ資本ヲ供スルモ其名ヲ匿シタル組合員ト見テ可ナルヘシ而シテ此匿名員ノ第三者ニ對スル責任如何ト云フニ別ニ明カニ約束セル所無ケレハ唯ダ其ノ出シタル資本額ニ限ルモノニシテ苟クモ約束シタル出資ニ未濟ノ分アラハ

利益分配ノ制限

其ノ金額マデヲ限リテ義務ヲ負擔スベキナリ

第二百七十條　利益ハ損失ニ因リテ減シタル出資ヲ塡補シタル後ニ非サレバ之ヲ分配スルコトヲ得ズ然レトモ匿名員ハ受取期限ニ至リテ未ダ受取ラサル利益又ハ既ニ受取リタル利益ヲ以テ其後ニ生シタル損失ヲ補充スル義務ナシ

組合ハ元來利益ヲ得ルガ爲ニ之ヲ組織スルモノニシテ而シテ既ニ利益アラバ之ヲ各組合員ガ提出セル資本ノ額ニ應シテ分配スベキコト當然ナリ然リ而シテ其利益ノ分配ヲ爲スニ當リ豫シメ注意スベキコトハ各條ノ規定ノ如ク損失ト利益ト通算シ其損失ヲ塡補シタル後ニアラザレバ之ヲ分配スベカラザルコト是レナリ例ヘバ組合ノ損益計算ノ期限ニ就キ之ヲ一ケ年期ニ分チタリトセンニ其第一期ノ計算ニ於テ　損益相等シク第二期ノ計算ニ於テ壹萬圓ノ損失ヲ釀シ而シテ第三期ノ終ニ於テ二萬圓ノ利益アリタリトスレバ此二萬圓ハ

之ヲ組合ノ利益トシテ直チニ分配スヘカラズ必ラズ前期ニ於ケル壹萬圓ノ損失ノ塡メ合ハセヲ爲シタル後ニ於テセザル可ラザル也而メ此際第二期ノ終ニ事故アリテ損失ノ計算ヲ爲サヾリシニ第四期ニ至リテ再ヒ五千圓ノ損失ヲ爲シタル時ハ此損失モ亦第三期ノ利益ヲ以テ之レヲ塡補セザル可ラザルナリ斯カル場合ニ於テ匿名員ハ其期限ニ至ルモ未ダ受取ラサル利益乃ハチ第三期ノ終ニ於ケル一萬圓ノ若干割若クハ既ニ受取リタル利益ヲ以テ其後ニ生シタル損失ヲ補充スルノ義務ナキ也

匿名組合ノ契約解除

第二百七十一條　匿名組合ノ契約ハ其契約ニ於テ時期ヲ定メサリシトキハ六ケ月前ノ豫告ヲ以テ之ヲ解除スルコトヲ得又其契約ハ營業者ノ破産若クハ死亡又ハ其營業ノ廢止ヲ以テ終ル

契約解除後出資額ノ拂戻

第二百七十二條　契約解除ノ場合ニ於テハ匿名員ノ負擔ニ歸ス可キ損失及ヒ債務ヲ引去リタル其後ノ出資

匿名員ノ契約解除ノ場合ニ要求シ得ル權利

額ヲ之ニ拂戻スコトヲ要ス

第二百七十三條　匿名員ハ契約解除ノ場合及ヒ毎事業年度ノ終ニ於テ計算書ノ差出ヲ求メ及ヒ商業帳簿並ニ書類ヲ展閲調査セントスムル權利アリ

此規定ハ第二百六十六條及ヒ第二百六十七條ニ揭ケタル場合ニモ又之ヲ適用ス

此ノ三條ハ組合契約解除及ビ解除ノ際ニ行フベキ規定ナリ而シテ普通ニ組合ノ契約ハ其一時ノ商取引若クハ作業ニ關スル場合ニハ其商取引若クハ作業ヲ結了セバ之ト同時ニ終了スベク又或ル期限ヲ定メテ商業ヲ營ムトキニハ其時期ノ滿了ヲ以テ終ルベク其他組合員ノ死亡若クハ破產等ニ依リテモ終ルベシ而シテ若シ時期ヲ定メザル場合ニハ六ケ月ノ豫告ヲ以テ此契約ヲ解除スルコトヲ得ベキモノトス而シテ此ノ解除ノ場合ニハ各組合員ニ當初ノ出資額ニ應ジテ拂戻スベキモノトスレ𪜈其ノ組合員ニ歸スベキ損失及ビ今後支

拂フベキ負債義務ヲ差引キ殘リタル部分ニアラザレバ之ヲ拂戻スヲ得ズ然ラザレバ他ノ組合員カ又ハ第三者ヲ害スベキヲ以テナリ

此ノ如ク損益ヲ通算シ又收入支出ヲ差引シテ殘餘ノミヲ拂戻スベキモノトセバ各組合員ハ此ノ組合解散ノ塲合及每事業年度ノ終ニ於テ豫メ其損益計算ヲ調査シ商業帳簿幷ニ書類ヲモ撿閲シテ其實況ヲ知ルノ權ナカルベカラズ此等ノ事ハ單ニ匿名組合ノミナラズ他ノ二百六十六條ニ定ムル當座組合二百六十七條ニ定ムル共分組合ノ塲合ニモ亦適用セラルベキモノトス

第七章　商事契約

商事契約

商事ノ如何ナルモノナルヤハ業既ニ之ヲ陳ジ了リタレバ今亦更メテ之ヲ言ハズ唯ダ契約ノ事ニ至リテハ未ダ之ヲ說カザレバ此ニ聊カ之ヲ述ブベシ而シテ之ヲ述ブルニ先チテ先ヅ義務ノ何タルカヲ說カザルベカラズ義務トハ

義務ノ解

約シテ之ヲ言ヘバ他人ヲシテ或事ヲ爲サシメ又ハ或事ヲ爲サヽラシムル法

義務ニハ必ラズ二人ノ對手ヲ要ス

義務ハ債主ヨリ之ヲ見ルト負債主ヨリ之ヲ見ルトニヨリ表裏ノ觀アリ

契約ノ解

鎖ヲ云フト謂フヲ得ベシ而シテ所謂法鎖トハ比喩ニシテ法律上ノ關係ヲ以テ繫ギタル連鎖ト云フ意味ナリ乃チ人ヲシテ强テ契約ノ履行ニ服セシムルノ意ヲ表示セルモノニ外ナラサルナリ此ノ如ク義務ハ人ヲシテ强テ或事ニ服セシムルモノナルカ故ニ苟クモ之ヲ盡シ了ル乎又ハ或ル特別ノ事由ノ發生スルニアラザレバ之ヲ脫却スルヲ得サルモノトス

此定義ニ依リテ之ヲ觀ルトキハ義務ニハ常ニ必ラズ二人ナカラザルベカラサルノ理アルヲ知ラン乃チ其一人ハ控製セラル、人ニシテ義務者即チ是レナリ人此者ヲ目シテ或ハ債務者又ハ負債主ト云フ他ノ一人ハ則チ拘束ニ依テ利益ヲ受クベキ人ニシテ權利者即チ債權者是ナリ去レバ義務ハ其視察ノ點ヲ異ニスルヨリ全ク表裏ノ見アリ即チ負債主ノ地位ヨリシテ之ヲ見レバ義務者ハ即チ一ノ負擔ニシテ其當産中ニ在テハ消極ノ部分ニ居ルモ債主ノ地位ヨリ之ヲ見レバ則チ一ノ權利ニ屬シテ其資産ノ中ニ在テハ積極ノ部分ヲ占ムルモノトス而シテ此義務ヲ發生スルガ爲メニ二人以上ノモノ、爲ス

契約ハ合意ノ一種

意思ノ合同ヲ名ケテ契約トハ言フナリ倘シ二人以上ノ者ノ意思ノ合同ニシテ其効果ヲ生ズルノ外更ラニ其生ゼシ義務ヲ變更シ又ハ消滅スルニ在ルトキハ法學上ノ術語ニ於テ之ヲ稱シテ合意ト云フ故ニ契約ハ合意ノ一種ニ外ナラズト云フベシ昔時、社會ノ仍ホ幼稚ニシテ文明ノ程度未ダ高カラザリシ時ニ在テハ世事皆ナ極メテ簡單ナリシヲ以テ取引交通甚ダ稀レニ且ツ極メテ遲緩ナリシト雖モ人ハ三面六臂ヲ有スル者ニアラザレバ己レ一人ニテ己レノ要スル凡テノ需用ヲ滿スヿ能ハズ隨ツテ取引交通ナシニ生活スルヿ能ハザリキ況ンヤ社會漸ク發達シ文明ノ程度大イニ進歩シ人事亦隨テ複雜ヲ極ムルノ時ニ際リテハ彼ノ分業ノ方法ニヨリ各人專ラ其長ズル所ノ事ニ從ガヒ以テ交通貿易ヲ計ルニ非ザレバ極メテ艱苦ナル生活ヲ以テ其生涯ヲ終ヒ到底其要望ヲ滿足スルヿ能ハザルベシ於是乎契約ヲ爲サヾル可カラザル必要ヲ生スルナリ然リ而シテ契約ハ社會ノ風儀ヲ紊リ國家ノ公益ヲ壞ブリ法律ノ命令禁止ヲ破ブル等ノコト無キ

商事契約ヲ商法中ニ規定セル理由

限リハ如何ナル契約ヲ爲スモ吾人ノ欲スル儘ナリト雖モ此頻繁多忙ナル活生界ニ處シテ契約ヲ爲スニ其細項微目ニ至ル迄一々丁重ニ協議談合ヲ盡シ得ベカラサルヿ多カルベシ故ニ立法者ハ世人ガ契約ノ締結ヲ爲スニ付キ常ニ抱クベキ普通ノ意思ヲ推測シ其特ニ之ニ異ナル契約ヲ爲スノ思想ヲ示セル時ニアラザレバ則チ之ニ由ルベキモノトスルハ實ニ必要ノヿナリト謂フベシ我立法者ノ本章ニ於テ商事上ノ契約ト題シ商事ニ關スル契約ノ通則ニ付キ規定ヲ爲セルモノハ實ニ此理由ニ由ル畢竟商法ハ一箇特別ノ法律ナリ故ニ其特ニ規定セザルモノニ付テハ商事上ノ慣習又ハ民法上ノ規定ニ從ガハザルベカラザルモノナルガ故ニ本章中ニ特ニ民法ニ屬スル普通ノ原則ヲ明定セルガ如キハ幾ンド無用ノ文字タルヲ免カレサルノ觀アリト雖モ又之レガ爲メニ本法ノ適用ヲ明瞭ナラシメ依リテ以テ事ノ難易ニ論ナク之ヲ制定スルニハ民法ノ規定ヲ待タザルモ容易スク明瞭ニ且ツ確定スルヿヲ得セシムベケレバ必ラズシモ之ヲ蛇足トシテ非難スベカラザルナリ

契約ノ種類

契約取結ノ方法

商事契約ノ旨趣ノ確定及其解釋

第一節　契約ノ種類

我立法者ハ本節ニ冠ラシムルニ契約ノ種類ナル語ヲ以テシタリト雖モ細カニ之ヲ考フレバ其何ノ故ナルカヲ知ルヿ能ハザルニ苦シムナリ蓋シ我立法者ハ契約ノ種類・ヿニ付テハ本節中ニ何等ノ規定モ之ヲ爲サズ却テ其題意ノ中ニ含マレザル契約ノ締結、契約ノ解釋、契約ノ証據及ビ契約ノ履行等ニ屬スル事柄ヲ規定シタレバナリ故ニ題名ト其題名ノ下ニ規定セル事柄トハ相添ハズトノ非難ハ到底之ヲ免カルヿ能ハザルナリ

第二百七十四條　商事契約ハ明示又ハ默示ニテ之ヲ取結フコトヲ得

第二百七十五條　商事契約ノ旨趣ハ當事者ノ眞實及ヒ確定ナル共通ノ意思ニ依リテ定マルモノトス其意思ハ商慣習ト商人タル者ノ當然ノ考トニ從ヒテ解釋ス可シ

契約ノ旨趣ハ商事者ノ眞實確定ナル共通ノ意思ニヨリテ定マルガ故ニ滑稽若シクハ假僞ニ出デシ意思ハ決シテ契約ヲ成スヿナシ蓋シ當事者ノ意思ノ合同ハ契約成立ノ一要素ナルガ故ニ滑稽又ハ假僞ニ出デシ契約ノ如キハ意思ノ合同ヲ表示シ得ルモノニアラサレバナリ此ニ其意思ヲ知ルガ爲メニ商慣習ト商人タルモノヽ當然ノ思考トニ依ラザルベカラズトセル所以ノモノハ商人ト商人ニアラサルモノトヲ問ハズ凡ベテ商事契約ヲ爲スモノハ皆ナ商習慣ニ循據シ商人タルモノヽ爲スベキ當然ノ思考ヲ爲スモノナルガ故ニ其意思ヲ知ルガ爲メニハ之レニ據ルノ他、別ニ簡便ナル方法ナケレバナリ

明示契約取結ノ方法

第二百七十六條　明示ノ契約ハ書面、口頭又ハ容態ニテ之ヲ取結フヿヲ得

契約ノ主タル目的物五十圓ヲ超ユル時ニ

第二百七十七條　主タル目的物ガ五十圓ノ價額ヲ超ユル契約ハ其履行ヲ即時ニ爲サヽルトキハ之ヲ書面ニ作

於ケル証據ノ保存方

成シ交付ス可シ

本法中或ル契約ニ關スル特別ノ規定ハ前項ノ爲メニ妨ケラルヽコト無シ

本條ノ趣旨ハ証據ヲ他日ニ存シテ紛議ヲ未ダ萠サヾルニ防遏セントスルニ外ナラサルナリ蓋シ書面ヲ以テ契約ノ趣旨ヲ認メ置トキハ假令紛議ノ後日ニ生スルヿアリトモ之ヲ裁斷スルニハ之ナキ塲合ヨリモ極メテ容易ナルニ由ル然ラバ則チ契約ノ主タル目的物ガ五十圓ノ價額ヲ超ユル時ニノミ書面ノ作爲ヲ必要トスルノ理由ハ如何ト云フニ此額以下ノ契約ハ甚ハダ小取引ニシテ常ニ民間ニ行ハルヽヿ極メテ頻繁ナリ然ルニ仍ホ書面ノ作成ヲ必要ナリトスルニ於テハ各人ノ不便ヲ感ズルヿ甚ダシク且ツ斯カル小取引ニ斯ノ如キ手數ヲ命ジテ幾多ノ費用ヲ要セシムルガ如キハ是レ商業ノ發達ヲ妨グベシト思料スルニ因ルナリ

其他尚ホ書面ノ作成ニ從フベカラザル塲台少ナカラズ是レ本條末項ノ規定

書面作成ノ要件

書面作成ノ要件ヲ充タサヽル時ノ制裁及其制裁ヲ免スル場合

アル所以ナリ而シテ其事ハ後ニ其各場合ニ至リテ細カニ之ヲ說クベキナリ

第二百七十八條　書面作成ノ要件ハ合式ノ契約證書ヲ以テモ義務者又ハ其代人ノ署名若クハ之ニ代ハル可キ氏名アル書翰、電報、勘定書、切符其他ノ各書類ヲ以テ之ヲ充タスコトヲ得

第二百七十九條　第二百七十七條ニ掲ケタル契約ノ旨趣ニ付テノ證據又ハ反對證據ハ書面ヲ以テスルモノニ限リ之ヲ許ス但第二百七十五條ニ從ヒテ爲ス契約明ニ關スルモノ又ハ羇束スル意思ナクシテ契約書ニ掲ケタル事實ニ關スルモノハ此限ニ在ラス

條欵ノ解釋ニ關スル又ハ錯誤、强暴若クハ欺詐ノ證

倘シ書面ニ依ラサルモ契約ノ証明ヲ許ストセンカ特更ニ手數ト費用ヲ要シテ書面ノ作成ニ從フモノナカルベキニヨリ第二百七十七條ノ規定ハ徒爲ニ

屬セントス而シテ能ク之ヲ有効ナラシメンガ爲ニハ書面ニ依ルニ非ザレバ證明スルヲ得サラシムルニ如クハナキナリ雖然不能ノヿハ立法者ノ威力ヲ以テスルトモ之ヲ人ニ責ムルヿ能ハズサレバ書面ヲ作ルヿ能ハザル場合ニ在リシ者ニハ書面ニ依ラザルモ證明ノ途ヲ得セシメサルベカラザルナリ故ヲ以テ第二百七十五條ニ從ヒテ爲ス契約ノ條款ノ解釋ニ關スルモ、又ハ錯誤強暴若シクハ詐欺ニ關スルモノ又ハ羈束スル意ナクシテ契約書ニ掲ケタル事實ニ關スルモノニハ書面ニ依ラザルモ證明スルヿヲ得セシム

蓋シ契約ノ解釋ニ付キ書面ノ作成ヲ必要ナリトスルトキハ解釋ノ書面ニ又解釋ノ書面ヲ要スルニ至ルベキカ故ニ證書又證書ト底止スル所ヲ知ラザルニ至ルベシ而シテ錯誤、強暴又ハ詐欺ノ如キハ何人ノ意思ニ基クモ之カ爲メニ書面ヲ作ルヿ能ハザルハ明ラカナリ且ツ又羈束スル意ナクシテ契約書上ニ記サレタル事實ニ就テハ元來羈束スルノ意ナキモノナレバ書面ヲ作成シテ證據ヲ後日ニ遺サヾルトモ毫モ責ムベキ點ナキナリ

書面作成ノ要件ヲ充タサヽルモ契約ノ効力アル場合

第二百八十條　第二百七十七條ニ掲ケタル契約ハ書面ニ作成セスト雖モ後ニ至リ當事者ニ於テ殊ニ雙務契約ノ場合ニ在テハ其雙方ニ於テ實際之ヲ履行シ又ハ書面ヲ以テ之ヲ承認シタルトキハ其効力アリ

前ニ説ク第二百七十七條ハ單ニ證據ノコヲ規定セシニ過ギザレバ書面ヲ作成セザルトモ其成立ニハ妨ゲナキナリ故ニ契約ノ履行ニ着手シ又ハ書面ニ依リテ之ヲ承認セバ其効力ヲ生セザルベカラズ

默示ノ契約ノ存スル場合

第二百八十一條　默示ノ契約ハ契約提供ニ對シテ默示ノ承諾アル場合ニ存シ又事ヲ爲シ又ハ爲サヽルニ因リテ法律上若クハ商慣習上義務又ハ請求權ノ生スル總テノ場合ニ存ス

默諾ハ明言ノ正反對ニ立ツモノナリト雖モ契約ヲ爲スベキ意思ヲ直接ニ發露スルノ點ニ至リテハ彼此ノ間毫モ差異アルヲ見サルナリ故ニ默諾ノ契約

トモ明示ノ契約ト其効力ヲ異ニスベキノ理ナキナリ

默諾ノ場合

第二百八十二條　契約提供ニ對スル默示ノ承諾ハ一般ニ商慣習若クハ誠實信用ニ因リ殊ニ被提供者ノ特別ナル業體又ハ雙方間ノ平常ノ取引關係ニ因リテ承諾シタルモノト通例推定ス可キ場合ヲ除ク外ハ決シテ存スルモノト看做スコトヲ得ス

契約ヲ爲スベキ意思ノ發表ヲ爲スノ点ニ付テハ默諾ハ明諾ニ異ナラスト雖モ契約提供ニ對スル承諾ハ直チニ法鎖ヲ生ジテ其行爲ニ拘束ヲ加フルモノナレバ默示ノ承諾アリトハ容易ニ斷ジ得ベカラザルナリ故ニ默諾アリト推知シ得ベキ有力ナル事情ノアルニアラザレバ決シテ其存在ヲ認ムベカラザルモノトス

雙務ノ契約

第二百八十三條　雙務ノ契約ニ在テハ相手方ノ履行ニ對スル承諾ハ其承諾シタル一方ニ於テモ履行ス可キ

契約ニハ合法ノ原因アルヲ要ス

義務ノ發生ヲ未必條件ニ關セシメタル時

未必條件又ハ期限ノ効力

默示ノ約束ヲ爲シタルモノトス

雙務ノ契約ハ其取結ト同時ニ當事者双方ニ義務ヲ生シ而シテ其義務ハ相互ヒニ其得ベキ義務ノ原由ヲ爲スモノナレハ相手方ノ爲ス義務ノ履行ニ對シテ承諾ヲ爲スモノハ己レニ於テモ亦履行スベキ旨ヲ諾セルモノト見ザルベカラザルナリ

第二百八十四條　契約上ノ義務ハ明示ト默示トヲ問ハス合法ノ原因アルニ非サレハ成立スルコトヲ得ス

第二百八十五條　契約上ノ義務ヲ將來ノ事件ノ不確定ナル發生又ハ不發生ニ繫ラシムル場合ニ於テハ契約ハ其事件ノ發生セサルトキ又ハ發生シタルトキハ當然消滅ス

第二百八十六條　契約ニ加ヘタル未必條件又ハ期限ハ此カ爲メ利益ヲ受ク可キ者ノ明示ノ抛棄ニ因ルニ非

反對ヲ明言セサレハ常ニ連帶義務ヲ生ス

保証ノ義務モ亦然リ

サレハ無効ト爲スコトヲ得ス
己レノ利益ハ己レ自カラ之ヲ拋棄スルモ自由ナリ又自由ナラザルベカラズ然レドモ人ノ利益ハ己レ一個ノ意思ノミニテ之ヲ毀損癈滅スルヿヲ得ザルハ法律ノ規定ヲ待テ後知ルヲ要セザルナリ

第二百八十七條　商事契約ニ依リ二人以上共同シテ債權ヲ取得シ又ハ債務ヲ負擔スル場合ニ於テハ反對ヲ明示シタルニ非サレハ負債權ハ各債權者ヨリ又債務ハ各債務者ニ對シテ連帶且無條件ニテ其効用ヲ致サシムルコトヲ得

第二百八十八條　前條ノ規定ハ保證義務ノ場合ニ於テモ之ヲ適用ス殊ニ一人ノ保證人ニ對スル二人以上ノ債權者ニ關シテモ一人ノ債務者ノ爲メニスル二人以上ノ保證人ニ關シテモ二人以上ノ債務者中ノ一人ノ

爲メニスル保證人ニ關シテモ之ヲ適用ス

民事ニ在リテ義務ノ連帶ナルハ特別ニシテ單純ナルハ普通ナリ故ニ連帶アリトスルニハ特ニ明言セザルベカラズ然ルニ本件ノ規定ハ之レニ反シテ反對ヲ明示セザル時ニハ常ニ當然連帶ナルモノトセルハ之レニ依リテ以テ鞏固ナル擔保ヲ與ヘ依テ以テ商事ニ最トモ必要ナル信用ヲ安全ナラシメント欲セルナリ又民事ト商事トヲ問ハズ債務モ債權モ單純ナルハ其常ニシテ條件ノ之レニ伴フハ異常ノコタリ故ニ義務ニ條件ヲ附帶セント爲スニハ特ニ明約セザルベカラザルナリ

商事ニ於テ人ノ爲スヘキ注意ノ程度

第二百八十九條　商事ニ於テ他人ニ對シ責ニ任スル注意ハ別段ノ規定又ハ契約アルニ非サレハ辨識アリ且勉勵ナル商人カ履行地ノ慣例ニ從ヒテ爲ス可キ注意ナリトス

豫メ契約ヲ爲

第二百九十條　不適法ノ意思又ハ甚シキ怠慢ニ出テタ

シテ免カル能ハサル責任

豫メ負フベキヿヲ約シ得ル負擔

ル行爲ニ付テノ責任ハ豫メ契約ヲ以テ之ヲ免カル、コトヲ得ス

既ニ前條ニ於テ人ノ爲サヽルベカラザル注意ノ程度ヲ規定セリト雖モ物ノ價ヲ定ムルハ各人ノ隨意ナレバ之レニ對スル注意ノ程度ヲ定ムルヿモ亦自由ナラザルベカラズ故ニ特約ヲ以テ輕減スルヿヲ得セシム然レドモ之レニハ制限ナカルベカラズシテ法律ニ適ハサル意思又ハ甚シキ怠慢ニ出テタル行爲ハ假令明約ニ依ルト雖モ其責ヲ免カレシムベキニアラザルナリ蓋シ此ノ如キ契約ニ効アラシムルトキハ人ヲ放恣怠慢ニ導クノ虞アリテ一國ノ風儀ヲ傷ナヒ商界ノ信用ヲ毀損スルヿ少ナカラザルニ由ル

第二百九十一條　意外ノ事ニ因ル危險及ヒ至重ナル注意ハ本法ニ規定ナキモ明示ノ契約ヲ以テ之ヲ引受クルコトヲ得

人ハ皆契約ヲ以テ責任ノ程度及其範圍ヲ減縮スルヿノ自由ヲ有セハ又之ヲ

增シ又ハ擴ムルヿモ自由ナラザルベカラズ而シテ此理窟ハ以テ本條ヲ說明スルニ充分ナルベシ

第二節　契約ノ取結

契約ノ取結

本節ノ規定アル所以

契約ハ二人以上ノモノヽ意思ノ合同ニ依リテ義務ヲ生ズルコトニ名クルモノナルガ故ニ其成ルガ爲メニ或ル行爲ヲ要スルヤ論ヲ待タザルナリ而シテ其行爲ハ一方ヨリシテ爲ス提供卽チ申込ニ對シ之ヲ爲サレタル他ノ一方ガ與フル承諾ニ過ギザルガ故ニ別ニ一節ヲ設ケテ此事ヲ規定スルノ必要ナキガ如シト雖モ契約ノ取結ニ關スル行爲ハ常ニ爾カク簡單容易ノモノニアラザルナリ一方ノモノヽ爲ス提供ニ他ノ一方ノモノハ之ヲ受ケシノミニテ承諾セズニ經過スルヿアルベク斯カル時ニハ承諾アリト爲スベキヤ又承諾ノアラザルモノト爲スベキヤ人ニ向テ提供ヲ爲シ或ハ承諾ヲ爲セルモノ後ニ其意思ヲ變ゼルトキハ之ヲ變更シ又ハ全ク取消スヿヲ得ベキヤ否ヤ之ヲ爲シ得ベシトスルモ又之ヲ爲シ得ベカラズトスルモ之ヲ爲シ得ル時間及ビ爲

契約ノ成立スル時期

シ得ザル時間ハ如何又隔地ノ間ニ通信ヲ以テ契約ヲ取結フ際之ヲ送達スルモノヽ過誤不注意ニテ損害ヲ生ゼシメタル𬼂ハ其損失ハ何人ノ負擔トスベキヤ又契約ヲ結ブベク提供ヲ爲セル塲合ニ之ヲ便ナラシムルガ爲メニ送付セル見本代價附其他ノモノノ處分ハ如何提供者又ハ被提供者ノ意思ニ錯誤アリテ任意ニ之ヲ發表シタルニアラサルトキハ其發表セラレタル意思ハ如何ナル効力ヲ有スルカ凡ベテ此等ノヿハ法律ヲ以テ之ヲ規定シ置カザルトキハ其ノ實際ニ臨ミテ言フベカラザル混擾紛雜ヲ致シ論爭ノ種子ヲ此ニ發生スルナルベシ是レ我立法者ガ此ニ契約取結ノ一節ヲ規定セル所以ナリトス

第二百九十二條　契約ハ一方ノ提供ヲ他ノ一方ニ於テ異議ナク承諾シタルトキ直チニ之ヲ取結ヒタルモノトス但默示ノ承諾ノ存セサルトキハ適當ノ方式ヲ以テ提供者ニ承諾ヲ述フルコトヲ要ス

提供ヲ拒絶シタリト見做サルヽ場合

之レヲ承諾セリト見做サルヽ場合

契約ハ當事者双方ノ意思ガ或一點ニ合同セル結果ナリ之ヲ以テ合意ナケレバ契約存セズ合意ナクシテ契約存セズンバ合意ノアリタル時ハ即チ契約ノ成レル時ト謂ハザルベカラザルナリ

第二百九十三條　契約ノ提供ハ即時ニ又ハ被提供者ニ許與シタル期間ニ承諾ヲ述ヘサルトキハ之ヲ拒絶シタルモノト看做ス

第二百九十四條　提供ノ默示ノ承諾ヲ推定スルコトヲ得ル場合ニ於テハ被提供者カ即時又ハ許與セヲレタル期間ニ拒絶ヲ述ヘサルトキハ其提供ヲ承諾シタルモノト看做ス

此二條ハ法律ヲ以テ契約ヲ爲サントスルモノヽ意思ノ推測ヲ爲セルモノニシテ前條ハ契約ノ提供ヲ受ケタル者ノ默過ヲ以テ承諾ノ拒絶ト推定セルモノニシテ而シテ後條ハ之レト同一ノ狀況ヲ以テ却テ承諾ヲ爲セルモノトス

隔地間ノ提供ニ對スル承諾ヲ即時ニ爲シタリト見ル場合

提供ニ變更ヲ

ルモノナリ故ニ人倘シ前條ノ場合ニ於テ契約ヲ爲スヿヲ欲セザルトキハ別ニ何等ノ所爲ヲモ爲スヲ要セズト雖モ後條ノ場合ニ在リテハ己レノ意、契約ヲ結フニ在ラザルヿヲ明示セルニアラザレバ契約ノ効果ヲ受ケザルヲ得ザルナリ

第二百九十五條　地ヲ隔テタル者ノ間ニ於テハ提供者ニ對スル承諾ノ陳述ハ遲クトモ提供ヲ受取リタル翌日正午マテニ普通ノ送達方法ヲ以テ提供者ニ其陳述ヲ發シタルトキハ即時ニ之ヲ爲シタリト看做ス但其翌日カ一般ノ休日ナルトキハ更ニ其翌日ニ於テスルコトヲ得

此ニ休日ヲ除ケルモノハ此日ハ人ノ業務ヲ抛チテ快樂ヲ取ル日ナルニヨリ之レニ業務ヲ爲スヿヲ強ユルハ酷ナレバナリ

第二百九十六條　契約提供ニ對シテ條件ヲ附シ又ハ變

加ヘテ爲ス承諾

更ヲ加ヘテ爲ス承諾ニ在テハ提供者ハ其選擇ヲ以テ之ヲ純粹ノ拒絶ト看做シ又ハ被提供者ヨリ更ニ爲シタル提供ト看做スコトヲ得

契約ノ提供ヲ受ケタルモノ或ヒハ之レニ別段延長セル期限ヲ伴ハシメ或ヒハ之レニ未必條件ヲ負ハシメ其他凡ベテ其受ケタル提供ヲ變改シテ以テ承諾ヲ表スルヿアルベシ如此時ニハ之ヲ承諾アリト見做スベキカ或ヒハ拒絶アリ併セテ又新タニ提供アリタルモノト見做スベキカハ本條ニ於テ之ヲ規定セルモノナリ而シテ法律ハ此兩説ノ中何レノモノヲ採用セルカト云フニ何レモ採ラズ此ノ如キ場合ニ於テハ拒絶アリト見ルト新タナル提供ノアリタルモノト見ルトハ一ニ先キニ提供ヲ爲セル者ノ撰擇ニ任ゼリ是レ甚ダ好シ蓋シ何等ノ變態ヲモ付セズニ提供ヲ爲セル者ハ之レニ變態ヲ付スルハ其意ニアラザルモノト云ハザルベカラザルガ故ニ提供ヲ受ケタルモノガ之ヲ變更シテ承諾セルトキハ常ニ必ラズ承諾ノアリタルモノト爲シ此時ヨリ契

提供者ノ羈束セラル、時期及提供ヲ取消シ得ル場合

約ノ成レルモノトスルハ甚ダ酷ニ失スルモ去リトテ又常ニ之ヲ拒絶シ新タナル提供ノアリタルモノト爲ストキハ先キニ提供ヲ爲セルモノニ於テ何時モ其變更シテ返サレタル提供ニ對シ更ニ承諾ヲ表セサルベカラザレバ遂ニ其局ヲ結ブ能ハザルノ不便アリ其如此キハ迅速ト簡易トヲ貴ブ商業會社ニハ避クベキヿナレバナリ

第二百九十七條　提供者ハ被提供者カ通常ノ情況ニ於テ即時又ハ期間ニ承諾ヲ述フルコトヲ得ル時ニ至ルマテハ被提供者ニ對シテ其提供ニ羈束セラル、モノトス然レトモ提供ノ被提供者ニ達スル以前又ハ達スルト仝時ニ提供ノ通知ヲ以テ其提供ヲ取消スヿヲ得

人ニ向テ或提供ヲ爲セルモノ其提供ノ未ダ先方ニ受領セラレザル以前ニハ何時ニテモ之ヲ取消スヿ自由ナラザル可ラズ蓋シ人ハ承諾ナシニ權利義務ヲ有スル能ハザルモノニシテ提供ノ受領セラレザル以前ニ在テハ被提供者

ハ未ダ何等ノ發意モアラザレバナリ然ラバ提供ト之レヲ取消ス通知トガ同時ニ先方ニ受領セラレタルトキハ如何ニ之ヲ決スベキカト云フニ本條ハ斯ノ如キ塲合ニ在リテモ仍ホ之ヲ取消スコヲ得ベシト爲セリ是レ二个ノ相反セル意思ガ全時ニ同一ノ人ニ提供セラレタルトキハ後ニ發表セラレタル意思ヲ以テ眞實ノモノト爲サヾルベカラズト爲スナリ然レドモ提供ノ一旦先方ニ領收セラレタル後ニハ亦之レト同一ニ論スベカラズ乃チ提供ヲ爲セルモノハ之ヲ受ケタルモノガ即時又ハ承諾ヲ告グルニ適當ナル時間ノ過去ルマデノ間ハ其爲セル提供ニ拘束セラレテ明リニ之ヲ變更スルコ能ハザルナリ其然ル所以ハ是レヨリ以後ニ在リテハ双方ノ間ニ合意アリ而シテ合意ノ成レル上ハ一方ノ意思ノミニテハ之ヲ變更スルコ能ハザレバナリ

承諾後取消ノ効力

第二百九十八條　契約提供ノ承諾ヲ述ヘタルトキハ他ノ一方ノ同意ヲ得ルニ非サレバ其承諾ヲ取消スコヲ得ス然レトモ地ヲ隔テタル者ノ間ニ於テハ取消カ承

諸陳述ノ達スル以前又ハ達スルト仝時ニ提供者ニ達スルトキハ其取消ヲ有効トス

地ヲ隔テタルモノヽ間ニ契約ヲ爲ス場合ニハ承諾陳述ノ未ダ提供ヲ爲セルモノニ達セザル前ニ既ニ合意アリ從テ契約成ルカ將又承諾ノ通知提供者ニ達セルトキニ成ルカハ是レ英ニ於テモ佛ニ於テモ古來學者間ニ激シキ論爭ノアル所ナルガ本條ハ此大難問ヲ決シテ承諾通知ノ達スル以前カ又ハ其達スルト同時ニ之ガ取消ノ通知ノ達セルトキハ其取消ヲ有効ト爲セリ本條ノ規定スル所ハ學理上ヨリスレバ之ヲ非難スルヿヲ得ベシ何トナレバ契約ハ當事者ノ意思ノ相合致スルニ成リ而シテ意思ノ合致ハ地ヲ隔テタル者ノ間ニ於テ爲サルヽ時ト雖モ其他ノ場合ニ於ケルト同ジク己レニ爲サレタル提供ニ對シテ承諾ヲ與ヘタルトキニ成ルモノナレバ此以後ニ於テハ一方ノ意思ニテ之ヲ取消スヿ能ハザルモノナルニ本條ハ取消通知ガ承諾通知ヨリ以前又ハ其レト同時ニ達スル𬼀ハ契約ヲシテ成立セシメサレバナリ然レドモ

契約取結ノ通信送達人ノ過誤遲延等ノ責ヲ負フヘキ人

代價附見本其他契約ヲ締結スル際ニ一方

歐洲諸邦國ノ間ニ於テモ論諍ヲ免カレザル此大難問ヲ此ニ決定シテ以テ議論ノ種子ヲ絶テルハ吾人ノ立法官ニ謝セザルベカラザル所ナリ

第二百九十九條　契約取結ニ關スル通信ヲ爲スニ當リ送達人ノ過誤及ヒ遲延ニ付キ送達人ニ其責任ナキトキハ送達ノ爲メ利益ヲ受クル者其責ニ任ス

場所ヲ隔テヽ契約ノ締結ヲ爲スノ時ニ在リテハ通知ノ到達ノ遲延又ハ其他ノ過誤ノ爲メニ雙方ノ間ニ行違ヲ生ズルヿハ決シテ之レ無シト云フベカラズ斯カル場合ノ爲メニ生ゼル損害ハ何人之ヲ負フベキカ是レ本條ノ規定スル所ニシテ乃ハチ送達人ニ其責ヲ負ハシムルトキハ其送達ノ爲メニ利益ヲ受クベキモノ之ヲ負フベシト爲セリ是レ其送達ハ其者ノ利益ノ爲メニ爲サルヽモノナレバ爲メニ生スル不虞ノ損害ヲ負フハ當然ノヿナレバナリ

第三百條　見本代價付其他契約提供ヲ媒介スル物ニシテ契約提供ト共ニ送付シ若クハ別ニ送付スルモノハ

ヨリ他ノ一方ニ送付スル物ノ處分方

其提供ノ拒絕セラル、場合ト雖モ被提供ノ方ニ留マルヲ通例トス其他ノ商品ニ在テハ被提供者ハ提供者カ更ニ處分ヲ爲スニ至ルマテ相當ノ方法ヲ以テ之ヲ貯藏ス可シ然レトモ第三百七十三條ノ規定ニ從ヒ相當ノ期間ニ其商品ヲ賣却シテ立替金及ヒ口錢ノ辨濟ニ充ツルコトヲ得

契約ノ提供ヲ爲スニ際リ見本代價附等ヲ其對手ニ送付シ以テ契約ヲ爲スノ便益ニ供スルヿアルハ何人モ常ニ目擊スルカ如シ而シテ此等ノ見本代價附等ノ如キハ契約上ノ物品ニアラスシテ只之レヲ爲スノ階梯ニ過ギズ此等ノ物件ハ之レヲ送ラレタルモノ、有ト爲スハ今日我邦商界ノ常習ナリ本條前段ノ規定ハ即チ此常習ヲ認メタルニ過ギズ然レドモ其他ノ商品ニ至リテハ之ト同一ニ論ズルヲ得ズ此等ノ物品ハ契約上ノ一物件ナレバ其送付ヲ受ケタルモノハ契約ノ成レル上ハ其約款ニ從テ處分セザルベカラズ而シテ倘シ

モ其成ラザル時ニ於テハ提供者ガ更ラニ其處置ヲ爲スマデハ他人ノ物品ナレバ恣ニ之ヲ處分スルヲ得ズ乃ハチ相當ノ注意ヲ以テ之ヲ保存セザルベカラザルナリ

強暴詐欺錯誤及損失等ノ契約ヲ爲セル後ニ生セル時

第三百一條　商事契約ハ強暴、詐欺又ハ錯誤アル場合ニ於テハ之ニ對シテ異議ヲ述フルコトヲ得然レトモ大ナル損失ニ因リ殊ニ代價其他ノ報償ノ不相當ナルニ因リテ異議ヲ述フルコトヲ得ス

強暴詐欺ノ惡ムベキモノタルコハ固ヨリ論ナキノミナラズ此等兩者ハ錯誤ニ同ジク當事者ノ意思ノ合致ヲ妨グルモノナルガ故ニ後ニ其契約ニ對シテ異議ヲ述ブルコヲ得セシメタル本條ノ規定ハ能ク其當ヲ得タリ然レドモ損失ハ契約ニ何等ノ瑕瑾ヲ與フルモノニアラザレバ固ヨリ異議ヲ述ブルノ基礎タラシムベカラズ利益ノ競爭ヲ以テ事トスル商事上ノ契約ニ在リテハ殊ニ然リトス若シ否ラザレバ安全ノ契約ハ一モアルコナカルベシ是レ本條末

契約ノ履行

此規定アル所以

契約履行ノ解

段ノ規定アル所以ナリ

第三節　契約ノ履行

契約ヲ履行スルトハ契約ニテ定メラレタル凡ベテノ事柄ヲ其約セル趣旨ニ從テ全ク執行シ了ルヲ云フ凡ソ人ノ事ヲ爲スヤ痴漢狂兒ヲ除クノ外ハ皆ナ一定ノ目的ヲ有シテ之レニ達センコトヲ望マザルハアラズ去レバ契約ノ履行ハ則チ契約ヲ締結セルモノヽ達セント欲スル終極ノ目的ナリ而シテ之ヲ得ント欲スレバコソ貴重ノ時間ト惜シキ費用ヲ抛テ契約ノ締結ヲ爲スナレ若シ履行セラレザルノ契約ナラバ誰レカ之ヲ締結スル者アランヤ故ニ契約ノ最モ主要トスル所ハ此履行ニアリト謂ハザルベカラズ然レドモ此履行ノコトタル之ヲ爲スベキ時日、之ヲ爲スベキ塲所、其危險ノ負擔ノ如キ常ニ必ラズシモ契約ニ於テ明定セラルヽモノニアラザレバ法律ニ於テハ斯カル時ノ爲メニ豫ジメ規定スル所ナカルベカラズ是レ本節ノ設ケアル所以ナリ

第三百二條　契約ノ履行ハ一方カ他ノ一方ノ同意ヲ得

テ明示又ハ默示ニテ負ヒタル義務ヲ完全ニ辨濟スル
ニ在リ

本條ハ乃チ當初約束セル義務者ガ其ノ豫期ノ如ク或ルコトヲ爲スカ又ハ爲サヾルコトニ由リテ其ノ權利者ヲ滿足セシムルヲ以テ契約ノ履行ト云フヿヲ定メタルナリ

履行ノ事柄ハ履行地ノ定例ニ依ル

第三百三條　債務者ノ義務ノ旨趣及ヒ範圍殊ニ債務ノ目的物ノ性質及ヒ品位ニ付テハ履行地ニ行ハルヽ定例ニ依リテ之ヲ定ム但別段ノ契約又ハ商慣習アルトキハ此限ニ在ラス

本條ハ契約ノ取結ニ關スル事ハ其之ヲ締結セル地ニ行ハルヽ定例ニヨリテ裁スルガ如ク其履行ニ係ルヿハ之ヲ履行スベキ地ニ於ケル定例ニ依ラザルベカラズトノ一般ノ原則ヲ適用セルニ外ナラザルナ

債務者ノ故ナ

第三百四條　十分ナル債務辨濟ヲ適當ノ方法ヲ以テ債

ク辨濟ヲ拒絶セル時

權者ニ言込ムモ債權者其承諾ヲ拒絶スルトキハ債務者ハ其辨濟ス可キモノヲモ債權者ノ計算及ビ危險ニ於テ處分スルコトヲ得此場合ニ於テハ債務者ハ不適法ノ意思又ハ甚シキ怠慢ニ付テノミ債權者ニ對シテ責任ヲ負フ

義務ノ免脫ヲ得ザル間ハ債主ノ拘束ヲ免カル丶コト能ハザルカ故ニ債務者ニ於テ債務ノ履行ヲ爲サントスルモ債主故ナク之ヲ拒メル時ノ如キハ債務者ヲ保護シ之ヲメ不法ナル債主ノ爲ニ永ク義務ノ拘束ヲ脫スル能ハザルノ不幸ヲ免カレシムルノ方法ヲ設ケザル可ラズ而シテ本條ハ乃チ此場合ニ於ケル處分ヲ規定セルモノナリ債務者債務ノ辨濟ヲ爲サントスルニ當リ債主理由ナク之ヲ拒メルトキハ法律ハ其辨濟スベキ物件ヲ不法ナル債主ノ費用ト其危險トニ委シテ之ヲ處分スルコヲ得セシム故ニ債務者ハ濫リニ其債主ノ爲メニ苦シメラルルガ如キ不幸ナキヲ得ベシ而シテ此際債務者ハ他人ノ物

品ヲ處分スルモノナレバ相當ノ注意ヲ用井ザルベカラザルモノナルニ法律ガ不法ノ意思又ハ甚ダシキ怠慢即チ詐欺ト仝視スベキ過怠ニヨリテ損害ヲ爲セル時ノ外ハ一切其責ヲ免カレシメシハ債主ノ不法ヲ惡ミテ負債主ヲ惠メルモノナルベシ

遲延シ又ハ分割シテ爲ス辨濟ノ拒絕

第三百五條　債權者ハ一分ノ履行又ハ遲延シタル履行ヲ承諾スルコトヲ要セス但割拂ノ契約又ハ慣習アルトキハ此限ニ在ラス

債務者ハ其約セル通リニ履行セザルベカラザルモノナルガ故ニ債主ハ分割シテ辨濟スベキヿノ明約、默約又ハ慣習アルニアラザレバ強テ遲延ノ履行ト一部ノ履行トヲ受クベキノ義務ヲ有セザルナリ

履行遲延

第三百六條　契約ノ履行ハ契約上ノ滿期日又ハ其他定マリタル滿期日ニ之ヲ爲サヽルトキハ遲延シタリトス

満期日ノ定メ方

期間ヲ定ムルニ日數ヲ以テシタル時ノ滿期日

本條契約履行ノ遲延トハ何ノ謂ナルカヲ說明セルナリ

第三百七條　滿期日ハ日ヲ指シテ之ヲ定メ又ハ期間ヲ設ケテ之ヲ定ムルコトヲ得

何月ノ何日ト明ラカニ其義務ノ履行スベキ日ヲ指定スルハ則チ日ヲ指シ示シタル滿期日ニシテ六ケ月ノ後又ハ八ケ月若シクハ一ケ年ノ後ト義務履行ノ日ヲ定ムルトキハ之ヲ稱シテ期間ヲ設ケテ滿期日ヲ定ムルト云フナリ

第三百八條　期間ヲ定ムルニ日數ヲ以テシタルトキハ其期間ノ末日ヲ滿期日ト看做シ週數、月數又ハ年數ヲ以テシタルトキハ最後ノ週、月又ハ年ニ於テ結約ノ日ニ應當スル日ヲ滿期日ト看做ス

故ニ二月一日ニ在リテ廿日ノ後ト期日ヲ定ムルトキハ其結約ヲ爲セル一日ハ廿日ノ日數中ニ入ラザルナリ其然ル所以ハ此日ハ全一日ヲ爲サザレバナリ

結約ノ日ハ算入セズ

第三百九條　日ヲ以テ定メタル期間ノ計算ニ付テハ結約ノ日ハ之ヲ算入セス

半ケ月ハ十五日

第三百拾條　半ケ月ハ十五ケ日ノ期間ト見做ス之ヲ以テ其契約ヲ爲セル月ガ假令三十一日ノアルトキナリト雖モ又二月ノ如ク廿八日若クハ廿九日ヨリ多カラザル時ト雖モ半ケ月ヲ以テ定メタル期間ハ常月十五日ノ期間ト見做サルヽモノトス

滿期日ガ休日ナル時

第三百十一條　滿期日カ一般ニ休日ニ當ルトキハ其翌日ヲ滿期日ト見做ス

幾時間ヲ以テ一日トスルカノ解

第三百十二條　特別ノ情況アルトキノ外ハ履行地ニ於ケル慣習上ノ取引時間ヲ以テ履行ニ付テノ一日ノ時間ト見做ス

期間ノ經過中ニ履行ノ契約

第三百十三條　或ル期間ノ經過中ニ履行ヲ爲ス契約ナルトキハ其履行ハ期間內何レノ取引日ニテモ之ヲ爲

前條ノ場合ニ於テ疑ハシキ時ノ期日ノ定メ方

シ又ハ之ヲ求ムルヿヲ得
來ル何日迄ニ又ハ何ケ月ノ間ニ之ヲ履行スベシトノ契約ハ之ヲ或ル期間ノ經過中ニ履行ヲ爲ス契約ト云フナリ

第三百十四條 前條ノ場合ニ於テ疑ハシキトキハ期間ノ定ニ因リテ利益ヲ受ク可キ一方カ履行日ヲ擇ムヿヲ得通例此ノ如キ一方ト見做ス可キ者ハ商品ノ受取人又金錢ニ係ル債權ニ在テハ債務者トス

前條ノ場合即チ或ル期間ノ經過中ニ履行ヲ爲ス契約ノ場合ニ於テハ其履行スベキ日數多アルヲ以テ其ノ何レナルカ之ヲ知ルニ付テ爭ノ生ズルヿアルベシ而シテ其爭ヒノ生シテ之ヲ知ルヿノ疑ハシキトキハ本條ハ期間ノ定メニヨリテ利ヲ得ルモノノ撰定ニ委スベキヿト爲セリ法律ガ斯ノ如クニ規定セル所以ノモノハ此ノ場合ニ在リテハ双方ノ內孰レカ其一方ニ決セザルベカラザルガ故ニ之レニヨリテ最モ利益ヲ受クルモノヽ爲メニ期日ヲ定ムル

期間ヲ延ベテ別ニ定ムル所ナキ場合

ハ至當ナレバナリ

第三百十五條　期間ヲ延ヘタル場合ニ於テ別ニ定ムル所アルニ非サレハ其新期間ハ舊期間ノ滿期ヨリ起算ス

履行期日ノ定メナキ時

第三百十六條　契約其他ニ履行期日ノ定ナクシテ債務者其履行ヲ相當ノ期間ニ爲サヽルトキハ債權者ハ滿期日ヲ定ムルコトヲ得

履行期日ノ定メナキモノハ期限ノナキモノト謂ハザルベカラズ期限ナキモノハ何時ニテモ履行ヲ要請シ得ベキモノナレバ法律ガ履行期日ノ定ナクシテ而シテ債務者ガ其履行ヲ相當ノ時期內ニ爲サヾル時ヨリ始メテ其期日ノ撰定ヲ債主ニ於テ爲シ得ルヿト爲セルモノハ負債主ヲ憫レメルモノト解釋セザルベカラズ

履行地不明ニ

第三百十七條　別段ノ履行地ヲ定メス又ハ取引ノ性質

メ債主ガ履行地ヲ定メサル場合

若クハ當事者ノ意思ニ因リテ之ヲ推知スルコトヲ得サルトキハ履行ハ債權者若クハ受取ノ權利アル者ノ指定シタル地若シ指定セサルトキハ其住地殊ニ營業場ニ於テ之ヲ爲ス可シ

義務ノ履行ヲ爲サシムルハ債主ノ一權利ナリ故ニ履行スベキ場所ニ付キ別ニ何等ノ約モアラザル時ハ債主ノ權利ヲ以テ之ヲ定ムルモ決シテ之ヲ不當ト云フベカラザルナリ故ニ履行スベキ場所ノ如何ニ付テハ債主ノ利害最モ大ナリ是レ履行スベキ地ノ知レザルトキニハ之ヲ債主ノ撰定ニ委ヌルヿト爲セル所以ナリ然レドモ債主ニ於テ之ヲ撰定セザルヿ無シトセズ而シテ此場合ニ於テ其履行地ヲ定ムルニ付キ他ニ適當ナル標準ナケレバ債務者ノ住所ヲ以テ履行地ト爲スベク而シテ其營業者アル時ニハ此營業場ニ爲サヽルベカラザルモノトセル所以ノモノハ其營業場ハ營業ノ事務ヲ執ルベキ場所ナルニ由リ之ヲ以テ住所ニ比フレバ債務ニ密接ノ關係ヲ有スト爲スナリ

運送場ノ指定ナキ時

第三百十八條　債務者ノ負擔セル送付ノ義務ハ債權者ノ指定シタル運送場若シ指定セサルトキハ適當ノ運送場ニ交付スルヲ以テ之ヲ履行シタルモノトス

目的物ノ送達

第三百十九條　當事者雙方カ同地ニ住スル場合ニ於テ別段ノ契約ナキトキハ債務者ガ債務ノ目的物ヲ送付ス可キヤ又ハ債權者カ之ヲ取寄ス可キヤハ其地ノ慣習又ハ取引ノ性質ニ依リテ之ヲ定ム

目的物送付ノ危險ニ付テノ負擔者

第三百二十條　別段ノ契約ナキトキハ債務ノ目的物ノ送付ハ債權者ノ危險ニ於テ之ヲ爲スヲ通例トス但債務者カ自己又ハ其使用人ノ過失ニ付テ負フ責任ハ此カ爲メニ妨ケラルヽコト無シ

東京ノ債務者其約セル物件ヲ汽船ニ搭載シテ大坂ノ債權者ニ送付セルニ其滊船ノ沈沒セル時ハ爲メニ生セル損失ハ何人之ヲ負フヘキカ是レ亦甚ダ激

度量衡、距離期間休日支拂貨幣ノ本位並ニ種類等ノ定メ方

シキ論爭ノアリシ問題ナリシガ本條ハ之ヲ決シテ債權者ノ損失ニ歸スルコトト爲セリ其ノ此ノ如クニ規定ヲ爲セルモノハ債務者ハ物品若シクバ金額ノ送付ヲ債主ノ住スル場所又ハ債主ノ定メタル場所ニ爲スノ義務ヲ負フモノニ過ギズシテ其負ヘル物品又ハ金額ヲ或ル適當ナル運送場ニ送付セバ其後ニ債務者ハ其物品又ハ金額ニ付キ全ク關係ヲ離ルレバナリ（第三百十八條規定）物品又ハ金額ニ付キ關係ナキモノ焉ンヅ損失ノ負擔ヲ爲スヘキ理アランヤ然レドモ其物品又ハ金額ノ滅失毀損ハ自已又ハ自已ノ使用人ノ過失ニ原因セルトキハ一般私犯ノ原則ニヨリ自已固ヨリ其貴ヲ負ハザルヘカラザルナリ故ニ其責任ヲ免カレ得ルハ只天災ノ場合ニ於テ然ルノミ

第三百二十一條　度量衡、距離、期間、休日、支拂貨幣ノ本位幷ニ種類其他履行ノ細目ハ履行地ニ行ハルヽ定例ニ從ヒテ之ヲ定ム但別段ノ契約又ハ商慣習アルトキハ此限ニ在ラス

目的物ノ定マラサル義務ノ目的物ヲ定メ得ル人

地ヲ隔テヽ契約ヲ爲ストキニハ慣習定例各仝ジカラザルガ爲ニ度量衡距離期日支拂貨幣ノ本位幷ビニ其種類其他履行ニ關スル細目ニ牴觸矛盾ヲ生ズルコトアルベシ故ニ此ノ如キ場合ニハ之ヲ如何ニ處スベキカヲ定メ置クハ爭論ノ豫防ヲ爲スニ付キ必要ノコトヽス而シテ本條ハ此ノ如キ場合ニ於テ特約、又ハ反對慣習アラザルトキハ履行スベキ地ノ定例ニ從ハザル可カラズト定メタリ

第三百二十二條　擇一債務其他目的物ノ特定セサル債務ニ付キ履行ノ目的物ヲ定ムルコトハ其目的物ノ尙ホ存スル場合ニ限リ疑ハシキトキハ債務者ノ擇ムニ任ス

擇一債務ハ二箇以上ノ目的物アルモ其一ヲ履行スルニヨリ其他ハ義務ノ免脫ヲ得ル契約ヲ云ヒ其他目的物ノ特定セザル債務トハ例之バ特ニ何レノ米麥ト指サズシテ只單ニ米麥ヲ供給スベキコトヲ約セル債務ノ類ヲ云フ

此等ノ契約ノ場合ニ於テモ之ヲ撰定スルニ付キテハ權利ヲ有セル者ノミヲ撰ブベキモ孰レノモノガ之ヲ撰ムノ權利ヲ有セルヤ知レザルヿナシトセズ斯カル場合ニハ之ヲ奈何ニスベキカ法律ハ曰ク債務者ノ撰ムニ任スベシト是レ義務ハ可及的輕キニ解釋セザルベカラズトノ解釋法ノ原則ニ循ヘルモノナリ然レドモ債務ハ其當時既デニ消滅シテ了レル物件ヲ擇ビ以テ物件ノ供給ヲ爲サズニ義務ヲ免カルヽヿ能ハザルナリ何トナレバ斯ノ如キハ其信用ニ背クヿ甚ダシケレバナリ

第四節　價額賠償、損害賠償及ヒ割引

契約者ハ契約ノ履行ヲ得ルヲ以テ其目的ト爲スモノナルカ故ニ正實ニ履行セサル可カラサルハ勿論ナレ氏怠慢又ハ惡意ノ義務者アリテ其發行ヲ肯ンゼザルカ又ハ履行ヲ肯ンセサルニアラサルモ之ヲ遲延スルヿアルハ吾人ノ常ニ見聞スル處ナリ而メ此ノ義務ノ履行ヲ怠リ又ハ之ヲ履行スルヲ肯ンセサル義務者ニ對シ其義務ノ免脫ヲ得セシムベキニアラサレハ斯カル場合ニ

價額賠償

損害賠償

付キ法律ハ豫メ備フル所ナカルヘカラサルナリ本節ハ即チ其必要ニ應シテ起レルモノニシテ其規定スル所ニ依レハ斯カル塲合ニ處スル方法三アリ曰ク價額賠償曰ク損害賠償及ヒ割引即チ是レナリ價額賠償トハ第三百二十四條ニ言フカ如ク金錢ニ係ル債務ニ付テハ債務額ト滿期ノ日ヨリ其債務ヲ辨償シ了ル迄ノ遲延利子ヲ支拂ヒ其他總テ債務ニ在リテハ債務ノ目的物ガ滿期ノ日以後ニ有セシ最高ノ價額ト其價ヲ定メタル時ヨリ辨濟ノ日ニ至ル迄ノ遲延利ヲ子支拂フヿヲ言ヒ損害賠償トハ義務ノ不履行ニ因リ權利者ノ受ケタル總ヘテノ出費ノ補償ヲ言フモノナルカ故ニ一言以テ之ヲ言フ片ハ價額賠償トハ契約ノ目的物件ノ價ヲ賠フモノヲ言ヒ損害賠償トハ權利者ヲシテ遲延ナク義務ノ履踐ヲ得タルト同一ノ位地ニ置カシムル爲メニ義務ヲ履行セサリシ義務者ガ爲ス所ノ其他ノ賠償ヲ云フナリ之ヲ要スルニ價額賠償ト損害ノ賠償ハ權利者ヲシテ義務ノ履行ヲ得サリシカ爲メニ受ケタル損害及ヒ失ヒタル利益ノ補償ヲ得セシムルノ方法ニシテ契約ニヨリ權利者ノ得

價額賠償ト損害賠償ノ別

割引

割引ト前ノ二者トノ別

ヘキ利益ノ評價ニ外ナラサルナリ價額賠償ト損害ノ賠償トハ之ヲ區別スルノ利唯ダ一アリ價額賠償ハ債權者ノ過失又ハ債權不履行ノ爲メニ己レノ受ケタル損害ヲ證明スルコトナシニ之ヲ要シ得ルモ損害ノ賠償ハ其損害ノアリタルコトヲ證明スルニアラサレハ之ヲ要シ得サルコト即チ之レナリ

割引トハ負債ノ辨濟セサルヘカラサル期ニ先チテ負債ノ支拂ヲナシ之カ爲メニ債主ヲシテ期ニ先チテ爲サレタル辨濟ノ日ヨリ辨濟セサルヘカラサル日ニ至ル迄ノ利子ヲ利セシメ之ニ反シテ拂フタル負債者ハソレ丈ケノ損ヲ受クルノ塲合ニ於テ其一方ガ利シ他ノ一方カ失ヒタル損失ト期ニ先チテ辨濟ヲ爲セル債務者之ヲ引去リテ負債ノ額ヲ減センコトヲ求ムルヲ得セシムル處ノ補償ヲ言フナリ第三百三十五條ハ此事ヲ規定セリ此割引ハ之ヲ價額又ハ損害ノ賠償ニ比スルニ大ニ其趣ヲ異ニス何トナレハ價額ノ賠償モ損害ノ賠償モ共ニ皆之ヲ拂フモノハ常ニ義務ヲ盡サザリシ處ノ義務者ナルモ割引ニ在リテハ之ニ異ルナリ之ヲ要ムルモノハ常ニ期日ニ先チテ辨濟ヲナセ

ル義務者ナリ故ニ之ヲ此ニ規定スルハ其處ヲ得スト言フモノアル可シ然レ𪜈其異ナルモノハ唯外觀ノミニ過キスシテ其實質ニ至リテハ彼此何レモ損害ノ償ヲ爲スニ在レハ之レヲ此ニ規定スルモ毫モ不可ナルコトナキナリ

第三百二十三條　債務者カ其債務ノ履行ヲ正當期日ニ爲サヽルトキハ債權者ハ契約ヲ解除シ又ハ價額賠償若クハ損害賠償ヲ求ムルコトヲ得

此規定ハ正理ニ適セリ蓋シ一方ノモノニシテ怠リテ其義務ノ履行ヲ爲サヽルモ他ノ一方ノモノハ尙ホ契約ノ爲メニ何時迄モ拘束セラルヽモノトセハ其迷惑果シテ如何ソヤ殊ニ商業ニ在リテハ商品ノ價額ハ朝ニ變シ暮ニ化シ須臾モ靜止セサル者ナレハ可成的早ク物品ノ處置ヲ爲サシメサルヘカラサルニ於テオヤ是レ此ニ暗默解除ヲ規定ヲ爲セル所以ナリ而メ本條ハ債務者ノ債務履行ヲ爲サヽル𪜈ノ一條件ノ外別ニ何等ノ要求アル處モアラサルニヨリ債權者ハ契約ノ雙務ナルト片務ナルトヲ問ハス苟クモ債務ノ履行ヲ

得サル片ハ契約ノ解除ヲ求ムルヲ得ヘシ而シテ上述ノ如ク本案設定ノ理由ハ契約ノ種類ノ異ナルガ爲ニ其論決ヲ異ニスルコトナシ然レ𪜈解除ヲ要ムルノコトタル債權者ノ權利ニ屬スルモノナルカ故ニ之レヲ行フト否トハ一ニ其欲スル處ニ從ヒ約務ノ履踐ヲ得サル債權者ハ必スシモ之ヲ行ハサルヘカラサルニアラサルナリ盖シ本條ノ規定ハ主トシ權利者ノ利益ヲ保護スルノ目的ヲ以テ爲サレタルモノナルカ故ニ契約ノ解除ヲ要シテ却テ損アリト思フ片ハ履行ヲ得サル債權者ハ其債務者ヲ强テ約務ヲ履行セシメ尙ホ爲メニ受ケタル價額若シクハ損害ノ補償ヲ求ムルヲ得ヘシ

第三百二十四條　價額賠償ハ金錢ニ係ル債務ニ付テハ債務額ノ外滿期日ヨリ其債務ヲ辨濟スル日マテノ遲延利息ヲ支拂フニ在リ總テ其他ノ債務ニ付テハ債務ノ目的物カ滿期日ノ後ニ有セシ最高ノ價額ト其價額ヲ定メタル時ヨリ辨濟ノ日マテノ遲延利息トヲ支拂

フニ在リ但債權者ニ於テ債務ノ目的物カ滿期日ニ有セシ價額ト此日ヨリノ遲延利息ノ賠償トヲ得ント欲スルトキハ此限ニ在ラス

價額賠償カ金錢ニ係ル債務ト其他ノ債務トニヨリ異ナル所以ハ金錢以外ノ債務ニ在リテハ其價額ヲ定ムル標準ハ金錢ノ力ヲ假ルカ故ニ其價ノ幾許ナルヤ之ヲ知ルコト困難ナリト雖モ金錢ニ係ル債務ハ之レニ異ナリテ金錢自身即チ物ノ價額ヲ知ルノ標準アルカ故ニ之レニハ時ヲ異ニスルニヨリ其價ヲ異ニスルコナケレハナリ然レ氏人或ハ言ハン果シテ然レハ金錢上ノ價額賠償ノ額ハ債務ノ目的カ滿期日ノ後ニ有セシ最高ノ價額ノミニ止ルヘキ筈ナルニ本條ノ規定ニ於テ遲延利子ヲモ算スルハ何ソヤト實ニ此點ニ對シハ法文ノ規定其宜シキヲ得サル者ニ似タリ何トナレハ價額賠償ハ其各種ノ示スカ如ク債權者カ履行セサルヘカラサル日以後ニ於テ債務ノ目的物カ有セシ最高ノ價額ヲ賠償セシムルノ謂ナルヲ以テ此價額ニ對スル遲延利子ノ如

價額賠償ノ要求

キハ宜ロシク損害賠償ノ區域內ニ在ルヘキモノナレハナリ

第三百二十五條　債權者ハ債務者ノ過失ヲ證明シ又ハ債務ノ不履行ニ因リ自己ニ加ヘラレタル損害ヲ證明スルコト無クシテ價額賠償ヲ求ムルコトヲ得但義務ノ性質及ヒ範圍ニ因リテ債務者カ不履行ニ付キ責任ヲ負フトキニ限ル

價額賠償ハ負債主ニ於テ債務ノ履行ヲ爲サヾリシ所ノ責ヲ負ハサルベカラサルニ基クモノナルカ故ニ義務ノ履行ヲ爲サヾリシ一事アレハ即チ足ル故ニ債務者ニシテ此義務ヲ免レント欲セ　債務ノ不履行ハ天災又ハ其他ノ難抗力ニ原因セルコトヲ證明セサルヘカラサルナリ是レ法律カ債權者ヲシテ債務者ノ過怠ヲ證セス自己ノ受ケタル損害ヲモ證明セザルモ可ナリト云フノ權ヲ得セシムル所以ナリ

債務者ハ特ニ約束ヲ爲サヽル以上ハ天災又ハ難抗力ノ結果ヲ負フモノニア

ラサレ圧若シ之ヲ負フべキコトヲ約束セル片ニ於テハ其責ニ任セサルヘカラス是レ即チ其負擔セル義務ノ範圍ニ屬スルモノナリ而シテ商業主人ノ如キハ其使用人ノナセル過失ノ責ニ任セサルヘカラサルモノナルカ故ニ其使用人ノナセル過失ニ就テハ亦凡ヘテ其責ヲ辭スルコト能ハザルナリ之レ即チ義務ノ性質ニ關スルモノタリ而シテ義務ノ性質ト其範圍トニ付キ債務者カ不履行ノ責ニ任セサルヘカラサル片ハ債權者ハ債務者ノ過失ト自己ノ損害トヲ證スルコトナクシテ價額ノ賠償ヲ求ムルヲ得ベシ

債務ノ目的物ノ價額ノ定メ方

第三百二十六條　第三百二十四條ノ規定ニ從テ査定ス可キ債務ノ目的物ノ價額ハ其普通ノ市場價額又取引所ニ於テ賣買スル物ニ在テハ其取引所相場ニ加フルニ遲延ニ因リテ生シタル費用及ヒ立替金ヲ以テシタルモノトス

本條ハ第三百二十四條ノ細則ヲ定メタルモノニシテ乃ハチ該條中金錢以外ノ

債權者債務ノ履行ヲ拒ミタル片ノ責任

人ニ損害ヲ加ヘシモノハ之ヲ賠ハザルヘカラズ

目的物ノ價額ヲ定ムルニハ普通ノ市場相場又ハ取引所ノ相場ヲ基礎トスベキコトヲ規定セルナリ

第三百二十七條　第三百四條ニ掲ケタル承諾ヲ遲延シタル債權者ハ亦遲延ニ因リテ生シタル費用及ヒ立替金ヲ債務者ニ賠償スベシ

本條モ第三百四條ノ適用ニ關スル細則トモ見ルベク債務者ガ義務ヲ履行セントスルニ當リ債權者之ヲ拒ミテ爲ニ其履行ヲ遲延セシメタル場合ニ債權者ノ負フベキ責任ヲ定メタルモノナリ

第三百二十八條　故意又ハ怠慢ノ行爲ニ因リテ不適法ニ損害ヲ他人ニ加ヘタル者ハ其損害ニ付キ十分ノ賠償ヲ爲ス義務アリ

本條ハ謂レナク人ニ損失ヲ負ハシメタルモノハ之ガ責ヲ負ハサルベカラストノ私犯ノ原則ヲ適用セルノミ

損害賠償ノ解

利益ノ解

損害ノ賠償額ヲ査定スルニ當リ參酌スヘカラサルモノ

第三百二十九條　損害賠償ハ生シタル損失及ヒ失ヒタル利益ノ辨償ヲ包括ス

第三百三十條　利益トハ一方ノ加害ノ行爲ナカリシトキハ他ノ一方カ爲シ得ヘカリシコトヲ證明シ得ヘキ取得ヲ謂フ此取得ハ豫見シ得ヘカリシ者ト否ト又ハ通常ナリシモノト否トヲ問フコト無シ

第三百三十一條　損害賠償ヲ査定スルニハ偶然、推測若クハ將來ノ利益若クハ損失又ハ他ノ情況ノ加ハルニ因リテ生スルコト有ル可キ利益若クハ損失ハ之ヲ問フコトヲ得ス

此ノ三條ニ於テハ損害賠償トハ何ノ謂ナルカ又賠償スベキ所ノ失ヒタル利益トハ何ヲ謂フカ又如何ナル損害ヲ賠償シ如何ナル損害ハ賠償スルヲ要セザルカヲ定ム抑モ人ハ皆自己ノ所爲ニテ他人ニ加ヘタル損害ヲ償フノ責任

アリト雖トモ他ニ偶然ニ生セル損失又ハ利益ハ之ヲ償フ責アルヿナシ何者偶然ニ生セル損失又ハ利益ハ之ヲ自己ノ所爲ニテ加ヘタル損害ト云フヿ能ハスシテ而シテ人ハ己レノ所爲ニ原因セサル損害ハ之ヲ償フニ及ハサレハナリ

又推測ニ基ク損害ノ如キモ之ヲ賠フヲ要セス蓋シ推測ニ基ク損害トハ生スルコトノアルヘキヲ豫想シ得ルニ過キサル者ナレハ確實ナル基礎ヲ有ストト言フヿ能ハサレハナリ又將來ノ損害ヲ償フニ及ハサル所以ハ推測ニ基ク損害ヲ償フニ及ハサルノ理ト同シク損害ノ基礎確實ナラサルニ因ル次ニ他ノ狀況ノ加ハルニ依テ生スル損害ヲ賠フニ及ハサルノ理由ハ如何ト云フニ他ノ狀況ノ加ハルヨリ生スル損害ハ他ノ狀況即チ損害ヲ生セシメタル源因ト言フヘカラサルカ故ニ其狀況ヲ誘發セシメタルモノニアラサル以上ハ爲メニ生スル結果ヲ負フノ理ナキナリ

第三百三十二條　契約ヲ以テ豫メ價額賠償又ハ損害賠

ノ賠償額ニ付テノ契約ノ効力

償ノ額ヲ定メタルトキハ之ニ從フヲ通例トシ實際ノ情況ヲ援用シテ其豫定ノ額ヲ増減セントヲ主張スルコトヲ得ス

既ニ契約ヲ以テ價額賠償若クハ損害賠償ヲ定メナカラ更ニ實際ノ情況ハ云云ナリト擧證シテ當初定メタル金額ヲ左右スルコトヲ得セシムルトキハ當初ノ契約ハ殆ント其効力ヲ有セサルニ至ルカ故ニ之ヲ禁ス英法學者ハ之ヲ禁反言ト稱シ前ニ明言セル契約ヲ後ニ他ノ狀況ヲ援用シテ然ラサリシト反言スルヿヲ禁スルノ謂ナリ

費用其他ノ賠償ニ利子ヲ生スル時期

第三百三十三條　費用、立替金、前貸金其他此類ノ支出金ノ賠償及ヒ損害ノ賠償ヲ爲ス可キ者ハ權利者ノ求ニ依リ其各金額ノ割合ニ應シテ辨償ス可キ日ヨリノ利息ヲ支拂フ可シ

遲延利息ノ法

第三百三十四條　遲延利息其他ノ利息ニシテ法律又ハ

律上ノ歩合

契約ニ於テ歩合ヲ定メサルモノハ年百分ノ七トス

此二條ハ利子ノ事ヲ定メ受取ルヘキ權利アル金額ニハ其權利ノ生シタル以來利子ヲ得ヘク其利子額ハ相對ニテ明約セサレハ法律上年七分ト見做シテ算セシムルナリ

割引

第三百卅五條　金錢ニ係ル債務ヲ滿期前ニ支拂フトキハ債務者ハ契約又ハ商慣習アルトキニ限リ其滿期前ノ時間ニ應シテ割引ヲ求ムルコトヲ得

負債義務ノ履行ノ前ニ之ヲ履行セハ割引ヲ求ムルヿヲ得ルハ前ニ既ニ之ヲ說ク然レ𪜈金錢ハ之ヲ運轉サヘスレハ常ニ必ス利益ヲ生スルモノト云フヿ能ハサルノミナラス確定ニシテ危險ナキ利用ノ途ヲ看出スニ窮スルハ往々吾人ノ見ル所ナリ期限前金員ノ返濟ヲ受ケタレハトテ常ニ其滿期前ノ時間ニ應シテ割引ヲ爲サシムルハ甚タ酷ナリ負債主ノ勝手ニテ爲ス負債ノ辨償ノ爲メニ債主ニ此ノ如キ不利ヲ蒙ラシム可ラサルナリ故ニ負債主期限前ニ

辨濟ヲ爲ストモ割引ヲ爲サヽルヲ以テ原則トス法律カ本條ニ於テ此原則ヲ變更シ契約又ハ商慣習ノアル片ニ割引ヲ爲スベキヿヲ定メタルハ契約ヲ以テ債主カ不利ナル位地ニ立テル片ハ之ヲ救フノ必要アルコトナク而シテ又商慣習ハ契約ナキ場合ニ於テハ契約ニ代ルヘキモノナレハナリ

契約不履行ヨリスル解除ニ付キ債務者ノ權利義務

第三百三十六條　契約不履行ニ因リテ債權者ヨリ契約ヲ解除スルトキハ債務者ハ既ニ爲シタル一分ノ辨濟ヲ現狀ニテ取戻シ既ニ受取リタル報償ヲ全額又ハ全價額ヲ以テ債權者ニ償還ス可シ

契約ヲ解除スルトハ之ヲ結ハサリシ舊地位ニ復スルノ謂ナルカ故ニ既ニ受取リタル者ハ當事者双方其何レナルヲ問ハス之ヲ返戻又ハ還償セサルヘカラサルハ別ニ説明ヲ要セスシテ明カナリ若シ然ラサレハ他ノ損失ニヨリテ不當ノ利得ヲ得ル者アルニ至ルヘケレハナリ

第五節　違約金

違約金ノ定義

契約ハ双方ノ正實ニ履踐セラルヘキコヲ確保スルカ爲メニ其ノ不履行ノ場合ニ於テハ之ヲ履行セサル債務者ニ於テ其ノ科罰トシ或金額ヲ拂戻スヘキコヲ約スルヲ得之ヲ違約金付ノ契約ト言フ本節ニ規定スルモノ即チ之レナリ

違約金ハ損害賠償ト異リ

此違約金ハ財産ノ損害ヲ補償スルカ爲メニ約束スルモノニアラスシテ權利ノ侵害ヲ防キ契約ヲシテ遲延ナク履行セシメンガ爲メニ爲スモノナレハ損害賠償トハ同シカラス故ニ違約金ニ付テノ約束ハ損害ノ補償額ニ付キ裁判官ノ專斷ナル認定ヲ避ケンカ爲メニ契約ヲ以テ豫シメ賠償ノ額ヲ定メ置クコ彼ノ所謂過代約定ト同一視セサルコトヲ要ス

違約金附契約ノ必要

蓋シ何人モ利ヲ欲セサルモノハアラス人ノ契約ヲ締結スル後其ノ義務ノ履行テ怠リ叉ハ之ヲ爲スコトヲ肯ンセサルハ概ムヲ皆ナ己レヲ利セントスルニ出ツ而シテ此違約金ノ約束ハ義務者ノ義務履行ヲ怠ルニ付キ不利ナラシムル方法ニシテ即チ義務ノ執行ヲ確保スル方ナレハ法律ニ於テ之ヲ禁スヘキ理由ナキノミナラス却テ之ヲ助長スル方針ヲ取ラサルヘカラサルハ別ニ論ナシ然レ𪜈此種ノ契約

ハ時ニ奸者射利ノ具トナリ空相場博奕又ハ賭事的ノ取引ヲ爲スカ爲メニ用井ラルヽヿアルカ故ニ裁判官ハ此種ノ契約ニ係ル訴訟ヲ裁斷スルニ當リテハ能ク注意シテ奸計詐謀ヲ發クコトヲ怠ルヘカラサルナリ

違約金附契約ノ自由

之ヲ求ムルニハ損害賠償ノ要件ニ關セス

第三百三十七條　債權者ハ契約ノ履行ヲ確ムル爲メ其不履行ノ場合ニ於テ違約金トシテ或ル金額ヲ支拂フ義務ヲ債務者ニ負ハシムルコトヲ得其違約金ヲ求ムルニハ損害賠償ノ要件ニ關係ナキモノトス

何人モ公益ニ觸レス公安ヲ紊サス又法律ノ規定ニモ背カサルノ區域內ニ在リテハ契約ヲ爲スコト自由ナラサルヘカラス況ンヤ義務者ノ怠慢ヲ戒シメ契約ノ執行ヲ保スルノ性質アル者ニ於テオヤ本條ハ即チ此原則ヲ認メテ規定セルニ過キサルナリ違約金ハ損害ノ賠償ニ異ナルカ故ニ損害ノ賠償ヲ求ムル訴權ヲ生スルニ要スル事項ハ違約金ヲ求ムル權利ノ發生ニ必要トセサルノミナラス違約金ヲ需メシ上ニテ仍ホ損害ノ他ニアルニ於テハ又タ賠償

違約金ヲ損害賠償ト共ニ求メ得サル場合

過失アル不履

ヲモ請求スルコトヲ得ルナリ

第三百三十八條　履行又ハ賠償ヲ求ムル債權者ノ權利ハ違約金ノ爲メニ廢止セラレスト雖モ疑ハシキトキハ違約金ト共ニ損害賠償ヲ求ムルコトヲ得ス

違約金ノ性質タル其名ノ示スカ如ク違約ヲナスノ一事ノミニテ之ヲ拂ハサルヘカラサルモノナルコトハ既テニ述フルカ如シ此金ハ契約ノ履行ヲ確實ナラシムルカ爲メニ約定セラレタルモノナルカ故ニ之アルカ爲ニ履行又ハ賠償ヲ求ムルノ權利ヲ廢止スヘキ理由ナシ去レハ債主ハ違約金ノ辨償ト共ニ履行又ハ賠償ヲ要ムルヲ得ベキモノトス然レ𪜈違約金ナルモノハ損害賠償ノ爲メニ約セラルヽヲ常トシ其賠償ナルヤ否ヤ疑ハシキ場合ニ於テハ科罰ノ疑ハシキハ輕キニ解釋スルノ原則ニ從ヒ違約金ハ損害賠償ナリト推定ヲ下スベキモノトセリ

第三百三十九條　過失アル不履行ニ因リテ債權者ニ加

行ノ為損害額違約金額ニ超エタルトキ

ヘタル損害カ違約金ノ額ヲ超ユルトキハ違約金ノ外此超過額ニ付キ損害賠償ヲ求ムルコトヲ得

違約金ハ損害賠償ト異ナルガ故ニ違約金ヲ約セル債主ハ違約金ト共ニ損害ノ賠償ヲ求ムルヲ得ヘシ然ルニ本條ヲ其文字ノ如クニ解スルトキハ債權者ハ違約金ト損害賠償トヲ併セテ要求スルコトヲ得サルニヨリ先キノ規定ト牴觸シ來スヘキナリ故ニ本條ノ規定セル處ハ唯タ違約金ニシテ損害賠償ノ額ト考定セラルヘキ時ノミニ在ルモノトス斯ノ如キ場合ニ於テ若シ本條ノ規定ナカランカ契約ハ之ヲ結ヘルモノヽ間ニハ法律タルノ効力アルニヨリ負債主ハ如何ニ巨額ノ損害ヲ債主ニ負ハシムルモ自己ノ償フヘキ額ハ唯ダ其約セル違約金ノ高ヲ超ヘズシテ之ガ爲ニ恣ニ債主ヲシテ損害ヲ被ムラシムルニ至ラントス是レ甚ダ不正ノヿタリ仍テ本條ハ此弊ヲ未タ生セサルニ防遏セントスルニ在リ

差額取引又ハ

第三百四十條　違約金ノ契約ニシテ差額取引又ハ不法

賭博カ違犯金ノ契約ヲ以テ装ハレタル時

ナル博奕若クハ賭事ノ取引ヲ隠蔽セントスル目的ヲ以テスルモノハ無効トス

博奕トハ意見ヲ異ニスル二人其意見ノ誤謬ナルコトヲ知ル時ニ輸ケタルモノヨリ其金額又ハ物件ヲ拂フヘキ義務ヲ約スル合意ヲ言ヒ賭事トハ勝敗ヲ或事ノ成否ニヨリテ決シ其負ケタル者ヨリ勝ルモノニ曾テ約セル金額物件等ヲ渡ス合意ヲ云フ又差額取引トハ表面丈ケハ賣買ヲ以テ装ハレタルモノニシテ一方ヨリハ或物ヲ賣リ他方ハ之ヲ買ヒタル体裁ヲ装フモ實物ノ交換ハ之ヲ爲サス又其ノ準備モ之ヲ爲サス其賣買ノ成レル片ト引渡期限ニ於ケル片トノ價ノ差額丈ケヲ負ケタル一方ノモノヨリ拂渡スコトヲ言フモノナルカ故ニ其實ハ賭博ニ異ナル處アルヲ見サルナリ此等ノ合意ハ人ヲシテ僥倖心ヲ長セシメ正實ニ職業ヲ營ムノ念ヲ絶タシムルノ虞アルカ故ニ我當局者ハ刑罰ヲ以テ之ヲ行フヿヲ禁過セリ果シテ然レハ之ヲ装フテ違約金ノ契約ノ如クニ爲スモ其効力ヲ有スヘカラサル所以ハ別ニ之ヲ論述スルヲ要セ

サルベキナリ

第六節 代理

代理ノ定解

當事者中一方ノモノカ或ル法律上ノ所爲ヲ履行セシムルカ爲メニ自巳ヲ代表スル所ノ權力ヲ附與スルヲ委任ト言ヒ其委任ヲ承諾スル所ノ合意ヲ代理契約ト云フ本節ニ規定スルモノ乃チ是レナリ此契約ノ必要ナルハ別ニ言ヲ俟タス蓋シ人ハ如何ニ英邁ノ資ヲ有シテ卓絕ノ知識ト俊秀ノ技倆ヲ貯フルモ又縱令三面六臂鬼神ノ如キ形體ヲ具スルトモ其力ニハ限アリ其智ニハ涯リナキコト能ハス即チ凡百ノ需用ヲ己レ一人ニテ辨シ得ヘキニアラサレハ勢ホヒ他人ノ力ヲ藉リテ以テ事ヲ處セサルヘカラサルナリ是レ代理ノ社會ニ必要ナル所以ナリ

代理契約ノ必要

代理ノ本性ハ代表ニアリ

代理ノ本性ハ代表ニアリ己ハ唯々委任者ニ代ハリテ器械的運動ヲ爲スニ過キス故ニ其爲セル行爲ヨリ生スル凡ヘテノ効果ハ皆委任者ノ身上ニ歸ス可シ去レハ各人ハ代理ノ本性ハ代表ニ在ルコトヲ忘レサルトキハ代理ト代理

商取引取結ノ爲メニスル責任

ニ類スル許多ノ契約ヲ區別スルコト甚ハダ容易ナルベシ彼ノ學者間ニ激シキ議論ノ存スル代理ト勞力ノ賃貸ノ區別ノ如キモ代表ノ有無ヲ穿索シテ決スルニ於テハ別ニ多クノ議論ヲ要セサルヘキナリ

第三百四十一條　商取引ノ取結ノ爲メニスル委任ハ總テノ場合ニ於テ其取引取結ノ爲メニスル代理ト看做ス但委任者カ代理人ノ行爲ニ承諾ヲ與フルコトヲ要スル旨ヲ明示シタルトキハ此限ニ在ラス代理人ハ委任ヲ行フ際至重ノ注意ヲ爲ス義務アリ

人若シ他人ニ委託ヲナスコトアルモ必スシモ之ヲ目シテ代理ノ權利ヲ附與セルモノト謂フコト能ハス然レ𪜈斯カル場合ニ於テハ代理權ノ附與ヲ爲スコトノ常ニ多キニ居ルノミナラス一々其事實ニ從テ或ハ之ヲ代理權ヲ附與セル者ト爲シ或ハ又之ニ代理權ヲ與ヘサリシモノト爲スニ於テハ之ヲ知ルニ付キ煩擾錯雜ヲ免カレスシテ簡易ト迅速トヲ貴フ商業社會ニハ妨害ヲ爲ス

コト少ナカラザルベキカ故ニ本條ハ一ノ推定ヲ下シ凡ソ商業取引ノ爲メニ委任ヲナスキハ其場合ノ如何ヲ問ハス皆其商業取引ノ爲メニスル代理權ヲ附與セルモノト看做スト規定セルナリ故ニ代理權ヲ附與セルモノニアラサルコトヲ明言シテ本條ノ推定ヲ避ルヿヲ得ルハ勿論ナリ

代理人ノ爲セル行爲ノ効果ヲ負フヘキ人

第三百四十二條　委任者ノ名ヲ以テシタルト否トヲ問ハス委任者ノ爲メニ代理人ノ取結ヒタル商取引ニ因リ委任者ハ直接ニ第三者ニ對シテ權利ヲ得義務ヲ負フ

代理人ハ委任者ヨリ託セラレタル事ヲ執ルニ際シテハ委任者タルノ資格ヲ以テスルモノタルカ故ニ本人ノ名義ヲ以テスルト否トニ拘ハラス苟クモ自己ノ爲メニ自己ノ名義ニテ爲スモノタルヿヲ公言セサルトキハ凡テソレヨリ生スル凡ヘテノ權義ハ皆本人ノ爲メニ約セラレタル者ト看做サル故ニ利ト害トニ論ナク其効果ハ委任者ニ皈セサルヘカラス

委任又ハ事後ノ承諾ナシニ他人ノ爲ニ契約ヲナセルモノヽ責任

委任權外ニ出テヽ約セル代理人ノ責任

第三百四十三條　委任又ハ事後ノ承諾ヲ受クルコト無クシテ第三者ノ爲メニ或人ト取引ヲ取結フ者ハ其人ニ對シテ責任ヲ負フ

代理ノ權利ヲ有セスシテ或人ノ爲メニ或契約ヲナシ其本人カ其後ニ之ヲ認諾セサル片ハ其契約ハ名サシタル本人ニ對シテ効ナキハ論ナシ然レ圧其契約ヲ結ヘル對手ニ對シテハ如何ト云フニ契約ノ對手ト爲シタルモノカ當時自稱代理人ガ契約ヲ爲スノ權アルヤ否ヲ知レルト否トヲ區別セサル可ラス契約ノ對手ニシテ情ヲ知レリトセハカ双方トモニ皆爲ス能ハサルモノヲ爲サントシタルモノニシテ其過失ニ輕重ナケレハ之ヲ無効トス然レトモ之レニ反セル塲合ニ於テハ代理權ナクシテ契約ヲ爲セルモノニハ人ヲ誤ラシメタルノ非行アルカ故ニ自カラ其結果ヲ負ハサルヘカラサルナリ

第三百四十四條　取引取結ノ際其委任ノ權限ヲ踰越スル者ハ第三者カ其踰越ヲ知ラス又ハ知ルコト能ハサ

代理人カ第三者ニ對スル義務

リシトキハ委任者ニ對シテ責任ヲ負フ

代理人ハ委任者ノ撰任セルモノナレハ其代理人カ委任ノ權限ヲ踰越シテ事ヲ爲セルノ時ト雖モ委任者ハ其撰擇信任ヲ誤レルノ過失アルガ故ニ苟クモ其對手トナリテ契約ノ締結ヲナセルモノニメ其情實ヲ知ラサリシトキハ其者ニ對シテ責任ヲ負ハサルヘカラス然レ𪜈此際代理人ハ已レノ委ヲサル事ヲ爲シテ以テ已レニ損失ヲ加ヘシモノナレハ責任者ハ其代理人ニ係リテ其受ケタル損害ノ賠償ヲ要ムルヲ得ベシ殊ニ契約ヲ爲セル對手ニ於テ其情ヲ知ルヿ能ハサル時ハ當然ノヿトス

第三百四十五條　代理人カ他人ノ爲メ商取引ヲ取結ヒタル場合ニ於テ相手方カ自己ノ過失ニ非スシテ代理ナルコトヲ知ラス又ハ委任者ヲ知ラサリシトキハ其相手方ハ委任者ノ不履行ニ因リテ被フリタル損害ニ付キ其代理人ニ對シテ賠償ヲ求ムル權利アリ

此代人ハ他人ノタメニ契約ヲナスモノナルモ故サラニ其委任者ノ姓名ヲ秘シテ示サヽルコト往々ニシテ之レアリ斯カル場合ニ於テ契約ノ効果ヲ其委任者ニ及ホシ得ヘキヤ否ヤ是レ昔時ニアリテハ一ノ疑團タリシナリ然レ圧之レト契約ヲ結フ對手ニ於テ代理タルノ事實ヲ知レルニ於テハ其本人ノ名ニ拘ハルト否トハ只自己ノ事ニ屬シ其名ヲ知ラサルモ其爲セル取引ハ之ヲ本人ノ取引ト爲ササルヘカラス而シテ知ラサル人ト取引ヲ爲スヿ能ハサルノ理由アルコトナケレハ近世ノ學者ハ一般ニ如此場合ニ於テモ契約ノ効果ヲ本人ニ及ホシ得ヘキモノトセリ然レ圧如此場合ニ在テ代理者ハ其ノ本人ヲ明示セザルノ過失アルカ故ニ若シ責任者カ其義務ノ履踐ヲ怠ルコトアルニ於テハ代理人ハ其相手人ニ損害ノ賠償ヲ爲ササルヘカラサルナリ

又取引ヲ爲スノ人毫モ代理ノ事實ヲ知ラス其代理人ト取引ヲ爲スト信シテ契約ヲ爲スコトアルヘシ斯カル場合ニ於テハ人ヲ以テ主要ナル目的ト爲セルモノニシテ即チ代理人カ有セル特別ノ伎倆ヲ目的ト爲セルカ如キトキハ

代理ハ死亡ノ爲ニ消滅セズ

合意ニ欠點アルカ故ニ契約ハ成立スルコト能ハサレモ若シモ然ラサルニ於テハ對手人ノ餘裕ハ契約ニ何等ノ影響ヲモ及ホササルモノナルカ故ニ權利義務ハ有効ニ發生スルコトヲ得ヘシ然リト雖モ此場合ニ於テ代理人ハ其本人ヲ示サス人ヲシテ己レハ當事者ナリト信セシメタルノ過失アルカ故ニ委任者ニシテ義務ノ履行ヲ爲ササル片ハ對手人ニ對シ損害ヲ賠償セサルヘカラサルナリ

第三百四十六條　代理ハ委任者又ハ代理人ノ死亡ニ因リテ解除スルモノニ非ス

是レ代理ノ性質ニ反スル例外ノ規定ナリ抑モ代理ノ契約ハ他人ヲ代表シテ或事ヲ執ルモノナルカ故ニ信用ニ基ク契約ノ一タリ之ヲ以テ委任者又ハ代理者ノ中何レカ其一方ノ死亡スルトキハ其契約ハ此ニ終了セサルヘカラサルハ法理ナリト雖モ實際ノ必要ハ此代理ヲ認ムル國ノ法律ニ於テモ尙ホ之ニ例外ヲ設ケテ死亡後ニ義務ノ存續スルコトアルヘキヲ規定セリ本條モ亦

代理ハ濫リニ之ヲ轉附スルヲ許サス

代理人ノ委任者ニ對シテ有スル權利

之レト同シク實際ノ必要上法理ニ反シテ此規定ヲ爲セルモノナリ蓋シ商事ニ在リテハ一己人ニ係ル信任ヨリハ寧シロ全營業ニ係ル信用ヲ重ンスルカ故ナリ

第三百四十七條　代理ハ委任者ノ承諾アリ又ハ其承諾ヲ得ヘキモノト推定ス可キ情況アルニ非サレハ之ヲ第三者ニ轉付スルコトヲ得ス

代理ハ信用ニ基ク契約ニシテ而シテ信用ハ甲乙其人ヲ異ニスルニヨリ異ナルモノナルカ故ニ代理人ノ代理權ヲ更ラニ他人ニ轉附シ得サルハ至當ナリト云フヘシ

第三百四十八條　他人ノ爲メニ其委任又ハ事後ノ承諾ヲ受ケテ商取引ヲ取結フ者ハ明約ナキトキト雖モ計算書ヲ示シテ其取引取結ニ付キ正當ニ爲シタル前貸金、立替金幷ニ費用ヲ賠償セシメ及ヒ慣習上ノ利息、

手數料又ハ口錢ヲ求ムル權利アリ

委任ナクシテ他人ノ爲メニ事ヲ執レルモノト雖モ事後ニ承諾ヲ得ルトキハ代理人カ代理事務ヲ執ルト同一ノ效果ヲ生ス之ヲ追認ト云フ故ニ此追認者ハ法律上委任者ト同一ノ待遇ヲ受ケサルヘカラサルナリ而シテ代理人ハ他人ノ爲ニ他人ノ名義ニテ他人ノ事ヲナスモノナレハ之レカ爲メニ爲セル費用ハ謂ハレナク支出セルモノヽ外ハ之カ賠償ヲ求ムルヲ得ルハ勿論ナリ且代理人ハ之ヲ得ルカ爲メニハ事ノ成敗ニ關スルヿナシ蓋シ代理人ハ事ノ成功ヲ請負ヘルモノニアラサレハ賠償ノ責任ヲ生スルニ足ル非行ノ存セサル以上ハ代理事務ヲ果スカ爲メニ爲セル費用ト共モニ其勞力ニ報ユル慣習上又ハ合意上報償ヲ得ベキモノトス

第七節　時效

時效ハ法律上ノ一推定ナリ

時效ハ法律ニテ定メラレタル一定ノ期間法律ニ規定セル條件ニ服從シテ經過スルニヨリ權利ヲ得又ハ義務ヲ免カレタリト假リニ認定スル法律上ノ一

時効ハ當然ニ成ルモノニアラス之ニ付キ利益ヲ有スルモノヽ援唱ヲ俟タサルベカラス

推定ナリ故ニ時効ハ其名義カ明ニ之ヲ示スカ如ク時間ノ經過ニヨリ生スル或ル効果ナルカ故ニ時ノ經過ハ固ヨリ必要ナリト雖モ時ノ經過ノ一事ノミニテハ未タ足レリトセス故ニ今此事ヲ言ヒ顯サンカ爲メニ法律ニ規定セル或條件ニ服從シテト言ヘリ所謂ル法律ニ規定セル條件トハ何ソヤ曰ク免責時効即チ義務ヲ免脱スル場合ニ在リテハ債權者ヨリ督促ヲ受ケサリシヿノ如キ又取得時効即チ權利ヲ獲得スル場合ニ在リテハ占有ヲ爲セルト其占有ノ公明ナリシヿ繼續セル所有者タルノ意思ヲ以テ之ヲ爲セルコトノ如キ即チ是レナリ此等ノ條件ヲ具フルニアラサレハ縱令ヒ永久ノ間物ヲ占有シ又ハ債務ノ辨濟ヲ爲サスニ經過スルトモ時効ハ之ヲ援唱スルコトヲ得サルモノトス而シテ今此商法ノ規定スル處ニヨレハ時効ハ一ノ推測ナルカ故ニ證據ノ一方法ニ屬スルナリ推測ハ事實ノ眞否如何ニ拘ハラス定メテ斯カルベシト一時假リニ下ス處ノ決定ニ過キサレハ若シ此推測ノ誤レルヿヲ顯示スルニ足ル處ノ事實存スルニ於テハ時効ヲシテ其ノ光輝ヲ失ハシメサルヘカラ

ズ之レ即チ時効ハ之ヲ援唱スルニ付キ利益ヲ有スルモノヽ之ニ依ルヘキコトヲ明言セル時ニ始メテ成リ裁判官ノ私ニ之ヲ補足スル能ハサル所以ナリトス

時効ノ成ル期間

第三百四十九條　商事ニ於ケル債權ハ滿期日ヨリ若シ此期日ノ定ナキトキハ其債債ノ生シタル日ヨリ六ケ年ノ滿了ニ因リテ時効ニ罹ル但法律上此ヨリ短キ時効期間ヲ規定シタルトキハ此限ニ在ラス

民法上ノ時効ニ於ケル通常ノ期限ハ三十年ナレﾄﾞ本法ハ此通則ニ依ラスシテ此ニ六年ヲ以テ最長期ト爲セルモノハ商業上ノ種々ノ取引ハ之ヲ民法ニ比スレハ其運用甚ダ迅速ニシテ其資本ノ運轉自由ナランコトヲ要スルニヨルナリ

時効中斷ノ原由

第三百五十條　時効ハ履行ノ爲メ債務者ニ明示シテ爲シタル催告又ハ債權ノ取立若クハ擔保ノ爲メ債務者

ニ對シテ爲シタル債權者ノ裁判上若クハ裁判外ノ行爲又ハ書面上ノ支拂約束又ハ主タル物若クハ從タル物ニ關シ債務者ノ爲シタル一分ノ支拂ニ因リテ中斷ス

時効ヲ中斷スルトキハ時効ヲ成立セシムル爲メニ經過シ來ル凡ヘテノ時間ヲ無効タラシメ因リテ以テ時効ノ成ルヲ妨クルコトヲ云フ此ノ中斷ハ債權者ノ行爲又ハ債務者ノ行爲ヨリ生ス其債主ヨリスルモノハ或ハ催告（督促ト云フト同シ）ヲ以テシ或ハ債權ノ取立若シクハ擔保ノ爲メ債務者ニ對シテ爲ス裁判上又ハ裁判外ノ行爲例之ハ訴訟ヲ以テスルカ又ハ擔保ヲ得ンコトヲ求メ又ハ差押若クハ債券ノ書替等ヲ爲スノ類ナリ又其債權者ヨリスルモノハ或ハ書面ニ因レル返濟約束ヲ以テシ或ヒハ又主若シクハ從ノ負債一部ノ辨濟ヲ以テスルカ如シ法律ニ於テ此等ノ種々ノ所爲ニ時効ヲ中斷スル効力ヲ附與セル所以ノモノハ皆ナ負債ノ仍ホ辨濟セラレスシテ存スルコトヲ證明スル

計算書ノ送付ノミニテハ催告ト見做サス

時効ノ効果

交互計算

カ故ニ時効ノ基礎タル負債辨償ノ推定ヲ破却スルノ力アルニ由ルナリ

第三百五十一條　受取證ヲ記シ又ハ記セサル計算書ノ送付ノミニテハ之ヲ催告ト看做スコトヲ得ス

法律カ勘定書ノ送付ノミヲ以テ催告ト看做サヽルハ勘定書ハ要求ノ意アルニアラスシテ債額ノ通知タルニ過キサレハナリ

第三百五十二條　滿了シタル時効ノ効力ハ主タル物及ヒ從タル物ニ付テノ債權全ク消滅シ債權者ヨリ直接ニモ間接ニモ復タ之ヲ主張スルコトヲ得サルニ在リ

之ヲ以テ相殺ニ依ルモ訴訟ニ依ルモ質權又ハ差押ノ方法ニ依ルモ其他如何ナル所爲ニ出ツルモ債權者ハ債務者ニ對シ負債ノ辨濟ヲ强フルノ權ヲ有セサルナリ是レ時効ニシテ一度成レハ諸種ノ權利皆ナ消滅シ了ルニ由ル

第八節　交互計算

交互計算トハ新創ノ熟語ナレハ一言之ヲ辨センニ此語ハ「コントクーラン」

此種ノ契約ノ與フル利益

此契約ヲ爲シ得ルモノ

又ハ「コルレントアッカウント」ナル獨逸語ヲ譯セルモノニシテ其原語ハ數多ノ意義ヲ有セルモノナリト雖モ其最モ固有ニシテ且ツ最モ普通ノ意義ハ相互間始終取引ヲ爲スモノヽ間ニ權利ニ屬スル分卽チ貸方ト義務ニ屬スル分卽チ借方ノ帳簿ヲ製シ其期限ヲ定メテ其帳簿ヲ決シ以テ其計算ヲ結了スルコトヲ云フモノニシテ我立法官カ玆ニ此語ヲ塡置セルノ意モ亦此レニ外ナラサルナリ

此交互計算ノ方法ハ互ヒニ己レニ得ヘキモノヲ渡スノ手數ト此ノ如キ手數ヲ數回爲サヽルヘカラサル煩累ヲ省クニヨリ迅速ト簡易トヲ貴フ商業社會ニ在リテハ少ナカラサル便益ヲ與フルモノナリ

第三百五十三條　相互ノ間ニ絕エス債權及ヒ債務カ生スル所ノ平常ノ取引關係ヲ有スル者ハ期間ヲ定メテ互ニ差引計算ヲ爲シ其債權及ヒ債務ヲ消却スルコトヲ得

二個ノ對手間ニ於テ平生頻繁ニ貸借ノ勘定取引ヲ爲シツヽアルモノハ毎回一々勘定ヲ爲スヿナク或ル時期ヲ定メテ双方ノ差引勘定ヲ爲スヿ甚ダ便利ニシテ實ニ交互計算ノ目的トスル所ナリ

之ヲ生スル方法

第三百五十四條　交互計算ノ關係ハ明示又ハ默示ノ契約ニ因リテ生ス然レトモ長キ時間ト信用トヲ繼續シタルモ此カ爲メニ交互計算ノ關係ヲ生スルコト無シ

交互計算ノ關係モ亦是レ一ノ契約タルカ故ニ其成ルカ爲メニハ當事者双方ノ意思ノ合同ヲ必要トス然レ圧其合同ノアリタル上ハ之ヲ表示スル方法ノ明示タルト暗默タルトヲ問ハサルナリ又其長期ノ信用ノミニテ交互計算ノ關係ヲ生セサル所以ハ信用ハ如何ニ永キ間之ヲ與フルトモ其信用ノ中ニハ差引勘定ヲ爲スノ意ヲ有スルモノニアラサレハナリ

取引計算ノ最長期間

第三百五十五條　差引計算ノ期間ハ一ケ年トス但契約ヲ以テ此ヨリ短キ期間ヲ定メタルトキハ此限ニ在ラ

各當事者ノ為スヘキ義務

計算默認ノ推定ヲ受クル場合

ス

差引計算ノ最長期ヲ一年ト為セルハ計算ノ不明瞭ニ至ルヲ避ルナリ

第三百五十六條　各當事者ハ毎期間ノ終ニ計算ヲ閉鎖シ且約定又ハ相當ノ期間ニ其計算書ヲ承認又ハ異議申述ノ為メ互ニ送付スル義務アリ

債權及債務ハ交互計算ノ關係ヨリ生スル効力ヨリ互ヒニ自ラ消滅スルト雖モ計算ノ狀況双方ノ結局如何ハ計算ヲ閉鎖シテ之ヲ比較スルニ非サレハ知ルコト能ハサルカ故ニ期間ノ終リニハ計算ヲ結了シ以テ其過不足ヲ明瞭ナラシメサルヘカラス而シテ之ヲ為スカ為メニハ計算書ヲ調製セサルヘカラサルナリ然レトモ此計算書ハ己レノ自カラ之ヲ調製セルモノニ過キサレハ承認又ハ異議申述ノ用ニ供スルカ為メニ互ヒニ之ヲ對手ニ送付スルヲ要ス

第三百五十七條　異議ヲ起サス又ハ異議ヲ起シタルモ留保ヲ為サスシテ交互計算ノ關係ヲ繼續スルトキハ

計算ヲ默認シタルモノト看做ス

承認又ハ異議申立ノ爲メ送付セラレタル計算書ニ付キ別ニ何等ノ申立ヲ爲サス又之ヲ申立ツヘキ留保ヲモ爲サスシテ依然交互計算ノ關係ヲ繼續スルモノハ其受ケタル計算書ヲ承認セルモノト見サル可ラズ是レ本條ノ規定アル所以ナリ

交互計算ニ屬スル各債權ノ主張

第三百五十八條　交互計算ニ屬スル各債權ハ交互計算ノ關係ヲ解キ又ハ計算ニ對シテ異議ヲ述フルトキニ非サレハ各箇ニ之ヲ主張スルコトヲ得ス

交互計算トハ前ニモ說ク如ク互ヒニ平常取引ヲ爲スモノノ間ニ於テ貸方ト借方トノ帳簿ヲ調製シ置キ期間ヲ定メテ此帳簿ヲ決算シ其取引ヲ濟了スルノ謂ナルカ故ニ毎計算期ニ係ル諸債目ハ各別ニテ効力ヲ有セス之ヲ一纏メトナスモノナレハ双方ノ負債ヲ互ヒニ濟了シテ殘レル負債ニアラサレハ之ヲ要求スルコト能ハサルハ固ヨリ論ヲ須ス若シ然ラズシテ各債目ニ就キ要

求ヲ爲シ得ルコトヽセシカ交互計算ノ契約ハ其實ヲ見ルコト能ハサルヘシ是レ交互計算ニ屬スル各債權ハ之ヲ各箇ニ主張シ得サル所以ナリ然レトモ交互計算ノ關係ニシテ解カルヽニ於テハ交互計算ナルモノ無ク又然ラサルモ計算ニ付キ異議ヲ述フルノ時ニ在リテハ各債目ニ付キ主張ヲ爲スニアラサレハ之ヲ爲スノ場合ナキ故ニカ債權各箇ノ主張ハ之ヲ禁スヘキニアラサルナリ

計算承認後ニ係ル取引殘額ノ請求方

第三百五十九條　計算カ承認セラレタルトキハ其計算ニ依ルニ非サレハ差引殘額ヲ請求スルコトヲ得ス

計算ニシテ認メラレンカ其計算ハ新ニ確定シ當事者ノ負ヒシ相互ノ負債ハ悉皆此ニ消却セラレテ差引殘額ナル一ノ新負債ニ生スルノミ先キニ生シテ未タ辨濟セラレサルノ負債在ルコトナケレハ其差引殘額ヲ請求スルニハ必ス承認セラレタル計算ニ依ラサルヘカラサルハ固ヨリ論ヲ待タサルナリ

差引殘額ハ之

第三百六十條　每期間ノ終ニ生スル差引殘額ハ之ヲ新

ナル債務計目トシテ次ノ計算ニ移スコトヲ得但反對ノ契約アルトキハ此限ニ在ラス

差引殘額ハ前計算ノ結算ヨリ生シ前結算ノ湊合ヲ表ハセルモノニシテ債主ノ爲メニハ新タニ起リタル一計目ニ外ナラサレハ毎期結算ノ了レル際ニ之ヲ返濟セサルヘカラサル性質ノモノト云フヘカラス仍テ之ヲ新タナル一計目トシテ次キノ計算ニ廻ハスコヲ得セシム

ヲ新債目トシテ次ノ清算期ニ廻スヲ得

第三百六十一條　別段ノ契約又ハ慣習アラサルトキハ商事ヨリ生スル相互ノ債權及ヒ債務ハ種類ノ何タルヲ問ハス交互計算ヲ以テ取扱フコトヲ得

商事上ノ債權債務皆ナ交互計算ニテ取扱フヲ得

此ニ交互計算ノ方法ニヨリテ取扱ヒ得ル要求及負債ヲ獨リ商事ヨリ生スル相互ノ債權及債務ニ限ル所以ハ交互計算ニ要スル平常ノ取引上債目ノ交錯ハ主トシテ商業上ノ取引ニノミ在ルニ由ルナリ

第三百六十二條　一方ニ於テノミ債權ヲ生シ他ノ一方

一方ハ時々仕

拂ヲナシ他ノ一方ニノミ債權ヲ生セル時ノ交互計算

ハ其債權ノ計算ノ爲メニ時々支拂ヲ爲シテ絶エス取引スル者ノ間ニ交互計算ノ關係ヲ生スルトキハ其計算ニ屬スル債權ハ期間ニ從ヒ且交互計算ノ全部ニ依ルニ非サレハ之ヲ主張スルコトヲ得ス

交互計算ハ上來說ク如ク差引決算ヲ以テ實際ノ辨濟ニ代フルモノナルカ故ニ双方互ヒニ債主タリ負債主タルモノナラサルヘカラサルニ似タリト雖モ實際ニハ種々ノ計目ヲ合セテ以テ之ヲ一纒ト爲スコトヲ得ヘキカ故ニ一方ニ於テノミ債權ヲ生シ他ノ一方ハ其債權ノ計算ノ爲メニ時々支拂ヲ爲シテ絶エス取引スルモノノ間ニモ亦交互計算ノ關係ヲ設クルコトヲ得ヘシ而シテ此場合ニ於テモ其實際ハ他ノ場合ニ於ケル交互計算ノ關係ト異ナル理由ナケレハ他ノ凡ヘテノ交互計算ノ場合ト同シク其計算ニ屬セル債權ハ各箇ニ就キ恣ニ之ヲ主張スルヲ得スシテ期間ニ從ヒ且ツ交互計算ノ全部ニ依ルニアラサレハ之ヲ請求スルコトヲ得セシメサルナリ

交互計算ニ繰込メル債權ノ利子

第三百六十三條　交互計算ニ繰込ミタル債權ハ契約上ノ定ナキトキト雖モ其操込ノ日ヨリ之ニ相當ノ利息ヲ付ス可シ

自己ノ借方ノ證憑トシテ金高ヲ記スルモノハ自己ノ入用ノ爲メニ新タニ他人ヨリ金錢ヲ受取レルコトヲ證明セルト異ナルコトナクシテ而シテ商事上ニハ此場合ニ別ニ契約ノアラサル時ハ利子ヲ生スヘキモノナルコハ第三百三十三條ニ規定スル處ナリ

差引殘額ニ付テノ滿期日

第三百六十四條　各計算期間ニ生スル差引殘額ニ付テハ期間ノ末日ヲ滿期日ト看做ス

差引殘額ハ諸計目ノ名代タルカ故ニ其約定セル計算期ハ則チ此差引殘額ノ返濟期タラサルヘカラス

交互計算ハ第三者ニ効ナシ

第三百六十五條　交互計算ノ關係ハ其計算ニ繰込ミタル債權及ヒ債務ニ付テハ第三者ニ對シテ其効ヲ有セ

ス

交互計算ノ關係ハ契約ヨリシテ生スル一種ノ取引ニ外ナラザルカ故ニ之レニ與カラサリシ他人ニ其効ヲ及ホシ其地位ヲ惡クシ又ハ之ヲ良クスルコト能ハサルハ他ノ諸種ノ契約ニ異ナラサルナリ蓋シ契約ハ利ト不利トニ論ナク其効果ヲ他人ニ及ホスコト能ハサルモノナレハナリ

交互計算ノ關係消滅

第三百六十六條　交互計算ノ關係ハ當事者ノ一方カ何時ニテモ之ヲ辞スル外死亡又ハ破産ニ因リテ解除ス

交互計算カ一方ノモノヽ死去又ハ倒産ニヨリテ解クル所以ノモノハ此關係ハ信用ニ基クモノナルニ人ノ死亡ハ破産ト同シク其信用ヲ破却スルモノナレハナリ然ラハ即チ交互計算ノ關係ガ當事者一方ノミノ辭退ニヨリ何時ニテモ解除セラルヽ所以ハ何ソヤ他ナシ此關係ハ一ノ契約ナルカ故ニ若シ純理ノ上ヨリ之ヲ言フ𪜈ハ此關係ニシテ成レル以上ハ一方ノ意思ノミニシテ之ヲ解キ得ルノ理ナシト雖モ此關係ハ特別ノ信用關係ニシテ其要求ノ事項

甚タ夥多ニ且ツ其期限亦タ長キカ故ニ危難アルコト少シトセス此危難ヲ避ケシムルカ爲メニハ成ルヘク其解約ヲ容易ナラシメサルヘカラサレハナリ

第九節 質權

質權ノ義解

質ハ物上擔保ノ一種類ナルガ故ニ物ヲ以テ債權ヲ保證セシムルモノナリト云ハヾ或ハ其性質ノ梗概ヲ盡スヲ得ンカ今其定義ヲ下セバ質トハ或債權ノ擔保ヲ爲スガ爲メニ負債主又ハ其他ノモノヨリ物ノ交附ヲ爲ス一ノ契約ナリト云フヲ得可キ蓋シ質契約ハ能ク信用ノ欠缺又ハ其不足ヲ補フノ力アルモノナレバ融通ノ上ニハ少ナカラザル便益ヲ與フルモノト云フベシ而シテ此契約ハ定義ニ之ヲ示スガ如ク債權ノ擔保ヲ爲ス一ノ從タル契約ニ過ギザレバ債權ニ先チテ生ズルヲ得ズ且ツ又之レニ後レテ獨リ存スルヲ得ザルナリ故ニ倘シ債權ニシテ無効ナランカ質モ亦無効タラザルヲ得ズ

質契約ノ第三

第三百六十七條 商取引ヨリ生スル債主ノ擔保ノ爲メ

者ニ對シテ有効ナルニ要スル條件

質ハ其取得物賣却ノ權利ヲ權利者ニ附與ス

ニスル動產質權ノ設定ハ總テノ塲合ニ於テ書面契約ヲ以テ之ヲ爲ス可シ其契約ハ擔保セラル可キ債權ノ年月日、數量幷ニ其合法ノ原因及ヒ質權設定ノ年月日幷ニ目的物ヲ逐一記載セサルトキハ無効トス

此ニ法律カ質權ノ設定ヲ爲スニ證書ノ作成ヲ必要トシ加之之レニ本條ニ記載セル種々ノ事項ヲ逐一記載セザルベカラザルモノト爲セルモノハ之ヲ爲サヾルニ於テハ契約者ニ於テ後日ニ至リ擔保ニ供セル物件ヲ取替ヘ又ハ其數量ヲ增シ或ハ又負債ノ高ヲ增シ其他種々ノ詐欺ヲ行フヲ以テ第三者ノ損害ヲ釀モスノ危險アルニ由ルナリ

第三百六十八條　質權設定ニ因リ債權者ハ質物ヲ賣却シテ其ノ債務辨償ニ充ツル權利ヲ取得ス但質物ノ占有自己又ハ其代人ニ移リタルトキニ限ル

質權ハ其質權利者ニ先取ノ權利ヲ與フルコハ各國皆其揆ヲ一ニスル所ニシ

テ本條モ亦之レニ倣ヘリ而シテ質權利者ガ質物ノ占有ヲ有スル時ニアラザレバ之ヲ賣リテ其代價ヲ先取スルヿ能ハズト爲セル所以ハ動產ニ付テ占有ハ所有ニ等シトノ格言アルガ如ク占有ハ債主ノ權利ヲ公ケニシテ之ヲ他人ニ知ラシムルカ故ニ債主ニ此特權ヲ行ハシムルモ爲メニ誤マラルヽ所ノ第三者ナカルベキモ若シ之ニ反スル塲合ニ於テハ其質物ガ負債主ニ屬シテ何等ノ負擔ヲモ爲サヾルモノト信ゼシ第三者ハ之ガ爲メニ不測ノ損害ヲ蒙ムルニ至ルベケレバナリ

裏書ノミヲ以テ處分權ヲ移シ得ル証書ノ讓渡

第三百六十九條　船荷證書、倉荷證書其他裏書ヲ以テ所載商品ノ處分權ヲ移轉スルコトヲ得ル證劵ノ裏書讓渡ハ物ノ占有ノ移轉ト仝一ナリトス

是レ此等ノ證書ニ於ケル裏書讓受人ハ其證劵面上ノ物品ヲ自由ニ處置シ得ルモノナルカ故ニ證書ノ占有ハ其物自躰ノ占有ト異ナルヿアラザルニ由ル

差圖証劵ノ質

第三百七十條　指圖證劵カ質權設定ノ目的物ナルトキ

トナル時

ハ其證券ニ質入ノ旨ヲ附記シテ債權者ニ裏書讓渡ス可シ

無記名證券ハ交附ノミニテ權利ヲ移スノ力アルガ故ニ別ニ裏書ヲ爲スノ必要ナシト雖モ指圖證券ハ之ヲ渡セシノミニテハ何等ノ効ヲモ生ゼザルガ故ニ其權利ヲ他人ニ移サンガ爲メニハ裏書ノ方法ニ依ラザルベカラズ而シテ質債權者ハ其請求ヲ確實ニスルガ爲メニノミ證券ヲ預ルモノニシテ他ノ裏書讓受人ト全一ノ權利ヲ有スルモノニアラザレバ其裏書ニハ質入ノ旨ヲ記セザルベカラザルハ勿論ナリトス

質權利者ノ質物ヲ賣却スルニ關スル手續其一

第三百七十一條　債權者カ其債務ノ辨濟ヲ遲延シタルトキハ債權者ハ債務者ニ對シ訴ヲ起スコト無クシテ質契約書ヲ出シ裁判所ノ命令ヲ得タル後質物ノ賣却ニ着手スルコトヲ得

此命令ハ債權者ヨリ遲延ナク債務者ニ之ヲ通知ス可

シ

其二

第三百七十二條　債務者カ契約書ヲ以テ賣却ノ承諾ヲ明示シタルトキ又ハ指圖證劵ヲ質入シタルトキハ債權者ハ裁判所ノ命令ナクシテ賣却ヲ爲スコトヲ得

法律ガ質物ノ賣却ヲ爲ストキニ裁判所ノ判決ヲ受ベキヿヲ言ハザルモノハ此ノ如キハ時間ト費用トヲ要シ煩ハシキニ耐エザレバ融通ヲ妨グルノ恐レアリト思惟セルニ由ル而シテ其ノ裁判所ノ命令ヲ受クベキモノト爲セルハ質物ノ賣却ハ負債主ノ財產ヲ處分スルモノニシテ而シテ强制執行ハ普通ニ裁判所ノ權力ヲ以テセザルベカラザル所ノモノナレバナリ然レ𪜈此等ノ規定タル一ニ負債主ノ利益ヲ計レルニ過ギザレバ負債主ニ於テ此利益ヲ抛チタル時ハ法律ニ於テ强テ之ヲ保護スベキ謂ハレナシ故ニ債務者ガ契約書ニ賣却ノ旨ヲ明諾セル時及ビ明諾シタリト看做スベキ場合即チ指圖証劵ヲ質入シタル場合ニ於テハ債權者ハ裁判所ノ命令ヲ受ケサルモ之ヲ賣却スルヲ

得可シ

第三百七十三條　前二條ノ場合ニ於ケル賣却ハ仲立人又ハ競賣人カ競賣ヲ以テ之ヲ爲シ又取引所ニ於テ賣買スル商品ニ在テハ公ノ呼上ヲ以テ之ヲ爲シ且賣却期日ノ少ナクトモ八日前ニ其爲サントスル賣却ヲ債務者ニ通知ス可シ

本條ノ趣旨ハ賣却ヲシテ成ルベキ丈ケ正實ニ且ツ可成的高價ニ行ハシメント欲セルニ出ルナリ而シテ賣却期日ノ少クトモ八日前ニ其爲サントスル賣却ヲ債務者ニ通知セシムルモノハ次條ニ規定スルカ如ク債務者ハ賣却ニ付セラルヽ迄ハ負債ヲ辨濟シテ其質物ノ取戻シヲ爲シ得ルモノナレバナリ

債務者ノ賣却アル迄負債ヲ辨濟シテ質物ヲ取戻シ得ルノ權

第三百七十四條　前條ニ掲ケタル期間ノ滿了スルマテハ債務者ハ債權者ニ辨濟ヲ爲シテ質物ノ還付ヲ求ムル權利アリ

質物賣却代價ノ餘剩

第三百七十五條　債務額ニ利息及ヒ必要ノ費用並ニ立替金ヲ加ヘタル額ヲ超ユル賣却代價ノ過剩ハ賣却ノ諸費用ヲ引去リタル後之ヲ債務者ニ還付ス可シ

是レ質權ナルモノハ債權ノ辨濟ヲ確保スルニ過ギザレバナリ

負債主質物ニ對シテ有スル權利義務

第三百七十六條　債務者ハ質權ノ設定ニ因リテ質物ヲ他ニ讓渡ス權利ヲ失フコト無シ然レトモ質債務ノ全額ニ滿ツルマテ其代價ヲ質債權者ニ支拂フ可シ之ニ違フトキハ二年以下ノ重禁錮ニ處ス

債務者ハ物ヲ質入スルト雖モ其所有者タルヲ止息セザレバ之ヲ處分スルノ權利ヲ有ス然レドモ債務者ハ其物ヲ債務ノ抵保ニ供シタルモノナレバ亦其ノ處分權ニ制限セラル、所ナカルベカラサルナリ而シテ債主ニ於テ質物ヲ占有セルトキハ負債主之ヲ他ニ賣ルヿアリトモ債主ハ其負債ノ完濟ヲ得ザル以上ハ其契約ノ自己ニ効ナキヿヲ主張シ得ルハ勿論ナルモ其物ヲ占有セザル時ニ負債主ガ之ヲ他人ニ賣却シ且ツ其引渡シヲ爲セル時ハ動産ニ付テハ占有ハ所有ニ等シトノ格言ノ効ニヨリ全キ所有權ハ其買得者ニ移リ質權利者ハ質權ヲ失フベキガ故ニ法律ハ此危險ヲ防ガンガ爲メニ自由ニ質物ノ賣却ヲ爲スヿヲ負債主ニ許シナガラ質債務ノ全額ニ充ツル迄其代價ヲ質權利者ニ支拂ハザルトキハ二年以下ノ重禁錮ニ處スルコトヽシ以テ債權者ノ權利ヲ保護セリ

質權ノ存在ヲ知リテ買ヒタル第三者ノ義務

第三百七十七條　買主ニシテ其買入レタル物ニ付キ第三者ニ質權ノ存スルコトヲ知ル者ハ質債務ノ全額ニ滿ツルマテ其代價ヲ直接ニ質債權者ニ支拂フ可シ之ニ違フトキハ亦前條ノ刑ニ處ス

買主ニシテ情テ知レルトキハ其ノ占有ヲ以テ所有ニ等シトスル動産上ノ普通ノ權利ヲ享有スルヿ能ハザルガ故ニ此場合ニ於ケル質權利者ノ賣買ノ爲メニ毫モ損害ヲ受クルモノニアラザルナリ

二人以上ノ者仝一物ノ上ニ仝時ニ質權ヲ有スル時

二人以上ノ質

第三百七十八條　同一ノ物ニ付キ質權ヲ二人以上ニ設定シタルトキハ其物ノ占有者カ賣却ノ優先權ヲ有ス但強暴若クハ隱密ニテ又ハ隨時返還ノ條件ヲ以テ其占有ヲ得タルトキハ此限ニ在ラス

二人以上ノモノガ仝時ニ同一物件上ニ質權ヲ有セルトキハ其中尤モ優レル地位ニ在ルモノニ賣却ノ權ヲ與ヘザルベカラザルハ別ニ説明ヲ要セザルナリ而シテ物ノ占有ヲ爲シ居ルモノハ之ヲ占有セザルモノヨリ好位地ニ在ルヤ明ラカナリ故ニ法律ハ此者ニ物件賣却ノ權ヲ附與ス然レドモ此法律上ノ恩惠ヲ受ケンガ爲メニハ其占有ハ鞏固ナラザルベカラズ又不正ノ所爲ニ出デザルヲ要ス故ニ強暴、隱匿等ノ不正ノ所爲ニ出デヽ占有ヲ爲セル者ノ如キハ此優先權ヲ得ルコトナシ又何時ニテモ返還スベキ條件ヲ以テ爲セル薄弱ナル占有ニ在リテハ他ノ債主先ヅ賣却ノ權ヲ有スベキナリ

第三百七十九條　二人以上ノ質債權者中一人ハ現物ヲ

債權者アルトキ

有効ニ質權ノ設定ヲ爲シ得ル人

占有シ他ノ者ハ其物ニ付テノ處分證劵ヲ占有スルトキハ孰レニテモ占有ヲ先キニ得タル者賣却ノ優先權ヲ有ス

處分證劵ノ占有ハ現物ノ占有ニ異ナル𪜈(第三百六十九條)故ニ處分證劵ヲ占有セルモノト現物ヲ占有セルモノトカ其權利ヲ爭フ時ハ何レナリトモ占有ヲ先キニ爲セルモノ優先權ヲ得ルナリ

第三百八十條　動産ニ付テノ有効ナル質權ハ質債權者ノ善意ナルトキニ限リ所有者ニ於テ又ハ物ヲ處分セル爲メ所有者ヨリ委托セラレタル代人ニ於テ又ハ正當ナル取得ニ因リ物ノ占有ヲ得タル各人ニ於テ之ヲ設定スルコトヲ得但無記名證劵ヲ除ク外其物カ盜品又ハ紛失品ナルトキハ此限ニ在ラス

不動産ニ就テハ登記ノ法式アリト雖モ動産ハ其權利ノ移轉ヲ第三者ニ示ス

ノ法式ナリ又之ヲ設クルヿ能ハザルガ故ニ古來動產ニ就テ占有ハ所有ニ等シトノ原則行ハレ所有權ノアラザルモノト雖モ其ノ所持セル動產ヲ他人ニ讓渡セル塲合ニ於テハ苟クモ其讓受人ノ情ヲ知ラザル時ハ凡ベテ皆ナ所有者ノ權利ヲ喪失セシムル者トセリ盖シ商業ノ發達ヲ計ランガ爲メニハ可成商品ノ流通ヲ自由ナラシメザルベカラザルガ故ニ物品占有者ニ過ギザルモノヽ爲セル動產質ト雖モ之ヲ有効トセザルベカラス惟フニ本條ノ規定ハ此理ニ基テ設ケラレタルモノナルベシ然レドモ尙ホ疑ナキ能ハズ何トナレバ質權ノ設定者ガ正當ナル取得ニヨリ占有ヲ得シ時ニアラザレハ其設定セル質權ヲ有效ノモノト爲サズ而シテ其結果トシテ盜品及ビ紛失品ヲ質ト爲スヿアリトモ之ヲ無効ト爲セルヿハ此等ノ物品ト雖モ其取引ヲ爲スニ當リテ一々其處分權アルヤ否ヤヲ調査スルハ頗煩ナル商業社界ニ在リテハ到底耐フル所ニアラザルベケレハナリ

質所有者ノ質

第三百八十一條　所有者ニ非サル者ノ質入シタル者ハ

物ヲ取戻ス權

質物賣却後ノ權利消滅

賣却執行ノ終ニ至ルマテハ所有者ヨリ質債權者ニ十分ナル辨償ヲ爲シテ其取戻ヲ求ムルコトヲ得

此事ハ例ヘバ甲ノ書籍ヲ乙之ヲ質入シタルトキニ其質物ノ未ダ流レトナラザル間ハ甲者自カラ其ノ借金ヲ辨償シテ之ヲ受ケ出スガ如キヲ云フモノニシテ日常屢シバ目擊スル所ナリ

第三百八十二條 有効ニ質入シタル物ヲ賣却シ其代價ノ支拂アリタルトキハ從來其物ニ付キ存セル所有權又ハ質權ハ總テ消滅ス

權利アルモノヽ爲セル賣却ハ所有權ノ移轉ヲ生ジ質物ノ占有者ハ其辨濟ヲ得ルガ爲ニハ其物件ヲ賣却スルノ權利ヲ有ス故ニ質權利者ノ爲セル質物ノ賣却ハ舊所有者ヲシテ其有セル所有權ヲ其物ノ上ニ失ハシムルモノトス乃ハチ坊間ノ質屋ガ流質物ヲ賣拂フモ此ノ趣旨ニヨルナリ質權ハ債權ノ辨濟ヲ確保スルガ爲メニ付從ノ權利ナルガ故ニ質物ヲ賣却シ其代價ニテ債權ノ

辨濟ヲ受ケシ上ハ之レヨリ後ニ其質物ノ上ニ權利ヲ有スベキ理ナキナリ

第三者ノ質權設定

第三百八十三條　質權ハ第三者ニ於テモ債務者ノ爲メ之ヲ設定スルコトヲ得

動産質ハ債權ノ滿足ニ執行セラルベキヿヲ保證スルガ爲ニ物ヲ以テ之ガ抵保ニ充ツルニ過ギザレバ負債主本人自身ニテモ又ハ他人負債主ニ代ツテニテモ之ヲ爲スヲ得ルヿ勿論ナリ

將來ノ債權ノ爲メ質權設定

第三百八十四條　質權ハ將來ノ債權ノ爲メ豫メ之ヲ設定スルコトヲ得ス

未ダ借金ナキニ之ガ返濟ノ保證ノ爲ニ質權ヲ設クルヿハ其必要ナキナリ然レドモ平生銀行ヨリ屢々借リ出シ屢々返濟スル者等ニ於テ根抵當ト稱シ豫ジメ公債株劵ノ類ヲ抵當ニ入レ置クモノヽ如キハ此ノ法文ノ爲メニ却テ不便ヲ見ルヿアルベシ

質物ノ賣却ヲ

第三百八十五條　質物賣却ノ裁判上ノ停止ハ債權者ニ

裁判上停止シ得ル原由

辨濟ヲ爲シタリトノ抗辨ヲ以テ之ヲ爲サシムルコトヲ得但其抗辨ヲ直チニ信認セシメ得ルトキニ限ル

質權設定ノ主旨タル債權ノ執行ヲ確保スルニ在ルモノナルカ故ニ其債權ノ既デニ辨濟セテレタリトノ理由ヲ以テ質入主ヨリ抗辨シ來ルニ於テハ質物ノ賣却ヲ停止セシムルモ決シテ之ヲ不當ナリト云フベカラザルナリ何者、質物ハ一旦賣却セラルヽニ於テハ又之ヲ取消シテ其物ノ回復ヲ爲スヿ能ハザルモノナレバナリ然レドモ其停止ヲ爲シ得ル塲合ハ其抗辨ノ直チニ信認シ得べキ塲合ニ限ラザルべカラズ然ラズンバ狡猾ナル負債主ハ常ニ負債ノ辨濟ヲ爲セル旨ヲ抗辨シテ以テ質物ノ賣却ヲ妨クルヿアルニ至ルべケレバナリ

債權ノ質入

第三百八十六條　指圖証券又ハ無記名証券ニ因リテ生シタル債權ヲ質入スルニハ債務者ニ通知ヲ爲スコトヲ要セス

質債權者ハ質ニ取リタル債權ヲ賣却ニ代ヘテ直接ニ取立ツルコトヲ得又金錢ニ係ル債權ニ非サルトキハ目的物ヲ質物トシテ取扱フコトヲ得

此ニ法律ガ債權ヲ質入スルニ際リ之ヲ質入セル旨ノ通知ヲ債務者ニ爲スヿヲ免除セル所以ノモノハ手數ヲ省キ質入ノ手數ヲ簡易ナラシメ以テ物品ノ融通移轉ヲ容易ナラシメントト欲セルニ由ル

元來質權ハ債權ノ辨濟ノ抵保ヲ爲スモノニシテ而シテ其目的物件賣却ヲ爲スヿヲ許スハ則チ其當初ノ目的ヲ達セシムルモノニ外ナラザレバ賣却ニ依ラザルモ其目的ヲ達セシムルノ途アルニ於テハ此方法ニヨルヿヲ得セシメ以テ可成債主ヲシテ債權ノ辨濟ヲ得ルニ便宜ナラシメザルベカラザルナリ是レ本條ニ於テ質ニ取リタル金錢ニ關スル債權ヲ賣却ニ代ヘテ直接ニ取立ルヿヲ許シ其金錢ニ係ル債權ニ非ザルトキハ其債權ヲ執行シテ得タル目的物件ノ賣却ヲ爲スヿヲ得セシメタル所以ナリトス

留置權ノ義解

留置權ト質權トノ差異

第十節　留置權

留置權トハ債主カ負債主ニ屬スル物件ヲ負債ノ辨濟セラルヽ迄之ヲ己レノ手裡ニ留メ置キ間接ニ義務ノ履行ヲ促カスヿヲ云フ此定義ヲ以テ質權ノ定義ニ比スルトキハ酷ダ相肖レルノミナラズ或ヒハ彼此其名ヲ異ニシテ其實ヲ同フスルモノニアラザルナキヤヲ疑フモノアルベシ然レドモ此三者間ニハ重要ナル差異アリ蓋シ質ハ法律ヲ以テ明ラカニ規定セルモノヽ外ハ必ラズ當事者間ニ明ラカナル契約ナカルベカラズト雖モ留置權ハ之レニ異ナリ其占有セル他人ノ物件ニ付キ勞力、費用、前貸金、立替金、手數料、又ハ利息ニ關シテ滿期ト爲レル債權ヲ有セルトキハ負債主ノ意思ニ反シテ之ヲ有シ契約ナクシテ作出スルコトヲ得ベキナリ且ツ留置權ハ受働的權利ニシテ質權ノ如ク爲働的權利ニアラザレバ自カラ進ンデ其物件ヲ賣却スルヿ能ハザルヲ以テ通則トスルガ故ニ留置權ト質權トノ間ノ區別ハ瞭然タルベシ思フニ留置權ハ債主自カラ負債主ノ金圓若シクハ其他ノ物件ヲ取上ゲ以テ恣ニ辨濟ヲ得ルヿ能ハズト云フ原則ニ抵觸スルモノナリ故ニ之ヲ非難スベキガ如シト雖モ能ク信用ノ欠缺又ハ其不足ヲ補ヒ取引上ニ便益ヲ與フルヿ少ナカラザレバ徒ラニ其原則ニ違ヘルヿヲ理由トシテ之ヲ非難スベカラザルナリ

留置權ヲ生スル原由

第三百八十七條　商取引ニ因リテ他人ノ物ヲ占有シ其物ニ付キ勞力費用、前貸金、手數料又ハ利息ニ關シテ滿期ト爲リタル債權ヲ有スル者ハ其債權ノ完全ナル辨濟又ハ擔保ヲ得ルマテハ其物件ハ其賣得金ヲ留置スル權利アリ

他人ノ物品ヲ修繕又ハ保管ノ爲メ等ニテ預リ居ル間ハ其上ニ手數ヲ施コシ又ハ費用ヲ要シタルトキハ其ノ勞力ノ報酬又ハ取替費等ノ辨償ヲ受クルマデ之ヲ留置スルヲ得ルモノニシテ法律ガ權利者ニ斯カル特權ヲ與ヘタル所以ノモノハ人ヲシテ安ジテ商取引ヲ爲サシメ以テ商業ノ發達ヲ望ムニ外ナ

差引殘額又ハ債務支拂停止ノ爲メニ生スル債權者ノ留置權

ラズ

第三百八十八條　交互計算ヨリ生スル差引殘額ニ付テノ債權ノ爲メ又ハ債務者支拂ヲ停止シタルトキハ未タ滿期ト爲ラサルモ商取引ヨリ生スル總テノ債權ノ爲メ債權者ハ正當ニ占有ヲ得タル債務者ノ總テノ物ニ對シテ留置權ヲ行フコトヲ得

債權者ノ正當ノ占有ヲ得タル時、交互計算ヨリ生スル差引殘額ノ債權ノ爲メニ其占有セル物件ニ留置權ヲ行フヿヲ債主ニ許セルモノハ法律ガ交互計算ノ方法ヲ以テ善良ナリト認メ之レニ付テノ債權ヲ保護シテ以テ各人ニ此計算法ニ依ランヿヲ勸奬セルモノナリ而シテ債務者ノ支拂ヲ停止セルトキニ債權者ヲシテ其正當ニ占有ヲ得タル債務者ノ總テノ物ヲ留置スルヿヲ得セシメタル理由ハ既ニ支拂ヲ停止スルトキハ其ノ債務辨償ノ期限ノ到達セルト否トニ論ナク盡トク既ニ期限ノ滿了セルモノト全視シテ債權ヲ要求シ得ルモノニシテ而シテ此ノ要求債權ヲ滿足スルヿ能ハザル保證ノ爲ニ債權者ヲシテ正當ニ占有スル物件ハ之ヲ留置スルヿヲ得セシメ以テ占有物アルガ爲ニ安心セル所ノ債權者ヲ保護スルナリ而シテ留置權ハ元來其留置セル物件ニ關シテ生ジタル債務ニアラザレバ行フヿヲ得ザルガ故ニ此場合ニモ債權者ハ其ノ債權ニ關係セル占有ノ物件ナラザル可ラズ

第三百八十九條　留置權ハ占有ノ喪失ニ因リテ消滅ス
但權利者カ自己ノ利益ノ爲メ其物ヲ處分シタルモ其留置權アルコトヲ新所持人ニ告知セシトキハ此限ニアラス

留置權ハ物ノ占有ノ爲ニ存在スルモノナルガ故ニ占有ヲ失フトキハ從テ留置權ノ消滅ヲ惹起サザルベカラズ此ニ所謂ル權利者ガ自己ノ利益ノ爲メ其物ヲ處分シタルモ其留置權アルヿテ新所持人ニ告知セシ片トハ如何ナル時ヲ指スモノナルヤ或人ハ之ヲ解シテ物ノ保存又ハ修覆ノ爲メ之ヲ他人ニ托

セルトキノ如キヲ言フモノナリト云フモ抑モ此ノ如キ塲合ニハ留置權ヲ有セシ權利者ニ於テ留置權ヲ失ハザルコハ明ラカナリ而シテ其之ヲ失ハザルハ占有ヲ失ハザルニ依ルモノニシテ而シテ物ヲ人ニ托スルガ如キハ是レ其物ヲ處分スルト云フコ能ハザルベシ然ルニ本條ニハ明カニ物ヲ處分シタルモ云々ト記シ置キタレバ其正ヲ得タルモノト云フコ能ハザルニ似タリ然レドモ他ニ又說ヲ爲スモノアリ曰ク本條但シ以下ハ販賣ノコヲ規定シ乃チ商業取次人又ハ仲買人等　其委託者ニ對シ此依託物ニ關シテ債權ヲ有シ從テ留置權ヲ有スルトキニ其物ヲ他人ヘ賣却セル塲合ヲ指セルモノナリト云ヘリ惟フニ此設例ニ依ルトキハ本條處分ノ文字　明カニ解シ得ルモ斯クシテ物ヲ買取レル買主ハ啻ニ所持人タルニ止マラズシテ所有主ナラザルベカラザルニ本條ニハ所持人ナル語ヲ使用シタレバ此說亦甚當ラザルニ似タリ假令也ヲ讓リテ所持人ナル語ハ所有者ノコナリトスルモ留置權ハ物ノ占有ニ後レテ存スル能ハザルモノナルニ物ノ處分ヲ爲スモ仍ホ留置權ヲ存セシメ

留置權ハ債權者ノ意ニ反シテ所有權ノ移レルモ未タ消滅セス

タルハ其當ヲ得タルモノト云フベカラズ之ヲ要スルニ本條但以下ノ條文ハ到底條理ヲ以テ之ヲ解スベカラザルニ似タリ

第三百九十條　留置權ハ債權カ時効其他ノ事由ニ因リテ消滅シタルカ爲メニ消滅スト雖モ物ノ所有權カ債務者ノ意ヲ以テ又ハ意ナクシテ他人ニ移リタルカ爲メニハ消滅セス

留置權ハ辨濟ノ確保ヲ爲スモノナルガ故ニ債權ニ先チテ生ズル〻能ハズ又之レニ後レテ存シ得ザルハ明ラカナリ之ヲ以テ債權ニシテ時効ニ係ルトキハ留置權モ亦消滅スベシ而シテ留置權ハ元ト負債ノ辨濟アル迄其物件ヲ留メ置ク〻債主ノ自由ナルモ債主ハ元來其所有權ヲ得タルモノニアラザレバ負債主ハ其好ム所ニ從テ其所有權ヲ他ニ移スヲ得ベク又其ノ負債主死亡後ニ於テハ當然相續人ニ歸スベシ然レドモ留置權ハ一ノ物權ナルガ故ニ債權者ノ意ニ反シテ爲シタル所有權ノ讓渡ノ爲メニ消滅スベキニアラズ然ラズ

留置權ハ之ヲ他人ヘ移ス〻能ハス

留置權ノ目的

ンバ債主ノ權利ハ常ニ負債主ノ爲メニ妨害セラレテ留置權ノ効用ヲ見ル〻能ハザルニ至ラン是レ本條ノ規定アル所以ナリ

第三百九十一條　留置權ハ債權者ヨリ之ヲ他人ニ移スコトヲ得ス

債主ノ留置權ヲ他人ニ移シ得ザルハ留置權ハ其貸金ヲ保全スルヲ目的トスル債主一身ニ止マルノ權利ニシテ其人ニ非レバ達スル能ハザルニ因ルトハ常ニ本條ヲ解スル者ノ所説ナルモ留置權ヲ以テ擔保セラル丶主タル債權ノ有効ニ移轉シ得ラル丶ニ之レニ從タル留置權ヲ移ス〻能ハザルハ何ノ理ヅ論者ハ留置權ヲ以テ債主一人ニ止マル權利ナリト云フト雖モ此權利ノ債主ノ爲メニ生ゼルニアラズシテ債權ノ爲メニ生ゼルモノナル〻ハ何人モ異議ナキ所ナリ然ルニ債權ハ之ヲ他ニ移シ得ルモ留置權ハ之ヲ移ス〻能ハザルハ如何ナル故カ是レ本條規定ニ就テ理論上疑團ノ存スル所ナリ

第三百九十二條　留置權ノ行使ヲ債務者ニ通知シタル

物賣却ノ權利

双務ノ契約ノ場合ニハ常ニ互ヒニ留置權ヲ有ス

モ仍ホ相當ノ期間ニ辨濟又ハ擔保ヲ得サル者ハ留置シタル物ヲ第三百七十一條及ヒ第三百七十三條ノ規定ニ從ヒテ賣却シ其賣得金ヲ以テ辨濟ニ充ツルコトヲ得

留置權ハ債權ノ辨濟アル迄或物件ヲ其手許ニ留メ置キ間接ニ債務ノ履行ヲ促ガス權利ナルガ故ニ若シ其性質ヨリシテ之ヲ論スレハ物件ヲ賣リテ辨濟ニ充ツルコト能ハザルモノナリト雖モ債主ニシテ若シ此權利ヲ行フコト能ハズトセバ往々損失ヲ受ルコトヲ免カレサルノミナラズ夥多ノ留置物件ヲ山積スルノミニシテ資本ヲ運轉スルコトヲ得ズ爲ニ商業ノ妨害ヲ爲スコト少ナカラザル可レバ便宜ノ爲メニ權利ノ性質ニ逆ラヒ本條ノ如クニ規定セルナリ

第三百九十三條　雙務ノ契約ニ依リテ其履行ヲ求ムルコトヲ得ル者ハ他ノ一方ガ履行ヲ爲スマテハ自己ノ義務ノ目的物ヲ留置スルコトヲ得但反對ノ契約又ハ

指圖証券及ヒ無記名証券

商慣習アルトキハ此限ニアラス

己レノ義務ヲ盡サズシテ却テ他ノ對手ニ對シテ其義務ノ履行ヲ要請スルカ如キハ洵トニ恥ナキノ甚ダシキモノニシテ而シテ人ハ好ンデ不利ノ位地ニ立ツヲ欲セザレバ双務ノ契約ノ場合ニ於テ己レノ盡スベキ義務ハ之ヲ盡シ而カモ其得ベキモノハ之ヲ得ザルガ如キ危險ナル位地ニ立ツコト契約者各自ノ欲セザル所ナルベシト云フ法律ノ思料ニ由リ本條ヲ設ク故ニ反對ノ慣習アルカ或ヒハ又反對ノ明約アルニ於テハ此規則ハ其適用ヲ止メザルベカラザルナリ

第十一節　指圖証券及ビ無記名證券

權利ノ存在成立ヲ證明スルガ爲メニ作ラレタル書面ハ之ヲ證券ト云フ此證劵ガ指圖式ニ從フトキハ之ヲ指圖證劵ト云ヒ然ラザルトキハ之ヲ無記名證劵ト云フ本節ハ即チ此等證劵ノ發行、融通、支拂等ニ關スル諸項ヲ規定セルモノナリ

此等証券ノ便益

此等ノ證券ニ依リテ證明セラレタル權利ハ普通ノ法式又ハ條件ニ依ラズシテ之ヲ他人ニ輾轉讓與スルコヲ得ル特別ノ性質ヲ有ス法律ガ此等證券ニ斯カル特種ノ性質ヲ附與セシ所以ノモノハ之ヲ流通シテ以テ商業上大イニ貨幣ノ融通ヲ便センヿ欲セルニ由ル而シテ此等ノ證券ハ普通ノ法式又ハ條件ニ循ハズシテ之ヲ他人ニ輾轉讓與スルヲ得ルモノナルガ故ニ之ヲ移轉スルニ付テモ別ニ負債主ノ承認ヲ得ルヲ要セズ之ヲ新債主ニ渡スノミニテ負債主ニ對スルモ移轉ノ効アリ

証券移轉ノ便益ヲ與フル所以

裏書ヲ以テ移シ得ル債權

第三百九十四條　或ル金額又ハ商品ノ引渡ニ係ル書面契約ヨリ生スル債權ハ契約書カ其ノ明文又ハ商慣習ニ從ヒテ指圖式ナルキハ裏書ヲ以テ之ヲ第三者ニ讓渡スコトヲ得

此場合ハ物品賣渡手形ノ類ニシテ例ヘバ賣主甲ハ「此手形引換ニ商品ヲ買主乙者又ハ其指圖人ヘ引渡スヘキ旨」ヲ明記シタル債權證書ヲ乙者ニ渡スキ

ニ乙者ハ更ニ其手形ニ裏書シテ丙者ニ讓リ渡シ丙者之ヲ持參シテ甲ヨリ該商品ヲ受取ルコトヲ得ルナリ此ノ如クスルトキハ數回ノ賣買ヲ一回ノ取引ニテ結了スルノ便アリ而シテ裏書ノ方式利益等ハ後篇約束手形爲替手形ノ部ニ至テ細説スベシ

裏書讓渡ノ禁止

第三百九十五條　指圖証劵ノ發行人又ハ裏書讓渡人ハ其証劵ニ指圖式ニ非サル旨ヲ明記シテ裏書讓渡ヲ得サルモノト爲スコトヲ得

證劵ヲ指圖式ノモノト爲スト否トハ一ニ義務者ノ隨意ナルガ故ニ縱令ヒ契約書上ノ明言ニヨリ指圖式トシテ行ハレ來レルモノニテモ又ハ商慣習上、指圖式トシテ取扱ハルヽモノニテモ其欲スル所ニ從テ裏書讓渡ヲ爲シ得サルモノトシテ其融通ヲ妨グルコヲモ得セシムルナリ

裏書ニ爲ス可キ事項

第三百九十六條　指圖証劵及ヒ其裏書ニハ年月ヲ記シ發行人又ハ裏書讓渡人之ニ署名捺印ス可シ

發行又ハ裏書讓渡ノ原由ハ證券ニ記スルヲ要セス

是レ單ニ其要求ヲシテ分明ナラシメント欲セルニ出ル

第三百九十七條　發行又ハ裏書讓渡ノ緣由タル契約ノ合法ノ原因ハ之ヲ証券ニ掲クルコトヲ要セス但第三百七十條ノ規定ヲ妨ケス

證券ヲ作リテ義務ヲ負ヘル旨ヲ明言セルモノ未ダ必ラズシモ合法ノ原因ヲ有セルモノナリト云フヿ能ハザレドモ人ハ謂ハレナク義務ヲ負フベキ證ヲ人ニ渡スベキモノニアラザレバ斯カル異常ノヿハ其之レアリトノ證明ノ立ツマデハ皆ナ之ナシト推測セザルベカラザルナリ之ヲ以テ發行又ハ裏書讓渡ノ緣由タル契約ノ合法ノ原因ハ之ヲ證券ニ掲記セザルモ之ヲ有効ト爲サザルベカラズ民事ニ於テスラ然リト爲ス況ンヤ迅速ト簡易トヲ貴フ商事ニ於テヲヤ是レ即チ本條ノ規定アル所以ナリ其第三百七十條ノ場合ノ爲メニ例外ヲ設ケタルモノハ質取主自身ノ權利ヲ以テ質入主ニ損害ヲ蒙ラザラシメンガ爲メニハ質入ナル旨ヲ之レニ記スルヿ必要ナレバナリ

白地裏書讓渡

指圖證券ノ發行者ハ速カニ辨濟セサルベカラサル義務ヲ負フ

第三百九十八條　指圖証券ノ裏書讓渡ハ白地ニテモ之ヲ爲スコトヲ得

白地ニテ之ヲ爲ストハ證券面上ニ債主又ハ讓受人ノ姓名ヲ載セザルヲ云フモノナリ而シテ此方法ニテ證券ヲ讓渡ストキハ姓名ヲ記サレザル債主又ハ讓受人ハ其證券ニ自巳ノ姓名ヲ現ハサズニ之ヲ移轉スルノ權利ヲ得テ證券ニ付テノ責任ヲ一切免カルモノトス而シテ法律ガ此簡便ナル讓渡ノ方法ヲ許セルモノハ證券ノ受授ヲ容易ナラシメテ其流通ヲ盛ンニシ兼ネテ商業ノ發達ヲ企圖セルニ由ル

第三百九十九條　指圖証券ノ發行人ハ受取証ヲ記シタル指圖証券ノ呈示及ヒ交付ヲ受ケタルトキハ豫メ引受ヲ爲サスト雖モ其証券ニ記載シタル金額又ハ商品ヲ裏書讓渡人ニ引渡ス義務アリ但第三百八十七條ニ依リテ留置權ノ原因タル反對ノ債權ヲ有スル場合

其例外

ニ於テハ其辨濟ヲ受ケタルトキニ限ル

指圖証券ノ發行者ハ其證劵ノ流通スベキモノタルヲ知レルモノナレバ其己レト密接ノ人ハ勿論凡ベテノ裏書讓受人ニ對シテ其負ヘル義務ノ履行ヲ爲スベキヿヲ承諾セルモノト言ハザルベカラザレバ指圖證劵ノ呈示ト交付トヲ爲サレタル片ハ速カニ其劵面上ニ記サレタル金額又ハ商品ヲ裏書讓受人ニ渡サヾルベカラザルナリ而シテ發行人ハ其拂渡スベキモノニ對スル報酬物ヲ得サルヿ又ハ豫メ引受ヲ爲サヾリシヿヲ理由トシテ引渡ヲ拒ムノ權利ヲ有セズ盖シ證劵ヲ發行スルノ際ニ其裏書讓受人ニハ何時ニテモ之ヲ渡スベキヿヲ豫メ承諾シ置ケルモノナレバ後日再ビ承諾ヲ爲スヿヲ要スルノ理ナク而シテ其引渡スベキ物ノ報酬物ヲ得シト得ザルトノヿノ如キハ其直接セル契約者トノ關係ニ止マリ他ノ者ノ與知スベキヿニアラザレバナリ但シ其目的物件ニ密接ノ關係アル諸般ノ義務ハ其物ノ要求ヲ爲スモノニ於テ之ヲ負ハザルベカラザレバ發行人ニ於テ第三百八十七條ノ規定スル物ニ關ス

呈示人ノ眞僞ヲ調ブルハ發行人ノ權利ナルモ其義務ニハアラス

ル權利ヲ有スルニ於テハ義務ノ履行ヲ要スル裏書讓受人ハ其要求ヲ爲スト仝時ニ之ヲ辨濟セザルベカラザルナリ

第四百條　指圖証券ノ發行人ハ呈示人ノ眞僞ヲ調査スル權利アルモ其義務ナシ然レトモ惡意又ハ甚シキ怠慢ニ付テ此カ爲メ損害ヲ受ケタル者ニ對シテ其責ヲ負フ

之ヲ以テ假令些少ナル過怠ニ出デ、眞ノ權利者以外ノモノニ支拂ヲ爲ストモ發行者ハ其損害ヲ蒙ムルモノニアラズレ是乃チ證券面上ニ生ズル詐欺其他ノ誤謬ノ如キハ其所持人ノ負擔タルベキモノナルガ故ニ厚ク注意ヲ以テ保護セザルベカラザルノ義務ハ其所持人ニ存スルニ由ル然レドモ詐欺又ハ之レト仝視スベキ甚ダシキ過失ノ爲メニ眞正ノ權利者以外ノモノニ支拂ヲ爲シ以テ其ノ權利者ノ損害ヲ起セルトキハ之ヲ恕スベキノ理由存セザレバ發行人ハ其責ニ任セザルベカラザルナリ

差圖證券發行人ノ義務ノ履行ヲ拒ミ得ル抗辨

第四百一條　指圖証券ノ發行人ハ前二條ノ旨趣ニ從ヒ自己ニ屬スル抗辨又ハ証券面ヨリ生スル抗辨ニ依ルニ非サレハ義務ノ履行ヲ拒ムコトヲ得ス

是レ指圖證券ハ各所持人ニ對シテ必行ノ義務アルニ由ル

裏書讓渡人ト讓受人トノ關係

第四百二條　裏書讓受人カ裏書讓渡ニ因リテ受取リタル物ニ付キ如何ナル權利ヲ有スルカハ裏書讓受人ト裏書讓渡人ノ間ニ取結ヒタル契約ノ旨趣ニ依リテ之ヲ定ム

裏書讓受人ハ讓渡人ノ代理人、囑託者、又ハ其權利承繼人タルヲ通常トス之ヲ以テ發行人ニ對シテハ獨立ノ人ト爲リ物件又ハ金額ノ要求ヲ爲スノ權利アルニハ相違ナキモ之ヲ受取リタル後ニ於テハ讓渡人ニ對シテ其物ノ保存ヲ爲ス人カ之ヲ交附スルカ又ハ更ニ之ヲ他ニ販賣シテ其代價ヲ交附スルカ何レニシテモ其負ヘル責任ヲ盡サヾルベカラザルヤ明ラカナリ此等ノ契約

民事訴訟法ノ定ムル所ニ從ヒ無効ト爲シ得ル證券

交付ノミニヨリ他人ニ轉付シ得ル證券

ハ指圖證券中ニ約セラレタル事柄ニアラズシテ之レニ緣リテ爲サレタル契約ナルニ過ギザレバ其双方ノ關係ヲ知ルニ付テハ其双方ノ間ニ結バレタル契約ノ旨趣ニ依ラザルベカラザルヤ亦明ラカナリトス乃チ本條ノ規定アル所以ナリ

第四百三條　盜取セラレ又ハ紛失シ若クハ滅失シタル指圖證券ハ裏書讓渡アリタルト否トヲ問ハズ民事訴訟法ニ從ヒテ權利者之ヲ無効トスル手續ヲ爲スコトヲ得

假令ヒ過失ニモセヨ權利ノ存在ヲ證明スルニ過ギザル證券ヲ失ヘルモノヨリ其權利ヲ割クベキ法理ナケレバ證券ヲ失ヘルモノニハ法律ハ救濟ノ方法ヲ與エザルベカラザルナリ之ヲ本案ノ規定ノ起レル所以ナリトス

第四百四條　切手、切符其他ノ無記名證券ニ因リ所持人カ發行人ニ對シテ有スル權利ハ其證券ニ記載シタ

ル旨趣又ハ法律命令若クハ慣習ニ依リテ之ヲ定ム

本條ハ唯ダ交附ノミヲ以テ權利ヲ移轉シ乃ハチ其權利ハ之ヲ所持スル人ニ轉付スベキ無記名證券記載ノ規定ナリ畢竟切手、切符及ビ其他無記名證券ノ發行ハ或ヒハ法律又ハ命令ニ基クモノアリ或ヒハ其觀劇切符其他ノ如ク慣習ニ依ルモノアルベシ而シテ其前者ニ係ルトキハ劵面ニ記サレタル旨趣又ハ法律若シクハ命令ニ由ラザルベカラズ若シ亦其後者ニ係ルトキハ劵面上ノ規定又ハ慣習例規ニ由テ定メラルヽモノトス

第八章　代辨人、仲立人、仲買人、運送取扱人及ヒ運送人

代辨人仲立人及ビ仲買人運送取扱人トモ皆是レ他人ノ爲ニ代ッテ或ルコトヲ爲ス所ノ一種ノ代理人トス故ニ其ノ大体ノ權利義務ハ前ニ第六章第六節ニ於テ論ジタル所ノ代理ノ原則ヲ適用シテ可ナリ唯ダ其ノ各職業ハ其性質

運送人ハ代人ニアラス

代辨人仲立人仲買人及運送取扱人ノ區別

ノ同ジカラザルガ爲ニ特ニ其職ニ伴フ所ノ權利義務ノ存スルモノアルナリ

蓋シ本條規定ノ五種ノ職業中獨リ運送人ハ獨立ノ營業者ニシテ他人ノ爲ニ代ツテ爲ス者ニアラザルモ之ヲ除キテ他ノ四種ノ業ハ皆之ヲ總稱シテ商業上ノ代理人ト云フテ可ナリトス故ニ我商法中第四百五條運送業ヲ除キ其他ノ四業ノミヲ以テ代理人ノ權利義務ヲ有スルモノト定メタリ而シテ運送人モ亦他人ノ爲ニ貨物ヲ運送スル所ハ稍ヤ代理ニ似タレ圧此場合ハ受寄託者ト見ルベク猶ホ職工ガ他人ノ貨物ヲ預リテ之ニ修繕ヲ加フルガ如キ場合ト同一ノ性質ヲ有スルモノナレバ之ヲ代理ニアラザル獨立營業者トナス也

今此ニ代辨人及他ノ三種ノ代理商人ノ區別ヲ略言センニ代辨人ナル者ハ唯ダ商事上ニ於テ他人ニ向ツテ取引ヲ爲スヿヲ以テ職業トスル者ニシテ普通ノ代理ト異ナル所ナク唯ダ普通ノ代理ニハ總理ト部理トノ二種アルモ代辨人ハ盡トク部理代人タルノミ又代理ニハ特約ナケレハ報酬ヲ求ムルヿヲ得ザルモ代辨人ハ其ノ本業ナルガ故ニ報酬アルヲ原則トス次ニ此代辨人ト仲立

人ノ別チ一言セン二代辨人ハ元來一己人ノ自由ノ營業ニシテ之ニ從事スルヿ他ノ職業ニ從フト異ナルコトナキモ仲立人ハ法律ノ定ムル所ノ資格ヲ具備シタルガ上ニ亦法定ノ保證金ヲ納メテ官ノ認可ヲ受ケテ始メテ其業ニ從フ所ノ商人間ノ公吏ナリ故ニ代辨人ハ唯ダ其囑托者ノ利益ノミヲ謀レバ足レドモ仲立人ハ一般ノ利益ヲ謀ラザルベカラズトス次ニ仲買人ハ如何ト云フニ官ノ認可又ハ保證金等ノ資格ヲ要セズシテ他人ノ爲ニ商業ニ從事スル所ノ代辨人ニ類スルモ代辨人ハ常ニ本人ノ名稱ヲ以テ取引ヲ爲シ恰カモ機械的ニ働ラクモノナルニ之ニ反シ仲買人ハ自己ノ名稱ヲ以テ取引ヲ爲シ唯ダ其計算ノミ本人ニ歸スルモノナリ故ニ代辨人ト取引スル第三者ハ本人ヲ信用シテ之ヲ爲スモノニシテ仲買人ト取引スル者ハ其本人ノ何人タルヲ問フヿナク專ラ其仲買人ヲ信用シテ之ヲ爲スナリ乃ハチ一方ニ賣ランヿヲ望ミ他方ニ買ハンヿヲ望ムモ能ク雙方ノ希望ヲシテ符合セシムルヿ能ハザルトキハ賣ル者ハ仲買人ノ許ニ至リテ賣ランヿヲ謀レバ買フ者モ仲買人ノ許ニ至リテ買ハン

コヲ謀リ此ク ソ多クノ賣人ト多クノ買人トハ仲買ノ許ニ輻輳スルガ故ニ能ク雙方ノ望ム所ノ對手ニ遭遇スルコヲ得ルモノニメ是レ實ニ仲買ノ功用ナリ此際賣ラント欲スル本人ノ代人ト爲テ仲買ノ許ヘ來ルカ又ハ買人ノ代人ト爲テ賣人ヲ探カシ廻ハルガ如キハ代辨人ノ掌ドル所ノ職ナリ而ソ運送取扱人ノ職モ亦仲買人ノ如ク一方ニ貨物ノ運送ヲ托セント欲スルモ何月何日ニ如何ナル船舶亦ハ滊車ノ發スルカ又何レニ托スルコト最トモ便利ナルベキカ不案内ナル者ト他ノ一方ニ運送業ヲ營メドモ何所ニ運送委托者ノ在ルヤヲ知ラサル運送人トノ間ニ立テ雙方ニ周旋シ能ク發送人ト運送人トノ希望ヲ滿足セシメ之ニ由リテ得ル所ノ報酬ヲ自已ノ收入ト爲スル營業ナリ此等ハ皆他人ト他人トノ間ノ取引ヲ媒介スルコヲ以テ業ト爲ス所ノ間接商業ナルガ故ニ本章中ニ於テ盡トク之ヲ網羅シタルモノトス

第一節　總則

第四百五條　代辨人、仲立人、仲買人及ヒ運送取扱人

ノ權利義務

ノ權利義務ハ第七章第十六節ニ掲ケタル原則ニ從ヒテ之ヲ定ム但下ノ數條ニ別段ノ規定アルモノハ此限ニ在ラス

本章ニ規定セル五種ノ營業人ハ各々獨立シテ營業ヲ爲スモノナレ圧其内代辨人仲立人仲買人及ヒ運送取扱人ノ四種ハ何レモ他人ノ囑託ニヨリ取引ヲ締結シ若シクハ其履行ヲ完了シ是ヲシテ法律上有効ナラシムルニ過キサルモノナレバ苟モ他人ノ囑託アラサル限リハ自カラ進ンテ何等ノ事ヲモ爲シ得サルヿ恰モ使用人若シクハ雇人ニ異ナラズ故ニ代理法ノ原則ニ隨ハサルヘカラス然レ圧此四種營業者ノ爲メ特別ニ定メタルモノハ其規則ニ隨フヘシト爲セルナリ

第二節　代辨人

代辨人ハ商業上普通ノ代理人ニ〆平生其代理ヲ以テ本業ト爲ス者ナルヿハ以下ノ法文ニ詳カナリ

代辨人ノ性質

第四百六條　代辨人ハ商事ニ於テ他人ノ代理ヲ爲スヲ營業トスル商人タリ代辨人ハ或ル營業者ノ代辨店ノ業務ヲ取扱フ爲メニモ之ヲ置クコトヲ得

本條ハ代辨人ノ業務ノ何タルヲ定メタルモノニシテ即代辨人タランニハ第一自己ノ屋號ヲ掲ケ獨立シテ營業ヲ爲ス商人タラサルヘカラス故ニ商人タルニ必要ナル能力ヲ具フルヲ要ス第二商事ニ付テハ他人ノ囑託ニヨリ商業取引ノ取結ヒ或ハ履行等ヲ爲スモノナラサルヘカラス故ニ自己ノ爲メニ取引ノ取結或ハ履行ヲ爲スモノハ代辨人トナルモノニアラス第三代理ヲ以テ營業トシ間斷ナク此業ヲ爲サヽルヘカラス故ニ偶然ニ他人ノ爲メ取引ノ取結履行等ヲ爲スモ決シテ代辨人ト云フヲ得サルナリ

第二項ハ便宜上ヨリ或ル營業者ノミノ業務ヲ取扱フ爲メニ置クコトヲ得ル旨ヲ定メタル迄ニテ別ニ深意アルニアラズ

代辨人ノ權利

第四百七條　代辨人ハ自己ノ計算ヲ以テ商業其他ノ職

及ヒ事務制限

代辨人ノ契約取結權及其權利ニ伴フ義務

業ヲ行ヒ又數人ノ代理ヲ引受クルコトヲ得然レ圧一箇ノ取引ニ付キ同時ニ雙方ヲ代理スルコトヲ得サルヲ通例トス

代辨人ハ獨立シテ營業ヲ爲ス一箇ノ商人ナルヲ以テ彼ノ雇人ガ主人ヨリ給料ヲ受ケ其人ノ爲メノミニ使役ヲ受クル如キモノニアラズ故ニ己レニ取扱フヲ得ル丈ハ之レヲ引受營業スルヲ得ルハ當然ナリ然レ圧委任者ト代辨人トノ間ニ別段ノ契約ヲ以テ他人ノ爲メニ囑託ヲ引受ケスト約スル片ハ此約束ニ隨ハサルヘカラス若シ亦明約ナシト雖モ代辨人カ取引者雙方ニ信用ヲ受クヘキ道理ナキノミナラズ其地位ニ毫モ嫌疑ヲ受ケサル樣ニセサルヘカラサルヲ以テ同一事件ニ付キ雙方ヨリ依賴ヲ受クルヲ得サルナリ

第四百八條　代辨人ノ契約ハ一箇ノ取引ノ爲メ亦ハ一種類若クハ數種類ノ取引ノ爲メ有期ト無期ト又明示ト默示トヲ問ハス之ヲ取結フコトヲ得又其契約ハ

代辨人ノ義務

何時ニテモ一方ヨリ之ヲ解クコトヲ得然レトモ其契約ヨリ生シタル權利及過失ニ出ル解除ニ因リ被ムラシメタル損害ヲ賠償スル義務ハ契約ヲ解キタルガ爲メ妨ケラル、コトナシ

代辨人ハ他人ヲ代理スルヲ以テ商業トスルモノナル故其囑託方法ノ如何ニ拘ハラス苟モ他人ヨリノ委託アリシトキハ之レヲ取扱フヲ得而メ總テ代理ナルモノハ何時ニテモ一方ヨリ之レヲ解除スルヲ得ル性質ノモノナルヲ以テ本條ハ此原則ヲ適用シ之レヲ解除スルヲ得ト定メタリ然レトモ若シ其解除ニシテ過失アリシガ爲メ一方ヘ損害ヲ生セシメタルトキハ何人ト雖モ自己ノ過失ヲ以テ他人ニ損害ヲ加フ可カラストノ原則ニヨリ之レヲ賠償セサルベカラス

第四百九條　代辨人ハ特ニ委任者ノ求ナキモ其委任セラレタル取引ノ範圍内ニ於テ委任者ノ利益ヲ謀ル義

務アリ然レトモ滿期ト爲リタル自己ノ債權ノ辨濟ヲ受ケサル間ハ其任務ヲ續行スルコトヲ要セズ

普通代理法ノ規則ニヨレハ謝金ヲ受ケタル代理人ノ義務ハ謝金ヲ受ケサル代理人ヨリ其責重キ者トス而メ代辨人ハ手數料乃チ謝金ヲ受クル代理人ナリ故ニ其委任事務ニ付テハ充分注意シ委任者ノ利益ヲ謀ラサルヘカラス然レトモ代辨人ハ元來委任ナキ事務ヲ取扱フ權利ナキヲ以テ其委任セラレタル範圍內ニ於テ利益ヲ謀レハ足ルナリ而メ其期限旣ニ滿チタル後ハ假令自己ノ謝金若クハ取替金等ノ宜ロシク委任者ヨリ受取ルベキ債權ノ辨濟ヲ得ザルモ敢テ其囑託事務ノ繼續ヲ强ヒラルヽコトナカルベキ也

委任者ニ對スル代理權ノ範圍

第四百十條　委任者ニ對スル代辨人ノ代理權ノ範圍ハ委任者ヨリ與ヘタル委任又ハ事後ノ承諾ニ依リテ之ヲ定ム常囑ノ代辨人ニ在テハ其事後ノ承諾ヲ以テ引續ノ委任ト看做ス但反對ノ情況又ハ明示アルトキハ此

代辨人普通ノ

限ニ在ラズ

代辨人ハ本人ノ差圖ニ隨ヒ其業務ヲ取扱フモノナレハ其範圍モ委任者ヨリ囑託シタル事故ノミナラサルヘカラス然レ𪜈當初委任ナカリシ事マテモ已ニ事務取扱濟ノ上委任者之レヲ承諾スレハ委任アリタルト異ナルナキヲ以テ事後ノ承諾アレバ代理權ノ範圍內ニ屬ス

常囑ノ代辨人ニ付テハ本人ト尤モ親密ノ關係ヲ有スルヲ以テ本人ニ於テ代辨人ノ所爲ヲ知リナカラ之ヲ拒マサル𪜈ハ引續キ委任ト見做シ之レヲ繼續スルヲ得ヘシ然レ𪜈反對ノ情況アル𪜈例セハ或ル物品購買者ヨリ一度代辨人ヘ其代價ヲ支拂ヒシ時ニ方リ本人之レヲ拒マサリシ如キヿアリタリトテ購買者ヨリ其代辨人ハ代價支拂ヲ受クル權アリト証スルヲ得ス蓋シ此等ノ事ハ本人ノ權利ニ關スル重大ノ事ナルヲ以テ僅カニ一度位ノ支拂ヲ承諾シタリトテ永遠ノ後マテ承諾シタルモノト推測シ得サレバナリ

第四百十一條　代辨人ハ明示ノ委任ヲ受クルニ非レバ

契約權

契約ノ取引ヲ爲スコトヲ得ルヲ通例トス總テ囑託ナルモノハ思料ヲ以テ其有無ヲ判斷スヘキモノニアラス蓋シ危險アルヲ以テナリ然レトモ此規定ハ本人ト代辨人トノ間ニ於テ効ヲ有スルノミニシテ第三者ニ付テハ第四百十六條ノ規定ニ從フヘキモノトス

代辨人ノ權限ノ範圍

第四百十二條　取引ノ取結ヲ爲スノミノ委任ヲ受ケタル代辨人ハ支拂ノ金錢若クハ差戻ノ商品ヲ受取リ又ハ異議ヲ承諾スル權利ナシ

代辨人ハ唯本人ノ囑託ニヨリ事務ヲ行フニ過キス而ソ代辨人カ適法ニ爲シタル契約ニ付テハ其本人ニ於テ直接ニ權利義務ノ關係ヲ生スルモノナルニヨリ囑託者ト代辨人トノ契約ハ可成狹ク且ツ密ニ解釋セサルヘカラス故ニ取引取結ノミノ委任ヲ受ケタル代辨人ハ取引取結ノ外委任ヲ受ケサルモノト見做スナリ

和解契約又ハ

第四百十三條　代辨人ハ別段ノ委任ヲ受クルニ非サレ

訴訟ヲ爲スノ權

商品代價受取ノ權

ハ和解契約ヲ取結ヒ又ハ訴訟ヲ爲ス權利ナシ

和解契約ハ權利ノ拋棄ニシテ訴訟權利ハ義務ヲ處置スルモノナルニヨリ特ニ委任ヲ受タルニ非サレハ之レヲ爲スノ權ナシトス

第四百十四條　商品ノ引渡其他契約履行ノ爲メ委任ヲ受ケタル代辨人ハ其代價ノ支拂ヲ受クル權利アリト看做ス但委任者其反對ヲ明示シタルトキハ此限ニ在ラス

商品ノ引渡或ハ契約ノ履行ハ之レニ對スル代價ノ支拂ト同時ニ行ハルヽモノニシテ即ハチ商品ニ對スル報酬ハ代金ナル故若シ購買者ニ於テ其代金ヲ支拂ハサルニ於テハ商品ヲ引渡スニ及ハサルモノトス故ニ代辨人ニシテ若シ商品引渡ノ委任ヲ受ケタルトキハ其代價ノ支拂ヲ受クル權ヲモ委任セラレタルモノト見做スナヲ然レトモ是レ畢竟法律カ委任者ト代辨人ノ意思ヲ推測シテ定メタルモノナルヲ以テ明カニ委任狀ニ反對ノコヲ記スルニ於テハ此推

第三者ノ支拂資力ニ付キ代辨人ガ委任者ニ對スル責任

測ハ破滅スルモノトス

又此例ヲ顚倒シ代價支拂ノ委任ヲ受ケタル代辨人ハ商品ノ引渡ヲ受クル權ヲ委任セラレタルモノト推測ス又委任者ヨリ明カニ反對ヲ陳述セサルモ情況ニヨリ反對ヲ認ムルヿアリ即購買者タル委任者カ賣主ニ對シ差引勘定アリシトキノ如シ

第四百十五條　代辨人ハ其取扱ヒ又ハ取結ヒタル取引ニ關シテハ過失アルトキ又別段ニ義務ヲ負擔シタルキニ限リ第三者ノ支拂資力ニ付キ委任者ニ對シテ責任ヲ負フ其別段ニ義務ヲ負擔シタル塲合ニ於テハ第二百八十八條ノ規定ヲ適用ス

代辨人ノ取扱フ事柄ハ委託者ノ名義ト費用トヲ以テ爲スモノナル故ニ假令其ノ所爲ヨリシテ損失ヲ受クルモ本人之ヲ負擔シ代辨人ハ之レカ責ヲ負フヘキニ非ス何トナレハ代辨人ハ本人ノ命ヲ受ケテ之レヲ爲シタルモノナレ

ハ其所爲ハ本人ノ所爲ト云フベケレハナリ然レ𪜈代辨人ニ於テ購買者カ倒産ヲ爲スヲ知リツヽ之ト取引ヲ締結シタルガ如キハ宜ロシク爲スヘキ注意ヲ爲サヽリシモノニメ委任者ニ損害ヲ蒙ラシメタル𪜈ハ之レヲ賠償セサルヘカラス又別段ニ委任者ニ其對手ノ資力アルコヲ保證セシ𪜈モ其責ヲ負擔スヘキナリ

常囑代辨人ノ所爲ニツキ委任者ノ第三者ニ對スル責任

第四百十六條　常囑代辨人其ノ行爲ニ付キ第三者ノ問ニ對シテ己レニ其權アリト明言シタル𪜈又ハ其行爲カ慣習上委任ノ範圍内ニ在ル𪜈ハ委任者ハ善意ナル第三者ニ對シテ責任ヲ負フ

常囑ノ代辨人ハ本人ノ雇入レタル使用人ノ如クナル場合寡ナシトセス且ツ通例ハ本人ノ住地ヨリ他ノ地ニ居ルモノナレハ其之ニ與フル處ノ權利モ廣大ニシテ恰モ本人雇人ノ如クナラサルヘカラス故ニ其責任ニ付キ此ト同一視セサルヘカラス何トナレハ他人ハ其雇ハレタルヤ否ヤヲ問フヲ得ルモ其

期限ノ如キニ至テハ容易ニ知ルヿヲ得ズ蓋シ囑託者ハ往々默メ之ヲ委付スルヿアルノミナラス他ノ事情ニ因テ唯ダ之ヲ認定スルニ止マルヿアレハ他人ハ容易ニ委任狀ノ閲示ヲ望ムヿヲ得サルヲ以テ惡意ナク取引シタル他人ニ對メハ本人其責ヲ負擔スヘキモノトセルナリ

第三者ヨリ得タル口錢又ハ報酬

第四百十七條　代辨人其行爲ニ付キ第三者ヨリ口錢、報酬又ハ償金ヲ受クルトキハ之ヲ委任者ノ計算ニ歸ス可シ然ラサルトキハ委任者其行爲ニ付キ責任ナシト述ブルコトヲ得

代辨人ハ双方ノ代理人タルヲ得サル故其第三者ヨリ得タルモノハ委任者ヲ代表シテ得タルモノト云ハサルヘカラス故ニ之レヲ委任者ニ返付スヘキナリ若シ亦委任者ヲ代表セスシテ得タリトセンカ此場合ニハ賄賂ノ嫌疑ヲ免カレサルヲ以テナリ

代辨人ノ留置

第四百十八條　代辨人ハ自己ノ受取ル可キ手數料、前

欄

貸金、立替金、費用及ヒ利息ノ爲メ第三百八十七條及ヒ第三百八十八條ノ規定ニ從ヒ委任者ニ對シテ留置權ヲ有ス又其現ニ支拂ヒタル立替金及ヒ費用ニ付テハ商慣習又ハ實際ノ必要ニ依リ又ハ委任者ノ利益ノ爲メ正當ト認ム可ヘキモノニ限リ之ヲ委任者ノ負擔ニ歸スルコトヲ得

民法ノ原則ニヨレハ代理ハ報酬ナキモノナレ𪜈商法ハ否ラス各人ノ所得利益及價値ト勞力トノ權衡ヲ取リ一切ノ關係ヲ定ムルモノナルニヨリ報酬アルヲ通常トス況ンヤ本節ニ揭クル處ノ營業ノ如キハ他人ノ爲ニスル勞働ノ報酬ヲ以テ其所得トナスモノナレハ其ノ報酬アルヤ勿論ナリ而シテ又代辨人ハ手數料ヲ得ルヲ以テ其支拂ヒタル立替金及ヒ費用ハ悉ク之ヲ請求スルヲ得ルトセハ間接ニ二重ノ手數料ヲ拂フノ性質トナルヲ以テ委任者ノ利益ノ爲メ正當ト認ムヘキモノニ限リテ之ヲ得セシム

仲立人ハ半官半民ノ性質ヲ有セル商業上ノ代理人ニシテ而シテ商業市場ニ對シテハ或ル種ノ物件ノ相場ヲ定メ且ツ之ヲ公ニスルノ特權ヲ有スルモノニシテ前ノ代辨人ノ如ク何人モ自由ニ之ニ從事シ得ル者ニ非ズ

第三節　仲買人

仲立人ノ定義及其權利

第四百十九條　仲立人ハ官ノ認可ヲ受ケ他人間ノ商取引ノ媒介ヲ爲スヲ營業トスル商人ニシテ取引所ナキ地ニ於テハ商品、有價證券、貨幣及ヒ爲替ノ相場ヲ定メ及ヒ之ヲ公ニスル專權ヲ有ス其仲立人ノ行爲ハ總テ公ノ信用アルモノトス

仲立人ハ公然ノ信用ヲ有シ公衆ニ對シ不偏不黨ニ其職務ヲ取扱フモノナルヲ以テ其人トナリ學藝ト人望トヲ具ヘサルヘカラサルニヨリ各人ノ自由ニ任セス官ノ認可ヲ受クヘシト定メタルモノナリ而シテ其職務トスル所ハ取引所ナキ地ニ於テハ商品有價證券貨幣及ヒ爲替ノ相場ヲ定メ之ヲ公ケニシ公

衆ヲシテ其地ノ相場ヲ知ラシメ投機ノ獘ヲ防キ又他人間ノ商取引ノ媒介ヲ爲シ取引者ヲシテ危險ニ陷ラシメサル樣ニ保護シ益商業ヲ隆盛ナラシムルニ在リ故ニ仲立人ニ因テ販賣スルモノハ購買者ノ何人タルヲ知ルヲ要セス又其人トナリヲ探知スルヲ要セス販賣者モ亦然リ何トナレハ仲立人ノ自己囊中ニ數多ノ購買者販賣者ヲ有スレハナリ而メ仲立人ハ商業社會ノ役人ニシテ其媒介シタル取引ニ付テハ一定ノ規則ヲ遵守スルモノナルニヨリ仮令一面無識ノ人ト取引スルモ安全ナリトス

仲立人ノ認可及其商業ノ制限

第四百二十條　仲立人ハ或ル部類ノ商取引ノ爲メニ認可セラルヽコトヲ得

仲立人ハ仲立營業外ノ商業ヲ爲スヿヲ得ス然レトモ其地ノ情況ニ因リテ二箇以上ノ仲立營業部類ヲ一人ニ兼子シムルコト及ヒ仲立人ヲシテ取引所ニ於テ其營業ヲ爲サシムルコトヲ官ヨリ又ハ取引所定欵ニ於

テ許スコトヲ得

仲立人ハ自己ノ才能ト公衆ノ信用トヲ有セサルヘカラサルモノナルヲ以テ隨テ仲立營業以外ノ商業ヲ營ムニ於テハ利益ノ爲メ公平ヲ保ツ能ハサルニ至ルヿナシトセズ故ニ本條ニ之レヲ禁シタリ然レ𪜈其土地ノ情況ニヨリ一種類ノ仲立營業ノ手數料ノミニテハ以テ生活ヲ全フスル能ハサル塲合ナシトセス故ニ第二項ヲ規定シタルナリ

仲立人タル資格

第四百二十一條　何人ニテモ年齢滿二十五歳ニ達シ少ナクトモ五年間其部類ノ商ニ從事シ且聲聞ニ瑕瑾ナキ者ニ限リ仲立人ト爲ルコトヲ得但破産シタル者ハ復權ヲ得タル後ニ非サレハ仲立人ト爲ルコトヲ得ス

本條ニ於テ年限ヲ制限スルハ多少取引ノ經驗ト必要ノ熟練トヲ要セサレハ其人ニ瑕瑾アルヲ免カレズトノ推測ニ基ク又無頼ノ徒他人ノ費用ヲ借用シテ其職業ヲ營ムヲ禁遏セン爲メ聲望ニ瑕瑾ナキヲ要ストセリ而メ破産シタ

保證金

員數

ル者ハ復權ヲ得ルニ非サレハ聲望回復シタリト云フヲ得サルヲ以テナリ

第四百二十二條　仲立人ハ其事務ヲ始ムル以前ニ保證金ヲ差出ス可キモノトス其額ハ各地及ヒ各商部類並ニ二箇以上ノ仲立營業部類ヲ兼子シムル場合ノ爲メ省令ヲ以テ之ヲ定ム然レトモ一萬圓ヲ超ユルコトヲ許サス

保證金ハ仲立人犯罪處分ヲ受ケタル片ノ罰金若シクハ其職務取扱中過失ヨリシテ損害ヲ生セシメタル片ノ賠償ニ充テンカ爲メナリ加之豫メ無資力者ヲシテ責任アル仲立人ノ職業ヲ爲サシメサルノ功アルヲ以テナリ

第四百二十三條　仲立人員ノ數ハ各地ノ爲メ及ヒ其地ノ各商部類ノ爲メ其需用ニ應シテ之ヲ定ムルコトヲ得

仲立人ノ手數料ハ給料ノ如キモノナレハ各自仲立人ヲシテ年々相當ノ利益ヲ得セシメサルヘカラス然ルニ其員數ヲ定ムルコトナキニ於テハ遂ニ不良ノ

競爭ヲ爲スニ至ルヘシ而メ競爭自由ノ極端ニ奔ラシムルハ責任アル職務ノ爲メニ取ルヘキ所ニアラサルヲ以テナリ

仲立人ノ營業讓受

第四百二十四條　仲立人ハ其資格アル者ニ其營業ヲ讓渡シ又ハ相續セシムルコトヲ得ルト雖トモ其承繼人ハ官ノ認可ヲ受ケ及ヒ保證金ヲ差出シタル後ニ非サレバ其營業ヲ行フコトヲ得ズ

仲立人ノ職業タルヤ一種ノ商業資本ナルヲ以テ之レヲ讓リ渡シ或ハ相續セシムルヲ得ルハ當然ナリ然レ𪜈法律ガ此營業ニ付或ル資格ヲ必要トスル以上ハ其讓受人ハ亦必ス此條件ヲ充タサヽルヘカラス

仲立人組合

第四百二十五條　一地ノ仲立人又ハ一地ニ於ケル或ル商部類ノ仲立人十八以上アルトキハ其仲立人ハ官ノ認可ヲ受ケタル後組合ヲ成スコトヲ得此場合ニ於テハ其組合中ヨリ一ヶ年ノ任期ニテ少ナクトモ三人ノ

取締役ヲ選擧ス可シ總テ其地ノ仲立人ハ此組合ニ加入スル權利及ビ義務アリ

一地ニ於テ仲立人一名若シクハ二三名ニ過キサル片ハ各人ノ上ニ立ツ組合團体ヲ形チ造クルヿ能ハサレ圧已ニ十人ニ達シタル以上ハ之レヲ構成シ得ルヲ以テ之ヲ組織セシム而メ組合ナルモノハ各仲立人及ヒ其共同事務ヲ監督シ且ツ其營業ニ必要ナル共同規則ヲ定メ一層廣大ノ責任ヲ共擔セシムルノ利益アルモノナリ而メ此利益ハ或ル一商業ナル片ト商業一般ナルトニヨリ敢テ異ナルヿナシ已ニ斯ノ如ク組合ヲ組成シタル以上ハ隨テ之レヲ監督スル人ナカルヘカラズ故ニ取締役ナルモノヲ設ケ之レヲ管理セシム而メ其地ニ營業スル仲立人ハ必ス其組合ニ加入セサルヘカラス否ラサレハ組合ヲ設ケタル目的ヲ達スル能ハサレハナリ

共通計算ノ禁止

第四百二十六條　仲立人及ビ仲立人組合ハ共通計算ヲ以テ仲立營業ヲ爲スコトヲ許サス之ニ背クトキハ仲

立人ニ在テハ其營業ヲ禁止シ組合ニ在テハ其組合ヲ解散シ尚ホ其組合員ノ營業ヲ禁止ス然レトモ仲立人組合ハ其組合定欵ニ從ヒテ各組合員ノ爲メニ共同保證ヲ引受クルコトヲ得

仲立人ノ職務ハ其身一箇ノ役人ニシテ仲立人組合ハ商業社會ノ官署ナレハ會社ヲ設ケ之レヲ營ムヲ得ス若シ之レヲ營ムヲ得ルトセハ仲立人各員ガ共ニ取引ヲ爲シ賣主ト買主トノ如キ反對ノ地位ニ立ツ人ヲシテ數名ノ仲立人中一人ヲ撰扳シ取引ノ秘密ヲ保スルノ利益ヲ失ハシムルニ至ルヘシ然レ圧其組合定欵ニ從ヒ組合員タル仲立人ノ所得ニ付組合カ共同シテ保證ヲ爲スコハ各仲立人ヲシテ公衆ノ信用ヲ厚クセ且ツ其仲立人ト取結ヒタル取引ニ付無限ノ安全ヲ與フルノ利益アルヲ以テ之レヲ許シタリ

仲立人組合定欵

第四百二十七條　仲立人組合ハ多數決ヲ以テ其營業ヲ行フ爲メノ定欵ヲ設ク可シ此定欵ハ商業會議所及ビ

取締ノ權利義務

取引所又ハ其一ノ存スル地ニ在テハ其承諾ヲ經且官ノ認可ヲ受クルコトヲ要ス各組合員ハ其ノ定款ヲ遵守スル義務アリ

前項ノ規定ハ定款變更ノ塲合ニ於テモ之ヲ適用ス

定款ハ法律命令商慣習及ビ其地ノ取引所定款ニ背戻スルコトヲ得ス

第四百四十八條ノ規定ハ取締役ノ決議ニ付テモ之ヲ適用ス

第四百二十八條　取締役ハ左ニ掲クル權利及ビ義務アリ

本條ハ別ニ說明ヲ要セス

第一　仲立人カ其職務ノ範圍內ニ屬スル取引ニ於テ法律、命令及ビ仲立人組合定款ヲ遵守スルヤ否

ヤヲ監視スルコト

第二　組合員中ニ違犯者アルトキハ之ヲ懲責シ且必要ノ場合ニ於テハ其處罰及ビ除名ヲ申立ツルコト

第三　取引所ナキ地ニ於テハ各組合員ヨリ提出スル覺書ニ基キ少ナクトモ一週日毎ニ爲替相場及ビ貨幣、商品並ニ有價證劵ノ相場ヲ定メ及ビ之ヲ公ニスルコト

第四　其定メタル相場ヲ絕エス記入スル爲メ帳簿ヲ備ヘ且求ニ應シテ公定ノ相場書ヲ交付スルコト

第五　裁判所又ハ官廳ノ求ニ應シテ商ノ情況ヲ開陳シ又慣習ニ付キ意見ヲ陳述スルコト

第六　仲立人ノ認可及ビ員數ノ增減ニ付キ意見ヲ陳述スルコト

第七　組合內部ノ事務ヲ管理スルコト

仲立人ハ役人ニシテ而ヲ其組合取締役ハ仲立人ノ制定スル官署ノ重役人ナレハ仲立人ノ其取引上ニ付公然ノ信憑ヲ表スルモノナルヲ以テ一社員ト雖モ其信憑ヲ失ハサル樣監守セサルヘカラス且ツ裁判所其他ノ官廳ニ對シテモ各仲立人ノ代表者ナルヲ以テ其職業ニ付開陳スル處ハ公然ノ信憑力ヲ有シ亦其開陳スル事情ノ判定若シクハ意見ニ關シテ一己人ノ陳述ヨリハ其効力重キモノトス

又取締役ハ仲立人ヲ監守スル重役ナルヲ以テ仲立人ノ譴責處罰除名等ヲ申立ツルノ權ヲ有スルモノトス但シ之レヲ受ケタルモノヨリ商事裁判所ヘ控訴スルヲ得又仲立人組合ハ相場ヲ確定公告スルノ專權ヲ有スルヲ以テ之レガ代表者タル取締役ハ之レヲ公告スルノ義務アルモノトス

双方ノ代理

第四百廿九條　仲立人ハ其媒介スル取引ニ於テ雙方ヲ代理スル權利アリ

委任拒絶ノ禁止

仲立人ハ正當ノ理由アルニ非レバ何人ノ委任タリトモ之ヲ拒ムヲ得ズ

仲立人ハ公然ノ代辨人ニシテ一人ノ私役ニ從事スルモノニアラズ故ニ諸人ニ對シテハ不偏不黨ニ其役務ヲ奉シ常ニ無限ノ信用ヲ有スベキモノトス故ニ同一事件ト雖𪜈取引者雙方ニ於テ互ニ其對手人ヲ知ラサルガ如キ場合ニ於テハ仲立人此間ニ立チ周旋スルノ必要アルヲ以テ取引者双方ヨリ囑託ヲ受クル權アリト定メタリ

又仲立人ハ公然ノ位地ニ立ツ一ノ役人ナルヲ以テ委任ヲ受ケタル事件ニ付之レヲ拒ムヲ得サルヿハ恰モ公證人其他ノ官吏ト同一ナリトス

行爲ノ制限

第四百三十條　仲立人ハ自己又ハ他人ノ計算ノ爲メニスルモ自己又ハ他人ノ名義ヲ以テスルモ自己ニ直接

又ハ間接ノ利害アル取引ヲ爲スコトヲ得ズ
仲立人ハ他人ノ爲メニ支拂若クハ保證其他ノ擔保ヲ受ケ又ハ爲シ又ハ他人ノ爲メニ商品ニ對シテ前貸ヲ爲スコトヲ得ス
仲立人ハ代務人又ハ商業使用人タル資格ヲ以テ他人ノ用ヲ辨スルコトヲ得ス
前三項ノ規定ヲ犯シテ仲立人ノ爲シタル取引ハ總テ無効トス

仲立人ハ他人ヨリ囑託セラレタル事件ヲ執行スルノ機具ニ過キサレハ隨テ其媒介スル取引ニ付テハ決メ自已ノ利益ヲ謀ルカ如キ所爲ヲ爲スヘカラス故ニ彼ノ代辨人仲買人代務人使用人等ノ資格ヲ以テ他人ノ用ヲ辨スルヲ得ス又仲立人ヲシテ自已ノ金圓ヲ以テ支拂ヲ爲シ或ハ其商品ニ付前貸ヲ爲シ或ハ保證其他ノ擔保ヲ爲スガ如キコアリテハ仲立人自カラ其危險ニ當ッサ

ルヲ得サルヲ以テ之レヲ禁シタリ若シ此規定ヲ犯シタル片ハ其取引ヲ無効トス是レ仲立人ヲシテ充分潔白ニシテ辦濟資力ヲ保全セシメンカ爲メナリ

仲立人ノ其委任者ニ對スル責任

第四百三十一條　仲立人ハ委任者ニ對シテ詳委完全及ビ正實ニ必要ノ申告ヲ爲スベシ其申告ニ付キ殊ニ其媒介シタル取引ニ關シテハ委任者ノ人違ニ非サルコト無能力者ニ非サルコト及ビ署名捺印ノ眞正ナルコトニ付キ責任アルモノトス又其地ノ顯著ナル商人ニ於テ人違ニ非サルコトヲ擔保スルニ非サレバ面識ナキ人ノ爲メ又ハ之ニ對シテ取引ヲ媒介スルコトヲ得ス

仲立人ハ官吏ノ地位ニ立チ諸人ニ對シ同一ニ其職務ヲ取ルモノナルヲ以テ決メ無實ノ陳述ヲ爲スヘカラス故ニ破産セントスルヲ知レハ其旨ヲ通セサ

ルヘカラス殊ニ其ノ取引者ノ能力及ヒ人違ナルヤ否又署名ノ眞正ナル等ノ事柄ハ仲立人ノ職トシテ知ラサルヘカラサルノ義務アルヲ以テ若シ之ヲ誤ル片ハ委任者ニ對シテ責任ヲ負フモノトス

事ヲ秘スルノ義務

第四百三十二條　仲立人ハ委任者ノ求ニ應ジテ事ヲ秘スル義務アリ

是レ商業上ノ機會ニ投センガ爲メ其取引ヲ穩密ニシテ其作畧ヲ仕遂クルコト屢シバ之レアルベキヲ以テナリ

商品見本ノ保存

第四百三十三條　仲立人ハ其媒介シタル取引ニ付テ自ラ其商品ノ存在品位及買主ノ支拂資力ヲ確定シ且其受取リタル雛形及ヒ見本ニ相當ノ記號ヲ附シ其取引ノ結了スルマテ之ヲ貯藏スヘシ

仲立人ハ其取引ノ成否ニ係ル實際ノ情況ヲ熟知シ正當ニ履行シ得ヘキ取引ニ非サレハ之レニ干渉スベカラサルノ義務アリ故ニ仲立人ニシテ販賣者ノ

周旋ヲ爲ストキハ其販賣品ノ本質存在セシヤ否ヤヲ知ラサルヘカラサルヲ以テ少ナクモ雛形見本ヲ所持シテ商品ノ之レト符合スルヤ否ヤヲ保証シ得サルヘカラズ故ニ之ヲ貯藏セシメテ他日見本ヲ僞ルノ弊ヲ防クナリ

手形又ハ有價證券ノ取引ニ要スル手續

第四百三十四條　仲立人ハ手形其他ノ有價證券ノ取引ニ付キ委任ヲ受クルトキハ賣主ニ對シテ證券ノ交附ヲ求メ買主ニ對シテ價額ノ少ナクトモ百分ノ二十ノ前拂ヲ求ムベキモノトス

本條ノ規則ハ取引者ニ於テ現今物品ヲ所持セサルモ相場下落ノ際買受ケ取引ヲ履行セントスル投機者ヲ防キ又ハ空相場ノ弊ヲ防カンガ爲メナリ

仲立人ノ取引取結權

第四百三十五條　仲立人ハ當事者ノ明言アルトキニ限リ取引ヲ取結ブ權アリ匿名委任者ノ場合ニ於テハ取引取結ノ權限ニハ辨濟又ハ辨償ヲ受クル權ヲ併セテ與ヘタルモノト看做ス

媒介ヲ禁止スル取引

代人使用ノ禁

仲立人ハ媒介人ナレハ公正ノ陳述ヲ爲シ取引者雙方ヲ引キ合ハシムルニ過キズシテ敢テ其取引ノ履行ヲ定了スヘキニ非ス然レ𪜈囑託者ノ名ヲ陽ハニセル片ハ囑託者ノ身分ハ仲立人ノ身分ノ爲メニ蔽ハレ第三者ハ委任者ノ何人ナルヲ知ラサルヲ以テ仲立人自カラ契約スルト同シケレバ此場合ニハ仲立人ヲシテ取引ヲ取結バシム蓋シ取引所ノ取引ニ至テハ仲立人ヲシテ取引ヲ結了セシムルヿ屢バ見ル所ナリ

第四百三十六條　仲立人ハ違法若クハ制禁ノ取引又ハ空取引ヲ媒介スルヿヲ得ズ

違法ノ取引トハ法律ヲ以テ全ク禁セルニハアラザルモ之レヲ爲スニ要スル手續ヲ履行セザルノ類制禁ノ取引トハ始メヨリ全ク禁セラレタル取引空取引トハ實際取引スベキ目的物ノ存在セザル所ニ於テ輸贏ヲ爭フ賭博ニ類似ノ取引ヲ云フモノナリ

第四百三十七條　仲立人ハ自ラ業務ヲ營ム可キモノニ

止

シテ殊ニ取引取結ニ付テハ使用人又ハ代理人ヲ用ユルコトヲ得ス

仲立人ハ公吏ナルヲ以テ其職ヲ他人ニ代理セシムルヲ得サルハ當然ナリ然レ圧其店內ノ事務ニ付他商人ノ如ク使用人ヲ召使フヲ得ヘシ

委任者ニ對スル責任

第四百三十八條　仲立人ハ其擔任義務ノ違背其他ノ過失ニ付キ委任者ニ對シ損害賠償ヲ爲ス責ニ任ス

何人ト雖モ自己ノ過失ノ爲ニ他人ニ損害ヲ被ラシメタルモノハ之レヲ賠償スヘシトノ原則ニヨルモノナリ

匿名委任者ノ取引

第四百三十九條　匿名委任者ノ爲メ取結タル取引ニ付テハ仲立人獨リ直接ニ請求ヲ受ク

仲立人カ委任者ノ名ヲ顯ハサスシテ取結ヒタル取引ニ付テハ仲立人囑託者ヨリ獨立ニ代人タルノ任ヲ受クルモノニメ第三者ハ委任者ノ名ヲ知ラサル故仲立人直接ニ第三者ノ請求ヲ受クルナリ然レ圧此塲合ト雖圧仲立人ノ取

日記帳及其謄本

引ハ自己ノ爲メニスルニアラスシテ委任者ノ爲メニスルモノナリトス

第四百四十條　仲立人ハ其取結ビタル取引ノ要旨ヲ特設ノ日記帳ニ日々記入シ自ラ其記入ヲ日々閉鎖シテ之ニ署名捺印シ且遲クトモ翌日中ニ關係アル部分ヲ其謄本ニ署名捺印シテ之ヲ委任者雙方ニ交付ス可シ

但シ其謄本ハ指圖式ト爲スコトヲ得

其一方ニ於テ右謄本ノ旨趣ニ對シテ異議ヲ唱ヘ又ハ承諾スルコトヲ肯セサルトキハ仲立人直チニ之ヲ他ノ一方ヘ通知スヘシ但他ノ一方カ匿名委任者ニ非サルトキニ限ル

仲立人カ媒介シタル取引ニ就キテ將來苦情ヲ生シ裁判所ノ判決ヲ仰クニ至ルノ塲合ナシトセス故ニ豫メ之レヲ防止センガ爲メ本條ノ規則ヲ設ケタリ而メ此帳簿謄本ハ官吏タル仲立人ノ記スルモノナルヲ以テ公正證書ノ信憑

力ヲ具フルモノナリトス

本條　第二項ノ趣旨ハ委任者ノ名ヲ顯ハサヽル取引ニ付テハ直チニ仲立人ヲ相手取リ訴訟スルヲ以テ此場合ニハ一方ノ異議ヲ他ノ一方ニ通知スルヲ要セズト爲スモノナリ

死亡者又ハ退職者ノ日記帳

第四百四十一條　死亡シ又ハ退職シタル仲立人ノ日記帳ハ仲立人組合ノ取締役ニ於テ其組合ナキ地方ニ於テハ裁判所ニ於テ之ヲ預リ置ク可シ

仲立人ノ營業ハ諸人ニ對シ公共ノ事務ヲ取扱フモノナレハ其帳簿ノ如キモ一已ノ私有物ニアラナ故ニ將來ノ參考ノ爲メ保存方ヲ命セシモノナリ

手數料

第四百四十二條　仲立人ノ手數料ハ別段ノ定例又ハ慣習ノ存スル場合ヲ除ク外其取引取結ノ後ニ非サレハ之ヲ受クルコトヲ得ス

手數料ノ額ハ仲立人組合定欵又ハ慣習ニ依リテ之ヲ

不相當ノ手數料又ハ報酬ニ關スル異議

定ム

手數料ハ別段ノ契約又ハ慣習ナキトキニ限リ委任者雙方ヨリ各半額ヲ拂フヿヲ通例トス

手數料ハ仲立人ノ過失ニ因リテ其契約ヲ相當ニ履行セサルトキハ之ヲ拂フコトヲ要セス

仲立人ノ職務ハ商品ノ引渡シ又ハ監査ニ付テモ媒介セサルヘカラサルヿアルノミナラス又其契約ノ正當ニ履行セラレタルヤ否ヤニ付注意ヲ加フルノ義務アルモノナレハ其取引結了スル迄ハ職務ヲ盡了シタリト云フヲ得ス故ニ手數料ハ職務ヲ盡クシ終リタル上ニアラサレハ受取ルヲ得ストセラレタルナリ

第四百四十三條　仲立人カ適法ノ手數料ヲ超過シタル報酬又ハ惠與ヲ委任者ノ一方ヨリ受ケタルキハ他ノ一方ニ於テ其取引ヲ無効ナリト陳述スルコトヲ得

仲立人カ委任者ヨリ至當ノ手數料若シクハ物品ノ惠與ヲ受クルヿアレハ賄賂ナリトノ嫌疑ヲ免カレス隨テ職務公平ナラサルノ嫌アルヲ以テ對手人ヨリ其取引ノ無効ヲ主張シ得ルト定メラレタリ

第四節　取引所仲立人

取引所仲立人トハ從來米商會所株式取引所等ニ附屬セル仲買人ノ類ヲ云フ者ニメ此等ノ仲立人ハ專ラ其取引所ノ定款規約ニ從ヒ之ニ從屬シテ商取引ヲ爲ス者ナレハ他ノ仲立人ヨリモ一層法律ノ爲ニ撿束セラルヽ所アルナリ

取引所ノ定義

第四百四十四條　取引所ハ取引所定欵ノ規定ニ從ヒテ商取引ヲ爲ス所ノ公設場トス

取引所ヲ設ル所以ハ第一ニ取引所アル地ノ商業ヲ隆盛ナラシメ而メ其市場ノ景況及商業航海ノ形情ヲ普ク世間ニ知ラシメ以テ商業ヲ容易ナラシメ且ツ又取引所規則ナルモノヲ制定シ取引取結ヲシテ此規定ニヨラシメ商業ヲシテ安全ニ行ハレシムルヲ欲スルナリ

取引所設置

第四百四十五條　相應ノ商アル地ニ於テハ其地又ハ其一區域内ノ商人ニ於テ一般又ハ或ル部類ノ商取引ノ爲メ官ノ認可ヲ得テ取引所ヲ設立スルコトヲ得

商業繁盛ナル土地ニ在テハ重要ナル數多ノ商品輻輳スルヲ以テ取引所ヲ設ケ商品ノ取引ヲ圓滑ナラシムルノ利益アリ故ニ一町内又ハ一區域内ト雖モ苟モ需用アレハ之レヲ開設スルヲ得ルナリ而シテ取引所ハ商業上ノ事ニ係ル公場ニシテ重大ナル利害ノ存スル處ナルヲ以テ官ノ許可ヲ要スルナリ

取引所ノ義務

第四百四十六條　取引所ハ取引場ヲ定メ定款ヲ設ケ及ヒ取締役ヲ置クヘシ此諸條件及ヒ其變更ニ付テハ官ノ認可ヲ受クルコトヲ要ス

取引所ノ商業ヲ容易ナラシムル爲メニ公場ナルヲ以テ隨テ之レヲ整理スル役員ナカルヘカラス故ニ取締役ナルモノヲ設ケタリ又取引所規則ノ如キモ法律ニ違犯セシヤ否ヤヲ監査セサルヘカラス故ニ其規則モ官ノ認可ヲ受ケ

シム

取引所ノ事務及章

第四百四十七條　取引所ノ事務及章程ハ特別ノ法律命令アルニ非サレハ定款ヲ以テ之ヲ定ム若シ其定ナキトキハ取締役其定款ニ準據シテ之ヲ定ム

本條ノ規定ハ取引所ノ章程ヲシテ法律ニ違背セサル以上ハ可成商人ノ來集ニ適スヘキ樣慣習ニ隨フテ定ムルヲ得セシメ以テ其ノ自治ニ任シタルナリ

取締役ノ決議ニ異議者アルトキ

第四百四十八條　取締役ノ決議ヲ不當又ハ有害ナリトシテ異議ヲ述フル者アルトキハ農商務省ニ於テ雙方ヲ審訊シタル後其理由ヲ示シテ之ヲ裁決ス

取締役トナルモノハ取引所ニ於テ財産ト名望トヲ併有スル商人ナレハ其爲ス處或ハ擅橫ニ流カルヽコトナシトセス故ニ各員ハ其最上官署ナル農商務省ニ訴ヘ之ニ抗議スルノ權ヲ與ヘタリ

取引所ニテノ

第四百四十九條　或ル商品ヲ小賣ノ外ハ取引所ニ非サ

レハ商フヲ得サルコトヲ官ヨリ規定スルコトヲ得

此規定ニ違フ者ハ二圓以上二百圓以下ノ過料ニ處ス

前項ノ過料ニ付テハ第二百六十一條第一項ノ規定ヲ適用ス

ミ取引スベキ商品

穀類ノ如キ一般ニ需用アル取引ノ大ナル物品ニ付テハ公然ノ監督ヲ受ケシメ過當ノ騰貴或ハ空相場ノ如キ禁止ノ取引ヲ防止セサル可ラス又商業ノ種類ニヨリテハ例ヘバ重要國產ノ輸出品ノ如キ其品質ノ吟味ト亂暴ナル取引ヲ禁遏シ之ニ因リテ粗製又ハ僞造品ヲ防キテ國產ノ品位ヲ保有シ且ツ商業ノ惡習ヲ矯メンガ爲メニハ取引所外ニ於ケル取引ヲ禁止スルコトノ必要アルモノトス

取引所倉庫及倉荷證書

第四百五十條　取引所ニ於テハ其賣買ヲ許サレタル商品ノ倉庫ヲ設置シ及ヒ指圖式ノ倉荷證書ヲ發行スルコトヲ得取締役又ハ取引所仲立人ハ其倉荷證書ニ對

シテ前貸ヲ爲シ又ハ之ヲ買受クルコトヲ得ス

取引所ハ其取引ノ取結及其履行ヲ嚴肅ナラシムルノミナラズ其履行ヲ容易ナラシムル爲メ雛形見本ト併セテ其商品ヲモ併セ送付セシムル者ナルヲ以テ之ヲ蓄積スル倉庫ナカルヘカラス故ニ之ヲ設ケタリ而メ此倉庫ハ單ニ藏蓄センガ爲メノ目的ナルヲ以テ若シ取締役仲立人等ニ於テ此ニ對シ前貸又ハ買受クルヿヲ得ルトセハ取引所ハ其利益ヲ獨占シ生産者ヲシテ損害ニ陷ラシムルヿナキヲ保セザルガ故ニ之レヲ禁シタリ然レ𪜈取締役仲立人ト雖𪜈一己人ノ資格ヲ以テスル𪜈ハ他人ト同樣前貸或ハ買受クルヲ得ルナリ

取引所仲立人ノ就職

第四百五十一條　取引所仲立人ハ特ニ取引所仲立人トシテ官ノ認可ヲ受ケ且保證金ヲ差出シタル後取締役ヨリ其職ニ充テラルヽモノトス其仲立人ハ取引所ノ定欵其他ノ章程ヲ遵守スルコトヲ誓フ可シ

取引所ノ仲立人ハ取引所ノ役人ナリ故ニ其之ヲ監督スル取締役ニ於テ其職

取引所取締役

ヲ任命シテ以テ其責ヲ負ハシムルモノナリ

第四百五十二條　仲立人組合ノ存在スル地ニ在テハ其組合取締役ノ中少ナクトモ一人ヲ取引所取締役ニ選ム可シ

取引所仲立人ノ地位ハ一ニハ取締役ノ指令ヲ奉セサルヘカラス又其組合アルニ於テハ其規則ヲモ守ラサルヘカラス而シテ此兩者間ニ於テ職務ヲ全フセンニハ相調和セサルヘカラス故ニ仲立人組合中ヨリ少クモ一人ヲ取締役ニ撰ヒ調和ヲ謀ルナリ

取引所仲立人ノ員數

第四百五十三條　取引所ハ其取引ノ範圍ニ應スル員數ノ仲立人ヲ置クベシ

取引所ノ取引ヲ急速完全ニ結了センニハ仲立人ヲ必要トス而ソ仲立ノ業タル其勞ニ酬フルニ足ルノ所得アレハ相當ノ志願者アリテ其員數ヲ充タスヿヲ得ベキナリ

取引所仲立人ハ仲立人ニ關スル規定遵守

第四百五十四條　本法仲立人ニ係ル規定ハ取引所仲立人モ之ヲ遵守スベシ

取引所仲立人モ又仲立人ニ異ナルコトナキヲ以テ其規則ヲ適用スルハ當然ノコトナリ

監督官廳

第四百五十五條　仲立人及取引所ハ大藏省及農商務省ノ監督ヲ受ク

取引所及其仲立人ハ商業交通及生產ノ一般ノ利益ニ係ル片ハ農商務省ノ監督ヲ受ケサルヘカラス又國ノ證劵貨幣紙幣銀行紙幣或ハ外國公債等ノ如キ政府ノ財政ニ係ルモノハ大藏省ノ監督ヲ受ケサルヘカラサルヲ以テナリ

第五節　仲買人

仲買人ハ代辨人ノ權力ノ大ナルモノナリ何トナレバ彼レハ本人ノ名ヲ以テ取引シ此レハ自己ノ名ヲ以テ取引スル者ナレバナリ

仲買人ノ定義

第四百五十六條　仲買人ハ契約ニ從ヒ自己ノ名ヲ用井

仲買人ノ第三者ニ對スル關係

他人ノ計算ヲ以テ商業ヲ營ム商人タリ

仲買人トハ本條ニ示セルガ如ク自己ノ名義ヲ以テ營業ヲ爲スモノナルモ官ヨリ其職ヲ任セラルヽモノニ非ス全ク契約ニヨル通常ノ商人ニシテ諸人ヨリ委托ヲ受ケ商品ノ賣買取引ヲ爲スナリ故ニ其外面ハ仲買人自カラ自己ノ取引ヲ爲スト異ナルナク權利義務ヲ負擔スト雖モ其取引ヨリ生スル損益ハ兩ツナカラ本人ニ歸シ仲買人ハ利ヲ射ル能ハサルヲ以テ一方ノ代理タルニ過キス是ヲ以テ他ノ商業代人ト同シク手數料ヲ受ケ又ハ明言ヲ以テ負擔シタルニアラサレハ其取引ノ危險ニハ任セサルモノトス

第四百五十七條　仲買人ノ第三者ト取結ヒタル取引ノ効力ハ第三者ニ對シテハ委任者ノ委任又ハ承諾ニ關係セズ

仲買人ハ自己ノ名義ヲ以テ營業スルモノナレハ他人ハ其取引ノ果メ仲買ノ業ニ屬スルヤ否又其本人ノ許諾アルヤ否ヲ知ルヲ要セス故ニ第三者ニ對シ

仲買人ノ委任者ニ對スル義務

仲買人越權ノ所爲ノ責

テハ仲買人獨リ權利義務ヲ有ス

第四百五十八條　仲買人ハ委任者ノ與ヘタル委任ヲ遵守スル義務アリ其委任ノ踰越其他ノ過失ニ因リテ加ヘタル損害ニ付テハ委任者ニ對シテ其責ニ任ス

仲買人ハ他人ニ對シテハ眞正ノ所有者ノ如ク事ヲ處分スルヲ得ルモノナレﾄﾞ委任者ニ對シテハ代人タルニ過キス故ニ其事ヲ取扱フニハ必ス委任者ノ定ムル處ニ隨ハサルヘカラス若シ之レニ隨ハスシテ損害ヲ加ヘタルﾄｷﾊ賠償セザルベカラス其他過失ノﾄｷﾓ亦然リ

第四百五十九條　仲買人事情避ク可ラサルコト委任者ノ爲メ更ニ大ナル損害ヲ防止シタルコトヲ證明スルトキハ委任踰越ノ責ヲ免カル但委任者カ明示又ハ默示ニテ其委任ヲ必行スベキコトヲ指定シタルトキハ此限ニ在ラス

踰越ノ責任

仲買人ハ本人ノ差圖ニ從ヒ本人ノ費用ト危險トヲ以ヲ業ヲ營ムモノナリト雖モ其制限内ニ於テ自カラ善シトスル所ニ依テ事ヲ取扱フノ自由アル者ナリ而シテ若シ事情ノ避ク可ラザルカ又ハ本人ノ損害ヲ輕減スルガ爲メニハ假令委任ヲ踰越シタリト雖モ其責ヲ免カル例セハ一商品ヲ若干ノ價ヲ以テ賣拂ノ委任ヲ受ケタルモ其到着甚タ遲延セシヨリ商品下落シ迚テモ其申込ミタル代價ヲ得ル能ハス故ニ之レヲ本人ニ返スカ又ハ成ルヘク高價ニ賣ルカノ二方ヲ撰ミ取ラサルヘカラサル時ノ如シ本條ハ此場合ヲ決定シテ假令低廉ナリト雖モ本人ノ明禁アルニアラサレハ之レヲ賣拂フノ權利アルモノトセリ然レ氏若シ之レヲ明禁シタルニ於テハ仲買人ニ如斯ノ自由ヲ與ヘス蓋シ如斯ナレハ仲買人ガ代人タルノ地位ハ殆ント有名無實ニシテ本人ノ差圖ヲ與フル權利ハ全ク其實ヲ失フニ至ルヘキヲ以テナリ

第四百六十條　仲買人ハ委任踰越ニ因リテ委任者ノ損失ト爲リタル物價ノ差額其他計算上ノ差額ヲ自己ニ

委任違背ノ効果

負擔スルヲ以テ委任踰越ノ責ヲ免カルヽコトヲ得ス

第四百六十一條　仲買人ハ委任ニ背クニ因リテ委任者ノ利益ト爲リタル物價ノ差額其他計算上ノ差額ヲ自己ノ有ニ歸スルコトヲ得ス

人ノ仲買人ヲ使用スルハ利益ヲ得ンガ爲メナリ然ルニ仲買人カ委任踰越若シクハ過失ニヨリ損害ヲ生セシメタル片ニ方リテ本人ノ損失トナリタル差額ノミヲ償フテ其責ヲ免カルヽヲ得ルトセハ又其反對ニ本人ガ利益ヲ得タル片ハ其利益ヲ要求シ得ヘシト云フニ至ルヘシ然ルトキハ代人トナルト同時ニ自己ノ利益ヲ得ルヲ以テ法律上仲買人ニ許ス處ノ手數料ハ原因ナキニ至ルベケレバ之ガ利益ハ之ヲ自己ノ有ニ歸セシメサル也

仲買人ノ委任者ニ對スル責任

第四百六十二條　第四百九條ノ規定ハ仲買人ニモ之ヲ適用ス殊ニ仲買人ハ取引施行ノ前後ヲ問ハス常ニ遲延ナク委任者ニ必要ノ報知ヲ爲シ且ツ運送、貯藏、保

險賣買其他總テ商業上ノ作用ニ付キ十分ニ所有者ノ利益ヲ謀ル可シ

仲買人ハ代人ナレハ苟モ其付託セラレタル商品ニ付本人ノ爲シ得ル權利ハ必ス代テ之レヲ爲スノ權利アリ亦義務アルモノトス故ニ商品運送中毀損シテ到着セハ運送人ニ向テ正當ノ故障ヲ述ヘ或ハ相當ノ修覆ヲ加ヘ其毀損ヲ防クノ方法ヲ爲シ十分本人ノ利益ヲ謀ラサルヘカラス

仲買人ノ公衆ニ對スル義務

第四百六十三條　仲買人ハ必要ノ前貸金ヲ遲滯ナク交付セラレ又ハ取引ヨリ生ス可キ自己ノ請求ニ對スル引當ヲ有シ若クハ擔保ヲ得タルトキハ總テ其營業ニ屬スル委任ヲ引受クル義務アリ

仲買人ハ常ニ公衆ニ對シテ其勤務ヲ爲スモノナルヲ以テ人ノ之ニ委任ヲ爲ストキハ故ナク之ヲ拒ムヲ得サルモノトス

委任拒絕ノ場

第四百六十四條　仲買人ノ委任ノ引受ヲ肯セサルトキ

合ニ行フヘキ手續

ハ直チニ之ヲ委任者ニ通知シ且寄託ノ貨物ヲ適當ニ保存スル義務アリ若シ其通知ヲ爲ササルトキハ委任施行ノ責ニ任ス

仲買人ハ委任者ニ貸金ヲ爲スノ義務ナシト雖モ又故ナク本人ヲシテ損害ヲ被ラシムヘカラサルニヨル

仲買人ノ第三者ニ前貸

第四百六十五條　仲買人ハ別段ノ契約ナキトキハ委任者ニ又ハ委任者ノ計算ヲ以テ第三者ニ前貸ヲ爲ス義務ナシ然レトモ委任者ノ承諾ヲ得タルトキ又ハ其承諾ナキモ商慣習アルトキハ委任者ノ計算ヲ以テ第三者ニ前貸ヲ爲シ又ハ信用ヲ與フル權利アリ

貸金ヲ爲スト否トハ其ノ自由ニ存スルモノナレハ特別ノ明約カ若シクハ慣習アルニ非サレハ仲買人ハ商品ニ對シ前貸ヲ爲シ又ハ委任者ノ物品代價支拂ノ期限ヲ定メ第三者ニ渡スノ義務ナシ然レ圧仲買人ニシテ前貸ヲ爲シ或

ハ支拂期限ヲ定ムルヲ以テ常トスレハ之レヲ拒ムコハ詳細ニ之ヲ報道セサルヘカラス

仲買人ガ第三者ノ資力ニ關シ委任者ニ對スル責任

第四百六十六條　仲買人ハ第四百十五條ノ規定ニ從ヒ第三者ノ支拂ノ資力ニ付キ委任者ニ對シテ責ニ任ス然レトモ其責任ハ第三者ノ責ニ任ス可キマテヲ以テ限トス

仲買人カ爲スヘキ注意ヲ爲サス爲メニ委任者ニ損害ヲ被ラシメタル片ハ是レ仲買人ノ過失ナルヲ以テ之レヲ賠償セサルヘカラス然レ尼賠償額ハ第三者カ支拂フヘキ價格ニ止マルモノトス是レ仲買人ニ過失ナキ時ニモ委任者ハ第三者ニ對シ其額ヨリ多クヲ得可ラサルモノナレバナリ

委任ノ解除

第四百六十七條　委任者ハ仲買人ニ與ヘタル委任ノ未タ施行セサルモノニ限リ何時ニテモ之ヲ廢止シ又ハ變更スルコトヲ得

仲買人ハ第四百六十三條ノ規定ニ依リテ委任ノ引受ヲ拒ミ得ルトキニ限リ解約ヲ申込ム權利アリ但正當ニ其申込ヲ爲シタル後ト雖モ惡意又ハ怠慢ニ付テハ委任者ニ對シテ仍ホ責ニ任ス

仲買人ノ行爲ヨリスル損害ハ本人自カラ之レヲ負擔セサルヲ得サルニヨリ其委任事務ヲ未ダ施行セザル前ニハ何時ニテモ之レヲ取消シ亦變更スルヲ得之ニ反シ仲買人ハ其委托ヲ受ケタル事務ハ之レヲ完了スルノ義務アルヲ以テ其義務ナキ場合即委托ヲ拒ミ得ルトキニアラサレハ解約ヲ申込ムヲ得サルナリ

委任者又ハ仲買人ノ破産又ハ死亡

第四百六十八條　仲買委任ノ關係ハ一方ノ破産ニ因リテ終ル又死亡其他委任ヲ施行スルコト能ハサル事由ニ因リテハ此事由ニ基キテ其關係ヲ解クコトヲ一方ヨリ明言シタルトキニ限リ終ルモノトヌ

仲買人ノ權利

仲買人若シクハ委任者中其一人破產スル𪜈ハ獨立シテ處分スルノ權利ヲ失フヲ以テ其委任ハ當然消滅スヘキモノトス若シ亦一方ノ死去セシ𪜈ハ單ニ一方ヨリ委任ノ取消ヲ申込ミタル上ナラテハ終ハルモノニアラス何トナレハ商業上ニ於テハ現在ノ營業ハ其相續者ノ之レヲ嗣クヲ例トスレハナリ

第四百六十九條　仲買人ハ仲買取引ノ外自己ノ計算ヲ以テ同種類又ハ他種類ノ取引ヲモ爲ス權利アリ

前項ノ商人ニシテ仲買取引ヲ常業ト爲サヽル者ニハ第四百六十三條ノ規定ヲ適用ス

仲買人ト雖モ獨立營業ヲ爲ス商人タル權利ニ缺クル處ナキヲ以テ自己ノ意見ニ隨ヒ取引ヲ爲スヲ得ルハ當然タリ

仲買取引ヲ以テ常業ト爲サヽルモノニハ必ス委托ヲ諾スルノ義務ヲ命セズ何トナレハ此仲買人ハ常ニ勤務ヲ世ニ公ケニシ委托者アレハ必ス之ヲ諾スヘシトノ思料ヲ以テ委托セタリトノ推測ナキヲ以テナリ

仲買人自己ノ計算ヲ以テ委託者ノ要望ニ應スルノ場合

第四百七十條　仲買人ハ委任者ニ於テ反對ノ明言ヲ爲ササルトキハ其受ケタル委任ヲ買主賣主又ハ其他ノ者トシテ自己ノ計算ヲ以テ施行スルコトヲ得然レトモ委任者ニ對スル自己ノ權利及ヒ義務ハ變更スルコト無シ

夫レ仲買人ハ數多ノ委託ヲ受クルモノナルヲ以テ之レカ施行ニ備フルガ爲メ豫メ自己ノ費用ヲ以テ物品ヲ準備シ置キ購求ヲ委託セラルヽトキハ自ラ之ヲ賣リ賣却ヲ委託セラルヽトキハ自カラ之ヲ購求セハ委託者ノ爲メ大ナル利便アリ蓋シ此時ニハ仲買人ノ一身ニ受託者ト賣主又ハ買主ノ二資格ヲ備フルノ變體ヲ生スト雖モ其事ノ速辨商品ノ饒多其品質ノ精撰及ヒ差圖ノ即行等ノ利ハ頗ブル大ナルヲ以テ通則ニ反スル此等ノ規定ハ商法上ニ於テ必要トス而メ仲買人ニシテ如斯業ヲ爲スモノハ大概皆巨商ニシテ資力ヲ有スルモノナルヲ以テ本人ハ危險ニ陷イルノ憂少ナシ故ニ本人ヨリ明カニ此レ

ヲ禁セサル以上　仲買人此業ヲ爲シ得ルト規定セリ

前條委任ノ施行

第四百七十一條　前條ノ場合ニ於テハ仲買人ヨリ自己ノ計算ヲ以テ引受ケタル旨ノ通知ヲ委任者ニ發送シタル時直チニ其委任ヲ施行シタルモノト看做ス

仲買人元來自己ノ手ニ商品ヲ有シ購求ヲ委托セル本人ヘ承諾ノ回答ヲナシタル上ハ其關係ハ恰モ賣主買主ニ於ケルト同一ナリトスルナリ仲買人ガ自カラ賣却委托ニ對シ買主タル時モ亦然リ

施行後ノ計算

第四百七十二條　仲買人ハ委任施行ノ後之ヲ委任者ニ通知シ其取引ノ賣得金ヨリ自己ノ取分ヲ引去リ之ヲ委任者ニ支拂ヒ又ハ其計算ニ立ツ可シ

本條ハ別ニ説明ヲ要セス

委任者ノ計算ヲ以テ取引セル商品ノ保管

第四百七十三條　委任者ノ計算ヲ以テ買入レ又ハ引受ケタル商品ハ委任ニ他ノ定ナキトキハ仲買人之ヲ委

任者ノ處分ニ付シ其處分アルマテ適當ニ貯藏ス可シ其商品ノ運送ヲ周旋スル義務アルハ明示ノ委任アルトキニ限ル但自己ノ留置權ハ此カ爲メニ妨ケラルルコト無シ

仲買人ハ委托外ノ事柄ヲ爲スノ義務ナキヲ以テ其買入委托ノ什ニ於テ物品ヲ買受ケ且ツ其物品ヲ受取ノ委托ヲ受ケタルモ之ヲ以テ其買人ハ亦其商品ヲ處理スルノ權ヲモ委托セラレタリト推測スルヲ得ス故ニ適當ニ貯藏スレハ足レリ決メ運送ノ義務ヲ負フヘキニアラズ

第四百七十四條　仲買人ノ取引ニシテ委任者ノ承諾スル義務ナキモノハ其承認ナキニ拘ハラス仲買人ノ計算ニ於テハ有効トス然レトモ第三百八十一條ノ規定ハ此カ爲メニ妨ケラルルコト無シ又仲買人ハ委任者ニ總テノ損害ヲ賠償ス可シ

仲買人ノ計算ニ歸スル取引

仲買人ハ取引ヲ取結フニ自己ノ名義ヲ以テスルモノニシテ他人ハ其取引ノ果メ仲買ニ屬スルヤ否ヤヲ知ルヲ要セサルモノナル故ニ委托者ニ對シテ毫モ法律上ノ關係ヲ有セス唯仲買人ニノミ有スルモノナリ故ニ他人ト仲買人トノ間ニ於テハ其取引ハ有効トセサルヘカラス然レ𪜈仲買人ト委托者トノ間ニ在テハ仲買人ニ越權ノ所爲アルヲ以テ苟モ其所爲ガ事情避クヘカラスシテ委托者ノ利益トナリタルヲ証明スルニ非サレハ仲買人ハ損害賠償ノ責メニ任セサルヘカラス

仲買取引ヨリ生シタル債權及債務

第四百七十五條　仲買取引ヨリ生シタル債權及ヒ債務ハ仲買人ノ直接ノ債權及ヒ債務タルヲ通例トス然レトモ仲買人其債權ヲ委任者ニ讓渡シ又ハ支拂資力ヲ失ヒタルトキハ委任者直チニ第三者ニ對シテ其債權ヲ主張スルコトヲ得

仲買人ニ屬スル要求者ハ元來委任者ノ費用ヲ以テ起リシモノニテ彼ノ通常

仲買人ノ委任者ニ要求シ得ル權利

債主カ仲買人ニ有スル債權ノ如キ比ニアラス故ニ仲買人ノ破産セシ片ハ委任者ハ直チニ第三者ニ向テ訴權ヲ行フヲ得ルトノ變例ヲ設ケ委任者ヲ保護セルモノナリ

第四百七十六條　仲買人ハ委任者ニ爲シタル前貸ノ償還ノ外尚ホ左ノ諸件ヲ求ムル權利アリ

第一　必要又ハ有益ニシテ商慣習ニ適スルモノニ限リ現ニ支拂ヒタル費用及ヒ立替金ノ辨償

第二　各地慣習又ハ契約上ノ仲買手數料

第三　仲買人ニ於テ資力保證ヲ負擔シタルトキハ其保證料

仲買人ハ右ノ債權ニ付キ第二百八十七條及第三百八十八條ノ規定ニ從ヘテ留置權ヲ有ス本條ハ第四百十八條ト同一旨趣ナルヲ以テ故サラニ茲ニ説明セス

委任ヲ施行セズシテ手數料ヲ得ル場合

仲買人自己ノ商標又ハ商號使用

第四百七十七條　仲買人ノ過失ニ非スシテ委任ヲ施行セサリシトキト雖モ仲買人ハ慣習アル地ニ限リ仲買手數料ヲ求ムルコヲ得但其額ハ通常手數料ノ半額ヲ超ユルコトヲ得ス

仲買人雖取引ヲ取結ヒタルノミヲ以テ委託完全シタリト云フヲ得ス故ニ其手數料ヲ請求スルヲ得サルコヲ通例ナリトスレ圧委託者半途ニメ其委託ヲ取消シ或ハ仲買人ノ過失ニアラスメ取引ノ完了セサル片ノ如キハ仲買人ハ其時迄委任者ノ爲メ勞力ヲ致シタルモノナルヲ以テ其分ニ對シ報酬ヲ受クヘキモノトス

第四百七十八條　仲買人ハ仲買ノ爲メ取扱フ商品ニ自己ノ商標又ハ商號ヲ附スルコトヲ得

然レトモ其商品ニ附シタル他ノ商人又ハ製造人ノ商標又ハ製造標ヲ其承諾ヲ得スメ變更シ又ハ除去スル

コトヲ得ス又他ノ商人又ハ製造人ヨリ出テタル仲買商品ニ出所區別ヲ表セズ以テ自己ノ商標又ハ商號ヲ附スルコトヲ得ス

仲買人ノ業タルヤ百種ノ製造人ヨリ無數ノ商品ヲ輸送シ來ルベキナリ而メ誠實ナル仲買人ハ敢テ麁惡ナル商品ヲ取扱ハサレハ其之ヲ表スルニモ勢ホヒ商標ヲ以テセサルヘカラズ故ニ仲買人ニ商標ヲ付スルヲ許セリ然レ圧為メニ其商品ノ眞正ナル由來ヲ誤ラシムルカ如キ所為ヲ為スヘカラス故ニ其他人ノ付シタル商標ハ之レヲ保存スヘシト命シタリ要スルニ本條ハ商標保護上ヨリ自然ニ生スルモノナリトス

見本又ハ雛形取引

第四百七十九條　仲買人或ル見本又ハ雛形ニ從ヒテ委任ヲ施行ス可キトキハ反對ノ明約ナキトキニ限リ正當ノ所有者又ハ製出者ニ依ルニ非サレバ其委任ヲ施行スルコトヲ得ス之ニ違フトキハ委任者ハ其商品カ見

本又ハ雛形ニ適スルト否トヲ問ハス其契約ヲ解クコトヲ得

夫レ人自カラ見本ヲ送リテ購求又ハ賣却ヲ望ム者ハ必ラズ其ノ見本ニ符合スルモノヲ望ムコト勿論ナリ故ニ其見本ヲ見テ注文セル者ハ其注文ヲシテ見本ノ所有者ノ手ニ成ラシムルノ意ナリト推測セサルヘカラス然ルヲ仲買人ニ於テ眞物ニアラズシテ唯ダ見本ニ摸擬シタルモノヲ以テ其取引ヲ施行スルヲ得ルトセハ實ニ囑託者ノ意思ニ背クモノナリ故ニ法律ハ之レヲ禁シタリ

書籍其他ノ發行引受

第四百八十條　書籍其他器械ヲ以テ複製スル學藝技術上ノ製出物ノ發行引受ハ仲買營業ノ原則ニ依ルベシ

書籍商ハ刊行發賣ヲ自已ノ名義ニテ爲スモ其費用ハ他人即チ著述者ニ於テ負擔スル場合ニ於テ之レヲ發賣スルニハ書籍商自已ノ出版物ヲ取扱フト毫モ異ナルコナキモ其業ノ危險ニ就テハ發賣者自カラ其責ニ任セス唯ダ發賣

高ノ幾分ノ手數料ヲ受クルニ過キサルヲ以テ仲買人ノ原則ニ依ルト規定セルナリ

第六節　運送取扱人

運送取扱業ノ必要

商業取引ノ日ニ進歩スルニ從ヒ貨物ヲ遠隔ノ地ニ輸送スルコノ必要漸ヤク大ナリ然リ而ソ其貨物差立人ガ適當ノ運送人ヲ知ラズ運送人モ亦發送セント欲スル人アルヲ知ラザルノ時ニ當リ能ク運送セシメントスル者ト運送セントスル者ヲ周旋符合セシムルハ此運送取扱人ノ業ナリ

第四百八十一條　運送取扱人ハ契約ニ從ヒ自己ノ名ヲ用ヒ他人ノ計算ヲ以テ商品其他ノ物ノ運送取扱ヲ營業トスル商人タリ

運送取扱人ハ其營業ノ外亦自己ノ計算又ハ他人ノ計算ヲ以テ他ノ商取引ヲ爲スコトヲ得

運送取扱人ノ義解

兼業

本條ニ於テハ先ヅ運送取扱人ナル者ノ義解ヲ定ム而シテ之ニ因ルトキハ其

運送取扱人ト運送人トノ別

ノ意義頗フル明瞭ニシテ毫モ疑ナキガ如シト雖トモ其ノ性質稍ヤ運送人ト類似スルガ故ニ茲ニ二者ノ區別ヲ一言スルヿノ必要ヲ見ル抑モ運送人トハ商品其他ノ貨物ノ運搬送達ヲ爲ス者ヲ指シタル所ノ名稱ナルモ運送取扱人ハ之ト異ニシテ自カラ貨物ノ運搬ニ從事スルヿナク專ラ運送取扱即チ物品差立人ト運送人トノ間ニ立テ運送契約ヲ周旋スルヲ以テ業ト爲ス者ナリ而シテ此等ハ彼ノ仲立人仲買人等ノ如ク官ノ任命ニ因ルニアラズシテ自由ニ營業スル普通ノ商人ト異ルヿナキ者ナレバ其ノ運送取扱業ノ外ニ他ノ商取引ヲ爲スヿノ自由ナルハ當然ノヿトス

運送品ニ附テ運送取扱人ノ責任

第四百八十二條　運送取扱人ハ運送賃ヲ約定シタルト否トヲ問ハス其引受ケタル運送ヲ自己ノ運送具貸借ノ運送具又ハ他人ノ運送具ヲ以テ施行スルト施行セシムルトヲ問ハズ仲買人及ヒ運送營業人ト同一ノ責ニ任ズ

運送取扱人ノ

運送取扱人ハ差立人ノ爲メニ運送品ヲ預リ且ツ之ヲ運送人ニ付シテ運送セシムルヲ業トスル者ナルガ故ニ仲買人ノ義務ト類似スル所アリ故ニ物品落手ノ後之ヲ運送人ニ付スルマデハ仲買ト同一ノ責ヲ以テ物ノ保存ニ注意スベキモノトス加之運送取扱人ハ運送人ノ選擇ニ付キ十分ニ愼マサル可ラサル者ナルガ故ニ其撰任ヲ誤リテ之ガ爲ニ差出人ニ損害ヲ受ケシムルヿアルニ於テハ其責ヲ辭スルヿヲ得ザルモノトス且ツ運送取扱人ハ常ニ自己ノ運送具ノミヲ用ル者ニ非ズメ之ヲ運送スル方法ハ自ラ便利ト信スル所ニ一任セラルヽガ故ニ他人ノ運送具ヲ以テスル時ニテモ自己ノ運送具ニテ運送セシムル時ト等シク其責ニ任セサルベカラズ又運送取扱人ノ此責任ハ賃銭ノ約定ヲ爲セルト否トニヨリテ變更スルヿアラサルモノトス其然ル所以ハ縦令此明約ヲ爲サヾルトモ差出人ハ相當ノ賃銭ヲ支拂ハサルベカラサルノミナラズ之ヲ得ルガ爲メニ運送取扱人ハ留置權ヲ行フヿヲ得レバナリ

第四百八十三條　運送取扱人ハ別段ノ契約ヲ爲サヽル

中間運送取扱人代辨人運送人等ノ所爲ニ附テ有スル責任

トキ又ハ直接ニ運送ヲ爲ス場合ニ於テハ其運送ヲ遞次施行スル總テノ中間運送取扱人代辨人運送營業人其他ノ人ノ爲メ運送營業人タル責ニ任ス

運送取扱人ハ相當ノ注意ヲ用井テ物品ヲ目的ト爲セル地方ヘ送達セシメサル可ラサル者ナルモ其方法ニ付テハ之ヲ選ムコ自由ナルガ故ニ更ラニ之ヲ他ノ運送取扱人又ハ運送人若クハ其他ノ人ニ託シテ送達セシムルコヲ得ヘシ然レ圧其選任ヲ誤リ之レヨリ損害ヲ差出人ニ負ハシムルコアルニ於テハ固ヨリ之ヲ償ハサルベカラサルナリ

運送狀中ニ記載スベキ事項及ヒ記載シ得ル事項

第四百八十四條　運送取扱人ハ運送狀ヲ發行ス可シ其運送狀ニハ左ノ諸件ヲ掲クルコトヲ要ス

第一　年月日運送取扱人ノ氏名及ヒ住所

第二　運送營業人ノ氏名及ヒ住所

第三　運送品ノ種類及ヒ重量

第四　行季アルトキハ其箇數、性質及ヒ記號
第五　約定シタル引渡ノ地及ヒ時
第六　運送賃
其他運送狀ニハ左ノ諸件ヲ掲クルコトヲ得
第一　運送品ノ價額
第二　名宛人ノ氏名
第三　引渡ヲ遲延シタル塲合ニ於テ支拂フ可キ損害賠償ノ額

運送ノ期間ハ運送ノ日附ヨリ起算スルモノナルガ故ニ運送狀ニ日附ヲ記載スルハ必要ナリ又運送取扱人及運送營業人等ノ住所姓名ヲ記載シ置クコトハ甚ダ必要トス何者ハ差立人又ハ受取人ニ於テ此等ノモノニ對シテ要償權ヲ行フコトアルベク然ラザルモ又此等ニ就テ質疑ヲ要スルコト等アルベケレバナリ次ニ運送品ノ種類及其重量、其行季アルトキハ其箇數、性質及記號等ヲ

記スルヲ要スル所以ハ差立人ハ受取人等ヨリ要償ノ訴ヲ起セル時ハ其運送物品ノ如何ナルモノナリシカヲ知ルコトノ要用ナルノミナラズ然ラサル時ニ於テモ他人ノ物ト混淆スルヲ防グノ利アリ又引渡ヲ爲スベキ地ヲ運送狀中ニ記載セサルベカラサルハ固ヨリ論ナシ而シテ其之ヲ爲スベキ時ヲ記シ置クニ於テハ爭論ヲ未發ニ防止シ兼テ又運送人ニ其運送シ了ラサルベカラサル時期ノ何時タルヲ知ラシメテ以テ義務ノ履行ヲ怠ラシメザルベキニヨリ甚ダ實際ノ便宜ニ適ヘルモノトス而メ運送賃ヲ記載スルハ運送ヲ取扱フモノヽ主タル目的ナルハ多言ヲ要セズ

偖亦運送狀中ニ記載スルヲ得べキ隨意的事項ノ第一ト第二ニ就テハ少シク之ヲ說カサル可ラズ此二箇ノ事項ハ法律ハ之ヲ証スベキコトヲ强テ命セサルガ故ニ之ヲ記スト否トハ固ヨリ當事者ノ隨意ナルモ之ヲ記スルニ於テハ他日物件ノ毀滅又ハ引渡シノ延滯等ヨリ生スル損害ノ額ヲ証明スルノ勞ヲ省クノミナラズ此記載セル事項ハ當事者ノ間ニハ守ラサルベカラサル法律タ

ルガ故ニ裁判官ノ專恣ナル認定ニヨリ增減變換セラルヽノ恐ナカルベケレバナリ

運送狀ノ樣式

第四百八十五條　運送狀ハ反對ヲ明記セサルトキハ指圖式トス又無記名式ニテ之ヲ發行スルコトヲ得

此ニ無記名式ニテ運送發行ヲ爲スヿヲ得セシメ而シテ其ノ反對ノ明記アラサルトキハ指圖式ニ依レルモノト推定シ之ニ因テ以テ民事ニ於ケルヨリハ大ニ証書ノ運轉移動ヲ容易ナラシメシ所以ノモノハ其証券面上ニ記載セラルヽ物品ノ流通ヲ自由ニ且ツ迅速ナラシメンガ爲ナリ

運送狀ノ交附請求

第四百八十六條　運送品ノ差出人ハ運送狀一通又ハ數通ノ交付ヲ求ムルコトヲ得

是レ運送狀ハ簡易ナル手續ニテ讓渡スヲ得セシムルト同一ノ理由ニシテ一ノ運送狀ガ物品ト共ニ未ダ運送ノ途中ニ在ルトキニテモ其手ニ存スル他ノ運送狀ニヨリ其券面ニ記サレタル物品ノ處分ヲ爲スヲ得セシメ以テ物品ノ

融通移轉ヲ容易ナラシメントスルナリ

第百八十七條　運送取扱人ハ其取結ヒタル總テノ運送取扱契約ヲ特設ノ帳簿ニ日々記入シ且其帳簿ヲ日々閉鎖シテ之ニ署名捺印ス可シ各運送狀ハ其帳簿ノ記入ト同文ナルコトヲ要ス

是レ運送品ノ紛失毀滅セル際ニ之ニ關スル証據物ヲ存センガ爲ナリ

運送狀中記載事項ノ無効

第四百八十八條　運送狀ノ記入ニシテ運送取扱契約又ハ法律命令ニ背戻スルモノハ無効トス

運送狀ハ運送契約成リテ後ニ作ルベキ者ナルカ故ニ之レニ記入スル所ノ事項ニシテ契約ニ反スルトキハ固ヨリ之ヲ無効トセザルベカラズ而シテ法律命令ハ皆ナ社會ノ秩序ト其公安ヲ保護シ公益ヲ維持スルヲ目的トシテ制定セラレシモノナレバ之レニ反スル諸契約ニハ其効アラシムベカラザルナリ故ニ又之レニ反スル運送狀ノ揭載事項モ其効力ヲ有スル能ハサルモノトス

運送人ノ要求權

第四百八十九條　運送取扱人ハ左ニ掲クルモノヲ求ムルコトヲ得

第一　運送取扱人ヨリ運送品ニ對シテ爲シタル前貸及ヒ其立替ヘタル運送賃ノ償還

第二　運送取扱人ヨリ運送品ノ爲メニ支拂ヒタル必要又ハ有益ノ費用及ヒ立替金ノ辨償

第三　各地慣習又ハ契約上ノ運送取扱手數料但運送賃額ヲ定メタル塲合ニ於テハ其手數料ヲ明約シタルトキニ限ル

運送取扱人ハ右ノ債權ニ付テハ第三百八十七條及ヒ第三百八十八條ノ定規ニ從ヒ運送品ニ對シテ留置權ヲ有ス

運送取扱人ハ他人ノ計算ニテ運送ノ取扱ヲ爲スモノナルカ故ニ立替タル運

送賃ハ之ヲ得ザルベカラズ而シテ差立人又ハ受取人ニ於テ第二ニ記セル諸費ヲ運送取扱人ニ償還セサルベカラザル所以ハ之ヲ爲サヾルトキハ他人ヲ害シテ不義ノ利得ヲ得セシムルニ至ル可ケレバナリ而シテ運送取扱人ガ第三ノ支拂ヲ請求スルノ權利ヲ有スル所以ハ運送取扱人ハ運送ノ取扱ヲ爲スヲ以テ業トスルモノナルガ故ニ無償ニテ他人ノ爲メニ事ヲ爲スベキ筈ナキニ由ル而シテ運送賃銀ノ額ヲ定メシ時ハ運送取扱手數料ヲ此中ニ加ヒテ定ムルヿ其常ナルガ故ニ別ニ手數料ノ明約ヲ爲スニアラサレバ即チ之レナキモノト推定セサルベカラズ

右ニ陳ベタル諸種ノ債權ハ皆ナ運送スル物品ニ關シテ發生セルモノナルカ故ニ之ヲ要ムルガ爲メニ第三百八十七條ノ留置權ヲ行フヲ得ベシ然ルニ尙ホ第三百八十九條ニ從テモ亦留置權ヲ行ヒ得ルヿト爲セルモノハ蓋シ思フニ運送取扱人ハ差立人又ハ受取人ニ對シ即チ其託セラレタル物品ニ就テ至重ノ義務ヲハ負荷スルモノナルカ故ニ此擔保ヲ與ヘテ以テ其債務ト平衡セ

シメント欲セルニ出ルモノナランカ然レ𪜈留置權ハ一ノ物權ナリ即チ第三者ニ對抗シ得ル特權ナリ殊ニ商法ニ於テハ留置セル物件ヲ賣却スルヲ許スカ故ニ殆ンド質權ト同一ノ効力アルヲ見ル如何ニ運送取扱ノ義務カ重モケレバトテ物ニ關シテ生セザル債權ノ爲メニ第三者ニ對シテ効アル留置權ヲ行フヿヲ許スハ其當ヲ得ルカ是レ疑ナキヲ得サルナリ

運送取扱人ノ債權ヲ主張シ得ル時期

第四百九十條　運送取扱人ノ債權ハ特約アルニ非サレバ到達地ニ於テ運送品ヲ引渡ス際運送取扱人其受次人又ハ約定シタル運送全部若クハ一分ヲ施行シタル者ヨリ始メテ之ヲ主張スルコトヲ得

運送品ヲ目的ノ地ニ送達シ了ルニアラザレバ或ハ全タク運賃ヲ得サルヿアリ又其運送セル里程ニ應スル賃銀ノミナラデハ請求シ得サルヿアルベキガ故ニ特約アレバ即チ止ム苟クモ然ラサルニ於テハ其運送品ヲ到達地ニ送リ了レル後ニアラザレバ其運送ニ付テノ債權ヲ主張スルヿ能ハサルモノト

運送ニ從ヘル諸人ガ運送ニ關シ差立人又ハ受取人ニ對シテ有スル責任

運送取扱人ニ付キ爲セル本節ノ規定ヲ適

ス

第四百九十一條　運送取扱人ノ責任ニ因リテ生スル請求又ハ抗辨ニ對シテハ運送取扱人及ヒ前條ニ掲ケタル各人ハ連帶且無條件ニテ其責ニ任ス

運送ノ業タル人ノ至重ナル物品ノ運搬送達ニ從フモノニシテ世ノ開明ニ赴キ商業ノ發達スルニ從ヒ愈イヨ其ノ必要ヲ見ルノ具タレバ商業者ヲシテ其商業ノ實効ヲ奏セシメ製造者ヲシテ其殖產ノ利得ヲ得セシメンカ爲メニハ其安全ト迅速ハ法律ニテ之ヲ保護セサルベカラサルナリ是レ運送取扱人ノ負擔スル責任ニ基ク凡ベテノ要求又ハ抗辨ヲ無條件ニテ其運送ニ從ヘル各人ニ對シテ主張スルコトヲ得ル鞏固ナル擔保ヲ差立人及受取人等ニ付與セル所以ナリ

第四百九十二條　本節ノ規定ハ旅客ノ運送、新聞紙、電報、印刷物其他ノ物ノ送達並ニ廣告ノ取次其他ノ送

用シ得ル人及ビ得サル人

達事業ヲ營業トスル人ニモ之ヲ適用ス然レﾄﾞ運送仲立人、代辨人、商事問合塲及ヒ此類ノモノニハ之ヲ適用セス

前數條ニ規定セル所ハ專パラ物ノ運送ニ關スル所ノモノナリ而シテ新聞紙、電報、印刷物モ亦一物品タレバ此等ノ送達ニ付テモ本節ノ規定ノ支配ヲ受ゲサルベカラサルハ勿論ナルモ然レﾄﾞ送達其他運送取扱ノ業ハ獨リ之レノミニ限ラザルガ故ニ隨テ適用ヲ物ノ運送ニノミ限ルベカラズ殊ニ近來ハ廣告取次業ヲ以テ運送ノ業中ニ數フルニ至レリ蓋シ此種ノ業務ハ他ノ運送事業ノ如ク他人ノ費用ニテ自已ノ名義ヲ用非以テ人ノ爲ス廣告ノ媒介ヲ爲スモノナレバナリ

偖亦運送仲立人、代辨人、商事問合塲等ニ本節ノ諸則ヲ適用セサル所以ハ商事問合塲ニ於テハ信書其他ノ物ノ送達ヲ爲スコアレﾄﾞ是其業ニ屬スル已レノ通信ヲ爲スニ過キズ他人ノ計算ヲ以テ爲ス所ノ送達ニアラズ又運送仲

立人及ビ代辨人ノ如キハ唯ダ他人ノ費用ニテ他人ノ事ヲ爲スモ他人ノ名義ヲ以テ其業務ヲ取扱ヒ自己ノ名義ヲ以テハ之ヲ爲サス隨テ其爲ス取扱ヨリ生スル權利義務ハ皆ナ自巳ノ頭上ニ歸スルモノニアラザレバナリ

第七節　運送人

運送人ノ義解

運送人ハ陸上又ハ國内水上ニ於テ商業其他ノ運送ヲ營業トスル商人ナルガ故ニ其海上ノ運送ニ從フモノハ此ニ所謂ル運送人ニハアラズ蓋シ海上ニ在リテハ此等陸上又ハ國内水上ノ運送ニ異ナリテ一種特別ノ危險アリテ存シ之ヲ玆ニ合セテ規定スルヲ得ザルガ故ニ後段ニ海上法ナル一篇ヲ設ケテ特別ノ規定ニ服從スベキモノトセリ是歐米各國ノ制ニ於テモ皆ナ然リトス

運送人ノ有スル責任

第四百九十三條　運送人ハ陸上又ハ國内水上ニ於テ商品其他ノ物ノ運送ヲ營業トスル商人ナリ

運送人ハ運送品ヲ引受ケタル時ヨリ其運送品ノ喪失、毀損及ヒ引渡ノ遲延ニ付キ責ニ任ス但此事實カ差出

人ノ過失運送品ノ性質又ハ不可抗力ニ因リテ生シタルトキハ此限ニ在ラス

運送人ハ賃銀ヲ得テ人ノ貴重ナル物品ヲ運搬シ送達スルモノナレバ充分ニ注意シテ之ヲ保管シ且ツ其期日迄ニ之ヲ到達地ニ送リテ引渡ヲ為サヽルベカラザルハ別ニ論スルヲ待タサルナリ只夫レ人ハ他人ノ罪過ニ因リ責ヲ負フベキ理ナク且ツ自己ノ防ギ得ザリシ危険ノ結果ヲ償フノ條理ナケレバ毀損滅失及引渡ノ遲延等生スルモ其事差立人ノ荷造リノ不完全ナリシカ為メ又ハ物質ノ精良ナラザリシ為メ若クハ天災時變等ノ為メニ原因セル時ハソレヨリ生セル損害ハ之ヲ償フニ及バザルナリ然レトモ此等諸種ノ原因ハ幸ヒニシテ稀レニ有ル所ノモノニ過ギザレバ之レアリシト言フヿハ運送人ニ於テ其証明ヲ為サヽルベカラサルモノトス

運送品ノ引渡ヲ遲延セリト見做ス時期及

第四百九十四條　運送品ノ引渡ハ約定ノ期間ニ之ヲ為サヽルトキ又期間ノ約定ナキ場合ニ於テハ運送ヲ施

其起算點

行スル爲メ通例必要ナル期間ハ之ヲ爲サ、ルトキハ遲延シタルモノトス期間ハ孰レノ場合ニ於テモ運送狀ノ日附ヨリ若シ其日附ナキトキハ運送品ヲ引受ケタル時ヨリ之ヲ起算ス

期間ノ約定ヲ爲サヽル時ハ相當ノ期間ニ送達スベキヿヲ約セルモノト見サルヘカラズ而メ相當ノ期間內ニ引渡ヲ了ラサレバ遲延ノ責ヲ辭スル能ハザルナリ而メ期間ノ起算點ヲ運送狀ノ日附（其日附ノアラサル時ハ運送品受取ノ日）ニ取ル運送狀ノ日附ハ常ニ大槪ヲ物品受取ノ日ニシテ而シテ物品ヲ受取レル上ハ謂ハレナク之ヲ留メ置クノ理ナキニ由ル

引渡ノ遲延ヨリ生ズル損害ノ法定額

第四百九十五條　運送品ノ引渡ヲ遲延シタルニ付テノ賠償額ハ運送賃ノ三分一トス但此額カ損害ノ割合ニ應セサルトキ又ハ別段ノ額ヲ約定シタルトキハ此ノ限ニ在ラズ

運送品ノ損害ノ大ナル時ニ差立人又ハ受取人ノ有スル權利

此ニ遲延ノ賠償額ヲ運送賃ノ三分ノ一ト假定セルハ運送ノ延滯ハ往々商機ヲ誤ラシムルノ危險アルカ故ニ商業ノ安全ヲ計ルカ爲メニ運送ヲ遲延セル運送人ノ過怠ヲ懲シ差立人又ハ受取人ヲ保護シテ以テ其受ケタル損害ノ額ヲ証明スルノ責任ヲ免カレシメタル佛國ノ法律ニ摸倣セルモノナリ然レトモ元ト此假定賠償額ハ一方ノ者ヲ懲シテ他ノ一方ノ者ヲ保護セル規定ニ過ギザレバ之ガ爲メニ保護ヲ受クル者ニ損失ヲ受ケシムヘカラサルニヨリ實害ノ之レヨリ大ナル時ニハ其額ノ要償ヲ許ス而シテ又此額ニ契約ノ存スル時ハ其契約ハ當事者間ノ法律ナル故有効ナラシメサル可ラズトス

第四百九十六條　運送品カ遲延又ハ一分ノ喪失若クハ毀損ニ因リテ其儘賣却シ若クハ使用シ得ヘカラサルニ至リタルトキ又ハ少ナクトモ其價額ノ四分三ヲ失ヒタルトキハ其運送品ヲ運送人ニ委付シテ全額ノ賠償ヲ求ムルコトヲ得

運送品ノ部分毀損滅失セシ時

例之バ虎列剌病ノ鎮壓セラレシ後ニ石炭酸ヲ輸送シ來レル時ノ如ク又機械ニシテ只タ木又ハ鐵ノ價ヲ有スルノミナルカ又ハ米ニメ纔カニ酢ヲ製スルニ適スルノミノ如キ時ハ大概ヲ本條ニ規定セル巨大ノ損失アル場合ト見做スベシ而メ如此巨額ノ損失アル時ハ其物品ヲ納受シ比例ノ賠償ヲ得テ滿足セシムルハ其當ヲ得ズトノ推定ニ基クナリ

第四百九十七條　運送品ノ各部又ハ各箇ノ喪失若クハ毀損ノ場合ニ於テ毀損セサル各部又ハ各箇ヲ其儘使用シ若クハ賣却シ得ヘカラサルトキハ其喪失若クハ毀損ニ因テ運送品全部ニ付キ減シタル價額ヲ賠償スヘシ然レトモ其毀損セサル各部又ハ各箇ノ價額カ運送品全部ノ價額ノ四分一ニ超エサルトキハ前條ノ規定ヲ適用ス

前條ハ一物品ノ一分ガ喪失又ハ遲延等ニヨリ其儘ニ賣却又ハ使用シ得ザル

賠償額ヲ算定スベキ地

等ノヿニ付キ為セル規定ナルモ本條ハ一物品カ數箇又ハ數十箇相依リ以テ成セル一塊團ノ一分ガ毀損滅失又ハ遲延セルニヨリ其儘ニ使用賣却等スルヿ能ハザル場合ニ付キテ規定ヲ為セルモノナレバ之ヲ混同セザルヲ要ズルナリ而シテ其ノ理由ノ如キハ前條ノ趣旨ヲ敷演セルニ過ギズ

第四百九十八條　賠償額ハ商品ニ在テハ引渡地ノ普通價額ニ從ヒ其三百二十四條ノ規定ニ依リテ之ヲ計算ス可シ但運送狀ニ此ヨリ高キ價額ヲ掲ケサルモノニ限ル

賠償ノ額ヲ算定スルニ引渡地ノ價額ニ從フベシト為セル所以ハ商品ハ此地ニ於テ賣拂ヒ商品ニアラザルモノハ此地ニテ之ヲ有スルモノト見ザルベカラズシテ而シテ賠償ナルモノハ損失ヲ蒙ムレルモノヲシテ其損失ヲ受ケザリシト全一ノ地位ニ置カシムルノ趣旨ナル時ハ則チ商品ナルト否トニヨリ其價額ヲ定ムルノ標準ヲ異ニスル理由如何ト云フニ商品ハ更ラニ之ヲ賣買

價額上損傷ノ範圍ニ付キ當事者ヨリ爭アルトキ

高價ノ物品運送ヲ託セル時其實價ニ從テ賠償ヲ求ムルニ守ルベキ條

スルモノナルヲ以テ其物ニ付キ損害ヲ蒙ムルトキハ債主ハ其物ノ商價額ヲ損セルモノト云フヲ得ルモ其商品ニアラザルモノニ在リテハ普通ニ之ヲ賣ルモノト見ルヿ能ハザルガ故ニ債主ノ蒙レル損失ハ其物ガ通常有スル所ノ價額ナレバナリ但シ人ハ裁判官ノ專斷ナル認定ヲ避ケンガ爲メニ賠償ノ價額ヲ豫定スルヿ自由ナレバ右ノ額ヨリ更ラニ高キ價額ヲ運送狀ニ揭記シ以テ運送品ノ價額ヲ定メ置クトキハ固ヨリ有効ナルベキナリ

第四百九十九條　價額ニ付キ又ハ損傷ノ範圍ニ付キ當事者間ニ爭ノ生スルトキハ鑑定人ノ鑑定ニ因リ之ヲ定ム其鑑定人ハ當事者之ヲ任シ若シ當事者同意スルコトヲ得サルトキハ其申立ニ因リテ裁判所之ヲ任ス

第五百條　金銀貨幣、貴金屬、寶石、金銀物、有價證券、證書類其他ノ高價物ニ在テハ其賠償ハ運送委托ノ際其物ノ性質及ヒ價額ヲ明告シ且適當ニ廣告シタ

件

運送人ハ或物ノ賠償額ノ最上限ヲ定ムルヲ得

ル特別運送賃表ニ依リテ高額ノ運送賃ヲ承諾シタルトキニ限リ其實價ニ從ヒテ之ヲ求ムルコトヲ得

價ノ貴キ物、殊ニ形ノ小ニシテ其價ノ貴キモノハ紛失シ易ク且シヤ然ラズトスルモ毀損滅失スルガ如キ時ハ之ヲ償フニ容易ナラザルヲ以テ何國ニ於テモ斯カル物品ノ運送ヲ爲スニハ特別ノ注意ヲ用フルコトヽ特別ノ報酬ヲ受ケシム故ニ本條ニ掲クルガ如キ高價ナル物品ヲ運送セシムルモノハ運送ヲ爲スモノニ價ノ貴キ物タルコトヲ告知シ特別ノ賃錢ヲ拂テ特別ノ注意ヲ爲サシメザルベカラズ若シ然ラスシテ此注意ヲ爲サザル差立人ハ運送人ヲシテ信ゼシメタルヨリ高キ價額ノ賠償ヲ得ント要ムルノ權利ヲ有セズ

第五百一條　前條ニ掲ケサル運送品ニ在テハ運送人ハ豫メ適當ニ廣告シタル運送賃表ヲ以テ各行李又ハ重量ニ付キ或ル金額マテニ限リ第四百九十八條ノ價額賠償ヲ辨濟ス可キ旨ヲ約定スルコトヲ得

法定ノ賠償額増減

故ニ運送人ハ適當ニ廣告ヲ爲セル賃錢表ニヨリテ若干貫目又ハ幾立方ノ行李、一箇何程ニ付キ幾許圓ヨリ以上ノ價額ヲ賠償スルノ責ニ任セサル旨ヲ定メテ其定メシヨリ更ラニ大ナル價ノ物品ヲ毀損滅失スルコアリトモ其豫ジメ廣告セル價額ヨリ以上ヲ賠償セザルヲ得ベシ法律ガ此ニ物品ノ實價ヲ超ヘサル最上限ノ賠償價額ヲ定メテ之レヨリ以上ノ價額ヲ償ハザルヲ得ルノ權利ヲ運送人ニ許セルモノハ日々、無量ノ價額ヲ有スル無數ノ物品ヲ運送スル運送人ノ事情ヲ酌量セルニ由ルモノナルモ此ノ如キ恩惠的理由ハ理論ノ上ヨリスレバ充分ニ非難ノ餘地ヲ有スルモノト云フベシ

第五百二條　前數條ニ掲ケタル賠償額ハ至當ノ理由ニ基キタル明示ノ契約ニ依ルニ非サレハ之ヲ増減スルコトヲ得ス

法律ハ以上數條ニ於テ賠償ノ額ニ付テノ原則ヲ立テタルモ併シ此原則ハ法律ニ於テ斯ク定ムルヲ至當ナリト思惟シタルニ過ギザルモノナレハ之ヲ變

更ニ増減スルノ必要ナシトセス然レドモ人ハ其意ニ非ズシテ例外ノ約束ヲ承允スルノ義務ナケレバ法律ニ循ハザルノ約ヲ爲スニハ常ニ正當ノ理由ニ基キテ明約ヲ爲サヾルベカラザルナリ

重過失又ハ悪意ノ運送人ノ責任

第五百三條　運送人ハ甚シキ怠慢又ハ悪意ニ因リ總テノ場合ニ於テ第三百二十八條及ヒ第三百二十九條ノ規定ニ從ヒテ十分ナル損害賠償ノ義務ヲ負フ

權利以外ノ行爲ヲ以テ損害ヲ人ニ加ヘシモノハ其何タルヲ問ハズ之ヲ償ハザルベカラザルモノナルニ法律ハ此ニ重過失又ハ悪意ノ責任ノミヲ定メテ輕過失ニヨリ加ヘタル場合ニ賠償ノ義務ヲ負フベキコトヲ掲記セザルハ稍疑ナキ能ハサル也

運送人其使用セル者ノ爲セル過失ノ責任

第五百四條　運送人ハ使用人其他自己ノ引受ケタル運送ヲ爲スニ當リ使用スル者ノ爲メ責ニ任ス

重複ニ引受タ

第五百五條　或ル運送人ニ於テ引受ケタル運送ヲ之ニ

運送人ノ負フベキ責任

運送人ハ仲立人又ハ受取人ノ代辨人タリ

次ク他ノ運送人ノ爲スト キハ其各運送人ハ連帶シテ責任ノ全部ヲ負擔ス

前條ハ人ノ撰任ヲ誤レルノ過失アルニ由リ後條ハ第四百九十一條ト其理由ヲ同フス

第五百六條　運送人ハ運送ノ爲メ委托セラレタル貨物ニ付テハ差出人又ハ受取人ノ代辨人ト看做サレ差出人又ハ受取人ニ對シテ其品物ノ保存及ヒ適當ナル運送ノ爲メニ必要ナル注意ヲ爲ス責ニ任ス

運送人負フ所ノ義務ハ一物品ノ運送ヲ爲スニ在リテ而シテ之ヲ爲スニハ運送狀ガ指示スル所ノ條項ニ違ハザルヲ要シ且ツ縱令、運送狀ニ指示セザルモ物ノ保存ト其適當ナル取扱ノ爲メニハ相當ノ注意ヲ加ヘザルベカラザルモノナルガ故ニ之ヲ商事ニ於テ他人ノ代理ヲ爲スヲ營業トスル代辨人ト看做スモ敢テ不當ニハアラザルナリ

運送取扱人ノ規定ヲ運送人ニ適用

差立人又ハ受取人ノ運送狀ニ記セル事項ヲ變シ得ル權利

第五百七條　第四百八十三條乃至第四百九十一條ノ規定ハ運送人ニモ之ヲ準用ス

是運送人ト運送取扱人トハ其責任ヲ同フスル所ノ規定ハ重複ノ法文ヲ設ケズシテ雙方ニ適用セシムル趣旨ナリ

第五百八條　差出人又ハ受取人ハ運送前ハ勿論、運送中ト雖モ其約定シタル運送ノ施行ヲ止メ又ハ變スル權利アリ然レトモ運送人ニ屬スル求償權ハ此カ爲メニ妨ケラルヽコト無シ

是レ運送人ヲ代辨人ト看做スヨリシテ自然ニ生スル結果ナリ蓋シ運送人ハ本人ノ意思ヲ受ケテ働クモノニ過ギザレバ運送ヲ爲スト否トニヨリ利害ノ關係ヲ有スルコトナキガ故ニ本人ノ意思ニ抵抗シ得ベキ理由ナキモノトス然レドモ人ハ權利ナクシテ損害ヲ人ニ負ハセ得ベキニアラザレバ己レノ理由ニ出デ、事ヲ中止セル差立人若クバ受取人ハ爲メニ運送人ノ求償權ニ應

當事者運送ノ中止又ハ變更ヲ爲シ得ル場合

セザルベカラザル也

第五百九條　不可抗力其他ノ意外ノ事ニ因リテ約定シタル運送ノ着手又ハ續行ヲ妨ケラレ又ハ之ヲ爲スコトヲ得ス若クハ其危險ナルニ至リタルトキハ雙方ニ於テ前條ト全一ノ權利ヲ有ス然レトモ此場合ニ於テ運送人ハ既ニ爲シタル運送ノ割合ニ應スル運送賃ノ支拂及ヒ費用又ハ立替金ノ辨償ニ限リ之ヲ請求スルコトヲ得

内訌外患等ノ爲メニ港灣ヲ封鎖セラル丶カ或ヒハ運送ニ必要ノ具タル船舶、車輛、馬匹、其他ノ物ヲ失ヒ以テ運送ノ着手若クバ實行ヲ妨ゲラル丶カ其他物品ノ喪失毀損ヲ免カレ得ザルガ如キ危險等アルニ於テハ運送人ト雖モ又前條ノ權利ナカルベカラズ何者、運送人ハ人ノ物品ヲ運送スルハ其業務ナリトハ云ヒ不能若クハ斯カル至大ノ危險ヲ冒シテ其義務ノ履行ニ從

運送ニ着手セサルカ又ハ其中止カ運送人ノ過失又ハ行爲ニ出テタル時ノ制裁

ハシムルハ酷ニ失スル所アレハナリ尤モ此場合ト雖モ運送人ハ運送ノ賃銀、其費用又ハ立替金等ノ辨償ヲ求ムルヲ得ルモ其額ハ運送賃ニ在リテハ其爲セル運送ノ割合ニ應スル丈ケ、費用又ハ立替金ハ其爲セル所ノ額ダケニ限ラレザルベカラズ其然ル所以ハ運送人カ前條ノ權利ヲ行ヘル場合ニ於テハ固ヨリ論ナシ假令差立人又ハ受取人ノ方ヨリ運送ノ變更又ハ止息ヲ命セル時ト雖モ前條ノ場合ト異ニシ全ク自己ノ隨意ニ出デシニアラサレハ大イニ斟酌スベキ事情ノアリテ存スルヲ以テナリ

第五百十條　約定ノ運送ヲ爲サス又ハ中止シタルコトカ運送人ノ過失又ハ行爲ニ出テタル場合ニ於テ其運送人カ他ノ適當ナル運送人ヲ任セサルトキハ差出人又ハ受取人ハ契約ヲ解除シ又ハ賠償ヲ求ムルコトヲ得

是レ第三百二十三條ノ債務者ガ不履行ノ場合ノ規定ヲ適用セルニ過キサル

差出人ガ運送狀ニ記セル事項ニ違ヘル處置ヲ爲シ得ル時限

運送人ハ故ナ

ナリ

第五百十一條 運送人カ運送品又ハ運送狀ヲ最初ニ定メタル受取人ニ交付セサル間ハ差出人ハ運送前ト運送中トヲ問ハス其運送品ニ付キ運送狀ニ掲ケタルモノニ異ナレル處分ヲ爲スコトヲ得

是レ亦運送人ハ代辨人タルニ過ギズトノ第五百六條ノ規定ヨリシテ自然ニ生ズル一効果ナリ運送人ハ其物ノ送達ヲ託セラレタルモノナレバ之ヲ託セルモノヽ意ニ隨テ運送セザルベカラザルヿ勿論ナリ但シ本條ハ物ノ處分權ヲ有スルモノハ差出人ナルヿ其常ナルノ狀況ヲ觀察シ此世間多數ノ事例ニ從テ差出人ニ變更ノ權利ヲ與ヘタル者ナレバ若シ運送人ニ於テ物ノ上ニ留置權ヲ有スルカ或ヒハ又物ノ所有權全ク受取人ニ移レルノ以後ニ於テハ差出人ニ此權利ナキモノトス

第五百十二條 運送人ハ其求メラレタル運送カ特別ナ

ク運送委托ノ引受ヲ拒ム能ハズ

ル危險ヲ免カル、ヿヲ得サルトキ又ハ其平常爲ス運送營業ニ屬セサルトキノ外ハ適法ノ理由アルニ非サレハ其運送委托ノ引受ヲ拒ミ又ハ其引受ヲ困難ナル條件ニ繫ラシムルコトヲ得ス殊ニ非常ノ情況アルトキノ外ハ運送具又ハ運送設備ノ不完全ナルヲ以テ口實ト爲スコトヲ得ス

運送業ノ社會ニ必須ノモノタルヿハ多言ヲ要セズ而シテ之ヲ以テ正當ノ理由アルノ外ハ叨リニ其引受ヲ拒ミ又ハ其引受ヲ困難ナル條件ニ關セシムベカラズ然ラザレバ往々利益少キトキハ運送ヲ爲スヿヲ見合スルヿアルベク爲ニ商業ノ發達殖產ノ隆盛ハ得テ期スベカラズ運輸交通ノ道漸ヤク阻礙セラレテ世ノ公益ヲ紊スニ至ラントス是レ乃チ本條ノ規定ノ因テ起レル所以ナリ而シテ運送人ハ此ノ如クニ重要ナル業務ニ從フモノナルガ故ニ常ニ諸般ノ物品ノ運送ヲ爲シ得ルニ適當ナル設備ヲ爲シ置カザルベカラザレバ運送器

受取人ガ運送人ニ對シテ主張シ得ル權利

具其他ノ用意ノ完全ナラザルコトヲ口實トシテモ運送ノ引受ヲ拒ミ又ハ其引受ヲ困難ナル條件ニ伴ハシムルコト能ハザルナリ

第五百十三條　運送狀又ハ其他ニ指名シタル受取人ハ自己ノ名ヲ以テスルト他人ノ名ヲ以テスルトヲ問ハス到達地ニ於テ運送狀ニ從ヒ運送人ニ對シテ運送契約ヨリ生スル債權ヲ主張スルコトヲ得

是レ蓋シ運送契約ノ目的及其性質上ヨリ自然ニ生ズル成果ニシテ受取人ハ其己レニ宛テヽ送ラレタル物品ヲ受納ムルノ權利アルモノナレバ隨テ其物ノ運送ニ關セル諸種ノ債權ヲ運送人ニ對シテ主張シ得ザルベカラザルナリ

受取人カ謂ハレナク義務履行ヲ爲サヾル時ニ運送人ノ

第五百十四條　運送狀又ハ其他ニ指名シタル受取人カ運送品ノ引受若クハ差出人ノ附シタル條件ノ履行ヲ拒ムキ又ハ運送賃其他運送人ノ正當ナル債權ノ支拂

爲シ得ル權利

ヲ爲サヽルトキ又ハ其受取人ヲ捜固スルヲ得サルトキハ運送人ハ運送品ヲ公ノ倉庫ニ寄託シ又ハ裁判所ノ命令ニ依リテ他人ニ寄託シ及ヒ第三百九十二條ノ規定ニ從ヒ其總債權ノ額ニ滿ツルマテ之ヲ賣却スルコトヲ得

運送人ハ其營業ノ性質上、一地方ニ永ク滯留シ得ベキ性質ノモノニアラザレバ本條規定スル所ノ如キ各場合ニ於テハ其引渡期日ヲ超過スルモ仍ホ其物ノ管守ヲ爲シ其危險ノ責ニ任セシムベカラズ故ニ之レニハ他ノ適當ナル所ニ寄託スルヲ許スヲ要ス而シテ此手續ヲ履メル場合ニ於テモ取引ノ激シキ商業世界ニ於テハ其債權ヲシテ債權ノ儘ニ永ク存セシムルハ適當ナラザルノミナラズ又其物品トノ關係ヲ絶タザラシムルガ如キモ運送人ノ煩累ヲ增シテ其身ノ羇束ヲ爲ス甚ダシカルベケレバ其寄托セル物ノ賣却ヲ爲スヿヲ得セシムルモ之ヲ不當ト云フベカラサルナリ

受取人ノ有スル請求權ノ消滅

第五百十五條　受取人留保ヲ爲サスシテ運送品ヲ受取リ及ヒ運送人ニ支拂ヲ爲シタルトキハ運送人ニ對スル總テノ請求權ハ消滅ス

別ニ何等ノ故障又ハ苦情ヲ云フヘキ權利ノ留保ヲ爲サズニ異議ナク物ヲ受取リ且ツ其負ヘル債務ノ履行テ運送人ニ爲セルモノハ既ニ運送人ノ所爲ノ正當ナルヿヲ認諾セルモノト言ハザルベカラズ而シテ默認ト明認トノ間ニ認諾ノ効果ヲ異ニスベキ理由ナケレバ此以後ニ於テハ運送人ニ對シテ請求ヲ爲スヿヲ許スベカラザルナリ

運送人ノ負ヘル義務ノ消滅スベキ時効

第五百十六條　喪失、毀損又ハ遲延ノ爲メ運送人ニ對スル總テノ訴及ヒ抗辨ノ權ハ運送品ノ引渡ヲ爲シタル日又全部喪失ノ場合ニ於テハ其引渡ヲ爲ス可カリシ日ヨリ一箇年ヲ以テ時効ニ罹ル

此ニ時効期間ヲ短縮シタル我立法者ノ運送人ハ日々無數ノ運送ニ從フモノ

ナルガ故ニ數年又ハ數十年前ノ事柄ノ如何ニテアリシカヲ記臆シ置キテ以テ已レヲ衛ルノ設備ヲ爲シ置クカ如キハ到底之ヲ爲シ得ヘキモノニアラサレバ時効ノ期間ヲ長カラシムルハ其當ヲ得シモノニアラズト思料セルニ由ルナリ

第八節　旅客運送人

國外水上ノ旅客運送ハ國外水上ノ物品運送ニ同ジク之ヲ國內水上又ハ陸上ノ運送ト同一ノ規定ニ從ハシム可ラサル特別ノ理由存スルカ故ニ我立法者ニ於テハ歐米諸國ノ立法官ノ如クニ之ヲ海上法ノ規定ニ讓リタレバ旅客運送人ニ特別ナル規定ヲ爲セル本節ノ諸條ハ旅客運送人ナル廣汎ノ意味アル題名ノ下ニ包有セラルヽニモ拘ハラス之ヲ國外水上ノ旅客運送ニ適用スヘカラサルモノト言ハザルベカラザルナリ

此ニ旅客運送ニ關スル事項ノ規定ヲ爲サンカ爲メニ特ニ一節ヲ設ケシモノハ人ノ交通往來ニ係ル業務ハ物ノ交通移轉ニ關スルモノト共ニ殖產興業ノ

コニ係リ且ツ商事ノ爲メニスルモノ其多分ヲ占ムルカ故ニ之ヲ民法ノ規定ノミニ放置スルハ足ラザル所アレハナリ

旅客運送人ノ義務

第五百十七條　陸上又ハ國内水上ニ於テ通例運送賃ヲ受ケテ旅客ヲ運送スル者ハ其運送ヲ爲スニ當リ旅客ノ爲メ至重ノ注意ヲ爲サヽルニ因リテ之ニ加ヘタル身躰上ノ傷害ニ付キ賠償ヲ爲ス義務アリ但爭アル場合ニ於テハ自己ノ過失ニ非サルヲ證明スルコトヲ要ス

至重ノ注意

本條ニテ至重ノ注意ヲ怠ルニ因リ人ニ加ヘタル身体上ノ傷害ニ付テノミ賠償ヲ爲スヘシト言ヒ至重ナラザル他ノ不注意ノ爲メニ加ヘタル旅客ノ身体上ノ傷害ニ付キ賠償ヲ爲スノ義務ヲ運送人ニ免セシ所以ハ旅客ハ獨斷ノ能力ヲ備ヘ身体ノ上ニ自由ヲ有スルモノナレバ物品ノ如ク隨意處分ニノミ放任スベキ者ニアラズ自ラ進ンデ災害ヲ免カルベク力メサルベカラズト云フ

ニアリ然レドモ此思料タル旅客ガ自ラ力メテ災ヲ免カレ得ルト否トハ災難ノ摸樣如何ニヨルヿアルベキモ災難ヲ生ゼシメタルハ毫モ運送者ノ不注意ノ程度ニ關係ヲ有セザルモノタルヿヲ顧ミザル不當ノ見解ニアラザルカヲ疑ハザルヲ得ズ

過失ノ證明ハ之ヲ過失アリシト主張スル旅客ニ歸セズシテ訴ヲ受ケシ運送人ニ過失ナキノ証明ヲ爲サシムルヿト爲セルモノハ災難ノ起レル事由ガ運送人ノ過失ニ存スルヲ常トシ且ツ運送執行ノ當否ハ豫ジメ之ヲ了知シ又ハ豫ジメ之ヲ撿査シ得ベカラズ而シテ滊船ノ如キ或ヒハ滊車ノ如キ非常ニ錯綜混雜セル機關ノ取扱ノコトニ付テハ固ヨリ論ナク通常ノ艀船又ハ馬車ノ如キ者ト雖モ素人ノ眼ヲ以テ其ノ取捨ノ當否ヲ知ルヿ能ハザル者ナルガ故ニ通常ノ事件ノ如クニ証明ノ責任ハ要求ヲ爲ス旅客ニ歸スル片ハ過失アル運送人ハ殆ンド賠償ノ責ヲ有セザルガ如キ有樣ニ立至ルベキガ故ニ其過失ノナカリシ片ハ容易ニ之ヲ証明シ得ル運送人ニ立證ノ責任ヲ負ハシメタル

身体ノ傷害ニ對スル損害賠償

被害者カ家族ニ給養ヲ爲スモノナルトキ

ナリ

第五百十八條　損害賠償ハ傷害ヲ被フリタル者ニ生セシメタル治療費及ヒ特別ノ給養費ノ賠償ト慰藉金トヲ包括ス其慰藉金ハ災害ノ結果ノ輕重長短及ヒ罹災者ノ所得ノ關係ヲ斟酌シテ之ヲ定ム

特別ノ給養費トハ病院ノ費用、其他宿泊等ヲ爲セルニヨリ此病ノ爲ニ特ニ費セル諸種ノ入費ヲ言フナリ又タ慰藉費トハ慰メ助クル費用ト云フノ義ニシテ災厄ニ罹リタルガ爲メニ營業ニ從フ能ハザリシヨリ蒙ムレル諸種ノ費用ヲ指スナリ此等ノ損害ト治療ノ入費ハ皆ナ其蒙ラセラレタル災害ヨリシテ之ヲ支拂ヘルモノナレバ之ヲ生ゼシメタル運送人ハ其賠償ヲ爲サヾルベカラザルナリ

第五百十九條　災害ノ爲メ死亡シ又ハ永久ノ癈疾、不具若クハ所得無能力ト爲リタルトキハ慰藉金ノ額ハ

賠償額ノ算定方

倘ホ罹災者ノ家族ノ生計ノ需用ヲモ斟酌シテ之ヲ定ム

被害者ノ災厄ノ爲メニ死亡又ハ癈篤疾ト爲リ其他所得ヲ得ルコト能ハザルノ地位ニ至レルガ爲メ之レガ給育ヲ仰ギ居リシ家族ノ生計上ニ影響ヲ及ボシ其家族ノ生計ノ度ニ困難ヲ受ケシムルコトアルニ於テハ家族ヲシテ斯カル困難ノ地位ニ陷井ラシメタル運送人ニ於テ之ヲモ賠ハザルベカラザルハ正理上ヨリ考フルモ法律上ヨリ察スルモ當然ナルベキナリ

旅用行李ニ對スル責任

第五百二十條　旅用行李ニ付テハ旅客カ携帶スルト否ト又別段ノ報酬ヲ支拂フト否トヲ問ハス之ヲ旅客運送人ニ交付シ且必要ノ場合ニ於テ其性質及ヒ價額ヲ明告シタルトキハ旅客運送人ハ送運人ト仝一ノ責ニ任ス

旅客其旅用行李ヲ運送ノベク旅客運送人ニ交付シ旅客運送人諸シテ之ヲ受

取レルトキハ之ヲ運送スルノ點ニ於テ運送人ト異ナルコナシ故ニ又其物品ノ保護ニ付テハ運送人ト同一ノ責ニ任セザルベカラザルナリ但シ運送人ヲシテ高價物ノ金額ノ賠償ヲ爲サシムルガ爲メニハ差立人ト雖モ其高價ノモノタルコヲ告ゲテ特別ノ賃銀ヲ拂ハザルベカラザルモノナレバ旅客ニシテ斯カル物品ノ運送ヲ托セルトキハ特ニ其物ノ性質及ヒ價額ヲ明告スルノ注意ヲ取ルニアラザレバ通常物品ノ賠償額スラ之ヲ受クルコ能ハザルコアルベシ故ニ旅客運送人ヲシテ運送人ト全ク同一ノ責任ヲ負ハシメンガ爲メニハ尤必要ナル場合ニ於テ物ノ性質幷ニ價額ヲ明カニ告ゲザルベカラザルナリ

手荷物ニ對スル責任

第五百二十一條　手荷物ニ付テハ旅客運送人ハ過失ノ責ノ自己ニ歸スル場合ニシテ其手荷物カ現實且相當ノ旅行需用ヲ充タスニ必要ナルモノニ限リ賠償ノ責ニ任ス

旅用行李保管期間

手荷物ハ旅客ノ自ラ之ヲ携帶シアルモノ多ケレバ大抵ノ場合ニ於テハ旅客自ラノ過失ニヨリテ毀損紛失スルコアルベシト雖モ又旅客運送人ノ過失ニテ然ルコナキヲ必スベカラズ而シテ人ハ權利ナクシテ人ニ損害ヲ加フルニ於テハ之ヲ賠ハザルベカラザルガ故ニ其過失ニ出デ、旅客ノ手荷物ヲ毀傷滅失スルコアルニ於テハ旅客運送人ハ之ヲ賠ハザルベカラザルナリ而カルニ法律ガ其賠償スベキモノヲ旅行ニ必要ナル物ノミニ限リタルハ旅行ノ需用ニ充ツベカラザル物ノ如キハ之ヲ旅行行李ノ中ニ藏ムベキニ其手荷物ニ混シ置ケルハ其人自己ノ過失ナリト思料シ其過失ヨリシテ生ゼル結果ハ過失ナキ旅客運送人ニ負ハシムベカラズトスルニ由ル

第五百二十二條　旅用行李ハ別段ノ委託ナキトキハ旅行ノ終ニ於テ之ヲ旅客ニ交付シ若シ交付スルコヲ得サルトキハ三日間保藏ス可シ此期間ノ滿了後ハ旅客運送人ノ責任ハ第三百四條ノ規定ニ從フ

旅客ノ衣服装具ニ留置權ナシ

第五百二十三條　前諸條ノ外ハ旅客及ヒ行李ノ運送ニ付キ前節ノ規定ヲ適用ス其旅客衣服又ハ装具ニ對シテハ留置權ヲ行フコトヲ得ス

旅客ノ運送モ一ノ運送ニ過ギザルモ人ハ物品ト全一ニ取扱フヿ能ハザルガ故ニ立法者ハ人ノ運送ノ爲メニ特ニ規定ヲ爲セルノミ故ニ其特ニ規定ヲ爲サヽルモノニシテ人ノ運送ノ場合ニモ適用シ得ルモノハ固ヨリ之ヲ適用セザルベカラザルナリ

本條ガ留置權ノ施行ヲ旅客ノ衣服又ハ其装具ニ行フヿヲ許サヾル所以ノモノハ衣服ノ如キハ啻ニ身体ヲ被ヒ雨露ヲ防クニ供スルノミナラズ装具ト共モニ人ノ品位ヲ有ツニ必要ナレバナリ之ヲ以テ此理由ノ中ニ入ラザルモノハ衣服及装具モ之ヲ留置スルヲ得ベシト言ハザルベカラザルナリ併シ是レ異論アルヲ免カレザルベシ

運送賃ナキモ

第五百二十四條　旅客及ヒ行李ニ付テノ責任ハ運送賃

ヘニモ責任アル場合

ヲ前拂ニ爲シタルト否トニ拘ハラス又之ヲ支拂フコトヲ要セサル場合ト雖モ仍ホ存スルモノトス

贈ラレタル無賃切符ヲ有スルモノ又ハ鐵道役員ノ如キハ乘車料又ハ行李ノ運賃ヲ支拂ハザルモ之ニ對シテ人ヲ傷ヒ物ヲ毀滅シ而シテ其責ヲ辭シ得ベキノ道理アルコナケレハ運賃ヲ受ケザル時ト雖モ旅客幷ニ行李ニ對シテ其責任ヲ負ハザルベカラザルナリ況ンヤ賃錢ヲ前拂ニセザリシニ過ギザルモノニ於テヲヤ

日本商法註釋上卷終

明治二十三年十月三日印刷
明治二十三年十月四日出版

正價金三拾錢

編輯兼發行者　大橋新太郎
日本橋區本石町三丁目十六番地

印刷者　內藤祐
京橋區元數寄屋町一丁目一番地

發行所　博文館
東京市日本橋區本石町三丁目十六番地

日本法典全書發兌規定

全部拾貳卷　一冊紙數五百頁以上
紙數六千頁以上
毎卷讀切　洋裝美本仕立

日本法典全書

明治廿三年六月ヨリ毎月一回宛向一ヶ年間ニテ全部大成完結スベシ

正價　一冊（五百頁以上）金三拾錢●三冊（千五百頁以上）前金八拾五錢●六冊（三千頁以上）前金壹圓六拾錢●全部十二冊前金二圓●郵税一冊三錢

●御注文ハ一切前金ヲ要ス●郵券代用一割増●舘友諸君ヘハ一割引トス●本書全部前金御送附ノ諸君ヘハ舘友證ヲ呈スベシ然ルトキハ自今發兌ノ本舘雜誌書籍ハ總テ正價ノ一割引ヲ以テ賣渡スベシ

日本法典全書總書目録

府縣制郡制註釋　全一冊（紙數四百四十頁　第一編一回ニテ完結ス）

疑義說明適例參照　刑法實用大全　全一冊（紙數五百八十四頁以上　第二編一回ニテ完結ス）

日本憲法　議院法　會計法　選擧法　貴族院令　註釋　全一冊（紙數七百九十頁　第三編一回ニテ完結ス）

日本商法註釋　全二冊（紙數一千頁以上　第四編第五編二回ニテ完結ス）

日本民事訴訟法註釋　全一冊（紙數五百頁　第六編一回ニテ完結ス）

疑義說明適例參照　治罪法實用大全　全一冊（紙數五百頁　第七編一回ニテ完結ス）

日本民法註釋　全四冊（紙數二千頁以上　第八九十十一編ノ四回ニテ完結ス）

諸規則條例全書　全一冊（紙數六百頁以上　第十二編一回ニテ完結ス）

以上ノ各書ハ總テ專攻學者ニ其著述ヲ囑托シ極メテ正確詳密ナルモノトス

日本商法註釋　上巻　　別巻 1435

2025(令和7)年1月20日　復刻版第1刷発行

著　者　坪　谷　善　四　郎
発行者　今　井　　　貴
発行所　信　山　社　出　版

〒113-0033　東京都文京区本郷6-2-9-102
モンテベルデ第2東大正門前
電　話　03 (3818) 1019
FAX　03 (3818) 0344
郵便振替 00140-2-367777(信山社販売)

Printed in Japan.

制作／(株)信山社，印刷・製本／松澤印刷・日進堂

ISBN 978-4-7972-4448-9 C3332

別巻　巻数順一覧【1349～1530巻】※網掛け巻数は、2021年11月以降刊行

巻数	書名	編・著・訳者 等	ISBN	定価	本体価格
1349	國際公法	W・E・ホール、北條元篤、熊谷直太	978-4-7972-8953-4	41,800円	38,000円
1350	民法代理論 完	石尾一郎助	978-4-7972-8954-1	46,200円	42,000円
1351	民法總則編物權編債權編實用詳解	清浦奎吾、梅謙次郎、自治館編輯局	978-4-7972-8955-8	93,500円	85,000円
1352	民法親族編相續編實用詳解	細川潤次郎、梅謙次郎、自治館編輯局	978-4-7972-8956-5	60,500円	55,000円
1353	登記法實用全書	前田孝階、自治館編輯局(新井正三郎)	978-4-7972-8958-9	60,500円	55,000円
1354	民事訴訟法精義	東久世通禧、自治館編輯局	978-4-7972-8959-6	59,400円	54,000円
1355	民事訴訟法釋義	梶原仲治	978-4-7972-8960-2	41,800円	38,000円
1356	人事訴訟手續法	大森洪太	978-4-7972-8961-9	40,700円	37,000円
1357	法學通論	牧兒馬太郎	978-4-7972-8962-6	33,000円	30,000円
1358	刑法原理	城數馬	978-4-7972-8963-3	63,800円	58,000円
1359	行政法講義・佛國裁判所構成大要・日本古代法 完	パテルノストロ、曲木如長、坪谷善四郎	978-4-7972-8964-0	36,300円	33,000円
1360	民事訴訟法講義〔第一分冊〕	本多康直、今村信行、深野達	978-4-7972-8965-7	46,200円	42,000円
1361	民事訴訟法講義〔第二分冊〕	本多康直、今村信行、深野達	978-4-7972-8966-4	61,600円	56,000円
1362	民事訴訟法講義〔第三分冊〕	本多康直、今村信行、深野達	978-4-7972-8967-1	36,300円	33,000円
1505	地方財政及税制の改革〔昭和12年初版〕	三好重夫	978-4-7972-7705-0	62,700円	57,000円
1506	改正 市制町村制〔昭和13年第7版〕	法曹閣	978-4-7972-7706-7	30,800円	28,000円
1507	市制町村制 及 関係法令〔昭和13年第5版〕	市町村雑誌社	978-4-7972-7707-4	40,700円	37,000円
1508	東京府市区町村便覧〔昭和14年初版〕	東京地方改良協会	978-4-7972-7708-1	26,400円	24,000円
1509	改正 市制町村制 附 施行細則・執務條規〔明治44年第4版〕	矢島誠進堂	978-4-7972-7709-8	33,000円	30,000円
1510	地方財政改革問題〔昭和14年初版〕	高砂恒三郎、山根守道	978-4-7972-7710-4	46,200円	42,000円
1511	市町村事務必携〔昭和4年再版〕第1分冊	大塚辰治	978-4-7972-7711-1	66,000円	60,000円
1512	市町村事務必携〔昭和4年再版〕第2分冊	大塚辰治	978-4-7972-7712-8	81,400円	74,000円
1513	市制町村制逐条示解〔昭和11年第64版〕第1分冊	五十嵐鑛三郎、松本角太郎、中村淑人	978-4-7972-7713-5	74,800円	68,000円
1514	市制町村制逐条示解〔昭和11年第64版〕第2分冊	五十嵐鑛三郎、松本角太郎、中村淑人	978-4-7972-7714-2	74,800円	68,000円
1515	新旧対照 市制町村制 及 理由〔明治44年初版〕	平田東助、荒川五郎	978-4-7972-7715-9	30,800円	28,000円
1516	地方制度講話〔昭和5年再版〕	安井英二	978-4-7972-7716-6	33,000円	30,000円
1517	郡制注釈 完〔明治30年再版〕	岩田德義	978-4-7972-7717-3	23,100円	21,000円
1518	改正 府県制郡制講義〔明治32年初版〕	樋山廣業	978-4-7972-7718-0	30,800円	28,000円
1519	改正 府県制郡制〔大正4年 訂正21版〕	山野金蔵	978-4-7972-7719-7	24,200円	22,000円
1520	改正 地方制度法典〔大正12第13版〕	自治研究会	978-4-7972-7720-3	52,800円	48,000円
1521	改正 市制町村制 及 附属法令〔大正2年第6版〕	市町村雑誌社	978-4-7972-7721-0	33,000円	30,000円
1522	実例判例 市制町村制釈義〔昭和9年改訂13版〕	梶康郎	978-4-7972-7722-7	52,800円	48,000円
1523	訂正 市制町村制 附 理由書〔明治33年第3版〕	明昇堂	978-4-7972-7723-4	30,800円	28,000円
1524	逐条解釈 改正 市町村財務規程〔昭和8年第9版〕	大塚辰治	978-4-7972-7724-1	59,400円	54,000円
1525	市制町村制 附 理由書〔明治21年初版〕	狩谷茂太郎	978-4-7972-7725-8	22,000円	20,000円
1526	改正 市制町村制〔大正10年第10版〕	井上圓三	978-4-7972-7726-5	24,200円	22,000円
1527	正文 市制町村制 並 選挙法規 附 陪審法〔昭和2年初版〕	法曹閣	978-4-7972-7727-2	30,800円	28,000円
1528	再版増訂 市制町村制註釈 附 市制町村制理由〔明治21年増補再版〕	坪谷善四郎	978-4-7972-7728-9	44,000円	40,000円
1529	五版 市町村制例規〔明治36年第5版〕	野元友三郎	978-4-7972-7729-6	30,800円	28,000円
1530	全国市町村便覧 附 全国学校名簿〔昭和10年初版〕第1分冊	藤谷崇文館	978-4-7972-7730-2	74,800円	68,000円

別巻　巻数順一覧【1309～1348巻】※網掛け巻数は、2021年11月以降刊行

巻数	書　名	編・著・訳者 等	ISBN	定　価	本体価格
1309	監獄學	谷野格	978-4-7972-7459-2	38,500円	35,000円
1310	警察學	宮國忠吉	978-4-7972-7460-8	38,500円	35,000円
1311	司法警察論	高井賢三	978-4-7972-7461-5	56,100円	51,000円
1312	増訂不動産登記法正解	三宅徳業	978-4-7972-7462-2	132,000円	120,000円
1313	現行不動産登記法要義	松本修平	978-4-7972-7463-9	44,000円	40,000円
1314	改正民事訴訟法要義 全〔第一分冊〕	早川彌三郎	978-4-7972-7464-6	56,100円	51,000円
1315	改正民事訴訟法要義 全〔第二分冊〕	早川彌三郎	978-4-7972-7465-3	77,000円	70,000円
1316	改正強制執行法要義	早川彌三郎	978-4-7972-7467-7	41,800円	38,000円
1317	非訟事件手續法	横田五郎、三宅徳業	978-4-7972-7468-4	49,500円	45,000円
1318	旧制對照改正官制全書	博文館編輯局	978-4-7972-7469-1	85,800円	78,000円
1319	日本政体史 完	秦政治郎	978-4-7972-7470-7	35,200円	32,000円
1320	萬國現行憲法比較	辰巳小二郎	978-4-7972-7471-4	33,000円	30,000円
1321	憲法要義 全	入江魁	978-4-7972-7472-1	37,400円	34,000円
1322	英國衆議院先例類集 卷之一・卷之二	ハッセル	978-4-7972-7473-8	71,500円	65,000円
1323	英國衆議院先例類集 卷之三	ハッセル	978-4-7972-7474-5	55,000円	50,000円
1324	會計法精義　全	三輪一夫、松岡萬次郎、木田川奎彦、石森憲治	978-4-7972-7476-9	77,000円	70,000円
1325	商法汎論	添田敬一郎	978-4-7972-7477-6	41,800円	38,000円
1326	商業登記法 全	新井正三郎	978-4-7972-7478-3	35,200円	32,000円
1327	商業登記法釋義	的場繁次郎	978-4-7972-7479-0	47,300円	43,000円
1328	株式及期米裁判例	繁田保吉	978-4-7972-7480-6	49,500円	45,000円
1329	刑事訴訟法論	溝淵孝雄	978-4-7972-7481-3	41,800円	38,000円
1330	修正刑事訴訟法義解 全	太田政弘、小濵松次郎、緒方惟一郎、前田兼寶、小田明次	978-4-7972-7482-0	44,000円	40,000円
1331	法律格言・法律格言義解	H・ブルーム、林健、鶴田忞	978-4-7972-7483-7	58,300円	53,000円
1332	法律名家纂論	氏家寅治	978-4-7972-7484-4	35,200円	32,000円
1333	歐米警察見聞録	松井茂	978-4-7972-7485-1	38,500円	35,000円
1334	各國警察制度・各國警察制度沿革史	松井茂	978-4-7972-7486-8	39,600円	36,000円
1335	新舊對照刑法蒐論	岸本辰雄、岡田朝太郎、山口慶一	978-4-7972-7487-5	82,500円	75,000円
1336	新刑法論	松原一雄	978-4-7972-7488-2	51,700円	47,000円
1337	日本刑法實用 完	千阪彦四郎、尾崎忠治、簑作麟祥、西周、宮城浩藏、菅生初雄	978-4-7972-7489-9	57,200円	52,000円
1338	刑法實用詳解〔第一分冊〕	西園寺公望、松田正久、自治館編輯局	978-4-7972-7490-5	56,100円	51,000円
1339	刑法實用詳解〔第二分冊〕	西園寺公望、松田正久、自治館編輯局	978-4-7972-7491-2	62,700円	57,000円
1340	日本商事會社法要論	堤定次郎	978-4-7972-7493-6	61,600円	56,000円
1341	手形法要論	山縣有朋、堤定次郎	978-4-7972-7494-3	42,900円	39,000円
1342	約束手形法義解 全	梅謙次郎、加古貞太郎	978-4-7972-7495-0	34,100円	31,000円
1343	戸籍法 全	島田鐵吉	978-4-7972-7496-7	41,800円	38,000円
1344	戸籍辭典	石渡敏一、自治館編輯局	978-4-7972-7497-4	66,000円	60,000円
1345	戸籍法實用大全	勝海舟、梅謙次郎、自治舘編輯局	978-4-7972-7498-1	45,100円	41,000円
1346	戸籍法詳解〔第一分冊〕	大隈重信、自治館編輯局	978-4-7972-7499-8	62,700円	57,000円
1347	戸籍法詳解〔第二分冊〕	大隈重信、自治館編輯局	978-4-7972-8950-3	96,800円	88,000円
1348	戸籍法釋義 完	板垣不二男、岡村司	978-4-7972-8952-7	80,300円	73,000円

巻数	書　名	編・著・訳者　等	ISBN	定　価	本体価格
1265	行政裁判法論	小林魁郎	978-4-7972-7386-1	41,800円	38,000円
1266	奎堂餘唾	清浦奎吾、和田鍊太、平野貞次郎	978-4-7972-7387-8	36,300円	33,000円
1267	公證人規則述義 全	箕作麟祥、小松濟治、岸本辰雄、大野太衛	978-4-7972-7388-5	39,600円	36,000円
1268	登記法公證人規則詳解 全・大日本登記法公證人規則註解 全	鶴田皓、今村長善、中野省吾、奥山政敬、河原田新	978-4-7972-7389-2	44,000円	40,000円
1269	現行警察法規 全	内務省警保局	978-4-7972-7390-8	55,000円	50,000円
1270	警察法規研究	有光金兵衛	978-4-7972-7391-5	33,000円	30,000円
1271	日本帝國憲法論	田中次郎	978-4-7972-7392-2	44,000円	40,000円
1272	國家哲論	松本重敏	978-4-7972-7393-9	49,500円	45,000円
1273	農業倉庫業法制定理由・小作調停法原義	法律新聞社	978-4-7972-7394-6	52,800円	48,000円
1274	改正刑事訴訟法精義〔第一分冊〕	法律新聞社	978-4-7972-7395-3	77,000円	70,000円
1275	改正刑事訴訟法精義〔第二分冊〕	法律新聞社	978-4-7972-7396-0	71,500円	65,000円
1276	刑法論	島田鐵吉、宮城長五郎	978-4-7972-7398-4	38,500円	35,000円
1277	特別民事訴訟論	松岡義正	978-4-7972-7399-1	55,000円	50,000円
1278	民事訴訟法釋義 上巻	樋山廣業	978-4-7972-7400-4	55,000円	50,000円
1279	民事訴訟法釋義 下巻	樋山廣業	978-4-7972-7401-1	50,600円	46,000円
1280	商法研究 完	猪股淇清	978-4-7972-7403-5	66,000円	60,000円
1281	新會社法講義	猪股淇清	978-4-7972-7404-2	60,500円	55,000円
1282	商法原理 完	神崎東藏	978-4-7972-7405-9	55,000円	50,000円
1283	實用行政法	佐々野章邦	978-4-7972-7406-6	50,600円	46,000円
1284	行政法汎論 全	小原新三	978-4-7972-7407-3	49,500円	45,000円
1285	行政法各論 全	小原新三	978-4-7972-7408-0	46,200円	42,000円
1286	帝國商法釋義〔第一分冊〕	栗本勇之助	978-4-7972-7409-7	77,000円	70,000円
1287	帝國商法釋義〔第二分冊〕	栗本勇之助	978-4-7972-7410-3	79,200円	72,000円
1288	改正日本商法講義	樋山廣業	978-4-7972-7412-7	94,600円	86,000円
1289	海損法	秋野沆	978-4-7972-7413-4	35,200円	32,000円
1290	舩舶論 全	赤松梅吉	978-4-7972-7414-1	38,500円	35,000円
1291	法理學 完	石原健三	978-4-7972-7415-8	49,500円	45,000円
1292	民約論 全	J・J・ルソー、市村光恵、森口繁治	978-4-7972-7416-5	44,000円	40,000円
1293	日本警察法汎論	小原新三	978-4-7972-7417-2	35,200円	32,000円
1294	衞生行政法釈釋義 全	小原新三	978-4-7972-7418-9	82,500円	75,000円
1295	訴訟法原理 完	平島及平	978-4-7972-7443-1	50,600円	46,000円
1296	民事手続規準	山内確三郎、高橋一郎	978-4-7972-7444-8	101,200円	92,000円
1297	國際私法 完	伊藤悌治	978-4-7972-7445-5	38,500円	35,000円
1298	新舊比照 刑事訴訟法釋義 上巻	樋山廣業	978-4-7972-7446-2	33,000円	30,000円
1299	新舊比照 刑事訴訟法釋義 下巻	樋山廣業	978-4-7972-7447-9	33,000円	30,000円
1300	刑事訴訟法原理 完	上條慎藏	978-4-7972-7449-3	52,800円	48,000円
1301	國際公法 完	石川錦一郎	978-4-7972-7450-9	47,300円	43,000円
1302	國際私法	中村太郎	978-4-7972-7451-6	38,500円	35,000円
1303	登記法公證人規則註釋 完・登記法公證人規則交渉令達註釋 完	元田肇、澁谷慥爾、渡邊覺二郎	978-4-7972-7452-3	33,000円	30,000円
1304	登記提要 上編	木下哲三郎、伊東忍、緩鹿實彰	978-4-7972-7453-0	50,600円	46,000円
1305	登記提要 下編	木下哲三郎、伊東忍、緩鹿實彰	978-4-7972-7454-7	38,500円	35,000円
1306	日本會計法要論 完・選擧原理 完	阪谷芳郎、亀井英三郎	978-4-7972-7456-1	52,800円	48,000円
1307	國法學 完・憲法原理 完・主權論 完	橋爪金三郎、谷口留三郎、高槻純之助	978-4-7972-7457-8	60,500円	55,000円
1308	圀家學	南弘	978-4-7972-7458-5	38,500円	35,000円

巻数	書　名	編・著・訳者 等	ISBN	定　価	本体価格
1225	獄制研究資料　第一輯	谷田三郎	978-4-7972-7343-4	44,000円	40,000円
1226	歐米感化法		978-4-7972-7344-1	44,000円	40,000円
1227	改正商法實用 完　附 商業登記申請手續〔第一分冊 總則・會社〕	清浦奎吾、波多野敬直、梅謙次郎、古川五郎	978-4-7972-7345-8	60,500円	55,000円
1228	改正商法實用 完　附 商業登記申請手續〔第二分冊 商行為・手形〕	清浦奎吾、波多野敬直、梅謙次郎、古川五郎	978-4-7972-7346-5	66,000円	60,000円
1229	改正商法實用 完　附 商業登記申請手續〔第三分冊 海商・附録〕	清浦奎吾、波多野敬直、梅謙次郎、古川五郎	978-4-7972-7347-2	88,000円	80,000円
1230	日本手形法論 完	岸本辰雄、井本常治、町井鐵之介、毛戸勝元	978-4-7972-7349-6	55,000円	50,000円
1231	日本英米比較憲法論	川手忠義	978-4-7972-7350-2	38,500円	35,000円
1232	比較國法學 全	末岡精一	978-4-7972-7351-9	88,000円	80,000円
1233	國家學要論 完	トーマス・ラレー、土岐僙	978-4-7972-7352-6	38,500円	35,000円
1234	税關及倉庫論	岸﨑昌	978-4-7972-7353-3	38,500円	35,000円
1235	有價證券論	豊田多賀雄	978-4-7972-7354-0	60,500円	55,000円
1236	帝國憲法正解 全	建野郷三、水野正香	978-4-7972-7355-7	55,000円	50,000円
1237	權利競爭論・権利争闘論	イエーリング、レーロア、宇都宮五郎、三村立人	978-4-7972-7356-4	55,000円	50,000円
1238	帝國憲政と道義　附 日本官吏任用論 全	大津淳一郎、野口勝一	978-4-7972-7357-1	77,000円	70,000円
1239	國體擁護日本憲政本論	寺内正毅、二宮熊次郎、加藤弘之、加藤房藏	978-4-7972-7358-8	44,000円	40,000円
1240	國體論史	清原貞雄	978-4-7972-7359-5	52,800円	48,000円
1241	商法實論 附 破産法 商法施行法 供託法 競賣法 完	秋山源藏、井上八重吉、中島行藏	978-4-7972-7360-1	77,000円	70,000円
1242	判例要旨定義學說試驗問題准條適條對照 改正商法及理由	塚﨑直義	978-4-7972-7361-8	44,000円	40,000円
1243	辯護三十年	塚﨑直義	978-4-7972-7362-5	38,500円	35,000円
1244	水野博士論集	水野錬太郎	978-4-7972-7363-2	58,300円	53,000円
1245	強制執行法論 上卷	遠藤武治	978-4-7972-7364-9	44,000円	40,000円
1246	公証人法論綱	長谷川平次郎	978-4-7972-7365-6	71,500円	65,000円
1247	改正大日本六法類編 行政法上卷〔第一分冊〕	磯部四郎、矢代操、島巨邦	978-4-7972-7366-3	55,000円	50,000円
1248	改正大日本六法類編 行政法上卷〔第二分冊〕	磯部四郎、矢代操、島巨邦	978-4-7972-7367-0	68,200円	62,000円
1249	改正大日本六法類編 行政法上卷〔第三分冊〕	磯部四郎、矢代操、島巨邦	978-4-7972-7368-7	55,000円	50,000円
1250	改正大日本六法類編 行政法下卷〔第一分冊〕	磯部四郎、矢代操、島巨邦	978-4-7972-7369-4	66,000円	60,000円
1251	改正大日本六法類編 行政法下卷〔第二分冊〕	磯部四郎、矢代操、島巨邦	978-4-7972-7370-0	57,200円	52,000円
1252	改正大日本六法類編 行政法下卷〔第三分冊〕	磯部四郎、矢代操、島巨邦	978-4-7972-7371-7	60,500円	55,000円
1253	改正大日本六法類編 民法・商法・訴訟法	磯部四郎、矢代操、島巨邦	978-4-7972-7372-4	93,500円	85,000円
1254	改正大日本六法類編 刑法・治罪法	磯部四郎、矢代操、島巨邦	978-4-7972-7373-1	71,500円	65,000円
1255	刑事訴訟法案理由書〔大正十一年〕	法曹會	978-4-7972-7375-5	44,000円	40,000円
1256	刑法及刑事訴訟法精義	磯部四郎、竹内房治、尾山萬次郎	978-4-7972-7376-2	91,300円	83,000円
1257	未成年犯罪者ノ處遇 完	小河滋次郎	978-4-7972-7377-9	33,000円	30,000円
1258	增訂普通選挙法釋義〔第一分冊〕	濱口雄幸、江木翼、三宅正太郎、石原雅二郎、坂千秋	978-4-7972-7378-6	55,000円	50,000円
1259	增訂普通選挙法釋義〔第二分冊〕	濱口雄幸、江木翼、三宅正太郎、石原雅二郎、坂千秋	978-4-7972-7379-3	60,500円	55,000円
1260	會計法要義 全	山崎位	978-4-7972-7381-6	55,000円	50,000円
1261	會計法語彙	大石興	978-4-7972-7382-3	68,200円	62,000円
1262	實用憲法	佐々野章邦	978-4-7972-7383-0	33,000円	30,000円
1263	訂正增補日本行政法講義	坂千秋	978-4-7972-7384-7	64,900円	59,000円
1264	增訂臺灣行政法論	大島久滿次、持地六三郎、佐々木忠藏、髙橋武一郎	978-4-7972-7385-4	55,000円	50,000円

巻数	書　名	編・著・訳者　等	ISBN	定　価	本体価格
1185	改正衆議院議員選擧法正解	柳川勝二、小中公毅、潮道佐	978-4-7972-7300-7	71,500円	65,000円
1186	大審院判決例大審院檢事局司法省質疑回答衆議院議員選擧罰則　附 選擧訴訟、當選訴訟判決例	司法省刑事局	978-4-7972-7301-4	55,000円	50,000円
1187	最近選擧事犯判決集　附 衆議院議員選擧法、同法施行令選擧運動ノ爲ニスル文書圖畫ニ關スル件	日本撿察學會	978-4-7972-7302-1	35,200円	32,000円
1188	民法問答全集 完	松本慶次郎、村瀬甲子吉	978-4-7972-7303-8	77,000円	70,000円
1189	民法評釋 親族編相續編	近衛篤麿、富田鐵之助、山田喜之助、加藤弘之、神鞭知常、小林里平	978-4-7972-7304-5	39,600円	36,000円
1190	國際私法	福原鐐二郎、平岡定太郎	978-4-7972-7305-2	60,500円	55,000円
1191	共同海損法	甲野莊平、リチャード・ローンデス	978-4-7972-7306-9	77,000円	70,000円
1192	海上保險法	秋野沆	978-4-7972-7307-6	38,500円	35,000円
1193	運送法	菅原大太郎	978-4-7972-7308-3	39,600円	36,000円
1194	倉庫證券論	フォン・コスタネッキー、住友倉庫本店、草鹿丁卯次郎	978-4-7972-7309-0	38,500円	35,000円
1195	大日本海上法規	遠藤可一	978-4-7972-7310-6	55,000円	50,000円
1196	米國海上法要略 全	ジクゾン、秋山源蔵、北畠秀雄	978-4-7972-7311-3	38,500円	35,000円
1197	國際私法要論	アッセル、リヴィエー、入江良之	978-4-7972-7312-0	44,000円	40,000円
1198	國際私法論 上巻	跡部定次郎	978-4-7972-7313-7	66,000円	60,000円
1199	國法學要義 完	小原新三	978-4-7972-7314-4	38,500円	35,000円
1200	平民政治 上巻〔第一分冊〕	ゼームス・ブライス、人見一太郎	978-4-7972-7315-1	88,000円	80,000円
1201	平民政治 上巻〔第二分冊〕	ゼームス・ブライス、人見一太郎	978-4-7972-7316-8	79,200円	72,000円
1202	平民政治 下巻〔第一分冊〕	ゼームス・ブライス、人見一太郎	978-4-7972-7317-5	88,000円	80,000円
1203	平民政治 下巻〔第二分冊〕	ゼームス・ブライス、人見一太郎	978-4-7972-7318-2	88,000円	80,000円
1204	國法學	岸崎昌、中村孝	978-4-7972-7320-5	38,500円	35,000円
1205	朝鮮行政法要論 總論	永野清、田口春二郎	978-4-7972-7321-2	39,600円	36,000円
1206	朝鮮行政法要論 各論	永野清、田口春二郎	978-4-7972-7322-9	44,000円	40,000円
1207	註釋刑事記録	潮道佐	978-4-7972-7324-3	57,200円	52,000円
1208	刑事訴訟法陪審法刑事補償法先例大鑑	潮道佐	978-4-7972-7325-0	61,600円	56,000円
1209	法理學	丸山長渡	978-4-7972-7326-7	39,600円	36,000円
1210	法理學講義 全	江木衷、和田經重、奥山十平、宮城政明、粟生誠太郎	978-4-7972-7327-4	74,800円	68,000円
1211	司法省訓令回答類纂 全	日下部りゅう	978-4-7972-7328-1	88,000円	80,000円
1212	改正商法義解 完	遠藤武治、横塚泰助	978-4-7972-7329-8	88,000円	80,000円
1213	改正新會社法釋義　附 新舊對照條文	美濃部俊明	978-4-7972-7330-4	55,000円	50,000円
1214	改正商法釋義 完	日本法律學校内法政學會	978-4-7972-7331-1	77,000円	70,000円
1215	日本國際私法	佐々野章邦	978-4-7972-7332-8	33,000円	30,000円
1216	國際私法	遠藤登喜夫	978-4-7972-7333-5	44,000円	40,000円
1217	國際私法及國際刑法論	L・フォン・バール、宮田四八	978-4-7972-7334-2	50,600円	46,000円
1218	民法問答講義	吉野寛	978-4-7972-7335-9	88,000円	80,000円
1219	民法財産取得編人事編註釋　附法例及諸法律	柿嵜欽吾、山田正賢	978-4-7972-7336-6	44,000円	40,000円
1220	改正日本民法問答正解　総則編物權編債權編	柿嵜欽吾、山田正賢	978-4-7972-7337-3	44,000円	40,000円
1221	改正日本民法問答正解　親族編相續編　附民法施行法問答正解	柿嵜欽吾、山田正賢	978-4-7972-7338-0	44,000円	40,000円
1222	會計法釋義	北島兼弘、石渡傳蔵、德山銓一郎	978-4-7972-7340-3	41,800円	38,000円
1223	會計法辯義	若槻禮次郎、市來乙彦、松本重威、稲葉敏	978-4-7972-7341-0	77,000円	70,000円
1224	相續税法義解	會禰荒助、若槻禮次郎、菅原通敬、稲葉敏	978-4-7972-7342-7	49,500円	45,000円

巻数	書　名	編・著・訳者 等	ISBN	定　価	本体価格
1147	各國の政黨〔第一分冊〕	外務省欧米局	978-4-7972-7256-7	77,000円	70,000円
1148	各國の政黨〔第二分冊〕・各國の政黨 追録	外務省欧米局	978-4-7972-7257-4	66,000円	60,000円
1149	獨逸法	宮内國太郎	978-4-7972-7259-8	38,500円	35,000円
1150	支那法制史	淺井虎夫	978-4-7972-7260-4	49,500円	45,000円
1151	日本法制史	三浦菊太郎	978-4-7972-7261-1	44,000円	40,000円
1152	新刑法要説	彦阪秀	978-4-7972-7262-8	74,800円	68,000円
1153	改正新民法註釋 總則編・物權編	池田虎雄、岩﨑通武、川原閑舟、池田撝卿	978-4-7972-7263-5	66,000円	60,000円
1154	改正新民法註釋 債權編	池田虎雄、岩﨑通武、川原閑舟、池田撝卿	978-4-7972-7264-2	44,000円	40,000円
1155	改正新民法註釋 親族編・相續編・施行法	池田虎雄、岩﨑通武、川原閑舟、池田撝卿	978-4-7972-7265-9	55,000円	50,000円
1156	民法総則編物權編釋義	丸尾昌雄	978-4-7972-7267-3	38,500円	35,000円
1157	民法債權編釋義	丸尾昌雄	978-4-7972-7268-0	41,800円	38,000円
1158	民法親族編相續編釋義	上田豐	978-4-7972-7269-7	38,500円	35,000円
1159	民法五百題	戸水寛人、植松金章、佐藤孝太郎	978-4-7972-7270-3	66,000円	60,000円
1160	實用土地建物の法律詳説 附 契約書式 登記手續	宮田四八、大日本新法典講習會	978-4-7972-7271-0	35,200円	32,000円
1161	釐頭伺指令内訓　現行類聚　大日本六法類編　行政法〔第一分冊〕	王乃世履、三島毅、加太邦憲、小松恒	978-4-7972-7272-7	77,000円	70,000円
1162	釐頭伺指令内訓 現行類聚　大日本六法類編　行政法〔第二分冊〕	王乃世履、三島毅、加太邦憲、小松恒	978-4-7972-7273-4	71,500円	65,000円
1163	釐頭伺指令内訓　現行類聚大日本六法類編 民法・商法・訴訟法	玉乃世履、三島毅、加太邦憲、小松恒	978-4-7972-7274-1	66,000円	60,000円
1164	釐頭伺指令内訓　現行類聚大日本六法類編 刑法・治罪法	玉乃世履、三島毅、加太邦憲、小松恒	978-4-7972-7275-8	71,500円	65,000円
1165	國家哲學	浮田和民、ウィロビー、ボサンケー	978-4-7972-7277-2	49,500円	45,000円
1166	王權論 自第一册至第五册	ロリュー、丸毛直利	978-4-7972-7278-9	55,000円	50,000円
1167	民法學説彙纂 總則編〔第一分冊〕	三藤久吉、須藤兵助	978-4-7972-7279-6	44,000円	40,000円
1168	民法學説彙纂 總則編〔第二分冊〕	三藤久吉、須藤兵助	978-4-7972-7280-2	66,000円	60,000円
1169	民法學説彙纂 物權編〔第一分冊〕	尾﨑行雄、松波仁一郎、平沼騏一郎、三藤卓堂	978-4-7972-7281-9	93,500円	85,000円
1170	民法學説彙纂 物權編〔第二分冊〕	尾﨑行雄、松波仁一郎、平沼騏一郎、三藤卓堂	978-4-7972-7282-6	55,000円	50,000円
1171	現行商法實用	平川橘太郎	978-4-7972-7284-0	44,000円	40,000円
1172	改正民法講義 總則編 物權編 債權編 親族編 相續編 施行法	細井重久	978-4-7972-7285-7	88,000円	80,000円
1173	民事訴訟法提要 全	齋藤孝治、緩鹿實彰	978-4-7972-7286-4	58,300円	53,000円
1174	民事問題全集	河村透	978-4-7972-7287-1	44,000円	40,000円
1175	舊令参照 罰則全書〔第一分冊〕	西岡逾明、土師經典、笹本栄蔵	978-4-7972-7288-8	66,000円	60,000円
1176	舊令参照 罰則全書〔第二分冊〕	西岡逾明、土師經典、笹本栄蔵	978-4-7972-7289-5	66,000円	60,000円
1177	司法警察官必携 罰則大全〔第一分冊〕	清浦奎吾、田邊輝實、福田正已	978-4-7972-7291-8	49,500円	45,000円
1178	司法警察官必携 罰則大全〔第二分冊〕	清浦奎吾、田邊輝實、福田正已	978-4-7972-7292-5	57,200円	52,000円
1179	佛郎西和蘭陀ノテール〔公証人〕規則 合巻	黒川誠一郎、松下直美、ヴェルベッキ、ラッパール、中村健三、杉村虎一	978-4-7972-7294-9	71,500円	65,000円
1180	公證人規則釋義・公證人規則釋義 全	箕作麟祥、石川惟安、岸本辰雄、井本常治	978-4-7972-7295-6	39,600円	36,000円
1181	犯罪論	甘糟勇雄	978-4-7972-7296-3	55,000円	50,000円
1182	改正刑法新論	小河滋次郎、藤澤茂十郎	978-4-7972-7297-0	88,000円	80,000円
1183	現行刑法對照改正刑法草案全説明書・改正草案刑法評論	辻泰城、矢野猪之八、關内兵吉、岡田朝太郎、藤澤茂十郎	978-4-7972-7298-7	61,600円	56,000円
1184	刑法修正理由 完	南雲庄之助	978-4-7972-7299-4	50,600円	46,000円

別巻　巻数順一覧【1106～1146巻】

巻数	書　名	編・著・訳者　等	ISBN	定　価	本体価格
1106	英米佛比較憲法論　全	ブートミー、ダイセイ、岡松參太郎	978-4-7972-7210-9	33,000円	30,000円
1107	日本古代法典(上)	小中村清矩、萩野由之、小中村義象、增田于信	978-4-7972-7211-6	47,300円	43,000円
1108	日本古代法典(下)	小中村清矩、萩野由之、小中村義象、增田于信	978-4-7972-7212-3	71,500円	65,000円
1109	刑政に關する緊急問題	江木衷、鵜澤總明、大塲茂馬、原嘉道	978-4-7972-7214-7	39,600円	36,000円
1110	刑事訴訟法詳解	棚橋愛七、上野魁春	978-4-7972-7215-4	88,000円	80,000円
1111	羅馬法 全	渡邉安積	978-4-7972-7216-1	49,500円	45,000円
1112	羅馬法	田中遜	978-4-7972-7217-8	49,500円	45,000円
1113	國定教科書に於ける法制経済	尾﨑行雄、梅謙次郎、澤柳政太郎、島田俊雄、簗轍	978-4-7972-7218-5	71,500円	65,000円
1114	實用問答法學通論	後藤本馬	978-4-7972-7219-2	77,000円	70,000円
1115	法學通論	羽生慶三郎	978-4-7972-7220-8	44,000円	40,000円
1116	試驗須要 六法教科書	日本法律學校内法政學會	978-4-7972-7221-5	77,000円	70,000円
1117	試驗須要 民法商法教科書	日本法律學校内法政學會	978-4-7972-7222-2	77,000円	70,000円
1118	類聚罰則大全〔第一分冊〕	松村正信、伊藤貞亮	978-4-7972-7223-9	60,500円	55,000円
1119	類聚罰則大全〔第二分冊〕	松村正信、伊藤貞亮	978-4-7972-7224-6	55,000円	50,000円
1120	警務實用	髙﨑親章、山下秀實、奥田義人、佐野之信、和田銀三郎、岸本武雄、長兼備	978-4-7972-7226-0	66,000円	60,000円
1121	民法と社會主義・思想小史 全	岡村司	978-4-7972-7227-7	82,500円	75,000円
1122	親族法講義要領	岡村司	978-4-7972-7228-4	39,600円	36,000円
1123	改正民法正解 上巻・下巻	磯部四郎、林金次郎	978-4-7972-7229-1	55,000円	50,000円
1124	登記法正解	磯部四郎、林金次郎	978-4-7972-7230-7	44,000円	40,000円
1125	改正商法正解	磯部四郎、林金次郎	978-4-7972-7231-4	55,000円	50,000円
1126	新民法詳解 全	村田保、鳩山和夫、研法學會(小島藤八、大熊實三郎、光信壽吉)	978-4-7972-7232-1	88,000円	80,000円
1127	英吉利内閣制度論・議院法改正資料	H・ザフェルコウルス、I・ジェニングス、國政研究會	978-4-7972-7233-8	38,500円	35,000円
1128	第五版警察法規 全〔上篇〕	内務省警保局	978-4-7972-7234-5	55,000円	50,000円
1129	第五版警察法規 全〔下篇〕	内務省警保局	978-4-7972-7235-2	77,000円	70,000円
1130	警務要書 完	内務省警保局	978-4-7972-7237-6	121,000円	110,000円
1131	國家生理學 第一編・第二編	佛郎都、文部省編輯局	978-4-7972-7238-3	77,000円	70,000円
1132	日本刑法博議	林正太郎、水内喜治、平松福三郎、豊田鉦三郎	978-4-7972-7239-0	77,000円	70,000円
1133	刑法新論	北島傳四郎	978-4-7972-7240-6	55,000円	50,000円
1134	刑罰及犯罪豫防論 全	タラック、松尾音次郎	978-4-7972-7241-3	49,500円	45,000円
1135	刑法改正案批評 刑法ノ私法観	岡松參太郎	978-4-7972-7242-0	39,600円	36,000円
1136	刑法合看 他之法律規則	前田良弼、蜂屋玄一郎	978-4-7972-7243-7	55,000円	50,000円
1137	現行罰則大全〔第一分冊〕	石渡敏一、堤一馬	978-4-7972-7244-4	88,000円	80,000円
1138	現行罰則大全〔第二分冊〕	石渡敏一、堤一馬	978-4-7972-7245-1	66,000円	60,000円
1139	現行民事刑事訴訟手續 完	小笠原美治	978-4-7972-7247-5	38,500円	35,000円
1140	日本訴訟法典 完	名村泰藏、磯部四郎、黒岩鐵之助、後藤亮之助、脇屋義民、松井誠造	978-4-7972-7248-2	66,000円	60,000円
1141	採證學	ハンス・グロース、設楽勇雄、向軍治	978-4-7972-7249-9	77,000円	70,000円
1142	刑事訴訟法要義 全	山﨑恵純、西垣為吉	978-4-7972-7250-5	44,000円	40,000円
1143	日本監獄法	佐藤信安	978-4-7972-7251-2	38,500円	35,000円
1144	法律格言釋義	大日本新法典講習會	978-4-7972-7252-9	33,000円	30,000円
1145	各國ノ政黨〔第一分冊〕	外務省欧米局	978-4-7972-7253-6	77,000円	70,000円
1146	各國ノ政黨〔第二分冊〕	外務省欧米局	978-4-7972-7254-3	77,000円	70,000円